高等院校财会专业系列教材

江苏省一流本科专业建设点教学成果
江苏省产教融合型一流课程教学成果
教育部产学合作协同育人项目教学成果

审计学

主　编　姚晓蓉　徐　峥
副主编　何梦圆　潘明艳　许志冬

微信扫码　查看更多资源

 南京大学出版社

内容简介

本教材独辟蹊径,以审计师最终完成的作业为切入点,聚焦审计失败的视角,紧扣实务案例这条主线,同时巧妙融入思政教育元素,对审计教材体系进行了全新的整合与重构。

教材结构清晰,分为认知篇、执行篇、拓展篇三大模块,共含十章内容。认知篇从审计报告这一核心要素入手,引导读者初步了解审计,系统学习审计的基础理论与知识。执行篇则深入审计实践,围绕审计目标的实现过程,指导读者如何执行审计操作,让读者亲身体验审计工作的各个环节。拓展篇则进一步满足读者对审计知识的深度探索需求,介绍智慧审计、国家审计、内部审计等前沿与拓展领域,帮助读者把握技术变革时代的脉搏,应对挑战,抓住机遇。

每一章节均经过精心设计,以学习目标、学习重点和思政要求作为开篇引领,通过生动的现实案例自然引入相关知识点,审计失败案例更是贯穿始终,成为贯穿全书的独特脉络。章节末尾对本章内容进行精炼总结,并配套习题和知识图谱,便于读者巩固所学内容,深化理解。

此外,本教材还配备了丰富的配套资源,包括PPT课件、详尽的教学大纲、线上教学视频、习题库等,为师生提供全方位的教学辅助。数字资源更是涵盖了审计准则链接、引人入胜的审计故事、深入浅出的案例分析等宝贵素材,极大地丰富了学习体验,助力读者在审计学习的道路上稳步前行。

图书在版编目(CIP)数据

审计学 / 姚晓蓉,徐峥主编. —南京:南京大学出版社,2025.1. -- ISBN 978-7-305-28536-3

Ⅰ.F239.0

中国国家版本馆CIP数据核字第20241LW730号

出版发行	南京大学出版社
社　　址	南京市汉口路22号　　邮　编　210093
书　　名	**审计学** SHENJIXUE
主　编	姚晓蓉　徐　峥
责任编辑	陈　嘉　　　　　　编辑热线　025-83592315
照　　排	南京开卷文化传媒有限公司
印　　刷	江苏凤凰通达印刷有限公司
开　　本	787 mm×1092 mm　1/16 开　印张 21.75　字数 556千
版　　次	2025年1月第1版
印　　次	2025年1月第1次印刷
ISBN	978-7-305-28536-3
定　　价	59.00元

网　　址:http://www.njupco.com
官方微博:http://weibo.com/njupco
微信服务号:njuyuexue
销售咨询热线:(025)83594756

* 版权所有,侵权必究
* 凡购买南大版图书,如有印装质量问题,请与所购
　图书销售部门联系调换

前　言

市场上的教材琳琅满目,但要想找到一本真正适合本科生审计课程的教材却并非易事。审计之所以难学难教,根源在于缺乏一个合适的抓手,即一本既能体现教育者理念,又能引起学生兴趣,还能不断推陈出新以满足读者求知欲的教材。正是基于这样的背景,我们做出了大胆尝试,颠覆了传统审计教材框架,从审计师最后完成的作业出发,以审计失败为视角,以实务案例为主线,以产教融合为导向,重新整合了审计教材体系。

本教材力求在以下几方面实现突破:

一是编排上的颠覆性改革,顺应思维逻辑。本教材打破常规,将"审计报告"这一传统上置于最后章节的内容,作为开篇的出发点。审计报告类似于会计师提交的会计报表,学习会计最好先学会看懂会计报表,同样,学习审计也应先学会看懂审计报告,再带着问题学习如何编制审计报告。这样的编排更加顺应思维逻辑。

二是设计上的独特视角,蕴含思政教育。本教材以审计失败为视角,深入挖掘其中包含的无数审计师犯过的错误和需要吸取的教训。从心理学角度来看,学生往往对反面案例更感兴趣。因此,从失败视角出发,可以无形中将课程思政教育融入其中。

三是内容上的案例贯穿,破解晦涩乏味。本教材注重用鲜活的真实案例来诠释理论,使内容更加生动有趣,对学生的吸引力远胜于枯燥的理论。同时,案例的引入也便于学生理解众多晦涩难懂的审计准则,更符合应用型人才培养的特点。

四是宗旨上追求高远,不仅限于教材。虽然这是一本教材,但我们的初衷是希望它在部分章节上能有所突破,不仅反映最新的审计知识、法律法规和准则的变化,还加入近年最新的理论研究成果,以满足学生的求知欲。

五是配套资源上的丰富立体,实现教学资源数字化。本教材除了包含学习目标、学习重点、思政要求、引例导读、课堂案例、课堂资讯、本章小结、复习思考题和知识图谱等丰富内容外,还为任课教师提供了不同课时的教学大纲、所有章节的PPT课件、最新的法律法规库链接、拓展案例链接、课程讲解视频链接、习题库及答案等数字化教学资源。

六是导向上产教融合,校企协同共编。本教材的主创人员具有丰富的实践经验和深厚的理论知识,第一主编拥有十余年上市公司财务管理和高校教育经历,第二主编则一直深耕会计师事务所领域,并在多所高校担任硕士生导师,出版多部专业著作,发表专业论文四十余篇。这样的团队构成保证了教材内容的实用性和前沿性。

本教材由姚晓蓉、徐峥担任主编,何梦圆、潘明艳、许志冬担任副主编。具体分工如下:姚晓蓉负责撰写全书提纲和内容要点,编写第 1 至 4 章、第 7 章和第 8 章的部分内容,并负责全书的统筹与修改工作;徐峥编写第 8 章的部分内容,何梦圆编写第 9 章、第 10 章,潘明艳编写第 5 章、第 6 章的全部内容及第 4 章、第 7 章的部分内容,许志冬编写第 1 至 3 章的部分内容。本教材是江苏省一流本科专业、江苏省产教融合型一流课程、教育部产学合作协同育人、盐城师范学院重点教材等项目建设阶段性成果。

本教材不仅适合作为应用型院校的审计教材,也可以作为各种审计培训机构的培训教材,还适合国家审计人员、会计师事务所注册会计师、企业内部审计人员、企业管理人员等各类关心审计的人士阅读。

尽管我们在编写过程中力求谨慎准确,但由于审计理论的艰深和实务的复杂,以及相关法律、法规、准则等的广泛性,难免存在错误和不足之处。我们恳请广大读者与同仁不吝赐教,共同推动审计教材的不断完善和发展。

编　者

2024 年 12 月

目 录

第一篇 认知篇

第一章 初识审计报告 ··· 001
- 第一节 审计报告的含义及种类 ··· 002
- 第二节 审计报告的改革变迁 ··· 007
- 第三节 审计报告意见类型及签发条件 ··· 009

第二章 概述审计基础 ··· 018
- 第一节 审计是什么 ··· 019
- 第二节 为什么审计 ··· 022
- 第三节 如何审计 ··· 028
- 第四节 由谁审计 ··· 032
- 第五节 注册会计师"审计"什么 ··· 040

第三章 通识审计规范 ··· 047
- 第一节 注册会计师执业准则体系 ··· 049
- 第二节 注册会计师职业道德规范体系 ··· 052
- 第三节 注册会计师法律责任 ··· 067

第四章 掌握审计方法 ··· 080
- 第一节 确定审计重要性 ··· 080
- 第二节 收集审计证据 ··· 087
- 第三节 编制审计工作底稿 ··· 105

第二篇 执行篇

第五章 明确审计目标 ... 115
第一节 审计目标概述 ... 116
第二节 总体目标 ... 116
第三节 具体目标 ... 119

第六章 制订审计计划 ... 124
第一节 接受业务委托 ... 126
第二节 总体审计策略 ... 132
第三节 具体审计计划 ... 135
第四节 审计计划的修改与记录 ... 136

第七章 应对审计风险 ... 139
第一节 认知审计风险模型 ... 140
第二节 评估重大错报风险 ... 142
第三节 应对重大错报风险 ... 171
第四节 实施审计抽样 ... 189

第八章 执行审计循环 ... 210
第一节 审计循环概述 ... 210
第二节 销售与收款循环 ... 213
第三节 采购与付款循环 ... 236
第四节 生产与存货循环 ... 244
第五节 货币资金的审计 ... 258

第九章 完成审计工作 ... 271
第一节 评价审计中的重大发现和识别出的错报 ... 271
第二节 编制审计差异调节表和试算平衡表 ... 273

第三节 复核审计工作和财务报表 274
第四节 期后事项审计 279
第五节 获得管理层书面声明 282
第六节 形成审计意见 286
第七节 出具审计报告 292

第三篇 拓展篇

第十章 扩展审计视野 311
第一节 国家审计 312
第二节 内部审计 318
第三节 内部控制审计 322
第四节 大数据时代审计 328
第五节 ESG 审计 334

参考文献 339

第一篇　认知篇

第一章　初识审计报告

 学习目标

- 掌握审计报告的含义与种类；
- 了解审计报告的起源与发展；
- 掌握财务报表审计报告的核心要素及其规范要求；
- 重点掌握不同意见类型审计报告的签发条件及内容格式差异。

拓展阅读

 学习重点

- 审计报告的组成、分类；
- 不同审计报告意见类型的签发条件。

 思政要求

- 认识到审计工作的严肃性和重要性，培养对职业的敬畏之心；认识到审计人员在出具报告时所承担的法律责任和社会责任，从而树立正确的职业道德观念，增强责任意识。
- 形成敬畏法制、注重规则的职业习惯和价值观念，培养规范建设我国资本市场的责任感、归属感、大局感。

 引例导读

中注协发布上市公司 2023 年年报审计情况快报（第八期）

2024 - 05 - 11

截至 2024 年 4 月 30 日，58 家事务所共为 5 354 家上市公司出具了财务报表审计报告，其中，沪市主板 1 696 家，深市主板 1 499 家，创业板 1 340 家，科创板 571 家，北交所 248 家。从审计报告意见类型看，5 240 家上市公司被出具了无保留意见审计报告（其中 50 家被出具带强调事项段的无保留意见，45 家被出具带持续经营事项段的无保留意见），85 家被出具了保留意见审计报告，29 家被出具了无法表示意见审计报告。

截至 2024 年 4 月 30 日，57 家事务所共为 3 800 家上市公司出具了内部控制审计报告，其中,沪市主板1 676家,深市主板1 489家,创业板98家,科创板527家,北交所10家。从审计报告意见类型看,3 746家上市公司被出具了无保留意见审计报告(其中73家被出具带强调事项段的无保留意见),45家被出具了否定意见审计报告,9家被出具了无法表示意见审计报告。

——摘自中国注册会计师协会网站,有改动

上述引例导读中的审计情况快报是2024年5月中国注册会计师协会网站公告的按规定截止时间前(当年4月底)的年报审计报告统计数据,这些审计报告是审计人员按照中国注册会计师审计准则的规定执行审计工作后最终完成的"作业"。那么,审计报告究竟形式如何?包括哪些内容?为什么要出具审计报告?有哪些种类?这些审计意见类型对于被审计单位究竟意味着什么?各种意见类型的签发条件是什么?本章就先让我们一起认识审计报告。

第一节 审计报告的含义及种类

 引例导读

中国联合网络通信股份有限公司2023年度审计报告

德师报(审)字(24)第P01427号

中国联合网络通信股份有限公司全体股东:

一、审计意见

我们审计了中国联合网络通信股份有限公司(以下简称"中国联通")的财务报表,包括2023年12月31日的合并及公司资产负债表、2023年度的合并及公司利润表、合并及公司现金流量表、合并及公司股东权益变动表以及相关财务报表附注。

我们认为,后附的财务报表在所有重大方面按照企业会计准则的规定编制,公允反映了中国联通2023年12月31日的合并及公司财务状况以及2023年度的合并及公司经营成果和合并及公司现金流量。

二、形成审计意见的基础

我们按照中国注册会计师审计准则的规定执行了审计工作。审计报告的"注册会计师对财务报表审计的责任"部分进一步阐述了我们在这些准则下的责任。按照中国注册会计师职业道德守则,我们独立于中国联通,并履行了职业道德方面的其他责任。我们相信,我们获取的审计证据是充分、适当的,为发表审计意见提供了基础。

三、关键审计事项

关键审计事项是我们根据职业判断,认为对本期财务报表审计最为重要的事项。这些事项的应对以对财务报表整体进行审计并形成审计意见为背景,我们不对这些事项单独发表意见。我们确定下列事项是需要在审计报告中沟通的关键审计事项。

(1) 收入确认

(2) 长期资产减值

……(因本书篇幅限制而省略)

四、其他信息

中国联通管理层对其他信息负责。其他信息包括中国联通2023年年度报告中涵盖的信息,但不包括财务报表和我们的审计报告。

我们对财务报表发表的审计意见不涵盖其他信息,我们也不对其他信息发表任何形式的鉴证结论。

结合我们对财务报表的审计,我们的责任是阅读其他信息,在此过程中,考虑其他信息是否与财务报表或我们在审计过程中了解到的情况存在重大不一致或者似乎存在重大错报。

基于我们已执行的工作,如果我们确定其他信息存在重大错报,我们应当报告该事实。在这方面,我们无任何事项需要报告。

五、管理层和治理层对财务报表的责任

中国联通管理层负责按照企业会计准则的规定编制财务报表,使其实现公允反映,并设计、执行和维护必要的内部控制,以使财务报表不存在由于舞弊或错误导致的重大错报。

在编制财务报表时,管理层负责评估中国联通的持续经营能力,披露与持续经营相关的事项(如适用),并运用持续经营假设,除非管理层计划清算中国联通、终止运营或别无其他现实的选择。

治理层负责监督中国联通的财务报告过程。

六、注册会计师对财务报表审计的责任

我们的目标是对财务报表整体是否不存在由于舞弊或错误导致的重大错报获取合理保证,并出具包含审计意见的审计报告。合理保证是高水平的保证,但并不能保证按照审计准则执行的审计在某一重大错报存在时总能发现。错报可能由于舞弊或错误导致,如果合理预期错报单独或汇总起来可能影响财务报表使用者依据财务报表作出的经济决策,则通常认为错报是重大的。

在按照审计准则执行审计工作的过程中,我们运用职业判断,并保持职业怀疑。同时,我们也执行以下工作:

……(因本书篇幅限制而省略)

我们与治理层就计划的审计范围、时间安排和重大审计发现等事项进行沟通,包括沟通我们在审计中识别出的值得关注的内部控制缺陷。

我们还就已遵守与独立性相关的职业道德要求向治理层提供声明,并与治理层沟通可能被合理认为影响我们独立性的所有关系和其他事项,以及相关的防范措施(如适用)。

从与治理层沟通过的事项中,我们确定哪些事项对本期财务报表审计最为重要,因而构成关键审计事项。我们在审计报告中描述这些事项,除非法律法规禁止公开披露这些事项,或在极少数情形下,如果合理预期在审计报告中沟通某事项造成的负面后果超过在公众利益方面产生的益处,我们确定不应在审计报告中沟通该事项。

中国注册会计师
茆广勤
(项目合伙人)
(签名并盖章)

中国注册会计师
添天
(签名并盖章)

2024年3月19日

——摘自上海证券交易所网站,有改动

上述引例导读是一份 2024 年 3 月 19 日由德勤华永会计师事务所(特殊普通合伙)给中国联合网络通信股份有限公司全体股东出具的财务报表审计报告。本节通过对这份审计报告的解读来学习审计报告的含义与种类等。

一、审计报告的法律法规要求

引例导读中的审计报告来自中国联通的 2023 年年报,列于年报的"第十节 财务报告"的开始部分,那么为什么审计报告要随年报公告?我国在多个法律法规、部门规章及规范性文件之中规范了需要出具审计报告的情形,以下是一些常见的需要出具审计报告的情形列举:

2023 年 12 月 29 日第十四届全国人民代表大会常务委员会第七次会议,第二次修订的《中华人民共和国公司法》(简称《公司法》)第二百零八条规定:"公司应当在每一会计年度终了时编制财务会计报告,并依法经会计师事务所审计。"

2019 年 12 月 28 日第十三届全国人民代表大会常务委员会第十五次会议第二次修订的《中华人民共和国证券法》(简称《证券法》)第十二条规定:"公司首次公开发行新股,应当符合下列条件:……(三)最近三年财务会计报告被出具无保留意见审计报告……"《证券法》第七十九条规定:"上市公司、公司债券上市交易的公司、股票在国务院批准的其他全国性证券交易场所交易的公司,应当按照国务院证券监督管理机构和证券交易场所规定的内容和格式编制定期报告,并按照以下规定报送和公告:(一)在每一会计年度结束之日起四个月内,报送并公告年度报告,其中的年度财务会计报告应当经符合本法规定的会计师事务所审计……"

2021 年 5 月 1 日经修订后正式开始实施的《上市公司信息披露管理办法》第十二条规定:"上市公司应当披露的定期报告包括年度报告、中期报告。凡是对投资者作出价值判断和投资决策有重大影响的信息,均应当披露。年度报告中的财务会计报告应当经符合《证券法》规定的会计师事务所审计。"

银行业、保险业等金融机构在接受监管时,亦需要提供经审计的财务报告以证明其财务状况和经营合规性。这一要求体现在多个相关法律法规、部门规章及规范性文件中,金融机构应严格遵守相关规定以确保财务报告的真实性和准确性。比如《银行业监督管理法》详细规定了银行业监督管理机构对银行业金融机构的监督管理措施,包括现场检查和非现场监管。其中,非现场监管要求银行业金融机构按照规定报送资产负债表、利润表和其他财务会计、统计报表等资料(第三十三条)。这些报表往往需经过审计以确保其真实性和准确性。再比如《中华人民共和国保险法》第一百一十七条规定,保险公司应当于每一会计年度终了后三个月内,将上一年度的营业报告、财务会计报告及有关报表报送金融监督管理部门,并依法公布。这明确指出了保险公司需要提交经审计的年度财务报告。所以,银行业和保险业等金融机构在接受监管时,需要提供经审计的财务报告以证明其财务状况和经营合规性。

基于但不限于上述法律法规等要求,被审计单位负责编制财务会计报告,会计师事务所负责对这些财务会计报告进行审计,并基于审计结果出具审计报告。审计报告与相应的财务报表应一同向公众公告或给予特定的信息使用者使用。

二、审计报告的组成

从引例导读中的审计报告可以看出,一份完整的财务报表审计报告包括以下部分:

(1) 标题:统一规范为"审计报告",突出业务性质,并与其他业务报告相区别。

(2) 报告编号:"德师报(审)字(24)第 P01427 号",会计师事务所按照自己的规则编号。

(3) 收件人:"中国联合网络通信股份有限公司全体股东",一般是审计业务的委托人,是注册会计师按照业务约定书的要求致送审计报告的对象,包括委托的单位全称及相关人员。对于股份有限公司,一般用"××股份有限公司全体股东";对于有限责任公司,一般用"××有限责任公司董事会";对于合伙企业,一般用"××合伙企业全体合伙人";对于独资企业,一般用"××公司(企业)",即该独资企业的名称。

(4) 审计意见:"我们审计了……(审计内容),我们认为……(审计结果)",这里包括两个方面的内容,第一是审计的对象和范围,详细列出被审计单位的名称以及所审计的报表名称和所属期间或时点。第二是审计结论,即意见部分,应当说明财务报表是否在所有重大方面按照适用的财务报告编制基础编制,是否公允反映了被审计单位的财务状况、经营成果和现金流量,本报告属于标准的无保留意见。

(5) 形成意见的基础:"我们按照中国注册会计师审计准则的规定执行了审计工作……按照中国注册会计师职业道德守则,我们独立于××公司,并履行了职业道德方面的其他责任。我们相信,我们获取的审计证据是充分、适当的,为发表审计意见提供了基础。"中国注册会计师执业准则体系是在注册会计师职业道德规范统领下的注册会计师业务准则和会计师事务所质量控制准则,这些是注册会计师执业的基础,能保证注册会计师执业质量,维护社会经济秩序,所以在审计报告中特别列出形成审计意见的基础,紧接着审计意见之后,并说明注册会计师是否相信获取的审计证据是充分、适当的,为发表审计意见提供了基础。这是一份标准的无保留意见审计报告,如果是非无保留意见审计报告,则要在这部分说明出具非无保留意见的原因,并冠以"形成××意见的基础"的标题,即具体的意见类型。

(6) 关键审计事项:2016 年 12 月财政部新颁布的《中国注册会计师审计准则第 1504 号——在审计报告中沟通关键审计事项》要求在上市实体通用目的财务报表审计的审计报告中沟通关键审计事项。范例按准则要求列出会计师事务所对中国联通审计中的关键审计事项及应对措施。如果注册会计师对财务报表发表了无法表示意见,则一般不得沟通关键审计事项。

(7) 其他信息:指实体年度报告中包含的除财务报表和审计报告以外的财务信息和非

财务信息。管理层对其他信息负责任,但是注册会计师应当阅读和考虑其他信息。如果其他信息与财务报表或注册会计师在审计中了解到的情况存在重大不一致,可能表明其中一方存在重大错报,这可能损害财务报表和审计报告的可信性。所以,在审计报告中要对其他信息进行说明。

(8) 管理层和治理层对财务报表的责任:管理层对财务报表的责任应包括以下两项内容,一是管理层按照企业会计准则规定编制财务报表,使其公允反映,并设计、执行和维护必要的内部控制,以使财务报表不存在由于舞弊或错误导致的重大错报;二是关于持续经营能力使用是否适当并披露相关事项。治理层对财务报表的责任是监督。

(9) 注册会计师对财务报表的责任:注册会计师对财务报表的责任主要是说明注册会计师的目标以及在执业过程中应该运用的职业判断,保持的职业怀疑,并通过说明注册会计师的责任,对审计工作进行描述。相对于管理层和治理层对财务报表的责任,审计报告中注册会计师对财务报表审计的责任部分的内容更多,更详细和具体。

(10) 会计师事务所名称、地址和公章:"德勤华永会计师事务所(特殊普通合伙),中国上海",一般只写明事务所注册地的城市名。

(11) 签字注册会计师:"茆广勤(项目合伙人)""添天",该项由项目合伙人和另一名负责该项目的注册会计师签名和盖章。为进一步增强对审计报告使用者的透明度,在对上市实体整套通用目的财务报表出具的审计报告中应当注明项目合伙人。

(12) 报告出具日期:"2024年3月19日",这是注册会计师完成审计工作的日期。在确定审计报告日期时,注册会计师应当确定:构成整套财务报表的所有报表已编制完成,被审计单位的董事会、管理层或类似机构已经认可其对财务报表负责。在实务中,注册会计师签署审计报告的日期可能与管理层签署已审财务报表的日期为同一天,也可能晚于管理层签署已审财务报表的日期。

引例是一份审计报告实例,德勤会计师事务所给中国联通出具的这份审计报告,是一份由注册会计师出具的标准的无保留意见的审计报告。那么到底什么是审计报告?审计报告如何分类?

三、审计报告的概念及分类

(一) 审计报告的概念

审计报告是指审计人员在依法执行审计工作的基础上,对被审计单位发表审计意见的书面文件。审计报告是审计工作的最终结果,是对审计工作的全面总结,是向审计服务需求者传达所需信息的重要手段,也是表明审计人员完成了审计任务并愿意承担审计责任的证明文件。

(二) 审计报告的分类

审计报告种类繁多、形式多样。审计报告按照不同方式可进行不同分类。

按审计报告的撰写主体,可以分为国家审计报告、内部审计报告和注册会计师审计报告。国家审计报告是指审计机关实施审计后,依法对被审计单位的财政收支、财务收支的真实、合法、效益发表审计意见的书面文件,是审计机关向被审计单位出具的审计意见书、作出审计决定、进行审计结果公告的基础和依据。内部审计报告指内部审计人员根据审计计划对被审计单位实施必要的审计程序后,就被审计单位经营活动和内部控制的适当性、合法性和有效性出具的书面文件。注册会计师审计报告则是由注册会计师根据审计准则的规定，在执行审计工作的基础上，对财务报表发表审计意见的书面文件。本章主要介绍的就是这种类型的审计报告。

按格式和措辞的规范性，可以分为规范性审计报告和特殊性审计报告。规范性审计报告的格式和措辞基本统一，一般适用于对外公布，而特殊性审计报告可以根据具体审计项目的情况来决定格式和措辞，不统一，一般不对外公布。注册会计师出具的年度财务报表审计报告有规范的格式和措辞，属于规范性审计报告。

按使用目的，可以分为公布目的审计报告和非公布目的审计报告。公布目的审计报告，一般用于对企业股东、投资者、债权人等非特定利益关系者公布财务报表时所附送的审计报告。非公布目的审计报告，一般用于经营管理、合并或业务转让、融通资金等特定目的而实施审计的审计报告。

按详略程度，可以分为简式审计报告和详式审计报告。简式审计报告又称短式审计报告，一般适用于公布目的，简明扼要地反映非特定多数的利害关系人共同认为的必要审计事项，且为法令或审计准则所规定的，有标准格式。详式审计报告又称长式审计报告，一般适用于非公布目的，审计对象所有重要经济业务和情况都要作详细说明和分析，主要用于指出企业经营管理中存在的问题和帮助企业改善经营管理，此类审计报告内容丰富、详细。

按发表意见的类型，可以分为无保留意见审计报告和非无保留意见审计报告两大类。无保留意见审计报告又分为两类，一类是标准的无保留意见审计报告，一类是非标准的无保留意见审计报告，即增加强调事项段、其他事项段和持续经营事项段的无保留意见审计报告。非无保留意见审计报告，又分为保留意见审计报告、否定意见审计报告与无法表示意见审计报告。

第二节　审计报告的改革变迁

引例导读

南海事件

大家都知道牛顿是大科学家，但鲜为人知的是，他还曾担任过英国皇家造币厂的厂长。造币厂长的年薪高达 2 000 英镑，在当时这可是一笔巨款。相比之下，比牛顿晚出生约 100 年的马克思在伦敦撰写《资本论》时，每年的生活费仅有几百英镑，即便如此，他还能请得起保姆。按理说，当了一辈子牛津大学教授，并在退休后担任高薪的造币厂厂长，牛顿的经济状况理应十分优渥，但他临终前却很窘迫。

为什么？因为炒股。1720 年的英国股市经历了一场大牛市，其中表现尤为突出的是拥有国家垄断权力的南海公司。1720 年 1 月，南海公司上市，股价初定为 128 英镑。之后在股民的追涨下，股价持续攀升。到了 4 月，时任造币厂厂长的牛顿终于按捺不住，投入了 7 000 英镑购买南海公司的股票。股价继续高涨，两个月后，谨慎的牛顿决定卖掉股票，结果竟然赚了 7 000 英镑。然而，在他卖出之后，股价仍继续飙升。到了 7 月，股票价格竟然达到了

1 000英镑,增值近8倍。像所有踏空的股民一样,牛顿后悔不已。但他并不服输,经过严密的科学计算后,又决定重新买入南海公司的股票,并且借钱加大了投资力度。然而,这次他的决策却失误了,股票价格开始一路狂跌。到了12月,股价又跌回到了最初的128英镑。牛顿未能及时脱身,最终亏损了2万英镑,这相当于他10年的工资。在输光了钱后,牛顿深刻理解了股市的复杂性。他坦白地说:"我能算出天体运行的轨迹,但算不出人类的疯狂。"

——摘自《读者》2009年第11期《这就是股市,上帝也无奈》,有改动

一、审计报告的起源

南海公司事件中,英国议会于1720年9月成立了由13人组成的特别委员会,秘密调查南海公司破产事件。调查过程中,委员会发现南海公司的会计记录存在严重失真,并有明显的篡改和舞弊迹象。为此,特别委员会特聘请了伦敦市霍斯特·莱思学校的会计教师查尔斯·斯内尔对南海公司的账目进行审查。斯内尔应议会特别委员会的要求,通过对南海公司会计账目的审核,于1721年编制了一份查账报告书。报告中详细指出了南海公司存在的舞弊行为,但没有对公司编制虚假账目的目的表示自己的意见。查尔斯·斯内尔因此成为世界民间审计的最早先驱者,他编制的查账报告也被视为世界最早由会计师编制的审计报告。南海公司事件不仅让包括大科学家牛顿在内的众多股民损失惨重,还催生了世界上第一份以"会计师"名义出具的"查账报告书",并诞生了世界上第一位独立会计师(注册会计师)。

审计报告的发展不是一蹴而就的,而是经过了漫长的历程。1720年南海事件中,会计师查尔斯·斯内尔出具的"查账报告书"被认为是第一份具有现代意义或真正意义上的审计报告,至今已有超过300年的发展历程。早期的审计报告缺乏规范的格式和措辞。1983年,国际会计师联合会下设的国际审计实务委员会(IAPC,后更名为国际审计与鉴证准则理事会,简称IAASB)发布了《国际审计准则(ISA)13——审计师关于财务报表的报告》,这是第一个规范审计报告的准则,审计报告的规范模式由此确立。

二、审计报告的发展

1994年,国际审计实务委员会(IAPC)对审计准则进行了修订,并发布了新的准则《国际审计准则第700号——审计师关于财务报表的报告》(ISA700)。该准则在保持审计报告基本模式不变的基础上,增加了对审计性质的详细说明,并对用语进行了规范。随后,在2001年,审计报告模式再次进行了改革,国际审计与鉴证准则理事会(IAASB)在原有的审计模式基础上,要求增加对财务报告编制框架(即审计标准)的说明。2004年,IAASB发布了新的《国际审计准则第700号——关于整套通用目的财务报表的独立审计师报告》,旧的ISA700准则被停用,这标志着现行审计报告模式的形成。2015年1月15日,IAASB进一步改革,制定了《国际审计准则第701号——关键审计事项》,用以规范在审计报告中增加关键审计事项部分,并修订了《国际审计准则第720号——审计师与其他信息相关的责任》和《国际审计准则第570号——持续经营》,分别用以明确说明审计师对包含在年报中的"其他信息"的责任和在审计报告中着重对存在重大不确定性的持续经营事项进行说明,以及披露项目合伙人的姓名和适用的职业道德守则。这一系列举措逐步增进了审计工作的透明度,增加了审计报告的信息含量和沟通价值,同时也加深了社会对审计职能的认识。

为了提高审计报告的信息含量,满足资本市场改革与发展对高质量会计信息的需求,保

持我国审计准则与国际准则的持续全面趋同,我国审计报告的发展经历了多次改革。最近的一次重大改革发生在2016年12月23日,财政部通过印发〔2016〕24号文件,正式发布了包括《中国注册会计师审计准则第1504号——在审计报告中沟通关键审计事项》在内的12项中国注册会计师审计准则(简称新审计报告准则)。新审计报告准则生效后,财政部之前发布的财会〔2010〕21号文件中涉及的11项相关准则被同时废止。2016年12月20日,中国证券监督管理委员会(简称中国证监会)发布了〔2016〕35号公告,明确了资本市场相关主体实施新审计报告准则的时间、范围和要求。在这12项审计准则中,最为核心的是新制订的《中国注册会计师审计准则第1504号——在审计报告中沟通关键审计事项》,该准则要求在上市公司的审计报告中增设关键审计事项部分,披露审计工作中的重点难点等审计项目的个性化信息,并要求注册会计师说明某事项被认定为关键审计事项的原因以及针对该事项是如何实施审计工作的。该准则仅适用于上市实体的审计业务。除该准则外,"对财务报表形成审计意见和出具审计报告""在审计报告中发表非无保留意见""在审计报告中增加强调事项段和其他事项段""与治理层的沟通""持续经营""注册会计师对其他信息的责任"等6项准则属于作出实质性修订的准则,另外5项准则主要是为了保持审计准则体系的内在一致性而进行了相应的文字调整。在这11项准则中,有的条款是仅对上市实体审计业务的规定,有的条款则是对所有被审计单位(包括上市实体和非上市实体)审计业务的规定。

第三节 审计报告意见类型及签发条件

 引例导读1

2017—2023年在规定时间内披露年报的上市公司年报审计情况汇总

年度	无保留意见审计报告					非无保留意见审计报告				合计
	标准无保留意见	带强调事项段的无保留意见	带其他事项段的无保留意见	带持续经营事项段的无保留意见	小计	保留意见	否定意见	无法表示意见	小计	
2017	3 380	38	0	33	3 451	36	0	17	52	3 502
2018	3 384	50	0	50	3 484	82	0	38	120	3 604
2019	3 543	41	0	55	3 639	126	0	45	171	3 810
2020	4 044	52	0	60	4 156	110	0	33	143	4 299
2021	4 555	59	0	49	4 663	98	1	43	142	4 805
2022	4 935	55	0	49	5 039	94	0	37	131	5 170
2023	5 142	50	0	48	5 240	85	0	29	114	5 354

——根据中国注册会计师协会网站数据汇总

从以上引例导读1的近年上市公司年报审计情况汇总可以看出,无保留意见审计报告占多数,各年均达到95%以上,其中标准无保留意见报告又占无保留意见审计报告中的多数。非无保留意见审计报告中,最少的是否定意见审计报告,近年只有1份。那么,这些意见类型的签发条件分别是什么呢?对于被审计单位而言,各种意见类型又意味着什么?这些意见类型由会计师事务所的注册会计师签发,如果签发的审计意见类型不当,又会如何?请看引例导读2。

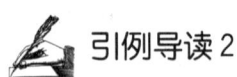

引例导读2

中国证监会行政处罚决定书(亚太所及相关责任人员)

中国证监会2023年58号处罚决定书中详细公告了亚太(集团)会计师事务所(特殊普通合伙)(简称亚太所)对郑州华晶金刚石股份有限公司(简称豫金刚石)2017、2018、2019年财务报表审计中的违法行为及处罚决定,其中违法事实有:发表的审计意见类型不当。

亚太所对豫金刚石2019年度财务报表出具了带保留意见的审计报告。

根据亚太所的审计报告、审计工作底稿,审计报告所述形成保留意见的基础部分涉及事项对豫金刚石2019年年度财务报表可能产生的影响重大且具有广泛性。

亚太所在对多个业务的商业合理性、会计处理的恰当性及其可能对财务报表产生的影响无法判断,以及持续经营能力存在重大不确定性的情况下,对豫金刚石2019年度财务报表发表保留意见而非无法表示意见,其行为违反《中国注册会计师审计准则第1502号——在审计报告中发表非无保留意见》(财会〔2019〕5号)第十条规定,其出具的审计报告存在虚假记载。

——摘自中国证券监督管理委员会网站,〔2023〕58号,有改动

引例导读2中,中国证监会2023年58号处罚决定书公告了亚太所对被审计单位发表的审计意见类型不当的事实并作出相应的处罚。那么,财务报表审计报告意见类型有哪些?这些意见类型的签发条件又分别是什么?本节将逐一进行介绍。

财务报表审计的结论是信息使用者最为关心的内容,也是其决策的重要依据。按是否为标准意见,财务报表审计报告可以分为标准意见审计报告和非标准意见审计报告两大类。其中,标准意见审计报告即为标准无保留意见审计报告,非标准意见审计报告包括非标准无保留意见、保留意见、无法表示意见和否定意见审计报告。按是否无保留意见,财务报表审计报告可以分为无保留意见审计报告和非无保留意见审计报告两大类。其中,无保留意见审计报告又分为标准无保留意见审计报告和非标准无保留意见审计报告,非标准无保留意见审计报告分为带强调事项段、带其他事项段和带持续经营事项段无保留意见;非无保留意见审计报告又包括保留意见、否定意见与无法表示意见三种。具体内容见图1-1。接下来,本节将按照无保留意见、保留意见、无法表示意见和否定意见类型逐一进行详细介绍。

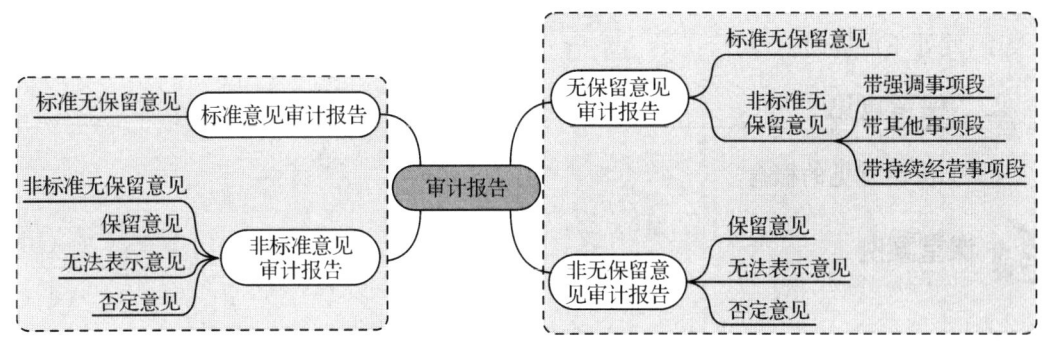

图 1-1 财务报表审计报告意见类型

一、无保留意见

(一) 无保留意见的概念

无保留意见是指注册会计师认为财务报表在所有重大方面按照适用的财务报告编制基础编制并实现公允反映时发表的审计意见。这是目前占比最大的意见类型,也是被审计单位最喜闻乐见的意见类型。

以引例导读 1 中的 2023 年数据为例,截至 2024 年 4 月 30 日,58 家事务所共为 5 354 家上市公司出具了财务报表审计报告,从审计报告意见类型看,85 家被出具了保留意见审计报告,29 家被出具了无法表示意见审计报告,没有否定意见审计报告,而 5 240 家被出具了无保留意见审计报告(其中 50 家被出具带强调事项段的无保留意见,48 家被出具带持续经营事项段的无保留意见),比例高达 97.87%,是被出具比例最多的意见类型。然而,值得投资者注意的是,即使被出具了无保留意见,也仅代表注册会计师认为被审计单位的财务报表在"所有重大方面"均按照适用的财务报告编制基础进行了编制,并实现了公允反映。这并不意味着财务报表完全没有错报或漏报,也不代表该上市公司一定值得投资。投资者在做出决策时,仍需仔细研究其财务报表数据,综合考虑公司的经营状况、市场前景、行业风险等因素。

(二) 无保留意见的签发条件

无保留意见的签发需要同时满足以下两个条件:第一,财务报表已经在所有重大方面按照适用的财务报告编制基础进行编制,公允反映了被审计单位的财务状况、经营成果和现金流量。第二,注册会计师已经按照中国注册会计师审计准则的规定计划和实施了审计工作,且在审计过程中未受到限制。

在理解这两个条件时,注意以下几个方面:① 这两个条件要同时满足。② 这两个条件分别对有无重大错报和审计范围是否受到限制进行了要求。均需要满足"无"。③ 注意关键词"所有重大方面",并非"所有方面",即被审计单位的财务报表不是完全不能有错报或漏报,但是未更正错报或漏报单独或汇总起来不可以"重大",所以注册会计师提供的是"合理保证",非"绝对保证"。

(三) 无保留意见报告关键措辞

无保留意见审计报告应当以"我们认为"作为意见段的开头,并使用"在所有重大方面"

"公允反映了"等专业术语。本章第一节的引例导读中的中国联通的审计报告就是无保留意见类型,此处不再举例。

二、保留意见

(一) 保留意见的概念

 课堂案例

康美药业

2019年8月16日下午,在证监会的例行发布会上,发言人高莉表示,2016年至2018年期间,康美药业涉嫌通过仿造、变造增值税发票等手段虚增营业收入,同时涉嫌未在相关年报中披露控股股东及关联方非经营性资金占用情况,使得相关年报存在虚假记载及重大遗漏。康美药业有预谋、有组织地长期、系统地实施财务造假行为,恶意欺骗投资者,其行为影响极为恶劣,后果极为严重。

——摘自《证券时报》,有改动

上述案例中在证监会例行发布会四个月前,注册会计师给康美药业2018年的审计结论是"保留意见"。但是这份保留意见是一份合适的保留意见吗?2021年5月28日的《上海证券交易所纪律处分决定书〔2021〕51号》(简称《处分决定书》)给出了答案。《处分决定书》中列明:"综上,2018年度,公司的营业收入存在舞弊风险。中药材贸易属于当期营业收入异常且重要的组成部分,正中珠江对其单独执行实质性审计程序以应对存在的舞弊风险。实际执行过程中,正中珠江在风险识别与评估阶段部分认定结论错误;在实施风险应对措施时,未严格执行审计计划,未保持应有的职业怀疑,未执行进一步审计程序消除疑虑,导致未获取充分、适当的审计证据。虽然正中珠江出具的公司2018年财务报表审计报告带有保留意见的事项,但其并未对营业收入事项发表保留意见。"这一份《处分决定书》不仅对2018年度的保留意见提出质疑,并且对2016和2017年的无保留意见的错误提出严厉指正,对相关注册会计师进行公开谴责。

《处分决定书》中的意见包括:① 年审注册会计师出具的公司2016年至2018年年度审计报告存在虚假记载。② 2016年和2017年公司年度报告审计期间,年审注册会计师未对公司业务管理系统实施相应审计程序,未获取充分适当的审计证据。③ 年审注册会计师对公司2016年财务报表的审计存在缺陷。④ 对公司2017年财务报表的审计存在缺陷。⑤ 对公司2018年财务报表的审计存在缺陷。

保留意见审计报告是指审计人员在审计过程中,对被审计单位的财务报表或某些交易事项存在疑虑或无法完全确认其真实性、完整性,从而在审计报告中给出的一种审计意见。这种意见表明审计人员对被审计单位财务报表的整体反映有所保留,但又不至于出具否定意见或无法表示意见的审计报告。

(二) 保留意见的签发条件

保留意见属于非标准意见类型,是被审计单位不希望见到的意见类型。注册会计师在

以下两种情况下会出具保留意见:第一,在获取充分、适当的审计证据后,注册会计师认为错报单独或汇总起来对财务报表影响重大,但不具有广泛性。第二,注册会计师无法获取充分、适当的审计证据以作为形成审计意见的基础,但认为未发现的错报(如存在)对财务报表可能产生的影响重大,但不具有广泛性。

在理解这两个条件时,注意以下几个方面:① 这两个条件只要满足其一,则出具保留意见。② 这两个条件仍然是对有无重大错报和审计范围是否受到限制进行了要求。③ 这两个条件对财务报表的影响均是"影响重大,但不具有广泛性"。

(三) 保留意见审计报告的基本内容与专业术语

保留意见审计报告将"审计意见"这一标题修改为"保留意见"。基本内容除了包括标准无保留意见审计报告的基本内容外,还应当将"形成审计意见的基础"这一标题修改为"形成保留意见的基础",在该部分包含对导致发表保留意见的事项的描述。此外,将"说明注册会计师是否已获取充分、适当的审计证据以作为形成审计意见的基础"的相关表述修改为"说明注册会计师是否已获取充分、适当的审计证据以作为形成保留意见的基础"。

如果因无法获取充分、适当的审计证据而导致发表保留意见,注册会计师应当在形成保留意见的基础部分说明无法获取审计证据的原因。

当由于财务报表存在重大错报而发表保留意见时,注册会计师应当根据适用的财务报告编制基础在审计意见部分说明:注册会计师认为,除形成保留意见的基础部分所述事项产生的影响外,财务报表在所有重大方面按照适用的财务报告编制基础编制,并实现公允反映。

当由于无法获取充分、适当的审计证据而导致发表保留意见时,注册会计师应当在审计意见部分使用"除……可能产生的影响外"等措辞。

三、无法表示意见

(一) 无法表示意见的概念

课堂案例

保千里退市

2020年4月1日,上交所作出了对江苏保千里视像科技集团股份有限公司(证券代码:600074,股票简称:*ST保千)股票实施终止上市的决定。由于该公司连续两年净资产为负值,且连续两年财务报告被会计师事务所出具了无法表示意见的审计报告,其股票自2019年4月26日起停牌。公司股价曾在2015年达到最高点,为29.89元/股,而到了2019年4月26日停牌前,股价仅为1.04元/股,2020年5月26日退市前一个交易日股价为0.17元,市值蒸发了约700亿元。

——摘自上海证券交易所网站,有改动

无法表示意见是指注册会计师由于一些重大限制不能对财务报表的合法性、公允性发表意见。无法表示意见并不是没有意见,无法表示意见本身就是一种意见。这一意见类型也是被审计单位不希望看到的审计结论。在现实中，多家上市公司因被出具无法表示意见的审计报告而被实施退市风险警示、暂停上市或终止上市。以课堂案例中的保千里为例，注册会计师在审计报告中明确列示，其持续经营能力存在重大不确定性、年度内控失效、无法确定关联方和关联交易可能产生的影响、无法判断重大或有事项的影响、无法预计中国证监会立案调查的影响。由于连续两年被出具无法表示意见的审计报告，保千里公司的股票创造了连续约30个跌停板的纪录，最终被停牌并退市，市值迅速大幅缩水。

（二）无法表示意见的签发条件

无法表示意见的签发条件是，如果无法获取充分、适当的审计证据以作为形成审计意见的基础，但是认为未发现的错报（如存在）对财务报表可能产生的影响重大且具有广泛性，注册会计师应当发表无法表示意见。简单地说就是审计范围受到限制，影响重大且广泛。典型的审计范围受到限制的情况有：第一，未能对存货进行监盘；第二，未能对应收账款进行函证；第三，未能取得被投资企业的财务报表；第四，内部控制极度混乱，会计记录缺乏系统性与完整性等。

（三）无法表示意见审计报告的基本内容与关键措辞

无法表示意见审计报告的基本内容，在标准无保留审计报告基本内容的基础上进行多方面的修正。

在发表无法表示意见时，注册会计师应当对审计意见部分使用"无法表示意见"作为标题。

在审计意见部分，只强调"我们接受委托"，而非"我们审计了……"。并说明：注册会计师不对后附的财务报表发表审计意见；由于"形成无法表示意见的基础"部分所述事项的重要性，注册会计师无法获取充分、适当的审计证据以作为对财务报表发表审计意见的基础。

将"形成审计意见的基础"这一标题修改为"形成无法表示意见的基础"，该部分包含对导致发表无法表示意见的事项的描述，说明注册会计师无法获取审计证据的原因，以及注意到的、将导致发表无法表示意见的所有其他事项及其影响。此外，该部分不应包含"提及审计报告中用于描述注册会计师责任的部分"和"说明注册会计师是否已获取充分、适当的审计证据以作为形成审计意见的基础"的相关表述。

对"注册会计师对财务报表审计的责任"的表述进行修改，仅包含下列内容：① 注册会计师的责任是按照中国注册会计师审计准则的规定，对被审计单位财务报表执行审计工作，以出具审计报告；② 但由于形成无法表示意见的基础部分所述的事项，注册会计师无法获取充分、适当的审计证据以作为发表审计意见的基础；③ 关于注册会计师在独立性和职业道德方面的其他责任的声明。④ 除非法律法规另有规定，当对财务报表发表无法表示意见时，注册会计师不得在审计报告中包含"关键审计事项"部分，也不得在审计报告中包含"其他信息"部分。

四、否定意见

(一) 否定意见的概念

 课堂案例

**罕见！这家 A 股年报直接"被否"，独董、高管紧急声明"不保真"！
连吃 15 个跌停，将遭终止上市？**

在 A 股年报季的最后一天，*ST 圣莱披露，北京兴昌华会计师事务所为其出具了带有"否定意见"的 2021 年度审计报告。另外，公司的内部控制审计报告也被出具了"否定意见"。同时，有 1 名独立董事和 2 位高管对公司年报发表了"不保真"声明。

"否定意见在 A 股中很罕见，一年也很难见到一份"，一位资深注册会计师向记者表示。记者注意到，上一次 A 股公司收到"否定意见"的年度审计报告还要回溯至 2020 年 8 月，当时中审亚太会计师事务所为*ST 富控出具了否定意见的 2019 年度审计报告。该公司已于 2021 年 5 月被上交所终止上市。

*ST 圣莱此次被出具否定意见，几乎宣告公司"保壳"面临失败，根据相关规定，公司股票可能将被深交所决定终止上市。在二级市场上，自 4 月 7 日开始，*ST 圣莱股价暴跌，并且自 4 月 11 日至今，该股已连续 15 个交易日跌停。

*ST 圣莱 2020 年度净利润为负值且营业收入低于 1 亿元、期末净资产为负值，自 2021 年 4 月 30 日起，根据深交所相关规定，公司股票被实施退市风险警示。

而*ST 圣莱 2021 年度财报被出具否定意见，这几乎宣告了公司"保壳"失败，根据相关规定，公司股票可能将被深交所决定终止上市。该股将自 5 月 5 日(周四)起停牌。

——摘自《证券时报》，有改动

上述案例中的"可能将被深交所决定终止上市"已成现实。否定意见，指注册会计师认为财务报表没有在所有重大方面按照适用的财务报告编制基础编制，未能实现公允反映被审计单位的财务状况、经营成果和现金流量而发表的审计意见。"否定意见"这个审计结论对于上市公司来说相当严酷，面临被摘牌、退市、资金断供、投资者抛售等风险；在投资者、潜在投资者、债权人和其他报表使用者当中也会引起轩然大波，会考虑采取抛售、逃离、催债、严格监管等措施降低损失和消除不良影响。

(二) 否定意见的签发条件

否定意见的签发条件是在获取充分、适当的审计证据后，如果认为错报单独或汇总起来对财务报表的影响重大且广泛，注册会计师则发表否定意见。简单地说，当错报影响重大且广泛时，注册会计师会出具否定意见。

(三) 否定意见审计报告的特别格式

否定意见审计报告的基本内容除了包括标准无保留意见审计报告的基本内容外，应当将"审计意见"这一标题修改为"否定意见"，并在审计意见内容部分说明：注册会计师认为，

由于形成否定意见的基础部分所述事项的重要性,后附的财务报表没有在所有重大方面按照适用的财务报告编制基础的规定编制,未能公允反映……

将"形成审计意见的基础"这一标题修改为"形成否定意见的基础",并对导致发表否定意见的事项进行描述,同时也应说明注意到的、将导致发表否定意见的所有其他事项及其影响。此外,将"说明注册会计师是否已获取充分、适当的审计证据以作为形成审计意见的基础"的相关表述修改为"说明注册会计师是否已获得充分、适当的审计证据以作为形成否定审计意见的基础"。

注册会计师对财务报表整体发表的审计意见是审计报告的核心。在有必要发表非无保留意见的情况下,注册会计师发表恰当类型的非无保留意见,有助于报表使用者准确解读被审计单位财务信息存在或可能存在的重大错报,降低其对被审计单位财务信息的信赖程度,从而作出理性的经济决策。

本章小结

审计报告是指注册会计师根据审计准则的规定,在执行审计工作的基础上,对被审计单位的财务报表发表审计意见的书面文件。审计报告可以按照不同方式进行分类。注册会计师财务报表审计报告通常包含标题,收件人,审计意见,形成审计意见的基础,与持续经营相关的重大不确定性(如适用),关键审计事项(如适用),其他信息(如适用),管理层对财务报表的责任,注册会计师对财务报表审计的责任,按照要求报告的事项(如适用),注册会计师的签名和盖章,会计师事务所的名称、地址和公章,报告出具日期等要素。基本的审计意见类型有无保留意见、保留意见、无法表示意见和否定意见四种。注册会计师主要通过判断以下两点来考虑审计报告意见类型:一是是否已获取充分、适当的审计证据,二是已发现的未更正错报、未发现的错报(如存在)是否重大以及对财务报表的影响是否广泛。

复习思考题

1. 审计意见的类型有哪些?
2. 什么情况下注册会计师应出具无保留意见审计报告?
3. 什么情况下注册会计师应出具保留意见审计报告?什么情况下注册会计师应出具否定意见审计报告?什么情况下注册会计师应出具无法表示意见审计报告?

课后习题

知识图谱

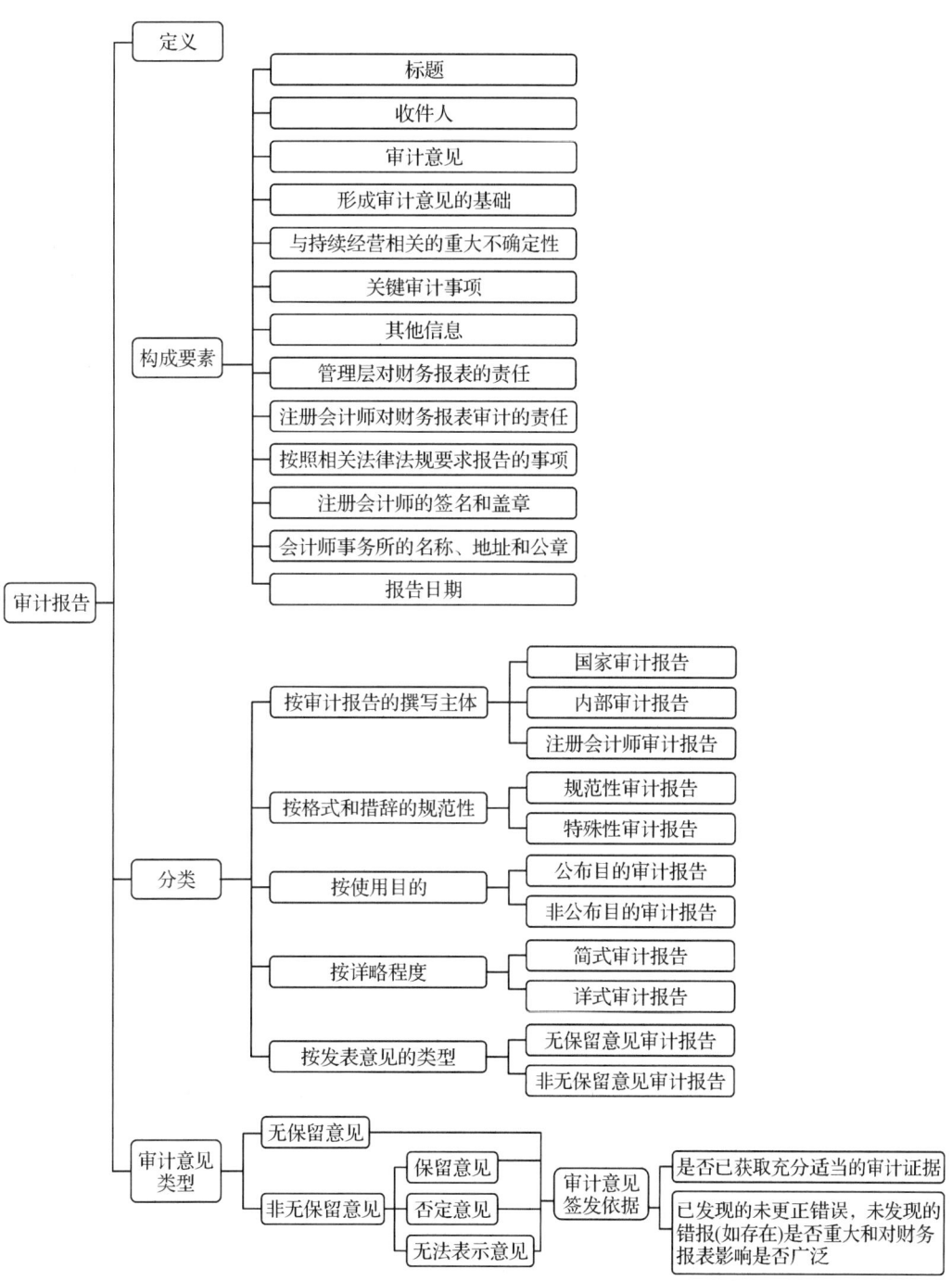

第二章　概述审计基础

 学习目标

- 掌握审计的概念和分类；
- 了解注册会计师审计的产生和发展；
- 掌握审计目标的实现过程；
- 了解注册会计师制度；
- 掌握会计师事务所的组织形式、组织结构、行业监管；
- 掌握注册会计师审计的业务类型。

拓展阅读

 学习重点

- 注册会计师审计的产生与发展；
- 审计的概念与分类；
- 注册会计师的业务类型。

 思政要求

- 熟悉审计的发展历史，把握审计的本质规律，用辩证的、唯物的、发展的眼光总结演化规律，探索审计的创新发展；
- 培养学生具备强烈的责任意识、风险意识和法治意识；
- 感受注册会计师行业的神圣使命，体会行业监管变革的长期性、艰巨性、复杂性，将个人的职业选择与我国资本市场的高质量发展紧密联系。

 引例导读

习近平：在二十届中央审计委员会第一次会议上的讲话

"审计是党和国家监督体系的重要组成部分，是推动国家治理体系和治理能力现代化的重要力量。""过去5年，审计工作在党中央集中统一领导下，主动服务党和国家事业发展大局，不断总结中国特色社会主义审计事业发展规律，守正创新、积极探索，走出了一条契合中国国情的审计新路子，新时代治国理政在审计领域取得重要制度成果。""当前，我国发展进入战略机遇和风险挑战并存、不确定难预料因素增多的时期。在强国建设、民族复兴新征程上，审计担负重要使命，要立足经济监督定位，聚焦主责主业，更好发挥审计在推进党的自我革命中的独特作用。"

2023年5月23日,习近平总书记在二十届中央审计委员会第一次会议上发表重要讲话,从党和国家事业发展全局的战略高度,系统总结新时代治国理政在审计领域取得的重要制度成果,深刻阐述推动新时代审计工作高质量发展的战略谋划,部署安排当前和今后一个时期审计的重点任务,明确提出加强审计自身建设的目标要求。习近平总书记的重要讲话进一步明确了审计的职责定位和使命任务,是推动新时代审计工作高质量发展的纲领性文件,为做好新时代审计工作指明了前进方向、提供了根本遵循。

——摘自"学习强国"学习平台

从习近平总书记的讲话中可以看出审计在治国理政中的重要性,不禁思考:什么是审计?谁来进行审计?审计的目的是什么?如何审计?本章将一一介绍。

第一节 审计是什么

由于环境不同,主体不同,人们对审计的理解也各不相同。那么到底什么是审计?在众多审计概念中,比较有代表性的是美国会计学会的定义。

一、审计的概念

美国会计学会(American Accounting Association,AAA)于1973年在《基本审计概念报告》中给出了审计的一个权威定义:审计是客观地获取和评价关于对经济活动和事项的认定的证据,以查明这些认定与既定标准之间相符合的程度,并将审计结果传达给预期使用者的一个系统过程。

为了更深入地理解这一概念,我们可以从解读相关关键术语入手(见图2-1)。

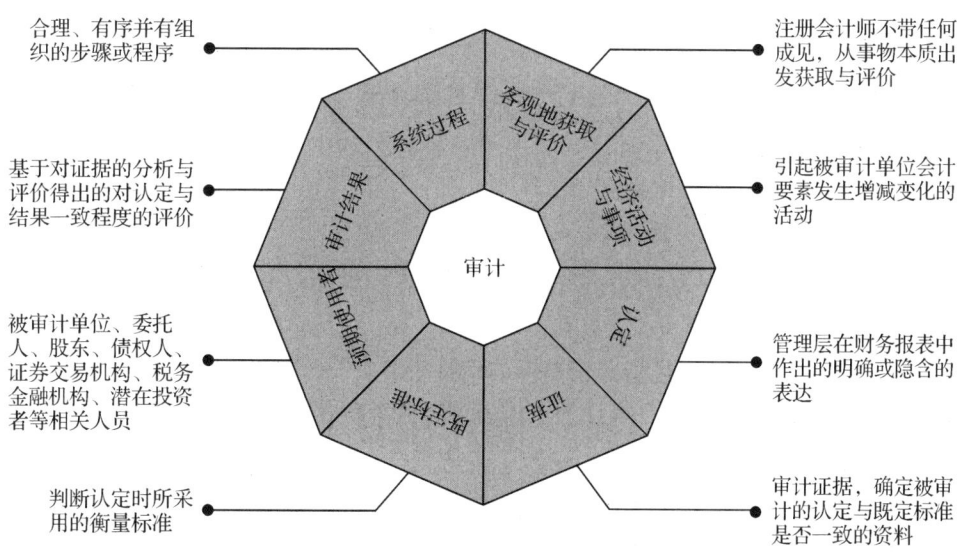

图2-1 审计概念关键术语图

关键术语"客观地获取与评价"。客观,对应主观,客观是注册会计师职业道德准则的基本原则之一,需要注册会计师不带任何成见,从事物本质出发。

关键术语"经济活动和事项"。引起被审计单位的资产、负债、所有者权益及收入和费用发生增减变化的活动,是经济活动和事项。

关键术语"认定"。认定是指管理层在财务报表中作出的明确或隐含的表达,注册会计师将其用于考虑可能发生的不同类型的潜在错报。当被审计单位管理层声明财务报表已按适用的财务报告框架进行编制,在所有重大方面作出公允反映时,就意味着管理层对财务报表各组成要素的确认、计量、列报以及相关的披露作出了认定。管理层在财务报表上的认定有些是明确的,有些是隐含的。

关键术语"证据"。证据指的是审计证据,审计证据是审计人员用来确定被审计的认定与既定标准是否一致的资料。获取和评价证据是审计的中心环节,客观地获取和评价证据要求对被审计单位有关认定的形成基础加以审查,并对其结果加以公正的评估,不因支持或反对作此认定的个人或单位而有所偏差或持有任何偏见。

关键术语"既定标准"。既定标准指判断认定时所采用的衡量标准,这些标准可能是立法机关所制定的规则,或管理层所拟订的预算或绩效衡量标准,也可能是财务会计委员会或其他权威机构所制定的一般公认会计原则等。

关键术语"预期使用者"。查明的认定与既定标准之间的相符合程度,一般需要采用书面形式,比如以财务报表审计报告的形式,传达给相关人员。相关人员就是"预期使用者",包括被审计单位、委托人、股东、债权人、证券交易机构、税务金融机构、潜在投资者等。

关键术语"审计结果"。审计结果是基于对证据的分析与评价而得出的对认定与结果的一致程度的评价。审计结果的传达通常采用书面报告的形式,如财务报表审计报告。

关键术语"系统过程"。系统过程指的是合理、有序并有组织的步骤或程序。审计是一个遵循顺序、逻辑严密的活动,要求审计的事前规划必须详细周到,执行过程必须合乎顺序逻辑,传达结果的报告必须用户明确且准时送达。

二、审计分类

从不同角度对审计有不同的分类。对审计进行科学分类,可以帮助我们正确理解和掌握不同的审计形态,可以更有效地组织和运用各种类型的审计,更好地发挥审计的职能作用,建立完善我国的审计监督体系。

(一) 按审计主体分类

审计主体是指从事审计活动的执行机构或执行者。审计按主体不同,分为政府审计、内部审计、民间审计。

政府审计又称国家审计,是指国家专设的审计机关,代表国家对各级政府所辖区域内被审单位所进行的审计。我国政府审计的主体有国务院审计署及派出机构和地方各级人民政府审计厅(局)。

内部审计是指由本部门和本单位内部所设立的专职审计机构或审计人员所进行的审计,包括部门内部审计和单位内部审计。内部审计组织独立于财会部门之外,直接接受本部门和本单位最高负责人领导,并向其报告工作。内部审计涉及范围较广,审计方式灵活,一般根据本部门和本单位经营管理需要而定。

民间审计又称社会审计、注册会计师审计,是指经有关部门审核批准的注册会计师组成的会计师事务所进行的审计。民间审计主体是从事独立审计活动的会计师事务所及其注册会计师等审计人员。民间审计的主要特点是独立性、受托性和有偿性。

(二) 按审计的内容及目的分类

审计按照目的和内容不同,可以分为财务报表审计、经营审计和合规性审计。

财务报表审计也称会计报表审计,是指通过执行审计工作,对财务报表是否按照适用的财务报告编制基础编制发表审计意见。财务报表编制基础分为通用目的编制基础和特殊目的编制基础,其中通用目的的编制基础主要是指会计准则。财务报表审计大多数情况下由注册会计师完成,以独立第三方的身份对财务报表发表意见,但是政府审计人员和内部审计人员有时也会对企业财务报表进行审计。注册会计师审计的财务报表通常由被审计单位管理层提供给外部利益相关者使用,在一些情况下,也供管理层进行内部决策使用。

经营审计是为了评价被审计单位经营活动的效率和效果,对其经营程序和方法进行的审计。内部审计人员、政府审计人员和注册会计师都可以执行经营审计。经营审计的结果以一定的报告形式传达给用户,但是这种报告的形式与内容随着约定任务的情况不同而有非常大的区别。经营审计的用户通常是被审计单位,经营审计报告很少被第三方所获取。

合规性审计是为了确定被审计单位是否遵循了特定的法律、法规、程序或规则,或者是否遵守经营合同或报告的要求而进行的审计。对增值税纳税申报、个人所得税代扣代缴、银行结算、成本开支等行为进行的审计都属于合规性审计,合规性审计的结果通常报送给被审计单位管理层或外部特定使用者。

(三) 按审计范围分类

审计按照范围不同,可以分为全面审计、局部审计和专项审计。

全面审计又称全部审计,是指对被审计单位一定期间的财政财务收支及有关经济活动的各个方面及其资料进行全面的审计。

局部审计又称部分审计,是指对被审计单位一定期间的财务收支或经营管理活动的某些方面及其资料进行部分、有目的、有重点的审计。

专项审计又称专题审计,是指对某一特定项目所进行的审计。

(四) 按审计实施时间分类

审计按照实施时间分类,可以分为事前审计、事中审计和事后审计。

事前审计是指在被审计单位经济业务发生以前进行的审计。对预算或计划的编制和经济事项的预测及决策进行的审计,都属于事前审计。

事中审计是指在被审计单位经济业务执行过程中进行的审计。

事后审计是指在被审计单位经济业务完成以后进行的审计。财务报表审计属于事后审计。

(五) 按审计动机分类

审计按照审计动机分类,可以分为强制审计和任意审计。

强制审计是指审计机构根据法律、法规规定对被审计单位行使审计监督权而进行的审计。不管被审计单位是否愿意接受,都应依法进行。

任意审计是指被审计单位根据自身需要,要求审计组织对其进行的审计。

(六) 按审计执行地点分类

审计按照执行地点分类,可以分为报送审计和实地审计。

报送审计又称送达审计,是指审计单位按照规定,对被审计单位报送的凭证、账簿和财务报表等资料进行的审计。

实地审计是指审计机构委派审计人员到被审计单位所在地进行的审计。

(七) 按审计方法分类

审计按照适用的技术和方法分类,可以分为账项基础审计、制度基础审计和风险导向审计。这三种方法同时反映了审计实践的发展和演变,也体现了审计行业对不同审计需求和环境的适应性。

账项基础审计又称详细审计,是围绕会计凭证、账簿和报表的编制过程进行的,通过对财务报表上的数字进行详细核实来判断是否存在舞弊行为和技术性错报。这种方法在审计发展的早期占据主导地位,特别适用于组织结构简单、业务性质单一的企业。

制度基础审计是以内部控制为基础的审计方法,强调对内部控制的测试和评价,根据对内部控制的测试结果来决定财务报表审计的范围。随着企业规模的扩大、统计抽样技术的应用以及内部控制的普及,制度基础审计逐渐成为主流,它提高了审计的效率和效果。

风险导向审计是围绕重大错报风险的识别、评估和应对进行审计工作。风险导向审计是当今主流的审计方法,要求审计人员从对企业环境和企业经营进行全面的风险评估出发,使用风险导向模型,积极采用分析程序,制定总体审计策略和具体审计计划,以确保审计工作的效率和效果。同时,风险导向审计也体现了审计行业对风险管理的重视和应对。

第二节 为什么审计

通过对上一节的学习,了解了什么是审计,那么为什么要审计?审计是怎么产生的?又是如何发展到今天的?本节一起来学习。

一、审计产生的动因

审计是随社会经济发展的需求而存在和发展的。关于如何认识审计存在和发展的动因,理论界和职业界存在不同的观点,主要包括信息理论、代理理论、受托责任论、保险理论和冲突理论等。但是所有理论均基于以下根本动因。

(一) 根本动因

从审计产生和发展的历史可以看出,财产所有者和经营者之间形成的受托经济责任关系是审计产生和发展的根本动因(见图2-2)。

受托经济责任关系是财产经营权由委托者转至受托者所引致的委托、受托双方相关权利、义务和责任的契约关系。在这种关系下,委托人为保护自身的经济利益,需要对受托人提供报告的真实性以及履行受托责任的情况进行监督、检查,以便确认或解除受托责任。但是,由于财产委托人自身在能力、检查技术、法律、地域或经济等方面的限制,不能或无法亲自审核查实受托人的活动,这就需要有一个具有相对独立身份的第三者加以检查和评价,这就是审计,因此,受托责任关系的存在是审计产生的根本动因。当审计人员介入受托经济责任关系后,审计人员与受托责任双方就构成了审计关系。

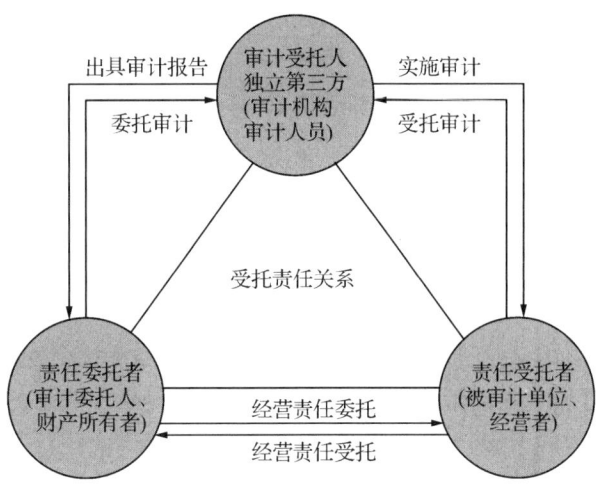

图 2-2 审计产生动因中的三方关系人

(二) 具体理论假说

基于以上动因,形成了几种审计动因理论假说,列举如下。

1. 信息理论

信息理论将审计视为一种降低信息风险的活动,审计的结果可以使信息更加可靠,减少出现于管理层和投资者之间的潜在的信息不对称,使市场更具效率。

该理论分为信号传递理论和信息系统理论。信号传递理论认为,高素质企业为了避免"柠檬市场"(信息不对称市场)现象,就必须向市场传递高质量的财务信息。独立第三方执行的审计可作为一种可信的信号,将其与低素质的企业区分开来。信息系统理论是随着会计信息决策有用观的出现而得到推行的,该理论强调审计的本质在于提高信息的可信性和决策有用性。

2. 监督理论

监督理论的基础是委托代理理论,委托代理的双方存在潜在的利益冲突,假如没有经过检查,追求个人利益最大化的代理人会耗费更多的资源去完成原本可以不需耗费那么多资源就能完成的事情,从而资源的最优配置就无法实现。理性的投资者在对公司证券进行价值估计时,会将这一点考虑进去,导致股份下降。因此,代理人存在动机去建立一种机制,以对其自身的机会主义行为进行约束,从而向投资者证明自己的行为是符合委托人的利益的。聘请独立的审计人员进行审计,就是这种自我约束机制之一。

3. 保险理论

保险理论认为,审计是降低风险的活动,即审计是一个把财务报表使用者的信息风险降低到社会可接受的风险水平以下的过程,甚至认为审计是分担风险的一项服务。因为一旦企业发生经营失败,假如投资者是依据审计过的财务报表做出公司证券买卖决策的,并由此遭受了利益损失,法律上就提供了某种程度的针对审计师的追索权。因此,审计师可能给投资损失者一定的补偿。向审计师追索的成功与否以及金额多少取决于所执行的法律系统。但是不论是在哪种观念下的法律系统中,审计总能为投资者提供一定程度的保险,从而能在一定程度上补偿他们的损失。

4. 冲突理论

审计是通过独立的合理保证业务来维护各个利益集团利益的方式,审计存在的根本原因在于人与人之间的利害冲突。因为财务报表的提供者和使用者之间、使用者和使用者之间的利益并不一致,这种实际或潜在的利害冲突导致财务报表存在不实报道的可能性,而审计是协调冲突的活动。

二、审计的产生

从上述动因可以看出,受托责任关系的出现与深化是经济社会发展到一定阶段的必然产物,财产所有者与经营者之间形成的受托经济责任关系是审计产生的根本动因,审计是人类社会发展到一定阶段的产物。

在奴隶社会之前,由于社会生产力低下,人们共同劳动并平均分配劳动成果,没有阶级和剥削的存在。因此,资产的所有者和管理者之间并没有明确区分,也不存在为他人管理、经营资财的责任关系,这导致了缺乏产生审计的条件。然而,审计的最初形态在公元前已有所体现,当时出现了专门的官员负责对口头报告进行听证,以确保报告的准确性和真实性,这可以视为最早的国家审计形式。进入奴隶社会后,少数人开始占有社会资财并剥削他人的劳动,形成了所有者授权管理者管理资财的经营责任关系。这种关系逐渐导致了社会分工的细化,奴隶主将其所有的资财授权给所属官员进行管理,特别是对钱粮赋税的管理。同时,为了监督这些管理者的活动,奴隶主也授权有知识和专长的官员对资财管理者的管理活动和经营活动进行检查和评价。正是在这种经济责任关系产生后,审计应运而生,旨在明确或解除资财管理者的经济责任。随着人类社会的进步和经济的发展,社会经济责任关系变得越来越复杂,与此相适应的审计也随之发展。特别是股份制企业的出现,形成了大量不直接参与经营活动的投资者。为了保护这些投资者和债权人的切身利益,民间审计应运而生并不断发展。此外,随着政府各部门和企业分层、分权管理制度的发展,内部审计也逐渐产生并发挥作用。

所以说,国家审计是世界审计的最初形态。与国家审计相比,注册会计师审计和内部审计产生较晚。本书主要围绕注册会计师审计的程序和方法展开,本章主要介绍注册会计师审计的产生和发展。

三、注册会计师审计的产生和发展

(一) 注册会计师审计的产生

注册会计师审计的起源,根植于商品经济发展的肥沃土壤之中,其核心动因在于企业财产所有权与经营权的分离。追溯其萌芽,可至16世纪末的意大利,当时地中海沿岸国家的商品贸易蓬勃发展,一种由众多合伙人集资并委托特定人士经营贸易的合伙经营方式应运而生。在这种模式下,财产所有权与经营权的分离催生了对经营管理者进行监督的需求,于是,财产所有者开始聘请会计工作者来担当此任,这标志着审计作为独立第三方角色的最初形态。

1581年,威尼斯会计学会的成立标志着全球首个会计职业团体的诞生,预示着注册会计师审计的初步萌芽。

而现代民间审计的真正兴起,则与18世纪60年代至19世纪中叶的英国工业革命紧密相连。工业革命的完成极大地推动了资本主义商品经济的发展,股份公司作为一种新的企业组织形式出现,其特征是通过发行股票来筹集资金。在这样的背景下,股份公司中的股东、债权人以及潜在投资者对了解企业财务状况和经营成果的需求日益增长,因此,由独立的会计师对股份公司的财务报告进行审计变得尤为重要。

1720年的"南海事件"是一个关键转折点。南海公司的欺诈行为导致其破产,给众多投资者带来巨大损失。为此,英国议会聘请查尔斯·斯内尔对该事件进行审计,斯内尔以"会计师"身份提交的"查账报告书",标志着独立会计师(注册会计师)的正式诞生。

为保护广大股票持有者的权益,英国于1844年颁布了《公司法》,规定股份公司必须设立监察人负责审查公司账目。然而,由于监察人通常由股东担任,且多数不熟悉会计和监察方法,难以有效履行监督职责。因此,1845年英国政府修订了《公司法》,允许股份公司聘请执业会计师协助办理此业务,这一规定极大地推动了民间审计的发展。

至于注册会计师职业的形成标志,则是1853年爱丁堡会计师协会在苏格兰爱丁堡的成立,这是世界上第一个职业会计师的专业团体,宣告了注册会计师职业的正式形成。随后,英国多家会计师协会相继成立,民间审计队伍迅速壮大。然而,此时的英国民间审计尚缺乏系统的方法和理论支撑,其主要目的是查错揭弊,通过对大量账簿记录的逐笔审查来实现,即详细审计。由于详细审计起源于英国并盛行于此,因此也被称为英国式审计。综上所述,注册会计师审计的产生经历了一系列具有里程碑意义的事件(具体见图2-3)。

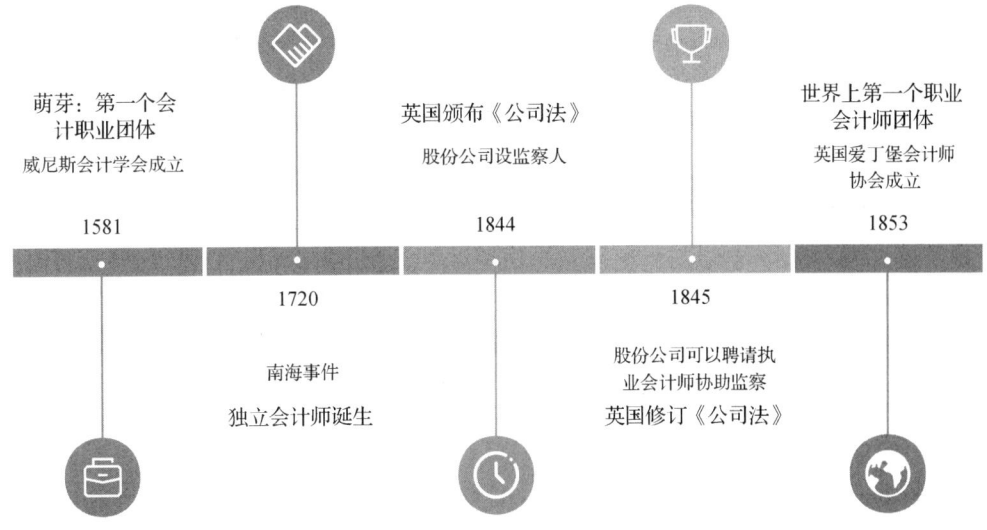

图2-3　注册会计师审计的产生

（二）注册会计师审计对象的演变

从第一个独立会计师和第一份查账报告的产生至今已有 300 年历史，其间随着商品经济的发展，审计也不断向前发展。从审计对象的演变过程来看，注册会计师的审计可以划分为会计账项审计、资产负债表审计和财务报表审计这三个阶段。接下来，我们将深入剖析各个阶段的审计目的及其特点。

1. 会计账项审计阶段——为查错防弊而审计

会计账目审计阶段是从 19 世纪中叶至 20 世纪初。在这个阶段，英国审计仍然占主导地位。审计的方法是对会计账目进行逐笔的详细审计，审计报告的主要使用者是企业股东。审计逐渐由任意审计转变为法定审计，其主要目的在于查错防弊，确保企业财产的安全与完整。

2. 资产负债表审计阶段——为判断企业偿债能力而审计

资产负债表审计阶段大致包括 20 世纪的前 30 年。在这个阶段，全球经济中心由欧洲转向美国。当时，企业筹资主要依赖银行贷款，而银行判断企业偿债能力的主要依据是资产负债表，这就需要有独立的第三方对债务人的资产负债表进行审核，所以资产负债表审计就成为此阶段独立会计师的主要业务。由于资产负债表审计首先在美国实施，故又被称为美国式审计。此阶段注册会计师审计的主要特点是：审计对象由会计账目扩大到资产负债表；审计方法从详细审计初步转向抽样审计；审计报告的使用者除企业股东外，更突出了债权人的需求；审计的主要目的在于通过审查资产负债表来判断企业的信用状况。

3. 财务报表审计阶段——为对财务报表发表审计意见而审计

财务报表审计阶段是从 20 世纪 30 年代至今。随着 20 世纪 30 年代后美国证券市场的快速发展，全球资本市场也迎来了迅猛发展的时期。为保护投资者权益，上市公司需要向证券交易管理部门报送经过审计的相关报表，为顺应这种需要，注册会计师审计从资产负债表审计逐步扩大到财务报表审计。此阶段注册会计师审计的主要特点是：审计对象转为企业的全部财务报表及相关资料；审计范围扩大到测试相关内部控制制度；计算机审计和大数据技术逐渐被运用；审计报告的使用者进一步扩大，包括股东、债权人、潜在的投资者、证券交易机构、政府及社会公众；注册会计师审计准则体系不断建立和完善，注册会计师资格考试和认证制度逐步推行；审计的主要目的在于对财务报表发表审计意见。

（三）注册会计师审计模式的演进

审计模式是审计导向性目标、范围和方法等要素的组合，它规定了如何分配审计资源、如何控制审计风险、如何规划审计程序、如何收集审计证据、如何形成审计结论等内容。审计环境的不断变化和审计理论水平的不断提高，促进了审计模式和方法的不断发展和完善。一般认为，审计模式和方法的演进经历了账项导向审计阶段、内控导向审计阶段和风险导向审计阶段。

1. 账项导向审计阶段

该阶段大致从 19 世纪中叶到 20 世纪 40 年代。最初以查错防弊为主要目的，详细审查公司的全部账簿和凭证。随着企业规模日渐增大，审计范围不断扩大，审计师无法全面审查企业的会计账目，客观上要求改变原有的审计模式。注册会计师审计开始转向以财务报表为基础进行抽查,审计方式由顺查法改为逆查法。在此阶段,抽查的数量仍然很大,但是由于采取以判断抽样为主的方法,审计师仍难以有效揭示企业财务报表中可能存在的重大错弊。

2. 内控导向审计阶段

20世纪40年代以后,财务报表的外部使用者越来越关注企业的经营管理活动,日益希望审计师全面了解企业的内部控制情况。经过长期的审计实践,审计师们也发现内部控制制度与财务信息质量具有很大相关性。为顺应这种要求并提高审计工作效率,账项导向审计逐渐发展为内控导向审计,即通过了解和评价被审计单位的内部控制制度,评估审计风险,制订审计计划并确定审计实施的范围和重点,在此基础上进行实质性测试,获取充分、适当的审计证据,从而提出合理的审计意见。通过实施内控导向审计,大大提高了审计工作的效率和质量,但是客观上也增加了审计风险。

3. 风险导向审计阶段

20世纪70年代以来,审计诉讼案件日益增加,为合理防范和降低审计风险并降低审计成本,注册会计师审计逐渐从内控导向审计发展到风险导向审计。在此阶段,审计人员通过对审计风险的量化和模型化,确定审计证据的数量,使审计风险的控制更加科学有效。风险导向审计的出现,有助于审计人员有效控制审计风险,提高审计效率和效果,标志着注册会计师审计发展到了一个新阶段。

图2-4通过展示审计对象和审计模式的演变,详细列示了注册会计师审计的发展过程。

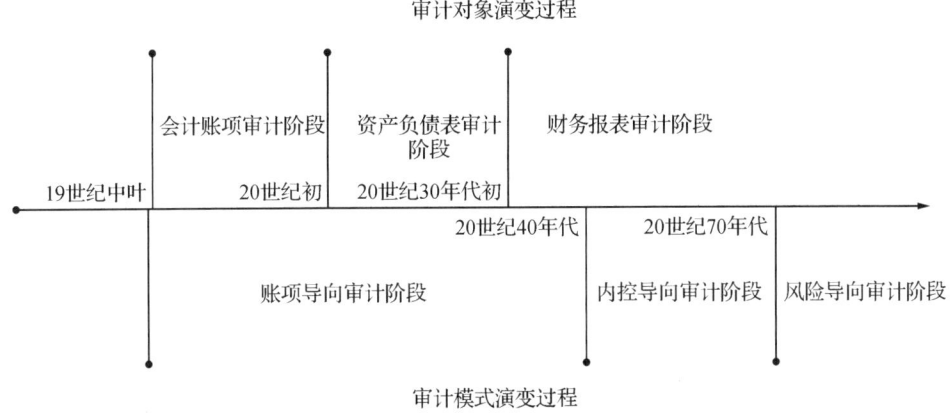

图2-4 注册会计师发展演变过程

四、我国注册会计师审计的发展

在我国,注册会计师审计晚于西方国家,始于辛亥革命以后。大致经历了以下三个阶段。

第一阶段:起步阶段(20世纪初至1948年)。20世纪初,我国的社会审计业务被外国注册会计师包揽,一批爱国学者为了维护民族利益与尊严,积极倡导创建中国的注册会计师审计事业。1918年6月,著名会计学家上书北洋政府财政部和农商部,要求推行注册会计师制度。同年,北洋政府颁布了我国第一部注册会计师审计法规——《会计师暂行章程》,谢霖获准成为我国第一位注册会计师,并创办了第一家注册会计师审计机构——正则会计师事务所。此后,一批中国自己的注册会计师陆续被批准执业。1933 年,全国性的会计师组织——全国会计师协会宣告成立,此后,各地的会计师公会也相继成立。至 1947 年,全国已拥有注册会计师 2 619 人,当时的会计师事务所主要集中在沿海大陆城市,业务涉及为企业设计会计制度、代理申报纳税、培训会计人才和提供其他会计咨询服务。

第二阶段:探索阶段(1949 年至 2005 年)。中华人民共和国初期,在我国国民经济恢复过程中,注册会计师审计曾发挥了积极作用,但是之后一段时间陷入停滞状态。1978 年,党的十一届三中全会作出了实行改革开放的历史性决策,注册会计师制度重新启动,按照国际通行做法,我国建立了注册会计师独立审计制度。1980 年 12 月,财政部颁发了《关于成立会计顾问处的暂行规定》,标志着我国注册师制度得到了恢复重建。1995 年 6 月,中国注册会计师协会与中国注册审计师协会实现联合,开创了统一法律规范、统一执业标准、统一监督管理的行业发展新局面,为行业的规范发展奠定了良好的基础。在这个阶段,会计师事务所以及全国性的协会组织相继成立、全国注册会计师考试恢复、注册会计师行业的专门法律颁布、审计准则逐步制定完善,促进了注册会计师行业的迅猛发展。到 2000 年,我国的会计师事务所、注册会计师个人会员、从业人员已经有了相当的规模。

第三阶段:国际发展阶段(2005 年至今)。2005 年,财政部和中国审计准则委员会明确提出完善中国审计准则体系、加快实现国际趋同的主张,并制订了趋同的工作计划。2006 年 2 月,与国际审计准则趋同的《中国注册会计师执业准则》及其应用指南发布,自 2007 年 1 月 1 日起实施。随后,为与国际审计准则保持全面趋同,我国审计准则及其应用指南进行了多次更新与修订。在趋同的同时,为了培育服务中国企业"走出去"的国内大型会计师事务所,中国注册会计师协会出台了大量推动国内会计师事务所发展壮大的措施以及规范会计师事务所管控的制度,并得到了国务院和财政部的支持。截至 2024 年 5 月 31 日,全国共有会计师事务所 10 794 家,注册会计师 105 667 人,非执业会员 281 237 人,从业人员超过 40 万人。每年行业服务企事业单位 420 余万家,2023 年行业实现业务收入 1 106.75 亿元。

第三节 如何审计

根据美国会计学会关于审计的定义,审计是客观地获取和评价关于对经济活动和事项的认定的证据,以查明这些认定与既定标准之间相符合的程度,并将其传达给预期使用者的一个"系统过程"。这个过程包括确定审计目标,并实施该目标。那么,这个系统的过程具体如何实现?

一、审计目标的实现过程

审计目标分为总体目标和具体目标。总体目标,是指注册会计师为完成整体审计工作而达成的预期目的,是最终目标;具体目标,是指注册会计师通过实施审计程序以确定管理层在财务报表中确认的各类交易、事项、账户余额、披露层次认定是否恰当,是行动目标。具体目标是达成总体目标的基础。

以上目标如何实现？也就是说审计师如何实现风险导向审计的审计目标？审计目标的实现过程通常包括接受业务委托、计划审计工作、实施风险评估程序、实施风险应对程序，以及完成审计工作并出具审计报告（见图2-5）。

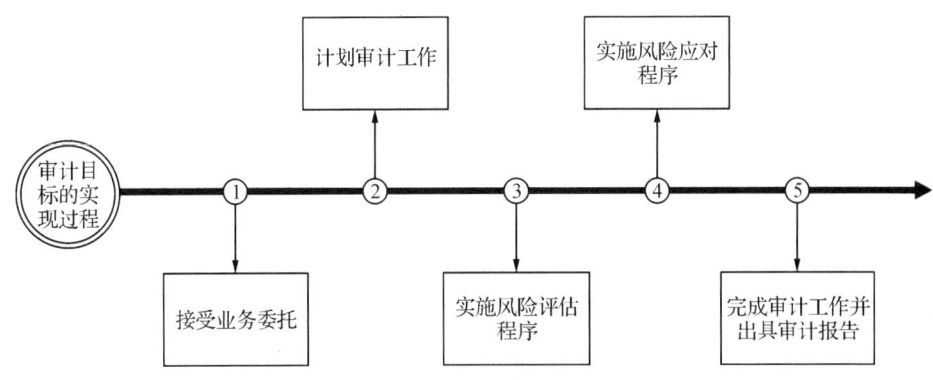

图2-5 审计目标的实现过程

（一）接受业务委托

会计师事务所应当按照执业准则的规定，谨慎决策是否接受或保持客户关系和具体审计业务。会计师事务所应当执行一些客户接受和保持的程序，获取如下信息：客户的诚信情况；会计师事务所是否具有执行业务必要的素质、专业胜任能力、时间和资源；是否能够遵守职业道德规范。

（二）计划审计工作

计划审计工作是整个审计工作的起点。为了保证审计目标的实现，注册会计师必须在具体执行审计程序之前，制订审计计划，对审计工作进行科学、合理的计划与安排。计划审计工作包括总体审计策略和具体审计计划等。计划工作不是一个孤立阶段，而是一个持续的、不断修正的过程，贯穿整个审计过程的始终。

（三）实施风险评估程序

所谓风险评估程序，是指注册会计师实施的了解被审计单位及其环境并识别重大错报风险的程序。现代审计是一种风险导向的审计，风险评估是必要程序，了解被审计单位及其环境是必要程序，特别是为注册会计师在许多关键环节作出职业判断提供了重要基础，这一过程实际上是一个连续和动态地收集、更新与分析信息的过程，贯穿整个审计过程的始终。注册会计师应当运用职业判断确定需要了解被审计单位及其环境的程度。

（四）实施风险应对程序

注册会计师实施风险评估程序本身还不足以为发表审计意见提供充分、适当的审计证据，注册会计师还应当实施进一步的审计程序，包括实施控制测试和实质性程序，这些都属于风险应对程序。控制测试指的是测试控制运行的有效性，实质性程序是指注册会计师针对评估的重大错报风险实施的直接用以发现认定层次重大错报的审计程序。注册会计师在评估财务报表重大错报风险后，应运用职业判断，针对评估的财务报表层次重大错报风险确定总体应对措施，并针对评估的认定层次重大错报风险设计和实施进一步的审计程序，以将审计风险降至可接受的低水平。

（五）完成审计工作并出具审计报告

注册会计师完成了财务报表所有循环的进一步审计程序后，还应当按照有关审计准则的规定做好审计完成阶段的工作，并根据所获取的各种证据，合理运用专业判断，形成适当的审计意见。在终结审计阶段，注册会计师需要做的工作主要包括：审计期初余额、比较数据、期后事项和或有事项；考虑持续经营问题和获取管理层声明；编制审计差异调整和试算平衡表；复核审计工作底稿和财务报表；与管理层和治理层沟通；形成审计意见，草拟审计报告；实施项目质量控制复核等。

二、审计基本要求

要实现审计的目标，还需要遵守审计的基本要求。审计的基本要求包括遵守审计准则、遵守职业道德守则、保持职业怀疑和运用职业判断等。

（一）遵守审计准则

审计准则是衡量注册会计师执行财务报表审计业务的权威性标准，涵盖从接受业务委托到出具审计报告的整个过程。注册会计师在执业过程中应当遵守审计准则的要求。《中华人民共和国注册会计师法》（简称《注册会计师法》）第二十一条规定，注册会计师执行审计业务，必须按照执业准则、规则确定的工作程序出具报告；第三十五条规定，中国注册会计师协会依法拟订注册会计师执业准则、规则，报国务院财政部门批准后施行。

（二）遵守职业道德守则

注册会计师受到与财务报表审计相关的职业道德要求（包括与独立性相关的要求）的约束。相关的职业道德要求通常是指中国注册会计师职业道德守则中与财务报表审计相关的规定。

《中国注册会计师职业道德守则第1号——职业道德基本原则》和《中国注册会计师职业道德守则第2号——职业道德概念框架》规定了与注册会计师执行财务报表审计相关的职业道德基本原则，并提供了应用这些原则的概念框架。根据职业道德守则，注册会计师应当遵循的基本原则包括诚信、独立性、客观公正、专业胜任能力和勤勉尽责、保密和良好的职业行为。

《中国注册会计师职业道德守则第3号——提供专业服务的具体要求》和《中国注册会计师职业道德守则第4号——审计和审阅业务对独立性的要求》说明了注册会计师执行审计和审阅业务时如何在具体情形下应用概念框架。

《会计师事务所质量管理准则第5101号——业务质量管理》规定了会计师事务所设计、实施和运行质量管理体系的责任，同时规定了会计师事务所应当制定政策和程序，以合理保证会计师事务所及其人员遵守相关职业道德要求（包括独立性相关的要求）的责任。

《中国注册会计师审计准则第1121号——对财务报表审计实施的质量管理》规定了项目合伙人与相关职业道德要求有关的责任。这些责任包括：通过观察和必要的询问，对项目组成员违反相关职业道德要求的迹象保持警觉；如果注意到项目组成员违反相关职业道德要求，确定采取的适当措施；就适用于审计业务的独立性要求的遵守情况形成结论。

(三) 保持职业怀疑

在计划和实施审计工作时，注册会计师应当保持职业怀疑，认识到可能存在导致财务报表发生重大错报的情形。职业怀疑，是指注册会计师执行审计业务的一种态度，包括采取质疑的思维方式，对可能表明由于舞弊或错误导致错报的情况保持警觉，以及对审计证据进行审慎评价。职业怀疑应当从下列四个方面进行理解：

一是职业怀疑在本质上要求秉持一种质疑的理念。这种理念促使注册会计师在考虑获取的相关信息和得出结论时采取质疑的思维方式。在这种理念下，注册会计师应当具有批判和质疑精神，摒弃"存在即合理"的逻辑思维，寻求事物的真实情况。职业怀疑与职业道德基本原则相互关联，例如，保持独立性可以增强注册会计师在审计中保持职业怀疑的能力。

二是职业怀疑要求对引起疑虑的情形保持警觉。这些情形包括但不限于：相互矛盾的审计证据；引起对文件记录、对询问的答复的可靠性产生怀疑的信息；表明可能存在舞弊的情况；表明需要实施除审计准则规定外的其他审计程序的情形。

三是职业怀疑要求审慎评价审计证据。审计证据包括支持和印证管理层认定的信息，也包括与管理层认定相互矛盾的信息。审慎评价审计证据是指质疑相互矛盾的审计证据的可靠性。在怀疑信息的可靠性或存在舞弊迹象时（如在审计过程中识别出的情况使注册会计师认为文件可能是伪造的或文件中的某些信息已被篡改），注册会计师要作出进一步调查，并确定需要修改哪些审计程序或实施哪些追加的审计程序。应当指出的是，虽然注册会计师需要在审计成本信息的可靠性之间进行权衡，但是，审计中的困难、时间或成本等事项本身，不能作为省略不可替代的审计程序或满足于说服力不足的审计证据的理由。

四是职业怀疑要求客观评价管理层和治理层。由于管理层和治理层为实现预期利润或趋势结果而承受内部或外部压力，即使以前正直、诚信的管理层和治理层也可能发生变化。因此，注册会计师不应依赖以往对管理层和治理层诚信形成的判断。即使注册会计师认为管理层和治理层是正直、诚实的，也不能降低保持职业怀疑的要求，不允许在获取合理保证的过程中满足于说服力不足的审计证据。

职业怀疑是注册会计师综合技能不可或缺的一部分，是保证审计质量的关键要素。保持职业怀疑有助于注册会计师恰当运用职业判断，提高审计程序设计及执行的有效性，降低审计风险。

(四) 运用职业判断

职业判断，是指在审计准则、财务报告编制基础和职业道德要求的框架下，注册会计师综合运用相关知识、技能和经验，作出适合审计业务具体情况、有根据的行动决策。

职业判断是注册会计师执业的精髓。从本质上讲，无论是财务报表的编制，还是注册会计师审计，都是由一系列判断行为构成的。职业判断对于适当地执行审计工作是必不可少的，如果没有运用职业判断将相关知识和经验灵活运用于具体事实和情况，仅靠机械地执行审计程序，注册会计师无法理解审计准则、财务报告编制基础和相关职业道德要求，难以在整个审计过程中作出有依据的决策。

第四节 由谁审计

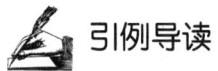 引例导读

财政部对普华永道及相关注册会计师作出行政处罚决定

根据《中华人民共和国注册会计师法》等法律法规，自2024年1月起，财政部组织检查组对普华永道中天会计师事务所（简称普华永道）及其广州分所的恒大地产集团有限公司（简称恒大地产）审计项目执业质量开展了专项检查。针对检查发现的问题，2024年9月，财政部依据《中华人民共和国注册会计师法》《中华人民共和国行政处罚法》，对普华永道及相关注册会计师作出行政处罚决定。

会计师事务所方面，按照《中华人民共和国行政处罚法》有关规定，考虑到中国证监会依据《中华人民共和国证券法》对普华永道涉及恒大地产2019年、2020年审计项目的违法行为，给予没收违法所得并处罚款共3.25亿元的行政处罚，财政部依据《中华人民共和国注册会计师法》，对普华永道涉及恒大地产2018年审计项目的违法行为，给予没收违法所得并处罚款共1.16亿元的行政处罚。同时，财政部依据《中华人民共和国注册会计师法》，给予普华永道警告、暂停经营业务6个月、撤销普华永道广州分所的行政处罚。

注册会计师方面，财政部依据《中华人民共和国注册会计师法》，对恒大地产2018年至2020年相关财务报表审计报告的4名签字注册会计师汤某某、魏某、朱某某、蔡某某，给予吊销注册会计师证书的处罚；依据《会计师事务所执业许可和监督管理办法》（财政部令第97号），对陈某某、吴某某、潘某某、陈某某、陈某某、卢某某、金某等7名参与编制恒大地产合并财务报表的注册会计师，给予警告或罚款的行政处罚。

——摘自财政部监督评价局，有改动

自2024年1月起，财政部组织检查组对普华永道恒大地产审计项目执业质量开展专项检查，从而在2024年9月13日作出以上处罚决定。在上述决定中，中国证监会和财政部对普华永道会计师事务所及在执业过程中存在违法违纪行为的注册会计师进行了处罚。那么，在审计业务中，注册会计师、会计师事务所、财政部以及中国证监会各自扮演着怎样的角色？一个普通大学生又是如何逐步成长为一名注册会计师的？注册会计师所依托执业的会计师事务所又具有怎样的组织架构？如何对注册会计师行业进行管理？本节将分为三个部分逐一进行阐述。

审计按照执行主体不同可分为政府审计、内部审计和注册会计师审计，其中注册会计师审计的主体是从事独立审计活动的会计师事务所及其注册会计师等审计人员。我国注册会计师制度的雏形可以追溯到20世纪初，但现代意义上的注册会计师审计是在改革开放后逐步建立和发展起来的。新中国成立后的一段时期，虽然存在一定的会计检查工作，但正式的注册会计师审计体系并未完全建立。随着改革开放政策的实施，注册会计师审计行业才开

始逐渐恢复和发展。到目前为止,我国注册会计师行业已经有相当规模并且在持续壮大,在促进经济社会健康发展方面发挥了重要作用。

一、注册会计师

注册会计师是依法取得注册会计师证书并接受委托从事审计和会计咨询、会计服务业务的执业人员。注册会计师需要通过考试并履行注册登记手续,方可加入会计师事务所执行业务。注册会计师考试和注册制度是注册会计师制度的重要内容之一,这是一系列选拔注册会计师的措施、制度的总称。目前,世界上很多国家为了保证审计工作质量,保护投资者合法权益,维护注册会计师职业在公众心目中应有的权威性,都相继制定了较为完善的注册会计师考试和注册制度。

(一)我国注册会计师考试

 课堂资讯

关于发布 2024 年注册会计师全国统一考试报名时间和考试时间的公告

经财政部注册会计师考试委员会批准,现将 2024 年注册会计师全国统一考试报名时间和考试时间公告如下:

一、报名时间

2024 年 4 月 8 日早 8:00—4 月 30 日晚 8:00。

二、交费时间

2024 年 6 月 13 日—6 月 28 日(早 8:00—晚 8:00)。

三、考试时间

2024 年 8 月 23 日—25 日举行专业阶段考试(其中:会计、财务成本管理、经济法、税法四个科目将视报名情况,在部分考区实施两场考试)。

2024 年 8 月 24 日举行综合阶段考试。

2024 年 8 月 31 日—9 月 1 日举行欧洲考区考试。

具体安排请关注中国注册会计师协会网站(https://www.cicpa.org.cn)拟于 2024 年 3 月份发布的《2024 年注册会计师全国统一考试报名简章》。

特此公告。

财政部注册会计师考试委员会办公室　2023 年 11 月 23 日
——摘自中国注册会计师协会网站

一年一度的注册会计师考试近年一般于 8 月下旬组织举行,报名和考试时间公告于前一年 11 月或 12 月在中注协网站公布。我国于 1991 年开始组织全国注册会计师统一考试。为了统一全国注册会计师的考试标准,财政部成立了注册会计师考试委员会,办公室设在中注协。该考试委员会组织领导全国统一考试工作,确定考试组织工作原则,制定考试组织工作方针、政策,审定考试大纲,确定考试命题,处理考试组织工作中的重大问题,指导地方考试委员会工作。全国考试办公室负责具体组织、实施考试工作,指导各地方考试办公室工作。

我国现行注册会计师考试分专业阶段和综合阶段两个阶段。专业阶段考试，主要测试考生是否具备注册会计师执业所需的专业知识，以及是否掌握基本技能和职业道德要求。专业阶段考试共设有会计、审计、财务成本管理、公司战略与风险管理、经济法和税法六个科目。综合阶段考试设职业能力综合测试1个科目。具有会计或相关专业高级技术职称的人员，可以申请免予专业阶段考试1个专长科目的考试。考试均采用闭卷、笔试的方式进行，实行百分制，60分为及格线。单科合格成绩保留5年时间，对于在连续5年内通过专业阶段所有科目的考生，财政部考委会颁发注册会计师考试专业阶段合格证书。综合阶段考试科目应在取得注册会计师全国统一考试专业阶段考试合格证书后5个年度考试中完成。对取得综合阶段考试合格成绩的考生，财政部考委会颁发注册会计师全国统一考试全科考试合格证书。

根据《注册会计师法》和《注册会计师全国统一考试办法》的规定，一般情况下符合下列条件的中国公民，可以报名参加注册会计师全国统一考试：① 具有完全民事行为能力；② 具有高等专科以上学校毕业学历，或者具有会计或者相关专业中级以上技术职称。

（二）我国注册会计师注册登记制度

根据《注册会计师法》的规定，注册会计师考试全科成绩合格的，均可取得注册会计师资格，在政府、企业、一切经济单位工作的人员均可按规定在取得注册会计师资格后，申请加入注册会计师协会成为非执业会员，但不能执业。注册会计师依法执行业务，应当取得财政部统一制定的中华人民共和国注册会计师证书（简称注册会计师证书）。具备下列条件之一，并在中国境内从事审计业务工作2年以上者，可以向省级注册会计师协会申请注册：① 参加注册会计师全国统一考试成绩合格；② 经依法认定或者考核具有注册会计师资格。

申请注册者，如果有下列情形之一的，不予注册：① 不具有完全民事行为能力的；② 因受刑事处罚，自刑罚执行完毕之日起至申请注册之日止不满5年的；③ 因在财务、会计、审计、企业管理或者其他经济管理工作中犯有严重错误受行政处罚、撤销以上处分，自处罚、处分决定生效之日起至申请注册之日止不满2年的；④ 受吊销注册会计师证书的处罚，自处罚决定生效之日起至申请注册之日止不满5年的；⑤ 因以欺骗、贿赂等不正当手段取得注册会计师证书而被撤销注册，自撤销注册决定生效之日起至申请注册之日止不满3年的；⑥ 不在会计师事务所专职执业的；⑦ 年龄超过70周岁的。

已取得注册会计师证书的人员，如果注册后出现以下情形之一的，准予注册的注册会计师协会撤销注册，收回注册会计师证书：① 完全丧失民事行为能力的；② 受刑事处罚的；③ 自行停止执行注册会计师业务满1年的；④ 以欺骗、贿赂等不正当手段取得注册会计师证书的。

注册会计师有下列情形之一的，由所在地的省级注册会计师协会注销注册：① 依法被撤销注册，或者吊销注册会计师证书的；② 不在会计师事务所专职执业的。

中国注册会计师协会的外籍非执业会员符合条件者，可申请注册成为中国注册会计师。

 课堂资讯

注协批准注会注册申请公告

关于同意【马某】,1人担任中国注册会计师的通知(批复)

各会计师事务所:

根据财政部令第25号《注册会计师注册办法》的有关规定,由注册会计师本人申请,所在事务所同意,经我会审查,【马某】等1人注册会计师符合注册条件,准予执业公布如下。

附件:2024年度注册会计师注册申请汇总表

2024年度注册会计师注册申请汇总表

姓名	性别	会计师事务所名称	考试全科合格证或考核(认定)批准文号	档案存放单位	从事审计业务年限	身份证号码
马某	男	宁夏汇众信会计师事务所合伙企业(普通合伙)	QY201000029	银川市人才交流服务中心	10	******************

注册会计师撤销注册公告

根据《中华人民共和国注册会计师法》和《注册会计师注册办法》(中华人民共和国财政部令第25号)的相关规定,现撤销注册会计师徐某某注册,公告如下:

注销注册人员名单

序号	状态	姓名	撤销、注销原因
1	原新疆亿安通有限责任会计师事务所-现协会代管	徐某某	未在事务所专职执业

——摘自注册会计师行业统一监管平台

(三)我国注册会计师后续教育

由于市场经济的快速发展,企业的经济业务和经营管理日趋复杂,社会对注册会计师审计的期望也越来越高。为顺应这种需要,审计理论和方法也不断地向前发展,所以注册会计师应不断地更新知识结构,提高专业素质和执业水平。世界各主要国家都非常注重加强注册会计师职业后续教育,并制定了相应的职业后续教育准则。我国也于1996年颁布了注册会计师职业后续教育准则。准则中规定注册会计师后续教育的内容包括:会计准则及国家其他有关财务会计法规,注册审计准则和其他职业规范,与执业有关的其他有关法规,以及执业所需的其他知识与技能等。注册会计师职业后续教育由中国注册会计师协会及其地方组织负责组织和实施,可以采取多种形式。目前中国注册会计师协会确定的时间标准是:执业会员每年接受职业后续教育的时间不得少于40学时,3年累计不得少于180学时;每年接受脱产培训的时间不得少于20学时,3年累计不得少于120学时。准则还规定由中国注册会计师协会及其地方组织负责检查和考核注册会计师的职业

后续教育情况。注册会计师如未能提供职业后续教育的有效记录或无故未达到职业后续教育要求，考核时将不予通过。

二、会计师事务所

 课堂资讯

2023年度会计师事务所综合评价百家排名信息
2024年11月26日

会计师事务所名称	名次	得分	2023年度事务所(含分所)纳税收入/万元	注册会计师数量/人
安永华明会计师事务所（特殊普通合伙）	1	957.90	681 392.11	1 788
毕马威华振会计师事务所（特殊普通合伙）	2	913.59	510 294.45	1 135
立信会计师事务所（特殊普通合伙）	3	887.95	500 217.71	2 451
天健会计师事务所（特殊普通合伙）	4	887.53	372 507.18	2 272
容诚会计师事务所（特殊普通合伙）	5	873.24	287 338.22	1 395
致同会计师事务所（特殊普通合伙）	6	842.15	270 362.29	1 300
天职国际会计师事务所（特殊普通合伙）	7	835.48	319 770.76	1 165
德勤华永会计师事务所（特殊普通合伙）	8	811.13	523 003.01	1 182
信永中和会计师事务所（特殊普通合伙）	9	809.87	315 838.61	1 656
大华会计师事务所（特殊普通合伙）	10	804.42	300 733.09	1 470

中国注册会计师协会网站公布了从2003年开始至2023年这二十余年来每年的全国会计师事务所综合评价百家排名信息。与20年前相比，各项经营数据已经有了较大的变化。比如安永华明会计师事务所的收入从20年前的2.46亿元上升到68.14亿元，CPA人数从146人增加到1 788人，立信会计师事务所也从20年前的1亿元上升到50亿元，CPA人数从223人增加到2 451人；同一事务所的名称也有所变化，比如2003年前十名都是直接冠名"××&××会计师事务所"或者"××会计师事务所有限责任公司"，而2023年前十名无一例外的都是"××会计师事务所（特殊普通合伙）"。那么，会计师事务所的组织形式到底有哪些？又是如何承接业务的？

会计师事务所是将注册会计师组织在一起，承接并完成审计及相关业务的机构。接下来，我们将从会计师事务所的组织形式、组织结构以及业务承接等几个方面进行详细介绍。

（一）会计师事务所的组织形式

《注册会计师法》规定，注册会计师不能以个人名义承办业务，而必须由会计师事务所统一接受委托。从世界范围看，会计师事务所的形式包括独资制、普通合伙制、有限责任合伙制、股份有限公司制等四种形式。根据我国《注册会计师法》，个人不得设立独立会计师事务所，只能设立有限责任会计师事务所和合伙会计师事务所。其中，合伙会计师事务所又分为普通合伙制和特殊普通合伙制两种形式。

1. 有限责任会计师事务所

有限责任会计师事务所是指由注册会计师出资发起设立，承办注册会计师业务并负有限责任的社会中介机构。在以有限责任方式设立的情况下，会计师事务所以其全部资产对其债务承担责任，会计师事务所的出资人承担的责任以其出资额为限。

改革开放初期，我国恢复重建了注册会计师制度。早期的会计师事务所基本挂靠政府部门或事业单位，资产、人员、业务承揽和法律责任均归挂靠单位管理或由挂靠单位承担，但是这不符合市场经济发展规律和行业发展需求。按照国务院部署，从1998年开始，会计师事务所全面实行脱钩改制，与挂靠单位脱钩改制成独立承担责任的法律主体，从而拉开了会计师事务所组织形式发展和演变的序幕。当时改制后的事务所大多采用"有限责任制"组织形式，并且其后10年间始终维持这样的发展格局。根据2009年10月31日中国注册会计师行业管理信息系统的统计数据，我国6 659家会计师事务所（不含分所）中"有限责任制"占比66%，"合伙制"占比34%。在当时历史条件下，偏重采用有限责任有其客观性和合理性。但是采用有限责任制也存在股东人数限制、不利于质量提升和决策机制不适应事务所"人合"特性等诸多弊端，配合《会计师事务所执业许可和监督管理办法》，财政部和国家市场监督管理总局2018年发布《关于推动有限责任会计师事务所转制为合伙制会计师事务所的暂行规定》，推动现有的有限责任会计师事务所向合伙制会计师事务所转变。

2. 普通合伙制会计师事务所

普通合伙制会计师事务所，是指由两名或两名以上注册会计师组成的合伙组织，合伙人以各自的财产对事务所的债务承担无限连带责任。申请设立小型会计师事务所，原则上应当采用普通合伙组织形式，合伙人依法对合伙企业债务承担无限连带责任。小型会计师事务所，是指规模较小、主要提供相关专项服务的会计师事务所。1865年，普赖斯（Samuel Price）、豪里兰德（William Holyland）和华特豪斯（Edwin Waterhouse）在伦敦建立的普华会计师事务所是世界上较早成立的合伙制会计师事务所。

3. 特殊普通合伙会计师事务所

特殊普通合伙制会计师事务所，是指一个合伙人或者数个合伙人在执业活动中因故意或者重大过失造成合伙企业债务的，应当承担无限责任或者无限连带责任，其他合伙人以其在合伙企业中的财产份额为限承担责任。合伙人在执业活动中非因故意或者重大过失造成的合伙企业债务以及合伙企业的其他债务，由全体合伙人承担无限连带责任。

特殊普通合伙制融合了普通合伙制和有限责任公司制各自的优点。它既具有普通合伙制对外承担无限责任的优点，又具有有限责任公司制承担有限责任的优点，能够吸引更多新合伙人加入。因此，特殊普通合伙制是比较适合会计师事务所健康地壮大发展的组织形式。2010年，财政部和工商总局发布《关于推动大中型会计师事务所采用特殊普通合伙组织形式的暂行规定》，要求大型会计师事务所应当于2010年12月31日前转制为特殊普通合伙组织形式，鼓励中型会计师事务所于2011年12月31日前转制为特殊普通合伙组织形式。大型会计师事务所是指在人才、品牌、规模、技术标准、执业质量和管理水平等方面居于行业领先地位，能够为我国企业"走出去"提供国际化综合服务，行业排名前10位左右的会计师事务所。中型会计师事务所是指在人才、品牌、规模、技术标准、执业质量和管理水平等方面具有较高水准,能够为大中型企事业单位、上市公司提供专业或综合服务,行业排名前200位左右的会计师事务所(不含大型会计师事务所)。会计师事务所转制为特殊普通合伙组织形式,应当有25名以上符合相关规定的合伙人、50名以上的注册会计师,以及人民币1 000万元以上的资本。

(二) 会计师事务所的组织结构

我国会计师事务所主要有两种组织形式:所长负责制和董事会领导下的主任会计师负责制。在所长负责制的会计师事务所中,所长对本所工作负全面责任,副所长则协助所长开展工作。事务所可根据实际需要设置若干业务部门,分别负责不同的业务领域。同时,设立主任会计师来负责业务承接、人员安排、检查督促以及报告初审等日常工作。而在董事会领导下的主任会计师负责制的会计师事务所中,董事会作为事务所的最高权力机构,负责决策和监督管理;主任会计师则负责日常业务的执行。在机构设置上,这两种形式的会计师事务所会根据其规模、业务特点等因素而有所差异。

无论哪种类型的会计师事务所,均实行主任会计师(或所长、总经理)、部门经理、项目经理(或业务经理)三级管理制度。主任会计师全面负责事务所工作,处理和决定所有重大事项;部门经理负责处理和决定本部门审计或咨询业务的业务接洽、质量管理、人员安排、指导和复核及其他重要事项;项目经理负责委派本项目小组的具体工作、检查助理人员工作底稿及工时记录、拟订各种审计方案和计划,就审计或咨询工作中的问题与客户进行协调等。

(三) 会计师事务所的业务承接

1. 会计师事务所的境内证券服务业务资格

自1992年起,我国对会计师事务所及注册会计师从事证券服务业务资格的监管,历经了"双资格"许可、"单资格"许可和备案制许可三个重要阶段。

1992年9月,财政部与原国家体改委联合发布了《注册会计师执行股份制试点企业有关业务的暂行规定》,这一规定标志着"双资格"制度的正式确立。在此制度下,会计师事务所与注册会计师均需分别取得证券许可资格,方可从事证券服务业务。

2004年5月,国务院发布了《国务院关于第三批取消和调整行政审批项目的决定》,随后在2005年修订的《证券法》中,取消了事务所及注册会计师从事证券服务所需的双重许可资格,转而仅对会计师事务所进行资格许可。财政部、中国证监会等监管机构继续对会计师事务所的证券服务业务资格进行审批与监管,对于不符合条件的会计师事务所,将进行处罚或撤销其证券服务业务资格。

直至2020年3月1日,新修订的《证券法》第一百六十条明确规定,会计师事务所等证券服务机构应勤勉尽责、恪尽职守,并按照相关业务规则为证券的交易及相关活动提供服务。其中,从事证券投资咨询服务业务需经国务院证券监督管理机构核准,而从事其他证券服务业务,则需向国务院证券监督管理机构和国务院有关主管部门备案。这一修订标志着会计师事务所从事证券服务由行政许可转为备案管理,结束了长达28年的证券业务资格许可制度。与此同时,新《证券法》也加大了对会计师事务所和注册会计师的法律责任,以确保其更好地履行职责。

2. 会计师事务所的从事 H 股审计资格

2010 年前，在我国香港上市的 H 股内地企业和 A＋H 股企业，根据两地上市的监管要求，需要分别按照内地会计准则和香港财务报告准则（或国际财务报告准则）编制两套财务报表，由两地会计师事务所按照两地审计准则进行审计并出具审计报告，即"双重审计"。随着内地会计审计准则逐渐与国际趋同，后经过内地与香港的共同努力，逐渐取消双重审计，两地签署相关协议，由财政部、证监会制定客观透明的认可要求，对申请 H 股企业审计业务的事务所进行评估并择优审核推荐；香港地区的企业在内地上市，同样可以选择以香港或国际财务报告准则编制财务报表，并聘用符合条件的香港地区的会计师事务所实施审计。

3. 会计师事务所的业务承办流程

会计师事务所接受委托时，应在业务约定书中明确承办业务的种类、范围以及双方的责任，以避免客户对注册会计师所履行的职责产生误解。然后，再根据业务的性质选派适当的注册会计师担任该项工作，并制订审计计划。注册会计师在实施审计工作时，应依据具体情况，不断修订审计计划，达到业务约定书所要求的目的。完成审计工作时，应出具审计报告。审计报告除应当由注册会计师本人签署外，还必须加盖会计师事务所的公章。注册会计师承办业务时，由会计师事务所统一收费。

三、注册会计师行业监管

(一) 注册会计师行业管理体制概述

从世界范围看，根据各国政府介入程度的不同，注册会计师的行业管理体制基本上可以分为三类：一是政府干预型；二是行业自律型；三是政府干预与行业自律结合型。

政府干预型是指在发挥注册会计师行业自我管理的基础上，政府部门具有较大的影响和作用的管理体制。日本、德国、荷兰、瑞典、法国、意大利等国家目前实行政府干预型管理体制。这种体制下，政府部门通过制定一系列法律、法规来强化注册会计师的行业管理和监督，能有效地对国民经济实施宏观调控。行业组织通过与政府部门的相互合作，制定和执行合理有效的执业规范，保证和提高注册会计师的执业质量，维护职业声誉。

行业自律型是指政府在注册会计师行业管理中较少发挥作用，主要依靠行业自我管理的管理体制。美国、加拿大、英国、澳大利亚、阿根廷等国家目前实行行业自律型管理体制。这种体制下，会计职业组织直接根据审计环境和审计实务的发展，制定相应的准则和规章，来规范和约束注册会计师的执业行为，保证注册会计师的执业质量，推动注册会计师行业的公平竞争。但是，职业组织管理力度不如政府干预型大，特别是难以有效地处理违规会计师事务所，所以在一定程度上制约了行业的稳步发展。

政府干预与行业自律结合型是指在注册会计师管理中，政府管理与行业自我管理并重的管理体制。我国就是典型的政府干预与行业自律型管理体制。在这种体制下，国家通过立法规范注册会计师行业，有关政府部门发布行政性规章和命令，对注册会计师行业进行管理和监督。同时，也充分发挥注册会计师协会的职能，对注册会计师实行行业管理，引导和促进独立审计事业的发展。

(二) 我国注册会计师的监管

我国注册会计师行业监管按照"法律规范、政府监督、行业自律"的改革思路，形成了包括政府监管（国务院财政部门和省、自治区、直辖市人民政府财政部门）与行业自律监管（注册会计师协会）在内的多层次、全方位行业监管体制，为保障注册会计师事业的健康发展发挥了重要的作用。从事证券服务业务的会计师事务所还受到国务院证券监督管理机构（即证监会）及其派出机构、证券交易所共同构成的"三位一体"综合监管。

2021年7月30日，国务院办公厅印发《关于进一步规范财务审计秩序促进注册会计师行业健康发展的意见》（国办发〔2021〕30号，简称《意见》），明确提出了规范财务审计秩序，促进注册会计师行业健康发展的总体要求、工作原则、具体措施。这是改革开放以来经国务院同意、由国务院办公厅直接印发的指导我国注册会计师行业改革与发展的第一个文件，充分体现了党中央、国务院对新阶段注册会计师行业健康发展的关心和重视。《意见》以全面提升注册会计师行业服务国家建设能力为目标，统筹发展和安全，紧抓质量提升主线，守住诚信操守底线，筑牢法律法规红线，明确提出诚信为本、质量为先、从严监管、从严执法等5项原则，并从依法整治财务审计秩序、强化行业日常管理、优化执业环境和能力等三方面提出12项主要任务，为"十四五"和今后一段时期我国注册会计师行业的发展指明了方向，标志着我国注册会计师行业迎来新的重大发展机遇。

第五节　注册会计师"审计"什么

引例导读

瑞华党委被撤，内资第一所已走到山穷水尽的地步？

2021年2月19日，北京市注册会计师协会消息称，同意瑞华会计师事务所（特殊普通合伙）撤销党委，原所属党员组织关系全部转入北京国富会计师事务所（特殊普通合伙）党委。

资料显示，瑞华会计师事务所曾经为国内第一批被授予A+H股企业审计资格、第一批完成特殊普通合伙转制的会计师事务所。按业务收入计，由中瑞岳华和国富浩华合并而成的瑞华会计师事务所，在几年前一直都牢牢坐稳中国本土最大的内资所。但合并也带来许多问题，瑞华的"合并基因"意味着公司的"成分"十分复杂，此前，国富浩华曾在2012年将劣迹斑斑的深圳鹏城并入麾下，而当时的深圳鹏城深陷绿大地IPO造假丑闻。

2019年，康得新和辅仁药业这两起财务造假事件的审计师均出自瑞华会计师事务所，这直接让事务所的声誉跌至谷底。随后，该事务所遭遇了一系列连锁反应，包括大量客户流失、合伙人相继离职，以及多家分所注销等。

据相关报道，截至2月23日，瑞华会计师事务所已经有19家分所注销，未来总所也会进行财务清算、注销。

分析称，目前行业服务的同质化导致价格竞争激烈，对于部分企业来说，审计服务的差异化较小,谁的价格低就选择谁。因此,审计作为人力密集型产业和劳动密集型产业,过度压低人力成本容易导致违规审计,员工频繁更换。

——摘自新浪财经,有改动

这则2021年3月1日由新浪财经发布的报道,尽管标题采用了问句形式,但当时的局势已经相当清晰。报道中涉及的会计师事务所在其官方网站上自豪地宣称,自2013年以来,他们积累了丰富的战略合作伙伴资源,为超过40家国务院国资委直属中央企业、370余家A股上市公司以及多家A+H股、A+S股企业提供了专业服务。这些客户遍布制造、采掘、电力、水利、交通、航运、房地产、建筑、农林、教育、医药、信息、新闻出版、文化娱乐以及银行保险等多个行业领域,展现了该事务所深厚的执业经验和广泛的服务范围。这家事务所曾是国内会计师事务所中的佼佼者,如今却陷入了衰败的境地。

其衰败的主要原因在于,该事务所"审计"了多家涉及财务造假的上市公司,从而引发了客户的大量流失和合伙人的纷纷离职。除了引例中提及的广为人知的康得新和辅仁药业案件外,瑞华会计师事务所在2022年12月因昊华能源财务报表审计案被北京证监局罚没700余万元;2021年11月,因延安必康财务报表审计案被陕西证监局罚没700余万元;同年9月,因索菱股份财务报表审计案被证监会罚款近500万元;4月,又因千山药机财务报表审计案被证监会罚款400余万元;在2023年8月,因航天通信财务报表审计案再次被证监会处罚约951万元。这些案例无一例外均是瑞华的"审计"业务,且为其核心主营业务。

那么,除了审计这项主营业务外,会计师事务所是否还提供其他服务呢?比如普华永道2022年实现的79.25亿元收入,其中有多少来自"审计"业务收入,还包括哪些其他业务收入呢?

一、鉴证业务

注册会计师业务主要包括两大类,鉴证业务和相关服务。鉴证指鉴定、保证。严格意义上讲,鉴证业务指注册会计师对鉴证对象信息提出结论,以增强责任方之外的预期使用者对鉴证对象信任程度的业务。从这个定义上可以看出,鉴证业务涉及三方责任人,分别是"注册会计师、责任方和预期使用者",最后的产品是"结论",要达到增强对鉴证对象的信任程度,所以鉴证业务提供了"保证"。

鉴证业务主要包括三种业务类型,第一类"对历史财务信息的审计",是指鉴证对象信息为历史财务信息的合理保证鉴证业务,提供的是"合理保证",比如财务报表审计业务,导致瑞华会计师事务所备受争议并声誉受损的原因之一是其对辅仁药业、康得新等企业的财务报表审计业务。第二类"对历史财务信息审阅",是指鉴证对象信息为历史财务信息的有限保证鉴证业务,提供的是"有限保证",保证程度低于"合理保证",在审阅报告中一般对财务报表采用消极方式提出结论。以上两类均是针对"历史"的也就是过去的"财务信息"进行的鉴证业务。如果是"非历史"和"非财务信息"的鉴证服务则属于第三类"其他鉴证业务",即除历史财务信息审计和历史财务信息审阅业务以外的鉴证业务,如预测性财务信息审核、内部控制审核、风险管理鉴证等。注册会计师执行其他鉴证业务,应当遵守《中国注册会计师鉴证业务基本准则》和其他鉴证业务准则,以及职业道德规范和会计师事务所质量控制准则。其他鉴证业务的保证程度分为合理保证和有限保证。合理保证的其他鉴证业务的目标是注册会计师将鉴证业务风险降至该业务环境下可接受的低水平，以此作为以积极方式提出结论的基础。有限保证的其他鉴证业务的目标是注册会计师将鉴证业务风险降至该业务环境下可接受的水平，以此作为以消极方式提出结论的基础。有限保证的其他鉴证业务的风险水平高于合理保证的其他鉴证业务的风险水平。

二、相关服务

2019年10月，在某选秀节目发布会上，某平台为了确保计票的公平公正，正式宣布与全球四大会计师事务所之一的普华永道进行合作；2020年5月24日，在另一档选秀节目中，则公布了由独立第三方专业机构普华永道对本次活动计票过程执行核验工作。然而，无论是为节目提供商定程序服务，还是对节目的计票过程执行核验，这些工作都不属于会计师事务所的传统鉴证业务范围，也不提供合理保证。那么，普华永道参与这两档选秀节目的票数统计与验票等工作，是否仍然属于会计师事务所的业务范畴呢？

除了鉴证业务，会计师事务所还提供一系列相关服务。这些相关服务是相对于鉴证服务而言的，指的是由注册会计师提供的、除了鉴证服务以外的其他专业服务，包括对财务信息执行商定程序、代编财务信息、管理咨询等。

对财务信息执行商定程序指注册会计师对财务信息执行与特定主体商定的具有审计性质的程序，并就执行的商定程序及其结果出具报告。涉及双方当事人，包括注册会计师与客户，双方商量确定相关程序。商定程序仅报告执行的商定程序及结果，并不提供鉴证结论，所以不提供任何保证，报告使用者自行对注册会计师执行的商定程序和结果作出评价，并得出自己的结论。也就是说，普华永道仅按照与节目组协商的程序执行计票及报告等工作，对于选秀结果是否符合某种意义上的偶像标准，事务所并不提供保证。同样的道理，注册会计师执行代编财务信息也不能对财务信息提出任何鉴证结论，只是应客户需求提供了代编财务信息的服务，只涉及注册会计师与客户双方，不涉及代编的财务信息的使用者。咨询服务，比如管理咨询、税务咨询等，是注册会计师为个人或组织提供信息使用建议的专业服务，一般是咨询服务的提供商，也仅涉及双方当事人，即会计师事务所与客户双方之间的契约。与鉴证业务相比，相关服务还有一个很重要的区别，相关服务通常不对提供服务的注册会计师提出独立性要求，而在鉴证业务中，独立性是执业灵魂，要求注册会计师必须独立于鉴证业务中的其他两方。

相关服务准则用以规范注册会计师执行除鉴证业务外的其他相关服务业务。在提供相关服务时，注册会计师不提供任何程度的保证。注册会计师对相关服务业务出具报告时，应当与鉴证报告明确区分。为避免使用者混淆，相关服务业务报告应当避免出现以下情形：① 暗示遵循本准则或审计准则、审阅准则和其他鉴证业务准则；② 不适当地使用"审计""审阅""鉴证"等术语；③ 含有可能被合理误认为是鉴证结论的陈述。

 课堂资讯

德勤中国官网罗列的专业服务项目

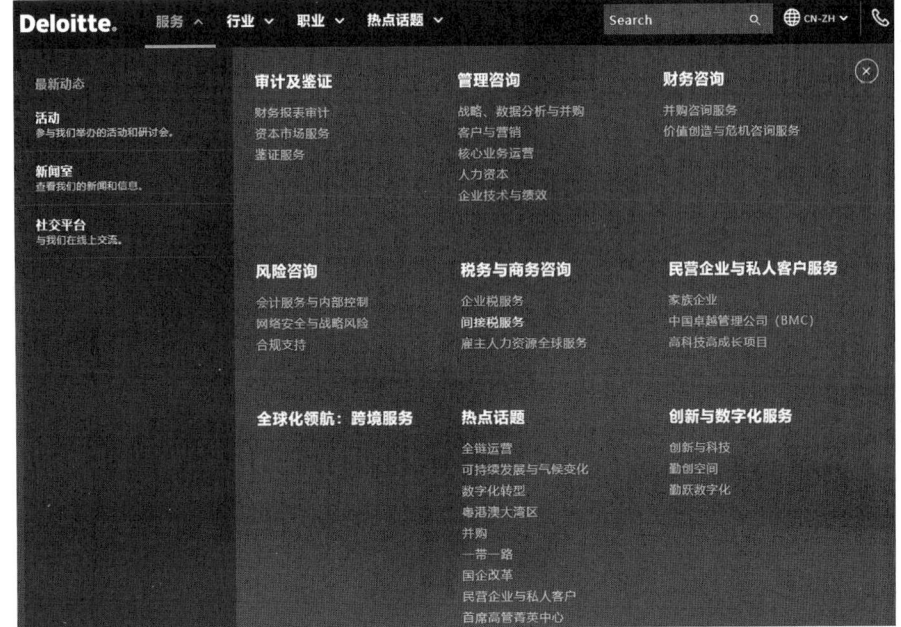

——摘自德勤中国官方网站

以德勤中国为例,从其官网上列出的服务类型可以看出,其业务种类繁多。其中,"审计及鉴证"服务属于鉴证业务范畴。通常,因财务造假等不当行为而导致事务所声誉受损甚至退出公众视野的案例,多发生在鉴证业务领域。而"管理咨询""风险咨询"等服务则属于相关服务范畴。为娱乐节目提供服务的项目,往往属于会计师事务所的相关服务领域。

三、相关服务与鉴证业务的区别

注册会计师提供的专业服务包括鉴证业务和相关服务,两者的区别主要体现在以下几个方面。

(一)业务涉及的关系人不同

相关服务通常只涉及两方关系人,即客户和提供相关服务的注册会计师;而鉴证业务通常涉及三方关系人,即责任方、预期使用者以及提供鉴证业务的注册会计师。

(二)业务关注焦点不同

相关服务关注的焦点主要是信息的生成、编制或对如何利用信息作出决策提供建议;而鉴证业务关注的焦点是适当保证和提高鉴证对象信息的质量,通常不涉及信息的利用。

(三) 工作结果不同

相关服务的工作结果不对信息提供可信性保证;而鉴证业务的工作结果是注册会计师以书面形式提出结论,该结论能对鉴证对象信息提供某种程度的可信性保证。

(四) 独立性要求不同

相关服务通常不对提供服务的注册会计师提出独立性要求;而鉴证业务要求注册会计师必须独立于鉴证业务中的其他两方。

表2-1中所列的鉴证业务以财务报表审计为例,相关服务以代编财务信息为例,对两类业务进行比较:

表2-1 相关服务与鉴证业务的区别

区别	业务类型	
	相关服务(以代编财务信息为例)	鉴证业务(以财务报表审计为例)
业务关系人	只涉及注册会计师和责任方(管理层)两方关系人	涉及注册会计师、责任方(管理层)和预期使用者三方关系人
业务关注的焦点	财务信息的收集、分类和汇总	财务信息的质量
保证程度	不对财务信息提供任何程度的保证	对财务报表不存在重大错报提供合理保证
独立性要求	不对独立性提出要求,但如果不独立,应当在代编业务报告中说明这一事实	要求注册会计师从实质上和形式上保持独立
报告	如果注册会计师的姓名与代编财务信息相关联,需要出具代编业务报告,但在报告中不提出鉴证结论	以书面形式提供审计报告,并在报告中就财务报表是否存在重大错报提出鉴证结论

综上所述,注册会计师的业务主要包括两大类:鉴证业务和相关服务。这两类业务都属于注册会计师的专业服务范畴,它们的主要区别是最后产品不同、保证程度不同、涉及的关系人不同、对独立性的要求不同、业务关注的焦点不同。

本章小结

审计是一个客观地获取和评价关于对经济活动和经济事项的认定的证据,以确认这些认定与既定标准之间的符合程度,并将审计结果传达给有利害关系的用户的系统过程。从不同角度对审计有不同的分类,根据审计主体不同,可将审计分为政府审计、内部审计、注册会计师审计,三者既相互区别又彼此联系。企业财产所有权和经营权的分离是注册会计师审计产生的根本原因。从审计对象的演变过程来看,注册会计师审计经历了会计账目审计、资产负债表审计、财务报表审计三个阶段。现代风险导向阶段审计目标的实现过程通常包括接受业务委托、计划审计工作、实施风险评估程序、实施风险应对程序、完成审计工作并出具审计报告几个阶段。注册会计师是注册会计师审计的主体,会计师事务所是将注册会计师组织在一起并承接和完成审计的机构。注册会计师审计业务主要包括鉴证业务和相关服务两大类,这两类业务的区别是最后产品不同、保证程度不同、涉及的关系人不同、对独立性的要求不同、业务关注的焦点不同。

复习思考题

1. 什么是审计？审计概念中包括哪些关键术语？如何理解这些关键术语？
2. 社会审计、国家审计、内部审计之间有何区别与联系？
3. 按照注册会计师审计对象和模式的演变,注册会计师发展分别经过了哪些阶段,各有什么特点？
4. 注册会计师审计目标的实现过程有哪些？
5. 会计师事务所有哪些组织形式？
6. 鉴证业务有哪些类型,分别有什么特点？
7. 相关服务有哪些常见的业务？

课后习题

知识图谱

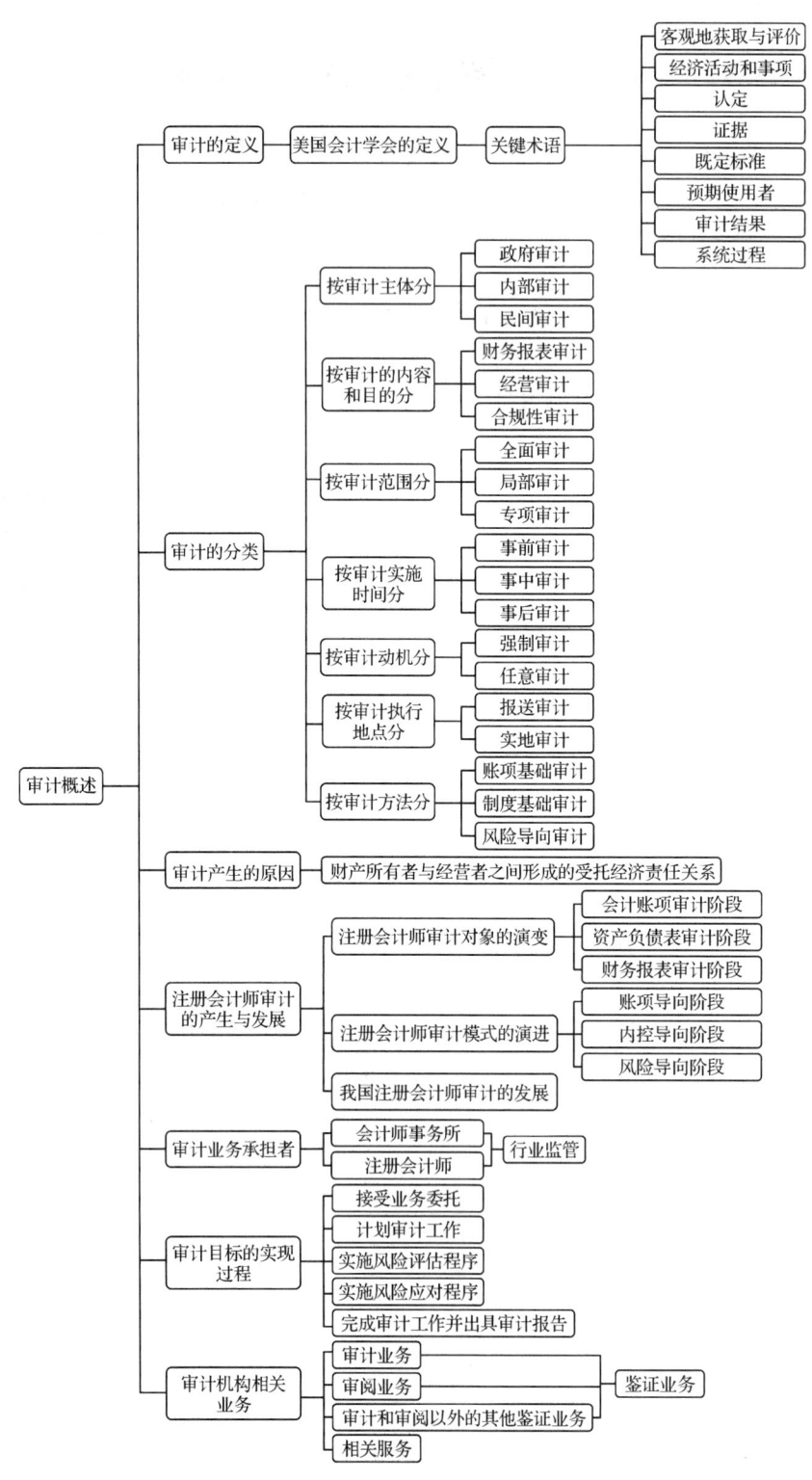

第三章　通识审计规范

 **学习目标**

拓展阅读

• 掌握注册会计师执业准则体系,熟悉准则框架,重点掌握审计准则的具体内容;
• 熟悉注册会计师职业道德规范体系,重点掌握职业道德的基本原则和概念框架;
• 掌握可能导致注册会计师法律责任的原因;
• 熟悉注册会计师法律规范体系,掌握注册会计师法律责任的种类,了解我国注册会计师法律责任的相关律条。

 学习重点

• 注册会计师执业准则体系;
• 注册会计师业务准则体系;
• 注册会计师职业道德基本原则;
• 注册会计师职业道德基本概念框架;
• 注册会计师法律责任。

 思政要求

• 培养规则意识、风险意识、责任意识;
• 增强法治意识和道德观念,形成敬畏法制、注重品德的职业习惯和价值观念;
• 从公正、法治、敬业、诚信等方面,对学生进行社会主义核心价值观教育,帮助学生树立正确的世界观、人生观和价值观。

引例导读

中国证监会行政处罚决定书

——摘自中国证券监督管理委员会网站

中国证监会及各证券监管局的官方网站上设有"行政处罚"及"市场禁入"等专栏,用于公告对违反法律法规行为的处罚决定。这些公告涵盖了因在审计工作中未勤勉尽责、严重违反审计准则、违反职业道德守则或相关法律法规的会计师事务所、注册会计师,以及违法的上市公司、上市公司高级管理人员和律师事务所等。

比如这则处罚决定书中列出:

"中兴华未保持职业怀疑和职业谨慎,未获取充分、适当的审计证据,未能恰当应对评估的重大错报风险。上述行为违反了《中国注册会计师审计准则第1211号——通过了解被审计单位及其环境识别和评估重大错报风险》(2019年修订)第七、第十四条;违反了《中国注册会计师审计准则第1101号——注册会计师的总体目标和审计工作的基本要求》(2019年修订)第二十八条;违反了《中国注册会计师审计准则第1231号——针对评估的重大错报风险采取的应对措施》(2019年修订)第二十六条;违反了《中国注册会计师审计准则第1301号——审计证据》(2016年修订)第十条。"

"中兴华上述行为,违反了《中国注册会计师审计准则第1121号——对财务报表审计实施的质量控制》(2019年修订)第四十条;违反了《质量控制准则第5101号——会计师事务所对执行财务报表审计和审阅、其他鉴证和相关服务业务实施的质量控制》(2019年修订)第四十八条、第七十二条;违反了《中国注册会计师职业道德守则第4号——审计和审阅业务对独立性的要求》(2010年修订)第八十八条。"

"根据当事人违法行为的事实、性质、情节与社会危害程度,依据《证券法》第二百一十三条第三款的规定,我会决定……"

那么,我国现行有哪些法律、制度和规范来约束会计师事务所和审计人员?如果违反这些法律、制度和规范,会计师事务所和审计人员要承担什么责任呢?

本章从注册会计师执业准则体系、职业道德规范体系和注册会计师法律责任几个方面来讲述。

第一节 注册会计师执业准则体系

一、国际审计规范

 课堂案例

"麦克逊·罗宾斯"药材公司破产案

20世纪30年代,美国上市公司普遍委托社会公认会计师进行审计,以协助投资者做出决策并维护资本市场稳定。在此背景下,1938年发生了震惊全美的"麦克逊·罗宾斯公司破产案"。

麦克逊公司的债权人米利安·汤普森发现公司财务异常,包括高盈利部门无资金积累、存货保险金额低以及存货数量异常增加等。对此,他要求公司提供实际存货证明,未果,遂拒绝承认公司债券的有效性。随后,美国证券交易委员会介入调查。

调查发现,麦克逊公司及其子公司的会计报表虽然由美国第一流的普赖斯·沃特豪斯会计师事务所审计并出具无保留意见审计报告,但公司实际上存在大量虚假资产和销售收入,且总经理及其兄弟使用化名并合并舞弊。证券交易委员会核实后,修改了审计程序,增加了对应收账款函证、存货实地检查及内部控制系统评价等条款,并强调了审计人员对公共持股人的责任。

美国注册会计师协会对此积极响应,建立了审计程序委员会,并于1939年制定了《审计程序的扩展》,对审计程序提出了更具体的要求。1947年,该协会颁布了《审计标准草案》,1954年修正后改名为《公认审计标准》,从此民间审计有了公认的执业标准。

此案件对美国民间审计准则的出台具有深远意义,促使证券交易委员会和注册会计师协会重视并规范民间审计行为,完善了审计程序,为民间审计在执业中提供了章法,并为后续《审计标准草案》及《公认审计标准》的出台奠定了客观基础。

——摘自《审计学教学案例》(王明珠等编著,中国审计出版社,2001年2月版),有改动

审计准则最早诞生于美国。现在影响较大的审计准则制定团体是隶属于国际会计师联合会的国际审计与鉴证准则理事会,其前身是国际审计实务委员会,它的主要任务是发布审计与鉴证业务方面的准则并提高其在全球范围内的接受程度,以促进世界范围内审计实务和相关服务的统一。那么,除了审计准则,还有哪些审计规范?

审计职业规范主要由审计准则、职业道德准则和质量控制准则构成。审计准则是注册

会计师在实施审计过程中必须遵守的专业标准;职业道德准则是注册会计师必须遵守的职业行为规范;质量控制准则是会计师事务所为了确保审计质量而建立和实施的控制政策和程序。

自2001年以来,针对国际资本市场发生的一系列上市公司财务舞弊事件,国际审计准则制定机构对国际审计准则的制定机制和程序进行了改进,并强调以社会公众利益为宗旨,全面引入风险导向审计概念,全面提升国际审计准则质量。

目前的国际审计规范主要由国际会计师职业道德准则理事会(IESBA)发布的《国际会计师职业道德守则》以及国际审计与鉴证准则委员会(IAASB)发布的《国际质量控制准则》和《国际审计准则》三部分构成。《国际会计师职业道德守则》的适用范围最广,它不仅适用于IAASB相关准则规范的业务,也适用于IAASB相关准则没有规范的业务,是所有职业会计师必须遵循的行为准则。而《国际质量控制准则》仅适用于IAASB相关准则规范的业务,主要包括鉴证业务(审计业务、审阅业务和相关服务业务)和相关服务业务。《国际审计准则》的适用范围最小,仅适用于审计业务。

二、中国注册会计师执业准则基本体系

在充分借鉴国际审计准则的基础上,财政部和中国审计准则委员会明确提出完善中国审计准则体系和加快实现国际趋同的主张,并制订了国际趋同的工作计划。2006年2月,与国际审计准则趋同的《中国注册会计师执业准则》(共48项)及其应用指南颁布,自2007年1月1日起实施;为了保持与国际审计准则的持续趋同和适应发展变革环境中的现实需要,后又多次对准则进行修订或拟定。

中国注册会计师现行执业准则体系包括注册会计师业务准则和会计师事务所质量控制准则两大类,前者指引注册会计师如何执行业务,后者指导会计师事务所如何管控审计质量,具体构成如图3-1所示。

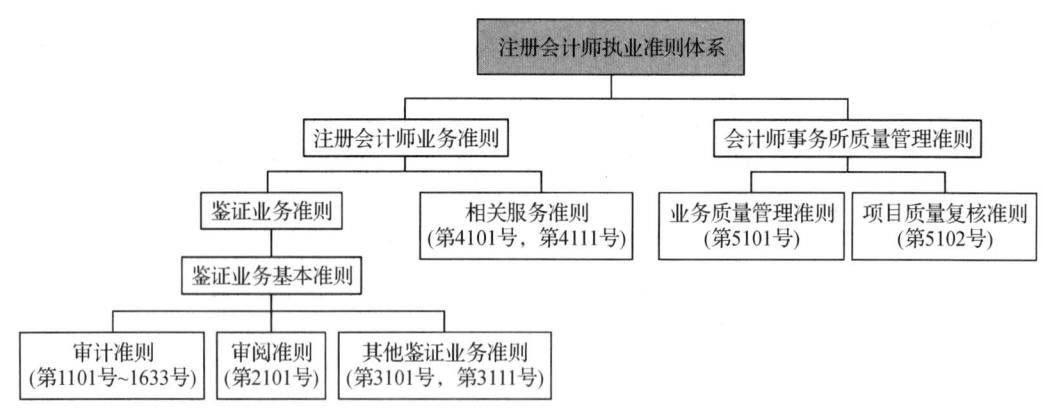

图3-1 注册会计师执业准则体系

截至2024年9月,中国注册会计师执业准则体系共包括53项准则,其具体构成是:① 中国注册会计师鉴证业务基本准则(1项);② 中国注册会计师审计准则(45项);③ 中国注册会计师审阅准则(1项);④ 中国注册会计师其他鉴证业务准则(2项);⑤ 中国注册会计师相关服务准则(2项);⑥ 会计师事务所质量管理准则(2项)。

在注册会计师执业准则体系中,准则编号由4位数组成。其中,千位数代表不同类别的准则:"1"代表审计准则;"2"代表审阅准则;"3"代表其他鉴证业务准则;"4"代表相关服务准则;"5"代表质量管理准则。百位数代表某一类别准则中的大类。以审计准则为例,将审计准则分为6大类,分别用1至6表示。"1"代表一般原则与责任;"2"代表风险评估与应对;"3"代表审计证据;"4"代表利用其他主体的工作;"5"代表审计结论与报告;"6"代表特殊领域审计。十位数代表大类中的小类。个位数代表小类中的顺序号。例如,第1311号,千位数的"1"表示审计准则,百位数的"3"表示审计证据大类,十位数的"1"表示获取审计证据的某一小类,个位数的"1"表示某类审计程序的序号。

除了以上执业准则,中注协还发布了针对执业准则的应用指南和审计准则问题解答,与上述准则共同构成一套比较成熟、完备的执业准则体系。

三、注册会计师业务准则

鉴于注册会计师的业务类别包括鉴证业务和相关服务两大类,注册会计师业务准则包括鉴证业务准则和相关服务准则。

鉴证业务准则由鉴证业务基本准则统领,按照鉴证业务提供的保证程度和鉴证对象的不同,分为中国注册会计师审计准则、中国注册会计师审阅准则和中国注册会计师其他鉴证业务准则(分别简称审计准则、审阅准则和其他鉴证业务准则)。

审计准则用以规范注册会计师执行历史财务信息的审计业务。在提供审计服务时,注册会计师对所审计信息是否不存在重大错报提供合理保证,并以积极方式提出结论。审计准则包括涉及审计业务的一般原则与责任、风险评估与应对、审计证据、利用其他主体的工作、审计结论和报告、特殊领域审计六个方面。审计准则是整个执业准则体系的核心。

审阅准则用以规范注册会计师执行历史财务信息的审阅业务。在提供审阅服务时,注册会计师对所审阅信息是否不存在重大错报提供有限保证,并以消极的方式提供结论。审阅准则对审阅范围和保证程度、业务约定书、审阅计划、审阅程序和审阅证据、结论和报告等进行了重点说明,以规范注册会计师执行审阅业务。

其他鉴证业务准则用以规范注册会计师执行历史财务信息审计和审阅以外的其他鉴证业务,根据鉴证业务的性质和业务约定的要求,提供有限保证或合理保证。该准则目前共有两项,包括历史财务信息审计或审阅以外的鉴证业务和预测性财务信息的审核。

相关服务准则用以规范注册会计师代编财务信息、执行商定程序、提供管理咨询等其他服务。在提供相关服务时,注册会计师不提供任何程度的保证。该准则目前共有两项,包括对财务信息执行商定程序和财务信息。

四、会计师事务所质量管理准则

会计师事务所质量管理准则用以规范会计师事务所在执行各类业务时应当遵守的质量管理政策和程序,是对会计师事务所质量管理提出的制度要求。该准则目前有两项,包括2020年修订的《会计师事务所质量管理准则第5101号——业务质量管理》和2020年新发布的《会计师事务所质量管理准则第5102号——项目质量复核》,这两项准则从会计师事务所层面进行规范,适用于包括鉴证业务在内的各项业务。除了这两项外,另有一项质量管理准则《中国注册会计师审计准则第1121号——对财务报表审计实施的质量管理》也于2020年进行了修订,该项准则从执行审计项目的负责人层面进行规范,仅适用于审计业务。这三项都属于质量管理准则,联系紧密,前两者是后者的制定依据。

第二节　注册会计师职业道德规范体系

引例导读

中国注册会计师协会首次颁发"注册会计师诚信执业 30 年"荣誉证书

　　为在全行业营造褒扬诚信、守信光荣的社会氛围,按照《"注册会计师诚信执业 30 年"荣誉证书颁发管理办法》,2023 年 9 月,中国注册会计师协会组织开展了首次"注册会计师诚信执业 30 年"荣誉褒奖工作。经个人申请,各级注协审核公示,中国注册会计师协会第六届常务理事会审定,全国 20 个地区 127 人获得首次颁发的"注册会计师诚信执业 30 年"荣誉证书。

　　中国注册会计师协会在 2023 年 12 月 5 日召开的第七次全国会员代表大会上,为首批"注册会计师诚信执业 30 年"代表颁发了荣誉证书。

——摘自中国注册会计师协会网站

　　诚信,是注册会计师职业道德基本原则之一,是注册会计师行业的本质属性和核心价值,也是行业的立业之本和发展之要。近年来,注册会计师行业紧紧围绕诚信建设这条主线,坚持改革创新,推进行业诚信建设。此次中国注册会计师协会专门颁发该项荣誉证书,旨在以行业诚信模范为标杆,充分激发行业从业人员荣誉感和使命感,提升行业整体诚信水平,促进行业高质量发展,更好服务于中国式现代化建设。那么,除了诚信,注册会计师职业道德还有哪些原则?我国注册会计师职业道德还有哪些规范和要求?

　　注册会计师职业道德,是对注册会计师职业品德、职业纪律、专业胜任能力及职业责任等的总称。注册会计师的职业性质决定了其对社会公众应承担的责任。为使注册会计师切实担负起这项神圣职责,为社会公众提供高质量的、可信赖的专业服务,就必须大力加强对注册会计师的职业道德教育。

一、注册会计师职业道德规范体系的发展

　　注册会计师的道德水平关系到整个行业能否生存和健康发展,从世界范围来看,凡是建立了注册会计师制度的国家,都制定了相应的职业道德规范。中国注册会计师行业也非常重视自身的职业道德规范的建设。1992 年,依据《中华人民共和国注册会计师条例》发布了《中国注册会计师职业道德守则(试行)》。1996 年,依据《注册会计师法》正式颁布《中国注册会计师职业道德基本准则》(简称《基本准则》)以替代 1992 年颁布的《中国注册会计师职业道德守则(试行)》,《基本准则》提出了独立、客观、公正的基本原则,并从专业胜任能力和技术规范、对客户的责任、对同行的责任和其他责任角度对注册会计师提出职业道德要求,

为我国职业道德规范建设奠定了基础。2002年,中国注册会计师协会发布《中国注册会计师职业道德规范指导意见》,于2009年10月发布《中国注册会计师职业道德守则》(简称《职业道德守则》),全面规范了注册会计师的职业道德行为,实现了与国际会计师职业道德守则的全面趋同。此外,为注册会计师正确理解职业道德守则,解决实务问题提供细化指导和提示,中注协于2014年发布《中国注册会计师职业道德守则问题解答》,自2015年1月1日起施行。

现行职业道德规范是中国注册会计师协会于2020年12月17日发布的最新修订版,包括《中国注册会计师职业道德守则》和《中国注册会计师协会非执业会员职业道德守则》,该版在结构上与2009年版保持一致,但是内容上顺应了新时代对注册会计师诚信和职业道德水平提出的更高要求,并保持与国际会计师联合会(IFAC)职业道德准则的持续动态趋同。具体框架体系如图3-2所示。

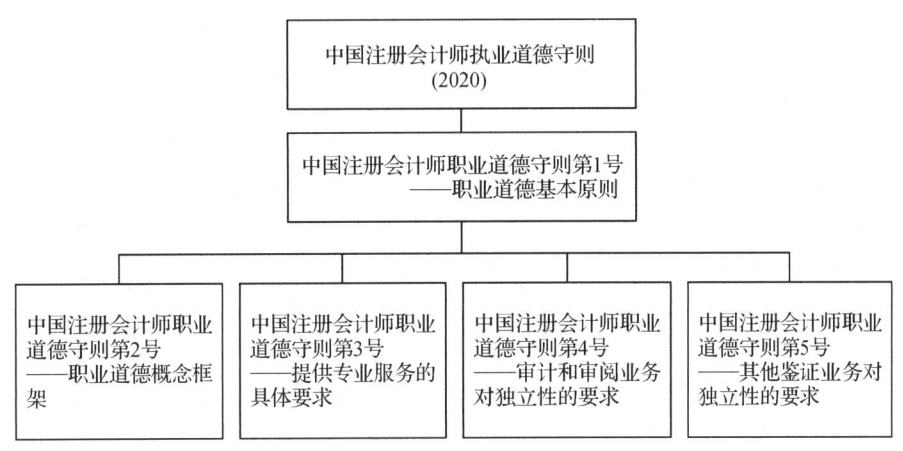

图3-2 注册会计师职业道德守则

二、注册会计师职业道德的基本原则

注册会计师为实现执业目标,必须遵守一系列前提或一般原则。根据《中国注册会计师职业道德守则第1号——职业道德基本原则》,注册会计师应当遵循诚信、客观公正、独立性、专业胜任能力和勤勉尽责、保密以及良好的职业行为等六项职业道德基本原则。

(一)诚信

课堂案例

中国证监会行政处罚决定书(广东正中珠江会计师事务所、杨××、张××、刘××、苏××)

依据2005年修订的《中华人民共和国证券法》(简称2005年《证券法》)有关规定,我会对正中珠江对康美药业审计未勤勉尽责案进行了立案调查、审理,并依法向当事人告知了作出行政处罚的事实、理由、依据及当事人依法享有的权利,应当事人正中珠江、杨××、张××、

刘××、苏××的要求,我会举行听证会听取了当事人及其代理人的陈述和申辩。本案现已调查、审理终结。

经查明,正中珠江存在以下违法事实:

……(因本书篇幅限制而省略)

综上,2016年度,康美药业的货币资金、营业收入均存在舞弊风险,正中珠江在进行审计时,在风险识别与评估阶段部分认定结论错误;在实施风险应对措施时,未严格执行舞弊风险应对措施等审计计划,执行审计程序违反诚信原则,未对函证保持有效控制,未保持应有的职业怀疑,未执行进一步审计程序消除疑虑,导致未获取充分、适当的审计证据,甚至出现审计项目经理配合康美药业财务人员拦截询证函、将伪造的走访记录作为审计证据的行为。最终,正中珠江出具的康美药业2016年财务报表审计报告存在虚假记载。此外,项目经理苏××严重违反独立性要求,正中珠江对内部员工管理监控不到位,实施的内部质量控制不符合《质量控制准则第5101号——会计师事务所对执行财务报表审计和审阅、其他鉴证和相关服务业务实施的质量控制》第35条、第38条、第47条的规定。

……(因本书篇幅限制而省略)

综上,2017年度,康美药业的货币资金、营业收入均存在舞弊风险,正中珠江在审计过程中,在风险识别与评估阶段部分认定结论错误;实施风险应对措施时,未严格执行舞弊风险应对措施等审计计划,执行审计程序违反诚信原则,未对银行、往来款函证保持有效控制,未保持应有的职业怀疑,未执行进一步审计程序消除疑虑,导致未获取充分、适当的审计证据,甚至出现项目经理配合康美药业财务人员拦截询证函、将伪造走访记录作为审计证据的行为。最终,正中珠江出具的康美药业2017年度财务报表审计报告存在虚假记载。此外,项目经理苏××严重违反独立性要求,正中珠江对内部员工管理监控不到位,实施的内部质量控制违反了《质量控制准则第5101号——会计师事务所对执行财务报表审计和审阅、其他鉴证和相关服务业务实施的质量控制》第35条、第38条和第47条的规定。

——摘自中国证券监督管理委员会网站,〔2021〕11号,有改动

广东正中珠江会计师事务所及其注册会计师杨××等人在康美药业案例中涉及的违法事实中,有一条极为重要的是他们执行审计程序时违反了诚信原则。注册会计师应当遵循诚信原则,在所有的职业活动中保持正直、诚实守信。

诚信,是指诚实守信。诚信是我国社会主义核心价值观的重要组成部分,是社会主义道德建设的重要内容,是构建社会主义和谐社会的重要纽带,同时也是社会主义市场经济运行的基础。对于注册会计师行业来说,诚信是其存在和发展的基石,在职业道德基本原则中居于首要地位。诚信原则要求注册会计师应当在所有的职业关系和商业关系中保持正直和诚实、秉公办事、实事求是。注册会计师如果认为业务报告、申报资料或其他信息存在严重虚假或误导性陈述、缺少充分依据的陈述或信息、遗漏或含糊其辞的信息等问题,则不得与有问题的信息发生牵连。

(二)客观公正

注册会计师应当遵循客观公正原则,公正处事,实事求是,不得由于偏见、利益冲突或他人的不当影响而损害自己的职业判断。

客观公正原则包括客观性和公正性两个要素。客观性原则要求注册会计师应当力求公正,不得因为个人成见、利益冲突或他人影响而损害独立性。注册会计师应按照事物的本质去考察,在执业中做到一切从实际出发,注重调查研究,主观与客观一致,使审计结论有理有据。公正性原则要求注册会计师应当具备正直、诚实的品质,在各种压力面前不屈服,能够公平公正、不偏不倚地对待利益各方,不以牺牲一方的利益为条件而使另一方受益。客观性原则和公正性原则不仅仅局限于鉴证业务,适用于注册会计师提供的各种专业服务。

（三）独立性

课堂案例

中国证监会行政处罚决定书（堂堂所、吴××、刘××、刘××）

在这份行政处罚决定书中,列明深圳堂堂会计师事务所在对*ST新亿2018、2019年财务报表审计中审计独立性缺失的违法事实：

1. 承诺对*ST新亿2019年度财务报表不出具否定或无法表示意见的审计报告并约定或有费用
2. 承诺对因签字导致的行政处罚给予赔偿
3. 承诺支付居间费
4. 违规修改审计报告内容导致出具的审计报告存在虚假记载和重大遗漏

——摘自中国证券监督管理委员会网站,〔2022〕6号

在执行审计和审阅业务、其他鉴证业务时,注册会计师应当遵循独立性原则,从实质上和形式上保持独立性,不得因任何利害关系影响其客观公正。

独立性,是指不受外来力量控制、支配,按照一定之规行事。注册会计师的独立性包括实质上的独立和形式上的独立两个方面。实质上的独立是一种内心状态,使得注册会计师在提出结论时不受损害职业判断的因素影响,诚实行事,遵循客观和公正原则,保持职业怀疑态度；形式上的独立是一种外在表现,使得一个理性且掌握充分信息的第三方,在权衡所有相关事实和情况后,认为会计师事务所或审计项目组成员没有损害诚信原则、客观和公正原则或职业怀疑态度。独立性是鉴证业务的灵魂,是专门针对注册会计师从事审计、审阅业务和其他鉴证业务而提出的职业道德基本原则。

（四）专业胜任能力和勤勉尽责

课堂案例

中国证监会行政处罚决定书（苏亚金诚）

在这份行政处罚决定书中,列明苏亚金诚会计师事务所在对宏图高科2017年至2021年年度报告审计中未勤勉尽责事实：

"我会认为,苏亚金诚所及相关人员在为宏图高科2017年至2021年财务报表提供审计服务过程中,未勤勉尽责,所出具的审计报告有虚假记载,上述行为违反2005年修订的《中华人民共和国证券法》(简称2005年《证券法》)第一百七十三条、2019年《证券法》第一百六十三条的规定,构成2005年《证券法》第二百二十三条、2019年《证券法》第二百一十三条第三款所述'证券服务机构未勤勉尽责,所制作、出具的文件有虚假记载'的行为。"

——摘自中国证券监督管理委员会网站,〔2024〕103号,有改动

注册会计师应当遵循专业胜任能力和勤勉尽责原则。根据该原则的要求,注册会计师应当:一是获取并保持应有的专业知识和技能,确保为客户提供具有专业水准的服务;二是做到勤勉尽责。

专业胜任能力,是指为提供高质量的专业服务,注册会计师必须具备的职业品德、学识与经验、专业训练以及足够的分析、判断能力,是会计师教育、职业经验和持续学习的综合结果。注册会计师如果不能保持和提高专业胜任能力,就难以完成客户委托的业务,也无法从根本上满足社会公众对注册会计师的需求。

勤勉尽责,又称应有的职业关注或应有的职业谨慎,它是注册会计师执业非常重要的一个基本原则,是指注册会计师应持有慎重的实务观念,理智地运用其所拥有的知识,认识并适当注意自己的经验,作出相当于社会合理期望水平的判断。

(五) 保密

注册会计师应当遵循保密原则,对执业活动中获知的涉密信息保密。

这里所说的涉密信息一般指商业秘密,一旦商业秘密被泄露或利用,往往会给客户造成损失,因此在注册会计师签订业务约定书时,应当承诺对在执行业务过程中获得的客户信息保密。在终止与客户关系后,注册会计师仍应对以前职业活动中获知的涉密信息保密。如果变更工作单位或获得新客户,注册会计师可以利用以前的经验,但是不得利用或披露以前职业活动中获知的涉密信息。

(六) 良好的职业行为

注册会计师应当遵循良好职业行为原则,爱岗敬业,遵守相关法律法规,避免发生任何可能损害职业声誉的行为。

任何职业的存在和发展都必须对其所提供的服务是否达到社会期望,也就是该职业所承担的责任予以特别关注。对于注册会计师行业来说,这种社会期望体现在职业声誉上,良好的职业声誉是整个行业赖以生存的命脉。《职业道德守则》要求注册会计师遵守相关的法律法规,避免发生任何损害职业声誉的行为。

三、注册会计师职业道德概念框架

职业道德概念框架,是指解决职业道德问题的思路和方法,用以指导注册会计师识别对职业道德基本原则的不利影响,评价不利影响的严重程度,必要时采取防范措施消除不利影响或将其降低至可接受的水平。注册会计师遇到的许多情形(如职业活动、利益和关系)都可能对职业道德基本原则产生不利影响,职业道德概念框架适用于各种可能对职业道德基本原则产生不利影响的情形。注册会计师应当运用职业道德概念框架识别、评价和应对各

种可能产生的不利影响,不能想当然地认为《中国注册会计师职业道德守则第 2 号——职业道德概念框架》中未明确禁止的情形就是允许的。

注册会计师运用职业道德概念框架的具体思路如下。

(一) 识别对职业道德基本原则的不利影响

注册会计师应当识别对职业道德基本原则的不利影响。通常来说,一种情形可能产生多种不利影响,一种不利影响也可能影响多项职业道德基本原则。可能对职业道德基本原则产生不利影响的因素包括自身利益、自我评价、过度推介、密切关系和外在压力。

1. 因自身利益产生的不利影响

它是指由于某项经济利益或其他利益可能不当影响注册会计师的职业判断或行为,而对职业道德基本原则产生的不利影响。这种不利影响的例子包括:

(1) 注册会计师在客户中拥有直接经济利益;

(2) 会计师事务所的收入过分依赖某一客户;

(3) 会计师事务所以较低的报价获得新业务,而该报价过低,可能导致注册会计师难以按照适用的执业准则要求执行业务;

(4) 注册会计师与客户之间存在密切的商业关系;

(5) 注册会计师能够接触到涉密信息,而该涉密信息可能被用于谋取个人私利;

(6) 注册会计师在评价所在会计师事务所以往提供的专业服务时,发现了重大错误。

2. 因自我评价产生的不利影响

它是指注册会计师在执行当前业务的过程中,其判断需要依赖其本人或所在会计师事务所以往执行业务时作出的判断或得出的结论,而该注册会计师可能不恰当地评价这些以往的判断或结论,从而对职业道德基本原则产生的不利影响。这种不利影响的例子包括:

(1) 注册会计师在对客户提供财务系统的设计或实施服务后,又对该系统的运行有效性出具鉴证报告;

(2) 注册会计师为客户编制用于生成有关记录的原始数据,而这些记录是鉴证业务的对象。

3. 因过度推介产生的不利影响

它是指注册会计师倾向客户的立场导致客观公正原则受到损害而产生的不利影响。这种不利影响的例子包括:

(1) 注册会计师推介客户的产品、股份或其他利益;

(2) 当客户与第三方发生诉讼或纠纷时,注册会计师为该客户辩护;

(3) 注册会计师站在客户的立场上影响某项法律法规的制定。

4. 因密切关系产生的不利影响

它是指注册会计师由于与客户存在长期或密切的关系,过于偏向客户的利益或过于认可客户的工作,从而对职业道德基本原则产生的不利影响。这种不利影响的例子包括:

(1) 审计项目团队成员的主要近亲属或其他近亲属担任审计客户的董事或高级管理人员(近亲属关系见图 3-3);

(2) 鉴证客户的董事、高级管理人员,或所处职位能够对鉴证对象施加重大影响的员

工,最近曾担任注册会计师所在会计师事务所的项目合伙人;

(3)审计项目团队成员与审计客户之间长期存在业务关系。

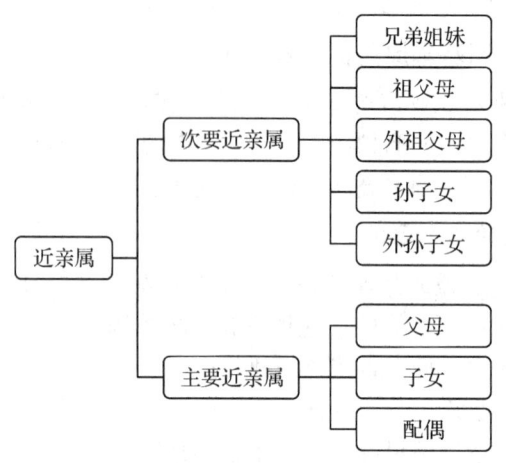

图3-3 近亲属关系图

5.因外在压力产生的不利影响

它是指注册会计师迫于实际存在的或可感知到的压力,无法客观行事而对职业道德基本原则产生的不利影响。这种不利影响的例子包括:

(1)注册会计师因对专业事项持不同意见而受到客户解除业务关系或被会计师事务所解雇的威胁;

(2)由于客户对所沟通的事项更具有专长,注册会计师面临服从该客户判断的压力;

(3)注册会计师被告知,除非其同意审计客户某项不恰当的会计处理,否则计划中的晋升将受到影响;

(4)注册会计师接受了客户赠予的重要礼品,并被威胁将公开其收受礼品的事情。

(二)评价不利影响的严重程度

如果识别出对职业道德基本原则的不利影响,注册会计师应当评价不利影响的严重程度是否处于可接受的水平。可接受的水平,是指注册会计师针对识别出的不利影响实施理性且掌握充分信息的第三方测试之后,很可能得出其行为并未违反职业道德基本原则的结论时,该不利影响的严重程度所处的水平。

在评价不利影响的严重程度时,注册会计师应当从性质和数量两个方面予以考虑,如果存在多项不利影响,应当将多项不利影响组织起来一并考虑。

(三)应对不利影响

如果注册会计师确定识别出的不利影响超出可接受的水平,应当通过消除该不利影响或将其降低至可接受的水平来予以应对。注册会计师应当通过采取下列措施应对不利影响:

(1)消除产生不利影响的情形,包括利益或关系;

(2)采取可行并有能力采取的防范措施将不利影响降低至可接受的水平;

(3)拒绝或终止特定的职业活动。

(四) 与治理层的沟通

注册会计师在识别、评价和应对不利影响时,应当根据职业判断,就有关事项与治理层进行沟通,应当确定与客户或工作单位治理结构中的哪些适当人员进行沟通。如果注册会计师与治理层的下设组织(如审计委员会)或个人沟通,应当确定是否还需要与治理层整体进行沟通,以使治理层所有成员充分知情。

在确定具体沟通对象时,注册会计师可能需要考虑具体情况的性质和重要程度以及拟沟通的事项等。

如果注册会计师与同时承担管理层职责和治理层职责的人员沟通,应当确保这种沟通能够向所有负有治理责任的人员充分传递应予沟通的内容。在某些情况下,治理层全部成员均参与管理。例如,在一家小企业中,仅有的一名业主管理该企业,并且没有其他人负有治理责任。在这些情况下,如果与同时承担管理层职责和治理层职责的人员沟通,可为注册会计师已满足与治理层沟通的要求。

四、注册会计师职业道德困境

道德困境是指人们有时面临道德两难境地,即某种情况和形势下必须做或想要做的事,但是从道德层面来看是不应该做的。注册会计师在执业过程中经常面临道德两难的问题。

例如,客户威胁说,如果不出具无保留意见的审计报告,就将改聘其他会计师事务所。这种情况下,注册会计师面临两难选择:一方面,如果出具无保留意见报告,可能并不符合实际情况,从而违背了客观公正的职业原则;另一方面,如果拒绝客户的要求并因此丢失客户,将导致事务所的收入减少。再比如,行业中存在其他会计师事务所和注册会计师夸大自身业务水平和执业能力的现象。这种行为显然是不道德的,但如果人人都这样做,而个别事务所或注册会计师不参与这种夸大宣传,就可能面临市场份额被侵蚀、业务受损的风险。

这些道德问题需要职业界通过职业道德建设的不断努力来逐步解决。注册会计师职业界有很多途径来促使注册会计师正当工作和提供高质量的鉴证与其他服务,包括审计准则的制定和完善、质量控制和同业检查、协会组织和政府部门的监管、注册会计师的后续教育等。此外,对违反职业道德的行为进行处罚,甚至对违法者追究法律责任,都是维护职业界信誉必不可少的措施。

五、审计业务对独立性的要求

2024年9月18日,为深入贯彻落实党中央、国务院关于严肃财经纪律、从严打击资本市场财务造假的决策部署,顺应经济社会发展对注册会计师诚信执业和独立性的更高要求,进一步提升审计质量,保持与国际职业道德守则的持续动态趋同,中注协吸收借鉴国际守则的最新成果,并结合我国实际和实践情况,在《中国注册会计师职业道德守则第4号——审计和审阅业务对独立性的要求》的基础上,修订起草了《中国注册会计师独立性准则第1号——财务报表审计和审阅业务对独立性的要求》,并向社会公开征求意见。

保持独立性是注册会计师执行审计业务、审阅业务以及其他鉴证业务的特别要求。注册会计师在执行这些业务时应当保持独立性,主动识别可能影响独立性的事项,并根据不利影响程度采取有针对性的应对措施。可能对独立性产生不利影响的情形和关系有经济利益、贷款和担保、商业关系、家庭和私人关系、与审计客户发生人员交流、与审计客户长期存在业务关系、向审计客户提供非鉴证服务、收费和影响独立性的其他事项等，以下重点介绍各种情形中独立性要求的一般规定：

（一）经济利益

在审计客户中拥有经济利益，可能因自身利益导致不利影响。不利影响存在与否以及其严重程度主要取决于下列因素：① 拥有经济利益人员的角色；② 经济利益是直接的还是间接的；③ 经济利益的重要程度。

经济利益指因持有某一实体发行的股权、债券、基金、与其股价或债券价格挂钩的衍生金融产品和其他证券以及其他债务性的工具而拥有的利益，包括为取得这种利益享有的权利和承担的义务。经济利益包括直接经济利益和间接经济利益。

直接经济利益指下列经济利益：① 个人或实体直接拥有并控制的经济利益（包括授权他人管理的经济利益）；② 个人或实体通过集合投资工具、信托、实体或合伙组织或第三方而实质拥有的经济利益，并且有能力控制这些投资工具，或影响其投资决策。一些常见的直接经济利益包括证券或其他参与权，如股票、债券、认沽权、认购权、期权、权证以及卖空权等。

间接经济利益指个人或实体通过投资工具、信托、实体或合伙组织或第三方而实质拥有的经济利益，但没有能力控制这些投资工具，或影响其投资决策。

（二）贷款和担保

涉及贷款和担保可能对独立性产生不利影响的情形有四种。

1. 从银行或类似金融机构等审计客户取得贷款或获得贷款担保

会计师事务所、审计项目团队成员或其主要近亲属不得从银行或类似金融机构等审计客户取得贷款，或获得贷款担保，除非该贷款或担保是按照正常的程序、条款和条件进行的。此类贷款的例子包括按揭贷款、银行透支、汽车贷款和信用卡等。

即使会计师事务所从银行或类似金融机构等审计客户按照正常的程序、条款和条件取得贷款，如果该贷款对审计客户或取得贷款的会计师事务所是重要的，也可能因自身利益对独立性产生不利影响。会计师事务所应当评价不利影响的严重程度，并在必要时采取防范措施消除不利影响或将其降低至可接受的水平。

2. 从不属于银行或类似金融机构等审计客户取得贷款或由其提供担保

会计师事务所、审计项目团队成员或其主要近亲属从不属于银行或类似金融机构的审计客户取得贷款，或由此类审计客户提供贷款担保，将因自身利益产生非常严重的不利影响，导致没有防范措施能够将其降低至可接受的水平。会计师事务所、审计项目团队成员或其主要近亲属不得从不属于银行或类似金融机构的审计客户取得贷款，或由此类审计客户提供贷款担保。

3. 向审计客户提供贷款或为其提供担保

会计师事务所、审计项目团队成员或其主要近亲属向审计客户提供贷款或为其提供担保，将因自身利益产生非常严重的不利影响，导致没有防范措施能够将其降低至可接受的水平。会计师事务所、审计团队成员或其主要近亲属不得向审计客户提供贷款或担保。

4. 在审计客户开立存款或经纪账户

会计师事务所、审计项目团队成员或其主要近亲属不得在银行或类似金融机构等审计客户开立存款或经纪账户,除非该存款或经纪账户是按照正常的商业条件开立的。

(三)商业关系

会计师事务所、审计项目团队成员或其主要近亲属与审计客户或其高级管理人员之间,由于商务关系或共同的经济利益而存在密切的商业关系,可能因自身利益或外在压力对独立性产生不利影响。会计师事务所、审计项目团队成员不得与审计客户或其高级管理人员建立密切的商业关系。如果会计师事务所存在此类商业关系,应当予以终止。如果此类商业关系涉及审计项目团队成员,会计师事务所应将该成员调离审计项目团队。如果审计项目团队成员的主要近亲属与审计客户或其高级管理人员存在此类商业关系,注册会计师应当评价不利影响的严重程度,并在必要时采取防范措施消除不利影响或将其降低至可接受的水平。

这些商业关系可能包括:

(1)与客户或其控股股东、董事、高级管理人员或其他为该客户执行高级管理活动的人员共同开办企业。

(2)按照协议,将会计师事务所的产品或服务与客户的产品或服务结合在一起,并以双方名义捆绑销售。例如,某会计师事务所通过与一家投资银行共同组成服务团队的形式,向潜在客户提供审计、公司财务顾问等一揽子专业服务。上述关系一般被视为商业关系。当该投资银行同时为该会计师事务所的审计客户时,会计师事务所不得介入此类商业关系。

(3)按照协议,会计师事务所销售或推广客户的产品或服务,或者客户销售或推广会计师事务所的产品或服务。

(四)家庭和私人关系

如审计项目团队成员与审计客户的董事、高级管理人员,或某类员工(取决于该员工在审计客户中担任的角色)存在家庭和私人关系,可能因自身利益、密切关系或外在压力对独立性产生不利影响。不利影响存在与否以及其严重程度主要取决于该成员在审计项目团队中的角色、其家庭成员或相关人员在客户中的职位以及关系的密切程度等。

(1)如果审计项目团队成员的主要近亲属是审计客户的董事、高级管理人员或担任能对审计财务报表或会计记录的编制施加重大影响的职务,或者在业务期间或财务报表涵盖的期间曾担任上述职务,将对独立性产生非常严重的不利影响,导致没有防范措施能够消除该不利影响或将其降低至可接受的水平。拥有此类关系的人员不得成为审计项目团队成员。

(2)如果审计项目团队成员的主要近亲属在审计客户中所处职位能够对客户的财务状况、经营成果和现金流量施加重大影响,将可能因自身利益、密切关系或外在压力对独立性产生不利影响。会计师事务所应当评价不利影响的严重程度,并在必要时采取防范措施消除不利影响或将其降低至可接受的水平。

(3)如果审计项目团队成员的其他近亲属是审计客户的董事、高级管理人员或特定员工,将因自身利益、密切关系或外在压力对独立性产生不利影响。会计师事务所应当评价不利影响的严重程度,并在必要时采取防范措施消除不利影响或将其降低至可接受的水平。

（4）如果审计项目团队成员与审计客户的员工存在密切关系，并且该员工是审计客户的董事、高级管理人员或特定员工，即使该员工不是审计项目团队成员的近亲属，也将对独立性产生不利影响。拥有此类关系的审计项目团队成员应当按照会计师事务所的政策和程序进行咨询。会计师事务所应当评价不利影响的严重程度，并在必要时采取防范措施消除不利影响或将其降低至可接受的水平。

（5）会计师事务所中审计项目团队以外的合伙人或员工，与审计客户的董事、高级管理人员或特定员工之间存在家庭或私人关系，可能因自身利益、密切关系或外在压力产生不利影响。会计师事务所合伙人或员工在知悉此类关系后，应当按照会计师事务所的政策和程序进行咨询。会计师事务所应当评价不利影响的严重程度，并在必要时采取防范措施消除不利影响或将其降低至可接受的水平。

（五）与审计客户发生人员交流

如果审计客户的董事、高级管理人员或特定员工，曾经是审计项目团队的成员或会计师事务所的合伙人，可能因密切关系或外在压力产生不利影响。

（1）审计项目团队前任成员或会计师事务所前任合伙人担任审计客户的重要职位，且与事务所保持重要联系。

如果审计项目团队前任成员或会计师事务所前任合伙人加入审计客户，担任董事、高级管理人员或特定员工，会计师事务所应当确保上述人员与会计师事务所之间不再保持重要交往。如果会计师事务所与该类人员仍保持重要交往，除非同时满足下列条件，否则将产生非常严重的不利影响，导致没有防范措施能够消除不利影响或将其降低至可接受的水平：① 该人员无权从会计师事务所获取报酬或福利，除非报酬或福利是按照预先确定的固定金额支付的；② 应付该人员的金额（如有）对会计师事务所不重要；③ 该人员未继续参与，并且在外界看来未参与会计师事务所的经营活动或职业活动。

即使同时满足上述条件，仍可能因密切关系或外在压力对独立性产生不利影响。

（2）会计师事务所前任合伙人加入的某一实体成为审计客户。

如果会计师事务所前任合伙人加入某一实体并担任董事、高级管理人员或特定员工，而该实体随后成为会计师事务所的审计客户，则可能因密切关系或外在压力对独立性产生不利影响。

不利影响存在与否及其严重程度主要取决于以下因素：① 该人员在审计客户中担任的职位；② 该人员将与审计项目团队交往的程度；③ 该人员离开审计项目团队或会计师事务所合伙人职位的时间长短；④ 该人员以前在审计项目团队、会计师事务所中的角色，例如，该人员是否负责与客户管理层和治理层保持定期联系。

会计师事务所应当评价不利影响的严重程度，并在必要时采取防范措施消除不利影响或将其降低至可接受的水平。

举例来说，防范措施可能包括：① 修改审计计划；② 向审计项目团队分派与该人员相比经验更加丰富的人员；③ 由适当复核人员复核前任审计项目团队成员已执行的工作。

（3）审计项目团队某成员拟加入审计客户。

如果审计项目团队某一成员参与审计业务，当知道自己在未来某一时间将要或有可能加入审计客户时，将因自身利益产生不利影响。会计师事务所应当制定政策和程序，要求审计项目团队成员在与审计客户协商受雇于该客户时,向会计师事务所报告。在接到报告后,会计师事务所应当评价不利影响的严重程度,并在必要时采取防范措施消除不利影响或将其降低至可接受的水平。

举例来说,防范措施可能包括:① 将该成员调离审计项目团队,可能能够消除不利影响;② 由审计项目团队以外的适当复核人员复核该成员在审计项目团队中作出的重大判断,可能能够将其不利影响降低至可接受的水平。

(六) 与审计客户长期存在业务关系

会计师事务所长期委派同一名合伙人或高级员工执行某一客户的审计业务,将因密切关系和自身利益对独立性产生不利影响。不利影响的严重程度主要取决于下列因素:

(1) 该人员与客户之间关系的总体时间长度,包括该人员在之前的会计师事务所中与该客户之间已存在的关系(如适用);

(2) 该人员成为审计项目组成员的时间长短及其所承担的角色;

(3) 更高层人员对该人员所实施的工作进行指导、复核和监督的程度;

(4) 根据其资历,该人员能够影响审计结果的程度,例如,该人员可能作出关键决策或指导审计项目组其他成员的工作;

(5) 该人员与客户高级管理层或治理层之间关系的密切程度;

(6) 该人员与客户高级管理层或治理层之间互动的性质、频率和程度;

(7) 审计客户会计和财务报告问题的性质和复杂程度,以及性质和复杂程度是否发生变化;

(8) 审计客户高级管理层或治理层近期是否发生变动;

(9) 审计客户的组织结构是否发生变动,从而影响会计师事务所人员与客户高级管理层或治理层之间互动的性质、频率和程度。

上述的两个或多个因素相组合可能提高或降低不利影响的严重程度。例如,会计师事务所人员与客户高级管理层之间由于交往时间长而形成的密切关系,可能会随着该客户管理层成员的离职而减弱,相应的由该密切关系产生的不利影响也会降低。

举例来说,防范措施可能包括:

(1) 将与审计客户长期存在业务关系的人员轮换出审计项目团队,可能能够消除不利影响;

(2) 变更与审计客户长期存在业务关系的人员在审计项目团队中担任的角色或其所实施任务的性质和范围,可能能够将不利影响降低至可接受的水平;

(3) 由审计项目团队以外的适当复核人员复核与审计客户长期存在业务关系的人员所执行的工作,可能能够将不利影响降低至可接受的水平;

(4) 定期对该业务实施独立的内部或外部质量复核,可能能够将不利影响降低至可接受的水平。

如果确定所产生的不利影响仅能通过将该人员轮换出审计项目团队予以应对,会计师事务所应当确定一个适当的期间,在该期间内该人员不得有下列行为:

(1) 成为审计项目组成员;

(2) 对该审计项目实施质量管理;

(3) 对该审计项目的结果施加直接影响。

这一期间应当足够长,以确保因密切关系或自身利益产生的不利影响能够得以应对。

(七) 向审计客户提供非鉴证服务

会计师事务所可能向其审计客户提供与其技能和专长相符的非鉴证服务。向审计客户提供非鉴证服务,可能对多项职业道德基本原则产生不利影响。

在接受委托向审计客户提供非鉴证服务之前,会计师事务所应当确定提供该服务是否将对独立性产生不利影响。在评价不利影响存在与否及其严重程度时,注册会计师通常需要考虑下列因素:

(1) 非鉴证服务的性质、范围和目的;
(2) 审计业务对该非鉴证服务结果的依赖程度;
(3) 提供该非鉴证服务相关的法律和监管环境;
(4) 非鉴证服务的结果是否影响被审计财务报表中的相关事项,如果影响,影响的程度以及在确定这些事项的金额或会计处理方法时涉及的主观程度;
(5) 客户管理层和员工在该非鉴证服务方面的专长水平;
(6) 客户针对重大判断事项的参与程度;
(7) 非鉴证服务对与客户会计记录、财务报表、财务报告内部控制相关的系统所产生影响的性质和程度(如有);
(8) 客户属于公众利益实体,如果客户属于公众利益实体,通常认为会产生更为严重的不利影响。

会计师事务所可能向同一审计客户提供多种非鉴证服务。在这种情况下,会计师事务所应当综合考虑因提供这些服务可能产生的不利影响。如果注册会计师职业道德守则不允许会计师事务所为其审计客户提供某项服务,则会计师事务所不得以任何形式参与提供该服务。

当审计客户成为公众利益实体时,除非同时满足下列条件,否则会计师事务所向该客户提供非鉴证服务(无论是当前还是以往提供的)将会损害会计师事务所的独立性:

(1) 以往向该客户提供的非鉴证服务符合有关向非公众利益实体提供非鉴证服务的规定;
(2) 对于当前正在向该客户提供的非鉴证服务,如果属于不允许向公众利益实体审计客户提供的非鉴证服务,应当在客户成为公众利益实体之前终止,或之后尽快终止;
(3) 会计师事务所采取防范措施应对超出可接受水平的不利影响。

(八) 收费

1. 收费结构

(1) 从某一审计客户收取的全部费用占会计师事务所收费总额比重很大。

如果会计师事务所从某一审计客户收取的全部费用占其收费总额的比重很大,则对该客户的依赖及对可能失去该客户的担心将因自身利益或外在压力产生不利影响。不利影响的严重程度主要取决于下列因素:会计师事务所的业务类型及收入结构;会计师事务所成立时间的长短;该客户从性质和金额上对会计师事务所是否重要。

会计师事务所应当评价不利影响的严重程度,并在必要时采取防范措施消除不利影响或将其降低至可接受的水平。举例来说,防范措施可能包括:扩大会计师事务所的客户群,从而降低对该客户的依赖程度;实施外部质量复核;就关键的审计判断向第三方咨询,例如,向行业监管机构或其他会计师事务所咨询。

(2) 从某一审计客户收取的全部费用占某一合伙人或分部收费总额比重很大。

如果从某一审计客户收取的全部费用占某一合伙人从所有客户收取的费用总额比重很大,或占会计师事务所某一分部收取的费用总额比重很大,也将因自身利益或外在压力产生不利影响。不利影响的严重程度主要取决于下列因素:该客户在性质上或金额上对该合伙人或分部是否重要;该合伙人或该分部合伙人的报酬对来源于该客户的收费的依赖程度。

会计师事务所应当评价不利影响的严重程度,并在必要时采取防范措施消除不利影响或将其降低至可接受的水平。举例来说,防范措施可能包括:扩大该合伙人或分部的客户群,从而降低对来源于该客户的收费的依赖程度;由审计项目团队以外的适当复核人员复核已执行的工作。

(3) 从属于公众利益实体的某一审计客户收取的全部费用比重较大。

如果会计师事务所连续两年从某一属于公众利益实体的审计客户及其关联实体收取的全部费用,占其从所有客户收取的全部费用的比重超过15%,会计师事务所应当向审计客户治理层披露这一事实,并讨论选择下列何种防范措施,以将不利影响降低至可接受的水平:在对第二年度财务报表发表审计意见之前,由其他会计师事务所对该业务再次实施项目质量复核,或由其他专业机构实施相当于项目质量复核的复核(简称"发表审计意见前复核");在对第二年度财务报表发表审计意见之后、对第三年度财务报表发表审计意见之前,由其他会计师事务所对第二年度的审计工作再次实施项目质量复核,或由其他专业机构实施相当于项目质量复核的复核(简称"发表审计意见后复核")。

在上述收费比例明显超过15%的情况下,如果采用发表审计意见后复核无法将不利影响降低至可接受的水平,会计师事务所应当采用发表审计意见前复核。

如果两年后每年收费比例继续超过15%,则会计师事务所应当每年向治理层披露这一事实,并讨论选择采取上述哪种防范措施。在收费比例明显超过15%的情况下,如果采用发表审计意见后复核无法将不利影响降低至可接受的水平,会计师事务所应当采用发表审计意见前复核。

会计师事务所在计算收费占比时,应以向该审计客户提供所有服务收取的全部费用(即不仅仅是审计费)为分子,以向所有客户提供所有服务收取的全部费用为分母。

2. 逾期收费

如果审计客户长期未支付应付的费用,尤其是相当部分的费用在出具下一年度审计报告前仍未支付,可能因自身利益产生不利影响。

会计师事务所通常要求审计客户在审计报告出具前付清上一年度的费用。如果在审计报告出具后审计客户仍未支付该费用,会计师事务所应当评价不利影响存在与否及其严重程度,并在必要时采取防范措施消除不利影响或将其降低至可接受的水平。举例来说,防范措施可能包括:收取逾期的部分款项;由未参与执行审计业务的适当复核人员复核已执行的工作。

如果相当部分的费用长期逾期,会计师事务所应当确定:逾期收费是否可能被视同向客户提供贷款;会计师事务所是否继续接受委托或继续执行审计业务。

3. 或有收费

或有收费指收费与否或收费多少取决于交易的结果或所执行工作的结果。如果一项收费是由法院或政府有关部门规定的,则该项收费不被视为或有收费。

会计师事务所在提供审计服务时,以直接或间接形式取得或有收费,将因自身利益产生非常严重的不利影响,导致没有防范措施能够将其降低至可接受的水平。会计师事务所不得采用这种收费安排。

会计师事务所在向审计客户提供非鉴证服务时,如果非鉴证服务以直接或间接形式取得或有收费,也可能因自身利益产生不利影响。

如果出现下列情况之一,将因自身利益产生非常严重的不利影响,导致没有防范措施能够将其降低至可接受的水平,会计师事务所不得采用这种收费安排:非鉴证服务的或有收费由对财务报表发表审计意见的会计师事务所取得,并且对其影响重大或预期影响重大;网络事务所参与大部分审计工作,非鉴证服务的或有收费由该网络事务所取得,并且对其影响重大或预期影响重大;非鉴证服务的结果以及由此收取的费用金额,取决于与财务报表重大金额审计相关的未来或当期的判断。

在向审计客户提供非鉴证服务时,如果会计师事务所采用其他形式的或有收费安排,不利影响存在与否及其严重程度主要取决于下列因素:可能的收费金额区间;是否由适当的权威方确定有关事项的结果,并且该结果作为确定或有收费金额的基础;针对会计师事务所执行的工作及收费的基础,向报告预期使用者作出的披露;非鉴证服务的性质;事项或交易对财务报表的影响。

会计师事务所应当评价不利影响的严重程度,并在必要时采取防范措施消除不利影响或将其降低至可接受的水平。举例来说,防范措施可能包括:由审计项目团队以外的适当复核人员复核该会计师事务所已执行的工作;预先就收费的基础与客户达成书面协议。

(九) 影响独立性的其他事项

1. 薪酬和业绩评价政策

如果某一审计项目团队成员的薪酬或业绩评价与其向审计客户推销的非鉴证服务挂钩,将因自身利益产生不利影响。不利影响的严重程度取决于下列因素:

(1) 推销非鉴证服务的因素在该成员薪酬或业绩评价中的比重;

(2) 该成员在审计项目团队中的角色;

(3) 推销非鉴证服务的业绩是否影响该成员的晋升。

会计师事务所应当评价不利影响的严重程度。如果不利影响超出可接受的水平,应在必要时采取防范措施消除不利影响或将其降低至可接受的水平。

举例来说,下列防范措施可能能够消除因自身利益产生的不利影响:

(1) 修改该成员的薪酬计划或业绩评价程序;

(2) 将该成员调离审计项目团队。

由审计项目团队以外的适当复核人员复核该审计项目团队成员已执行的工作,可能能够将自身利益产生的不利影响降低至可接受的水平。

关键审计合伙人的薪酬或业绩评价不得与其向审计客户推销的非鉴证服务直接挂钩。职业道德守则并不禁止会计师事务所合伙人之间正常的利润分享安排。

2. 礼品和款待

会计师事务所或审计项目团队成员接受审计客户的礼品或款待,可能因自身利益、密切关系或外在压力对独立性产生不利影响。

如果会计师事务所或审计项目团队成员接受审计客户的礼品,将产生非常严重的不利影响,导致没有防范措施能够将其降低至可接受的水平。会计师事务所或审计项目团队成员不得接受礼品。

会计师事务所或审计项目团队成员应当评价接受款待产生不利影响的严重程度,并在必要时采取防范措施消除不利影响或将其降低至可接受的水平。如果款待超出业务活动中的正常往来,会计师事务所或审计项目团队成员应当拒绝接受。注册会计师应当考虑款待是否具有不当影响注册会计师行为的意图,如有该意图,即使其从性质和金额上来说均明显不重要,会计师事务所或审计项目团队成员也不得接受该款待。

3. 诉讼或诉讼威胁

如果会计师事务所或审计项目团队成员与审计客户发生诉讼或很可能发生诉讼,将因自身利益和外在压力产生不利影响。

会计师事务所和客户管理层由于诉讼或诉讼威胁而处于对立地位,将影响管理层提供信息的意愿,从而因自身利益和外在压力产生不利影响。不利影响的严重程度主要取决于下列因素:

(1) 诉讼的重要性;
(2) 诉讼是否与前期审计业务相关。

会计师事务所应当评价不利影响的严重程度,并在必要时采取防范措施消除不利影响或将其降低至可接受的水平。

举例来说,防范措施可能包括:

(1) 如果诉讼涉及某一审计项目团队成员,将该成员调离审计项目团队可能能够消除不利影响;
(2) 由适当复核人员复核已执行的工作,可能能够将不利影响降低至可接受的水平。

第三节　注册会计师法律责任

 引例导读

唐某涉提供虚假证明文件罪刑事一审案件刑事判决书
上海市黄浦区人民法院刑事判决书

案号:(2021)沪 0101 刑初 424 号
……(因本书篇幅限制而省略)
上海市黄浦区人民检察院指控:
2013 年 1 月 27 日,浙江 A 公司、上海 A 股份公司委托立信所对浙江 A 公司进行 2012

年度财务报表审计,由唐某作为项目合伙人领导其下属组成的德美审计项目组对浙江A公司及浙江B有限公司、湖州C有限公司进行加总审计。

在审计工作过程中,时任浙江A公司总经理的王某1及丁某1等人通过电子邮件与被告人唐某等多次沟通,要求对审计报告结果进行调整、提高净资产和净利润等数值,以促成上海A股份公司收购浙江A公司。唐某明知浙江A公司提供的财务凭证不全、调整依据不足,指使其项目组成员对账外款项、废料收入等方面财务数据进行违反审计准则的审计调整,指使未参与该项目的朱某1(另案处理)作为签字注册会计师,并于2013年6月出具信会师报字〔2013〕第150881号《审计报告》(简称"150881号审计报告"),该审计报告由唐某、朱某1签字。"150881号审计报告"认定浙江A公司等三家公司2012年度净利润为人民币16 574 785.08元(以下币种均为人民币)、净资产为96 996 009.49元。2013年6至9月,上海A股份公司依据该报告及浙江A公司的资产评估报告以7 380万元完成对浙江A公司60%股权的收购。

案发后,经上海市公安局委托进行司法会计鉴定:"150881号审计报告"审定数据导致收购时实际净资产虚增114 042 920.34元,虚增比例117.57%,虚增净利润47 195 855.73元,虚增比例为284.74%;立信发表错误审计意见,应当发表否定意见;立信未按审计准则要求执行审计程序,且执行审计程序时未勤勉尽责,未保持应有执业谨慎。

……(因本书篇幅限制而省略)

综上,依照1997年修订的《中华人民共和国刑法》第二百二十九条第一款、《中华人民共和国刑法》第十二条第一款、第六十七条第三款、第五十二条、第五十三条之规定,判决如下:

被告人唐某犯提供虚假证明文件罪,判处有期徒刑二年,并处罚金人民币五万元。

……(因本书篇幅限制而省略)

审判长　苏某　人民陪审员　王某某　人民陪审员　周某某　书记员　卢某

二〇二一年八月二十六日

——摘自上海市高级人民法院网站,有改动

这份上海市黄浦区人民法院2021年的判决书中,2012年时任立信会计师事务所合伙人唐某因犯提供虚假证明文件罪,被判处有期徒刑二年,并处罚金人民币五万元。那么,法院对这位注册会计师判刑的依据是什么?这些依据与执业准则、道德规范又有什么关系?除了判刑,对注册会计师、会计师事务所还会有哪些处罚?

通俗地讲,执业准则规范注册会计师应该怎么做,职业道德规范约束注册会计师哪些不应该做,但是这些还不够,还需要通过明确法律责任来对注册会计师的行为进行"硬"性规定。只有当注册会计师对其因未能满足职业规范要求或有意作弊而引起的后果承担相应的责任时,其地位和执业水平才能被社会认可。注册会计师责任主要的表现形式是法律责任。目前,我国注册会计师行业已形成以《注册会计师法》为主体,《会计法》《证券法》《公司法》等法律、相关司法解释以及财政部、证监会、国资委等法规相结合的法律规范体系来约束注册会计师的行为。如果注册会计师因违约、过失和欺诈等不当行为给被审计单位或第三方造成损失,注册会计师将承担相应的法律责任。

一、注册会计师法律责任的种类

法律责任是指因违反了法定义务或契约义务,或不当行使法律权利、权力所产生的,由行为人承担的不利后果。注册会计师法律责任是指注册会计师在执行业务过程中,因违约、过失和欺诈等,致使委托客户或其他鉴证报告的使用者遭受损失,或虽未构成损害但是已违反国家的法律法规,应当由注册会计师或会计师事务所承担的行政、民事或刑事责任。下面分别讲述这三种责任。

(一)行政责任

行政责任是行政法律责任的简称,是指行为主体因其行为违反与行政管理相关的法律、法规,但是尚未构成犯罪,依法应当承担的法律后果。行政责任可以分为行政处分和行政处罚。行政处分是对国家工作人员及由国家机关委派到企业事业单位任职的人员的行政违法行为,给予的一种制裁性处理。行政处分包括警告、记过、降级、降职、撤职、开除等。行政处罚是指国家行政机关及其他依法可以实行行政处罚权的组织,对违反行政法律、法规、规章,尚不构成犯罪的公民、法人及其他组织实施的一种制裁行为。行政处罚包括警告、罚款、没收违法所得、没收非法财物、责令停产停业、暂扣或者吊销许可证、暂扣或者吊销执照、行政拘留以及法律、法规规定的其他行政处罚。

行政责任对注册会计师而言,包括警告、暂停执业、罚款、吊销注册会计师证书等;对会计师事务所而言,包括警告、没收违法所得、罚款、暂停执业、撤销等。以上均为行政处罚。

课堂案例

关于拟撤销注销杨×等43名注册会计师注册资格的公示

相关注册会计师:

根据《中国注册会计师协会非执业会员登记办法》《注册会计师任职资格检查办法》《注册会计师注册办法》的规定,拟对杨×等自愿申请转为非执业会员的28名注册会计师,刘××等未通过2023年注册会计师任职资格检查的12名注册会计师,撤销其注册资格;拟对张×等被财政部门吊销注册会计师证书的2名注册会计师,自愿申请注销的1名注册会计师,注销其注册资格。

现对以上人员进行公示,如有异议,请于2024年1月31日前向我会注册监管部反映。

联系人:冯×× 029-×××××× 邮箱:××××××@163.com

附件:拟撤销注销注册会计师名单(因本书篇幅限制而省略)

——摘自陕西省注册会计师协会网站,有改动

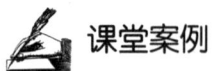
课堂案例

陕西高华会计师事务所被罚没248万元并被吊销执业许可，两名CPA被吊销注册会计师证书

行政处罚	
违法事实	事务所在在执业中存在违法违规行为,违反了《中华人民共和国注册会计师法》第二十一条第一款、第二十二条第（四）项和《会计师事务所执业许可和监督管理办法》（财政部令第97号）第五十四条第一款、第六十条第（一）项、第（五）项和第（七）项第六十二条第（五）、第（七）项的规定。
处罚内容	给予警告,没收违法所得618,900元,并处违法所得3倍的罚款计1,856,700元,吊销会计师事务所执业许可的行政处罚。
违法行为类型	行政违法
处罚依据	《中华人民共和国注册会计师法》第三十九条第一款和《会计师事务所执业许可和监督管理办法》（财政部令第97号）第六十七条、第六十八条、第六十九条的相关规定。
行政处罚决定书文号	陕财办罚字〔2024〕3号
处罚类别	警告;吊销许可证件;罚款没收违法所得、没收非法财物
罚款金额（万元）	185.67
没收违法所得、没收非法财物的金额（万元）	61.89
暂扣或吊销证照名称及编号	会计师事务所执业许可,编号61010159
处罚决定日期	2024/01/05
处罚机关	陕西省财政厅
处罚机关统一社会信用代码	1161000001600062XD
数据来源	陕西省财政厅
数据来源单位统一社会信用代码	1161000001600062XD

——摘自信用中国（陕西）网站

以上两则公告分别来自陕西省注册会计师协会及信用中国（陕西）网站，它们对高华会计师事务所及众多注册会计师进行了罚款和吊销执照的处罚。这些处罚措施均表明，相关责任主体因违规行为而承担了行政责任。

（二）民事责任

民事责任是指民事主体因违反合同规定或者不履行其他法律义务，而侵害国家、集体财产或他人财产、人身权利时，依法应当承担的民事法律后果。这种法律后果是由国家法律规定并以强制力保证执行的。规定民事责任的目的，就是对已经造成的权利损害和财产损失给予恢复和补救。违反法律规定应承担的民事责任主要有十种：排除妨碍；消除危险；返还财产；恢复原状；修理、重作、更换；赔偿损失；支付违约金；消除影响、恢复名誉；赔礼道歉等。

民事责任对注册会计师和会计师事务所而言，主要是赔偿受害人损失。

 **课堂案例**

全国首例证券虚假陈述责任纠纷集体诉讼案一审宣判

2021年11月12日,广州市中级人民法院对全国首例证券集体诉讼案作出一审判决,责令康美药业股份有限公司因年报等虚假陈述侵权赔偿证券投资者损失24.59亿元,原董事长、总经理马××及5名直接责任人员、正中珠江会计师事务所及直接责任人员承担全部连带赔偿责任,13名相关责任人员按过错程度承担部分连带赔偿责任。

2020年5月13日,因康美药业在年报和半年报中存在虚假记载和重大遗漏,中国证监会对该公司和21名责任人作出罚款和市场禁入的行政处罚决定。2021年2月18日,中国证监会又对负责康美药业财务审计的正中珠江会计所和相关责任人员进行了行政处罚。4月8日,中证中小投资者服务中心有限责任公司受部分证券投资者的特别授权,向广州中院申请作为代表人参加诉讼。经最高人民法院指定管辖,广州中院适用特别代表人诉讼程序,对这起全国首例证券集体诉讼案进行了公开开庭审理。

法院查明,康美药业披露的年度报告和半年度报告中,存在虚增营业收入、利息收入及营业利润,虚增货币资金和未按规定披露股东及其关联方非经营性占用资金的关联交易情况,正中珠江会计所出具的财务报表审计报告存在虚假记载,均构成证券虚假陈述行为。经专业机构评估,投资者实际损失为24.59亿元。

法院认为,康美药业在上市公司年度报告和半年度报告中进行虚假陈述,造成了证券投资者投资损失,应承担赔偿责任。马××、许××等人组织策划财务造假,应对投资者实际损失承担全部连带赔偿责任。正中珠江相关审计人员违反执业准则,导致财务造假未被审计发现,应承担全部连带赔偿责任。部分公司高级管理人员虽未直接参与造假,但签字确认财务报告真实性,应根据过失大小承担部分连带赔偿责任。

根据《证券法》和最高人民法院有关司法解释的规定,中证中小投资者服务中心有限责任公司作为5.5万余名投资者的特别代表人参加集体诉讼。法庭委托中国证券投资者保护基金有限责任公司对原告投资损失及其他风险因素等进行测算,并组织当事人进行质证。部分人大代表、政协委员、证券投资者代表及新闻记者旁听了案件审理和宣判。

在证券侵权民事诉讼中适用特别代表人制度,有利于保护中小证券投资者的合法权益,是人民法院加大证券市场秩序司法保护的重要措施。

——摘自广州市中级人民法院"广州审判网",有改动

这则简讯报道了广东正中珠江会计师事务所以及注册会计师杨××等人在康美药业案件中,因出具的审计报告存在证券虚假陈述行为而引发的法律后果。他们首先于2021年2月18日受到了中国证监会的行政处罚[《中国证监会行政处罚决定书(广东正中珠江会计师事务所、杨××、张××、刘×、苏××)》〔2021〕11号],处罚决定基于当事人违法行为的事实、性质、情节与社会危害程度,依据2005年《证券法》第二百二十三条作出如下裁决:一是对广东正中珠江会计师事务所(特殊普通合伙)责令改正,没收业务收入1 425万元,并处以4 275万元罚款;二是对杨××、张××、苏××给予警告,并分别处以10万元罚款;三是对刘×给予警告,

并处以 3 万元罚款。随后,在 2021 年 11 月 12 日,广州市中级人民法院在我国首例证券虚假陈述责任纠纷集体诉讼案中判决广东正中珠江会计师事务所及涉案注册会计师承担连带赔偿责任赔偿金额为 24.59 亿元。这一巨额赔偿责任属于民事责任范畴。2021 年 12 月 21 日,本案开始执行赔偿程序。康美药业通过中国证券登记结算有限责任公司将赔偿款转至各投资者开户的证券公司,最终分配至投资者的资金账户。

2022 年 1 月 6 日,《人民法院报》以题为《全国首例证券虚假陈述责任纠纷集体诉讼案》对该案进行了报道。中央财经大学法学院教授、中国法学会证券法学研究会副会长兼秘书长邢会强对康美药业案进行了点评:相较于域外集团诉讼动辄数年的漫长过程,在无先例可循且与上市公司破产重整程序交叉的复杂情况下,特别代表人诉讼的首次实践可谓高效。特别代表人诉讼有利于强化证券违法违规行为民事责任追究。在相当长的一段时间,我国证券市场一个比较突出的问题是违法违规成本不高,与证券违法违规所获得的巨额利益相比,有限的行政罚款、民事赔偿以及刑事责任往往像"毛毛雨",对于违法者来讲不痛不痒,不足以起到惩罚和阻吓作用。实际上,提高违法违规成本,除了要加大刑事、行政责任的追究力度,更要加大民事责任的追究力度。刑事制裁中的没收违法所得和罚金以及行政罚款,都是上缴国库的,投资者的损失仍然没有得到弥补。因此,对于令人深恶痛绝的侵犯投资者的违法违规行为,对广大受害者更有意义的恰恰就是强化民事责任追究,让故意违法者"赔得倾家荡产"。证券纠纷特别代表人诉讼制度有利于弥补以往证券民事赔偿救济乏力的制度短板,切实弥补投资者的损失。

该案件中,投资者按照"默示加入,明示退出"的原则参加诉讼,除明确向法院表示不参加该诉讼的,都默认成为案件原告,分享诉讼"成果";同时,通过公益机构代表、专业力量支持以及诉讼费用减免等制度,大幅降低了投资者的维权成本和诉讼风险,妥善快速化解群体性纠纷,提升了市场治理效能。这是落实新《证券法》和《关于依法从严打击证券违法活动的意见》的有力举措,是我国资本市场历史上具有开创意义的标志性事件。

(三) 刑事责任

刑事责任是指由于违反国家的法律、法规,情节严重,构成刑事犯罪而应承担的法律后果。违反法律规定应承担的刑罚种类包括主刑和附加刑。主刑有管制、拘役、有期徒刑、无期徒刑和死刑。附加刑有罚金、剥夺政治权利和没收财产等。对于犯罪的外国人,法律规定可以独立适用或者附加适用驱逐出境。

刑事责任对注册会计师而言,主要是按有关法律程序判处一定的徒刑。本节引例导读中的立信会计师事务所合伙人唐某因犯提供虚假证明文件罪,判处有期徒刑二年,并处罚金人民币五万元,即为承担的刑事责任。

二、注册会计师法律责任的认定

如果注册会计师行为不当给被审计单位或第三方造成损失,注册会计师将承担法律责任,这些不当行为包括违约、过失和欺诈等。

(一) 违约

所谓违约,是指合同的一方或多方未能履行合同条款规定的义务。例如,会计师事务所在约定的期限内未能完成审计工作提交审计报告。如果注册会计师在执行合同过程中没有履行合约中的相关条款,应当承担违约责任。违约行为的法律主体只能是签约当事人,不包括使用审计报告的第三人。

(二) 过失

所谓过失,是指在一定条件下,没有保持应有的职业谨慎。注册会计师的过失,是注册会计师背离了法律和职业道德、执行准则对其提出的恪尽职守的义务,包括疏忽和懈怠。评价注册会计师的过失,是以其他合格会计师在相同条件下可做到的谨慎为标准的。当过失给他人造成损失时,注册会计师应负过失责任。过失按程度不同分为普通过失和重大过失。

普通过失是指注册会计师没有充分遵循执业准则的要求,在审计过程中对某些非重要审计事项没有保持应有的职业谨慎。这些被忽视的非重要事项累计起来之后可能引起重大错报,从而导致注册会计师审计失败。比如,在实施库存现金监盘审计程序时,未保持应有的合理谨慎,未能发现现金等资产短少,通常情况下其他合格的注册会计师不会出现这种失误。

重大过失是指注册会计师连最基本、最重要的执业准则都未遵守,给当事人或社会公众带来较大的损失和危害。比如,未实施库存现金监盘、银行存款函证程序,不遵循审计准则执业,这些行为可视为重大过失。

(三) 欺诈

所谓欺诈,是指注册会计师在执业过程中明知财务报告及其他有关材料不真实,但是仍然故意作出虚假或失实的陈述,以达到欺骗或坑害他人目的的一种故意的错误行为。作案具有不良动机是欺诈的重要特征,也是与过失的主要区别之一。比如,注册会计师明知被审计单位财务报表存在重大错报,但是为了影响某些目的(如合并、上市、操纵股价),与被审计单位串通,出具无保留意见审计报告,从而欺骗报表使用者,这种行为属于欺诈行为。

与欺诈相关的另一个概念是"推定欺诈",或称"涉嫌欺诈",是指虽无故意欺诈或坑害他人的动机,却存在极端或异常的过失。推定欺诈和重大过失这两个概念的界限往往很难界定,在美国,许多法院曾经将注册会计师的重大过失解释为推定欺诈,特别是近年来有些法院放宽了"欺诈"一词的范围,使得推定欺诈和欺诈在法律上成为等效的概念。这样,具有重大过失的注册会计师的法律责任就进一步加大了。

(四) 各种法律责任的认定

综上所述,在涉及注册会计师的不当行为中,普通过失与重大过失、重大过失与推定欺诈、推定欺诈与实际欺诈等概念之间存在一定程度的模糊性,没有特别严格的界限,图3-4提供了判定注册会计师没有过失、普通过失、重大过失以及欺诈的一个大致参考。一般情况下,"重要性"和"内部控制"这两个概念有助于注册会计师的判断,关于这两个概念将在以后章节详细讲解。

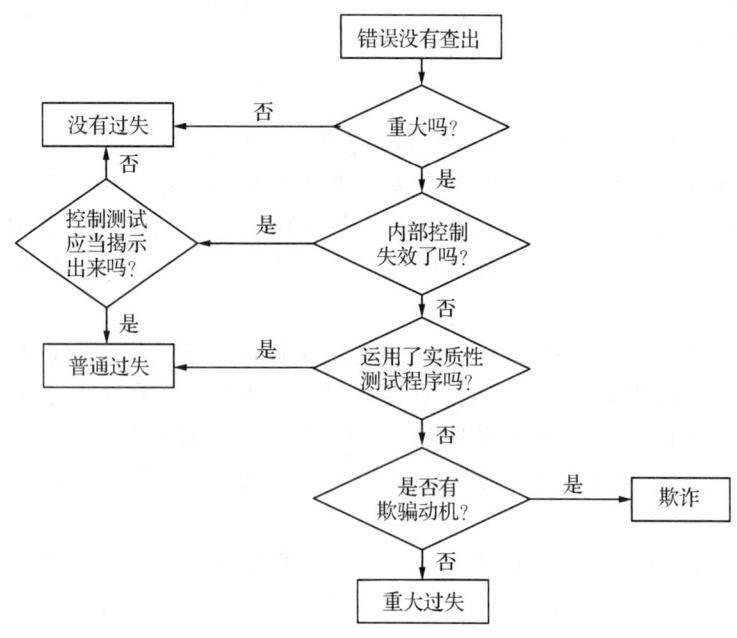

图 3-4 法律责任判断决策图

三、注册会计师法律责任的成因

随着社会经济的发展,各国注册会计师的法律责任呈现日益强化的趋势,究其原因,来自以下几个方面。

(一) 法律环境变化

20 世纪 80 年代以后,西方发达国家的法律环境发生了较大变化,注册会计师职业团体对于行业法律责任的态度也有所变化。21 世纪初,受到"安然"等事件的影响和冲击,注册会计师职业所承担的法律责任发生了显著变化,主要表现为:第一,现实中针对注册会计师的法律诉讼大量增加。特别是近一二十年来,因企业经营失败或管理层舞弊导致的破产事件激增,致使投资者和贷款人蒙受巨大损失,由此引发针对注册会计师审计失败的诉讼案件大量增加。迫于社会压力,许多国家法院判决时倾向于加大注册会计师的法律责任。第二,扩展了注册会计师对第三方的责任。1931 年,美国厄特马斯公司对杜罗斯会计师事务所一案,是关于注册会计师对于第三人责任的一个划时代的案例,它确立了"厄特马斯主义"的传统做法,注册会计师对于未指明的第三人是否负有责任,关键在于看过失程度的大小。普通过失不负责任,而重大过失和欺诈应当负责。但是,自 20 世纪 80 年代以来,许多法院扩大了"厄特马斯主义"的含义,判定具有普通过失的注册会计师对可以合理预期的第三人负有责任。可以合理预期的第三人,是指注册会计师在正常情况下能够预见将依赖财务报表的人,如资产负债表日有大额未归还的银行贷款,则银行就是可以合理预期的第三人。第三,扩充了注册会计师法律责任的内涵。注册会计师法律责任的含义仅限于财务报表符合公认会计原则的公允性,但是各方面的使用者和利益集团近些年来不断要求注册会计师对委托人的会计记录差错、管理舞弊、经营破产可能性及违反有关法律行为等方面承担检查和报告责任,从而促使许多会计职业团体在20世纪80年代后期以来修订有关审计准则,要求注册会计师在进行财务报表审计时,必须设计和实施必要的审计程序,为发现错误与舞弊提供合理的保证,从而实质上扩充了注册会计师法律责任的内涵。

(二) 被审计单位的责任

被审计单位的责任会使得注册会计师承担更多的法律责任,主要表现在以下两个方面:第一,被审计单位的错误、舞弊和违反法律法规行为,通常会导致财务报表错报,如果注册会计师未能发现和揭露这些错报,可能会给使用者造成损失,注册会计师则可能因此受到控告。由于审计的固有限制,即使按照审计准则的规定恰当地计划和实施审计工作,注册会计师也不能对财务报表整体不存在重大错报承担绝对保证,因此不能要求注册会计师对所有未查出的财务报表中的错误与舞弊情况负责,当然不是全部不负责任,关键要看未能查出的原因是否源于注册会计师本身的过错。第二,被审计单位经营失败可能会连累注册会计师。一方面被审计单位经营失败导致财务舞弊的概率增加,进而导致财务报表错报而注册会计师未能发现的可能性;另一方面,财务报表使用者不理解经营失败和审计失败之间的区别,而错误控告会计师事务所。审计失败是指注册会计师由于没有遵守审计准则的要求而发表了错误的审计意见,这是注册会计师的责任;经营失败指企业由于经济或经营条件的变化,或者不当的管理决策等,而无法满足投资者的预期,这是管理者的责任。经营失败可能导致审计失败,也可能不存在。

(三) 注册会计师的责任

会计师事务所和注册会计师违约、过失和欺诈等行为本身会导致注册会计师承担相应法律责任。这些来自注册会计师方面的原因包括:第一,职业道德素质低下。注册会计师的日常行为和工作态度往往会成为问题的症结所在,比如未能认清其在社会经济生活中所扮演的角色,一味地以赚钱为目的;与客户存在利害关系,不能保持应有的独立性;违反职业道德准则的某些特定要求,如以低价策略拉抢客户、承接与审计业务不相容的其他职务或服务、接受客户的佣金;未能保持应有的职业谨慎,对交易事项缺乏应有的专业怀疑,过度依赖内部注册会计师,过分依赖管理层等。第二,专业胜任能力不足。注册会计师应该熟悉并掌握会计、审计、计算机和相关法律法规等知识,及时学习相关领域的前沿知识,并将掌握的知识有效地运用于研究和分析之中。注册会计师专业知识欠缺可能导致审计失败,比如未能严格遵守审计准则的基本要求,违反准则的特定要求等。第三,程序不妥。注册会计师发表正确审计意见的基础是必须遵循审计准则的要求,如果实施的审计程序不妥,则会导致审计失败。比如未对被审计单位经营情况充分了解,未按准则充分实施风险评估程序;未能适当运用分析性复核程序;询问技巧不足,未能进行充分观察;内部控制测试不当;收集的审计证据明显不足;未能将审计证据恰当地记录于工作底稿;对客户舞弊的研究与重视不够等。第四,审计欺诈的存在。欺诈是欺骗他人的故意行为,故意作出虚假或失实的陈述,导致审计结论与事实不符,则注册会计师承担相应的法律责任不可避免。

四、我国注册会计师法律责任相关律条

为了强化注册会计师的责任意识,严格注册会计师的法律责任,以保证其职业道德和执

业质量,我国颁布的不少重要经济法律法规中,都有专门规定会计师事务所、注册会计师法律责任的条款,其中比较重要的有《中华人民共和国注册会计师法》《中华人民共和国公司法》《中华人民共和国证券法》《中华人民共和国刑法》等。

(一)《中华人民共和国注册会计师法》(2014 年修订)

《中华人民共和国注册会计师法》第三十九条:会计师事务所违反本法第二十条、第二十一条规定的,由省级以上人民政府财政部门给予警告,没收违法所得,可以并处违法所得一倍以上五倍以下的罚款;情节严重的,并可以由省级以上人民政府财政部门暂停其经营业务或者予以撤销。

注册会计师违反本法第二十条、第二十一条规定的,由省级以上人民政府财政部门给予警告;情节严重的,可以由省级以上人民政府财政部门暂停其执行业务或者吊销注册会计师证书。

会计师事务所、注册会计师违反本法第二十条、第二十一条的规定,故意出具虚假的审计报告、验资报告,构成犯罪的,依法追究刑事责任。

《中华人民共和国注册会计师法》第四十二条:会计师事务所违反本法规定,给委托人、其他利害关系人造成损失的,应当依法承担赔偿责任。

(二)《中华人民共和国公司法》(2023 年修订)

《中华人民共和国公司法》第二百五十七条:承担资产评估、验资或者验证的机构提供虚假材料或者提供有重大遗漏的报告的,由有关部门依照《中华人民共和国资产评估法》《中华人民共和国注册会计师法》等法律、行政法规的规定处罚。

承担资产评估、验资或者验证的机构因其出具的评估结果、验资或者验证证明不实,给公司债权人造成损失的,除能够证明自己没有过错的外,在其评估或者证明不实的金额范围内承担赔偿责任。

(三)《中华人民共和国证券法》(2019 年修订)

《中华人民共和国证券法》第九十五条:投资者提起虚假陈述等证券民事赔偿诉讼时,诉讼标的是同一种类,且当事人一方人数众多的,可以依法推选代表人进行诉讼。

对按照前款规定提起的诉讼,可能存在有相同诉讼请求的其他众多投资者的,人民法院可以发出公告,说明该诉讼请求的案件情况,通知投资者在一定期间向人民法院登记。人民法院作出的判决、裁定,对参加登记的投资者发生效力。

投资者保护机构受五十名以上投资者委托,可以作为代表人参加诉讼,并为经证券登记结算机构确认的权利人依照前款规定向人民法院登记,但投资者明确表示不愿意参加该诉讼的除外。

《中华人民共和国证券法》第一百六十条:会计师事务所、律师事务所以及从事证券投资咨询、资产评估、资信评级、财务顾问、信息技术系统服务的证券服务机构,应当勤勉尽责、恪尽职守,按照相关业务规则为证券的交易及相关活动提供服务。

从事证券投资咨询服务业务,应当经国务院证券监督管理机构核准;未经核准,不得为证券的交易及相关活动提供服务。从事其他证券服务业务,应当报国务院证券监督管理机构和国务院有关主管部门备案。

《中华人民共和国证券法》第一百六十三条:证券服务机构为证券的发行、上市、交易等证券业务活动制作、出具审计报告及其他鉴证报告、资产评估报告、财务顾问报告、资信评级报告或者法律意见书等文件,应当勤勉尽责,对所依据的文件资料内容的真实性、准确性、完整性进行核查和验证。其制作、出具的文件有虚假记载、误导性陈述或者重大遗漏,给他人造成损失的,应当与委托人承担连带赔偿责任,但是能够证明自己没有过错的除外。

《中华人民共和国证券法》第一百八十八条:证券服务机构及其从业人员,违反本法第四十二条的规定买卖证券的,责令依法处理非法持有的证券,没收违法所得,并处以买卖证券等值以下的罚款。

《中华人民共和国证券法》第二百一十三条:证券投资咨询机构违反本法第一百六十条第二款的规定擅自从事证券服务业务,或者从事证券服务业务有本法第一百六十一条规定行为的,责令改正,没收违法所得,并处以违法所得一倍以上十倍以下的罚款;没有违法所得或者违法所得不足五十万元的,处以五十万元以上五百万元以下的罚款。对直接负责的主管人员和其他直接责任人员,给予警告,并处以二十万元以上二百万元以下的罚款。

会计师事务所、律师事务所以及从事资产评估、资信评级、财务顾问、信息技术系统服务的机构违反本法第一百六十条第二款的规定,从事证券服务业务未报备案的,责令改正,可以处二十万元以下的罚款。

证券服务机构违反本法第一百六十三条的规定,未勤勉尽责,所制作、出具的文件有虚假记载、误导性陈述或者重大遗漏的,责令改正,没收业务收入,并处以业务收入一倍以上十倍以下的罚款,没有业务收入或者业务收入不足五十万元的,处以五十万元以上五百万元以下的罚款;情节严重的,并处暂停或者禁止从事证券服务业务。对直接负责的主管人员和其他直接责任人员给予警告,并处以二十万元以上二百万元以下的罚款。

《中华人民共和国证券法》第二百一十四条:发行人、证券登记结算机构、证券公司、证券服务机构未按照规定保存有关文件和资料的,责令改正,给予警告,并处以十万元以上一百万元以下的罚款;泄露、隐匿、伪造、篡改或者毁损有关文件和资料的,给予警告,并处以二十万元以上二百万元以下的罚款;情节严重的,处以五十万元以上五百万元以下的罚款,并处暂停、撤销相关业务许可或者禁止从事相关业务。对直接负责的主管人员和其他直接责任人员给予警告,并处以十万元以上一百万元以下的罚款。

《中华人民共和国证券法》第二百一十九条:违反本法规定,构成犯罪的,依法追究刑事责任。

(四)《中华人民共和国刑法》(2020年刑法修正案(十一))

《中华人民共和国刑法》第二百二十九条:承担资产评估、验资、验证、会计、审计、法律服务、保荐、安全评价、环境影响评价、环境监测等职责的中介组织的人员故意提供虚假证明文件,情节严重的,处五年以下有期徒刑或者拘役,并处罚金;有下列情形之一的,处五年以上十年以下有期徒刑,并处罚金:(一)提供与证券发行相关的虚假的资产评估、会计、审计、法律服务、保荐等证明文件,情节特别严重的;(二)提供与重大资产交易相关的虚假的资产评估、会计、审计等证明文件,情节特别严重的;(三)在涉及公共安全的重大工程、项目中提供虚假的安全评价、环境影响评价等证明文件,致使公共财产、国家和人民利益遭受特别重大损失的。

有前款行为,同时索取他人财物或者非法收受他人财物构成犯罪的,依照处罚较重的规定定罪处罚。第一款规定的人员,严重不负责任,出具的证明文件有重大失实,造成严重后果的,处三年以下有期徒刑或者拘役,并处或者单处罚金。

本章小结

注册会计师执业准则体系和注册会计师职业道德规范组成我国的注册会计师审计职业规范。注册会计师执业准则体系由执业准则、针对执业准则的应用指南以及问题解释共同构成,其中执业准则包括注册会计师执业准则和会计师事务所质量控制准则。注册会计师职业道德规范包括职业道德基本原则、概念框架和具体应用三个方面。为了约束会计师事务所和注册会计师在执业过程中遵守审计职业规范,需要明确他们应当承担的法律责任。随着社会经济的发展,注册会计师的法律责任呈现日益强化的趋势。目前,我国注册会计师法律规范体系以《注册会计师法》为主体,辅以《会计法》《证券法》《公司法》等相关法律法规,以及最高人民法院的相关司法解释和部门规章。注册会计师的法律责任主要包括行政责任、民事责任和刑事责任。

复习思考题

1. 注册会计师审计职业规范主要有哪些?
2. 注册会计师执业准则体系包括哪些方面,各个方面规范的内容是什么?
3. 注册会计师职业道德的基本原则有哪些? 可能对遵守职业道德基本原则产生不利影响的因素有哪些?
4. 注册会计师职业道德守则包括哪些方面的内容? 它们之间的关系是什么?
5. 注册会计师法律责任日益加强的原因有哪些?
6. 我国注册会计师的法律责任有哪些,体现在哪些法律法规和部门规章中?

课后习题

知识图谱

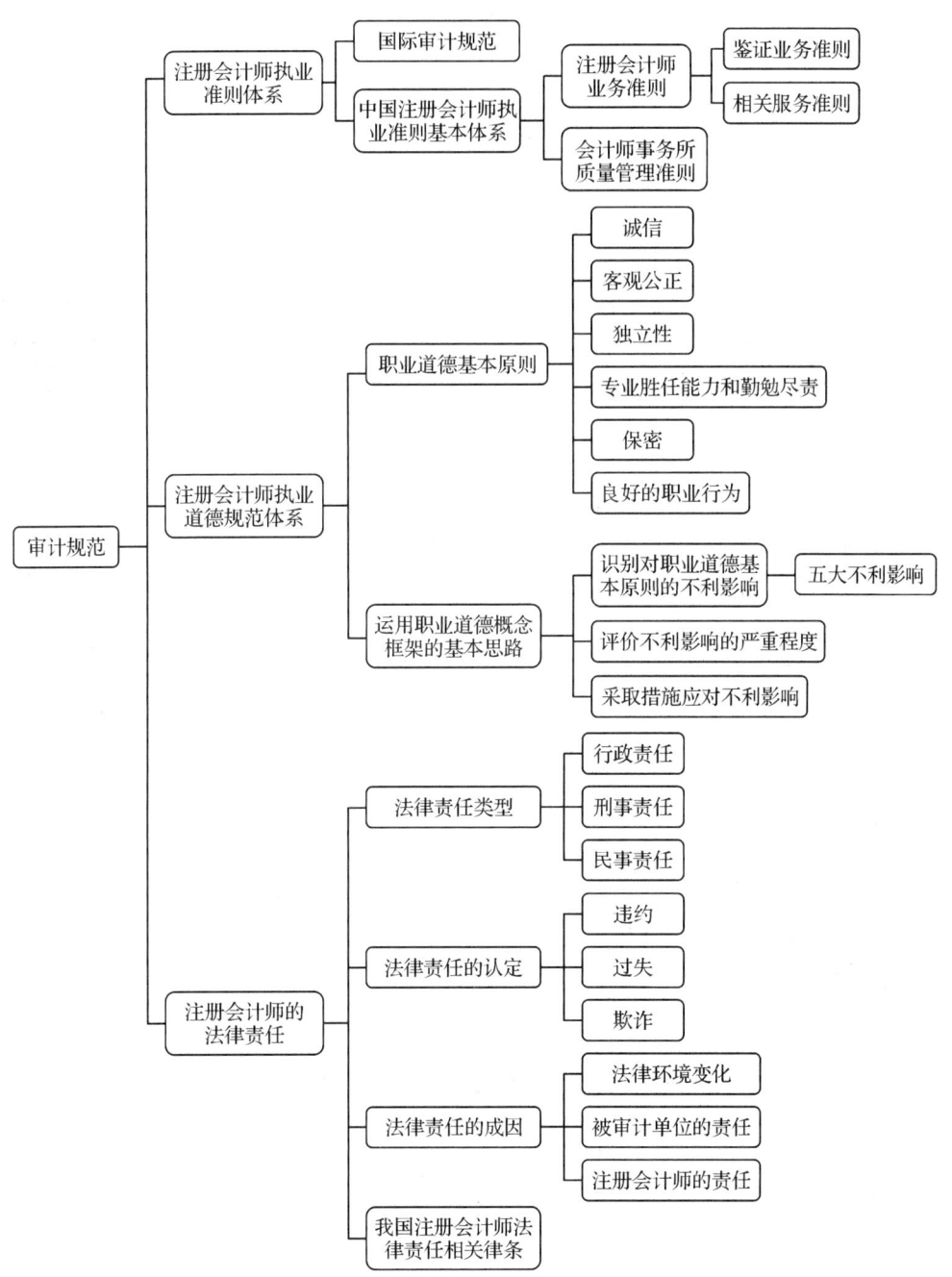

第四章　掌握审计方法

学习目标

- 理解重要性的含义；
- 掌握计划审计工作中确定的重要性和实际执行的重要性；
- 掌握重要性的定性和定量考虑；
- 掌握重要性在审计目标实现过程中各个阶段的运用；
- 掌握审计证据的含义、种类、特征；
- 重点掌握获取审计证据的审计程序；
- 了解审计工作底稿的定义、编制目的、编制要求和性质；
- 掌握审计工作底稿的格式、内容、范围和归档要求。

拓展阅读

学习重点

- 重要性概念的理解和运用；
- 获取审计证据的审计程序；
- 审计风险、重要性和审计证据之间的关系。

思政要求

- 深刻体会习近平总书记谈治国理政中的"关键少数"思维，理解审计重要性；
- 掌握审计取证、审计抽样的基本逻辑和核心规律，并灵活运用于国家审计、内部审计、纪检、监察、巡察等工作中。

第一节　确定审计重要性

引例导读

中审亚太对上海富控出具否定意见审计报告

上海富控互动娱乐股份有限公司全体股东：

一、否定意见

我们审计了上海富控互动娱乐股份有限公司（简称富控互动）的财务报表，包括2019年12月31日的合并及公司资产负债表，2019年度的合并及公司利润表、合并及公司现金流量表、合并及公司股东权益变动表以及相关财务报表附注。

我们认为，由于"形成否定意见的基础"部分所述事项的重要性，后附的财务报表没有在所有重大方面按照企业会计准则的规定编制，未能公允反映富控互动2019年12月31日的合并及公司财务状况以及2019年度的合并及公司经营成果和合并及公司现金流量。

……（因本书篇幅限制而省略）

——摘自上海证券交易所网站，有改动

在这份审计报告中有这样的表述：由于"形成否定意见的基础"部分所述事项的重要性，可见重要性是注册会计师出具审计报告意见类型的关键所在。那么，什么是重要性？如何理解其含义？又如何确定其标准？

审计的重要性概念贯穿整个审计过程。在计划和执行审计工作、评价识别出的错报对审计的影响以及未更正错报对财务报表和审计意见的影响时，注册会计师需要运用重要性概念。

一、重要性的含义

美国财务会计准则委员会第2号公告将重要性定义为：会计信息漏报或错报的严重程度，在特定环境下足以改变或影响任何一位理性决策者依赖这些信息所作出的判断。在国际会计联合会的术语中，重要性被定义为：如果漏报或错报可能影响财务报表使用者的经济决策，那么信息就是重要的。重要性取决于在发生漏报或错报的特定环境下所判断的项目或错报的大小。

《中国注册会计师审计准则第1221号——计划和执行审计工作时的重要性》对重要性的概念是这样描述的：财务报告编制基础通常从编制和列报财务报表的角度阐释重要性概念。财务报告编制基础可能以不同的术语解释重要性，但通常而言，重要性概念可从下列方面进行理解：

（1）如果合理预期错报（包括漏报）单独或汇总起来可能影响财务报表使用者依据财务报表作出的经济决策，则通常认为错报是重大的；

（2）对重要性的判断是根据具体环境作出的，并受错报的金额或性质的影响，或受两者共同作用的影响；

（3）判断某事项对财务报表使用者是否重大，是在考虑财务报表使用者整体共同的财务信息需求的基础上作出的。由于不同财务报表使用者对财务信息的需求可能差异很大，因此不考虑错报对个别财务报表使用者可能产生的影响。

二、重要性的判断

注册会计师在计划和执行审计工作时要恰当地运用重要性概念，运用职业判断确定财务报表整体的重要性、实际执行的重要性，以及特定类别的交易、账户余额或披露的重要性。

其中，在计划审计工作中，财务报表整体的重要性是必须确定的，而特定类别交易、账户余额或披露的重要性是根据需要判断是否有必要确定。

注册会计师应当从定量和定性两个方面确定重要性。定量指的是金额和数值，如一项错报是否超过确定的金额界限而成为重大错报;定性指的是影响程度,如一项错报金额虽小,但更正该错报可以使得被审计单位由盈转亏,足以见其影响之深。

(一) 财务报表整体的重要性

由于财务报表审计的目标是注册会计师通过执行审计工作对财务报表发表审计意见,因此,注册会计师应当考虑财务报表层次的重要性水平。只有这样,才能得出财务报表是否公允反映被审计单位财务状况和经营成果的结论。在制定总体审计策略时,注册会计师应当确定财务报表整体的重要性。财务报表层次的重要性水平主要是采用定量的方法来确定,即选择一个基准和相应的百分比来计算财务报表层次的重要性水平。

$$财务报表整体的重要性 = 基准 \times 百分比$$

1. 确定原则

注册会计师运用职业判断确定重要性。很多注册会计师根据所在会计师事务所的惯例和自身经验予以考虑,但是不考虑与具体项目相关的固有不确定性。

2. 选择基准

适用的基准取决于被审计单位的具体情况,包括税前利润、营业收入、毛利和费用总额等各类收益,以及所有者权益或净资产。选择基准时,需要考虑的因素如下:

(1) 财务报表要素(如资产、负债、所有者权益、收入和费用);

(2) 是否存在特定会计主体的财务报表使用者特别关注的项目(如为了评价财务业绩,使用者可能更关注利润、收入或净资产);

(3) 被审计单位的性质、所处的生命周期阶段以及所处行业和经济环境;

(4) 被审计单位的所有权结构和融资方式(如果被审计单位仅通过债务而非权益进行融资,财务报表使用者可能更关注资产及资产的索偿权,而非被审计单位的收益);

(5) 基准的相对波动性。

注册会计师为被审计单位选择的基准在各年度中通常会保持稳定,但是并非必须保持一贯不变。注册会计师可以根据经济形势、行业和被审计单位具体情况的变化对采用的基准作出调整。实务中常用的基准如表 4-1 所示。

3. 确定百分比

为确定的基准确定百分比需要运用职业判断。百分比和选定的基准之间存在一定的联系,如经常性业务的税前利润对应的百分比通常比营业收入对应的百分比要高。百分比无论是高一些还是低一些,只要符合具体情况,都是适当的。

在确定百分比时,除了考虑被审计单位是否为上市公司或公众利益实体外,其他因素也会影响注册会计师对百分比的选择,这些因素包括但不限于:① 财务报表使用者的范围;② 被审计单位是否由集团内部关联方提供融资或是否有大额对外融资(如债券或银行贷款);③ 财务报表使用者是否对基准数据特别敏感(如具有特殊目的财务报表的使用者)。

实务中通常使用的一些经验参考数值如下:

(1) 以营利为目的的企业,经常性业务的税前利润的 5%,或总收入的 0.5%;

(2) 非营利组织,费用总额或总收入的 0.5%;

(3) 共同基金公司,净资产的 0.5%。

表 4-1　事务所重要性基准判断表

被审计单位情况	可能选择的基准
1. 企业的盈利水平保持稳定	经常性业务的税前利润
2. 企业近年经营状况大幅波动，盈利和亏损交替发生，或者由正常盈利变为微利或微亏，或者本年度税前利润因情况变化而出现意外增加或减少	过去3~5年经常性业务的平均税前利润或亏损绝对值，或营业收入等其他基准
3. 企业为新设企业，处于开办期，尚未开始经营，目前正在建造厂房及购买机器设备	总资产
4. 企业处于新兴行业，目前侧重于抢占市场份额、扩大企业知名度和影响力	营业收入
5. 某开放式基金，致力于优化投资组合、提高基金净值、为基金持有人创造投资价值	净资产
6. 某国际企业集团设立的研发中心，主要为集团下属各企业提供研发服务，并以成本加成的方式向相关企业收取费用	成本与营业费用总额
7. 公益性质的基金会	捐赠收入或捐赠支出总额

（二）特定类别的交易、账户余额或披露的重要性

根据被审计单位的特定情况，下列因素可能表明存在一个或多个特定类别的交易、账户余额或披露，其发生的错报金额虽然低于财务报表整体的重要性，但合理预期可能影响财务报表使用者依据财务报表作出的经济决策，注册会计师还应当确定适用于这些交易、账户余额或披露的一个或多个重要性水平：

（1）法律法规或适用的财务报告编制基础是否影响财务报表使用者对特定项目（如关联方交易、管理层和治理层的薪酬及对具有较高估计不确定性的公允价值会计估计的敏感性分析）计量或披露的预期；

（2）与被审计单位所处行业相关的关键性披露（如制药企业的研究与开发成本）；

（3）财务报表使用者是否特别关注财务报表中单独披露的业务的特定方面（如关于分部或重大企业合并的披露）。

实务操作中，特定类别交易、账户余额或披露的重要性水平应低于财务报表整体的重要性水平。

（三）实际执行的重要性

实际执行的重要性，是指注册会计师确定的低于财务报表整体重要性的一个或多个金额，旨在将未更正和未发现错报的汇总数超过财务报表整体的重要性的可能性降至适当的低水平。如果适用，实际执行的重要性还指注册会计师确定的低于特定类别的交易、账户余额或披露的重要性水平的一个或多个金额。

1. 考虑因素

注册会计师考虑下列因素，运用职业判断，确定实际执行的重要性：
（1）对被审计单位的了解（这些了解在实施风险评估程序的过程中得到更新）；
（2）前期审计工作中识别出的错报的性质和范围；

(3) 根据前期识别出的错报对本期错报作出的预期。

2. 实务操作

通常而言,实际执行的重要性为财务报表整体重要性的50%~75%。计划的重要性与实际执行的重要性之间的关系如图4-1所示。

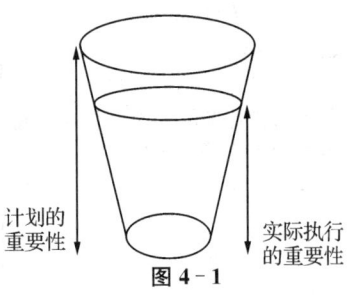

图 4-1

如果存在下列情况,注册会计师可能考虑选择较低的百分比来确定实际执行的重要性:

(1) 首次接受委托的审计项目;

(2) 连续审计项目,以前年度审计调整较多;

(3) 项目总体风险较高,如处于高风险行业、管理层能力欠缺、面临较大市场竞争压力或业绩压力等;

(4) 存在或预期存在值得关注的内部控制缺陷。

如果存在下列情况,注册会计师可能考虑选择较高的百分比来确定实际执行的重要性:

(1) 连续审计项目,以前年度审计调整较少;

(2) 项目总体风险为低到中等,如处于非高风险行业、管理层有足够能力、面临较低的市场竞争压力和业绩压力等;

(3) 以前期间的审计经验表明内部控制运行有效。

课堂案例

中国证监会行政处罚决定书(中兴华所及相关责任人员)

经查明,中兴华存在以下违法事实:中兴华为艾格拉斯出具的2019年审计报告存在虚假记载。

1. 2020年4月24日,中兴华出具标准的无保留意见的《审计报告(中兴华审字〔2020〕第010990号)》,签字注册会计师为任××、李×。

2. 在2019年年报审计中,中兴华确定的整体层面计划重要性水平为590万元,实际执行的重要性水平为410万元。

3. 艾格拉斯《2019年年度报告》虚增其他流动资产7亿元,未披露关联债权债务金额7亿元,未披露报告期末对外担保,包括艾瑞福1.60亿元担保(于2019年12月解除)、指尖乾坤2亿元对外担保和尚未履行完毕的香港艾格拉斯0.7亿元担保(于2019年11月解除)、新疆艾格拉斯3亿元关联担保(于2019年12月解除),累计担保金额2亿元,占当期报告记载的净资产33.69亿元的5.93%。其他流动资产在财务报表列示、关联交易和对外担保(或有事项)应该在财务报表附注中披露,均属于审计范围。

——摘自中国证券监督管理委员会网站,〔2023〕153号,有改动

以上案例中,实际执行的重要性水平是整体层面计划重要性水平的70%,错报明显超过整体层面计划的重要性水平及实际执行的重要性水平,会计师事务所却为被审计单位出具了标准的无保留意见审计报告,因此受到相应处罚。

三、重要性的运用

在计划和执行审计工作,评价识别出的错报对审计的影响,以及未更正错报对财务报表和审计意见的影响时,注册会计师需要运用重要性概念。

(一) 计划审计工作时重要性的运用

(1) 注册会计师在计划审计工作时可以根据实际执行的重要性确定需要对哪些类型的交易、账户余额和披露实施进一步审计程序,即通常选取金额超过实际执行的重要性的财务报表项目。

(2) 选取金额超过实际执行的重要性的财务报表项目实施进一步审计程序,不代表注册会计师可以对所有金额低于实际执行的重要性的财务报表项目不实施进一步审计程序,这是由于:① 单个金额低于实际执行的重要性的财务报表项目汇总起来可能金额重大,注册会计师需要考虑汇总后的潜在错报风险;② 对于存在低估风险的财务报表项目,不能仅仅因为其金额低于实际执行的重要性而不实施进一步审计程序;③ 对于识别出存在舞弊风险的财务报表项目,不能因为其金额低于实际执行的重要性而不实施进一步审计程序。

(二) 审计实施阶段对重要性的运用

注册会计师在计划审计工作时对何种情形构成重大错报所作出的判断,也同时为下列方面提供了基础:

(1) 确定风险评估程序的性质、时间安排和范围;

(2) 识别和评估重大错报风险;

(3) 确定进一步审计程序的性质、时间安排和范围。

当评估被审计单位的重大错报风险较高时,为了将最终的审计风险控制在可接受的低水平,注册会计师应拟定较低的可接受的检查风险,这就要求拟定较低的实际执行的重要性水平,以获取更多的审计证据;反过来,在其他条件相同的情况下,更多的审计证据会直接降低检查风险,进而降低最终实际承受的审计风险。因此,重要性水平既不是定得越低越好,也不是越高越好,而是应该根据可接受的检查风险恰当确定。

$$审计风险 = 重大错报风险 \times 检查风险$$

运用实际执行的重要性确定进一步审计程序的性质、时间安排和范围。例如,在实施实质性分析程序时,注册会计师确定的已记录金额与预期值之间的可接受差异额通常不超过实际执行的重要性;在运用审计抽样实施细节测试时,注册会计师可以将可容忍错报的金额设定为等于或低于实际执行的重要性。

(三) 评价审计结果时重要性的运用

在审计结果评价阶段,评价识别出的错报对审计的影响,以及未更正错报(如有)对财务报表的影响时,注册会计师需要运用重要性概念。

(1) 评价识别出的错报对审计的影响。注册会计师应当累计审计过程中识别出的错报,除非错报明显微小。除非法律法规禁止,注册会计师应当及时将审计过程中累计的所有错报与适当层级的管理层进行沟通,要求管理层更正这些错报。如果管理层应注册会计师的要求,检查了某类交易、账户余额或列报并更正了已发现的错报,注册会计师应当实施追加的审计程序,以确定错报是否仍然存在。

(2) 评价未更正错报对财务报表的影响。注册会计师应当确定未更正的错报单独或汇总起来是否重大。除非法律法规禁止,注册会计师应当与治理层沟通未更正错报,以及这些错报单独或汇总起来可能对审计意见产生的影响。如果被审计单位拒绝更正发现的未更正错报,但是注册会计师确定未更正错报单独或汇总起来是重大的而认为财务报表整体存在重大错报,注册会计师应当考虑出具非无保留意见的审计报告。

(3) 对某些低于财务报表整体重要性的错报的考虑。注册会计师对财务报表整体发表审计意见,因此没有责任发现对财务报表整体影响并不重大的错报。值得注意的是,即使某些错报低于财务报表整体的重要性,但因与这些错报相关的某些情况(如错报与会计政策的不正确选择或运用相关,这些会计政策的不正确选择或运用对财务报表不产生重大影响,但是可能对未来期间财务报表产生重大影响;错报掩盖收益的变化或其他趋势的程度),在将其单独或连同在审计过程中累积的其他错报一并考虑时,注册会计师也可能将这些错报评价为重大错报。

(四) 履行审计程序时重要性的修正

由于审计过程中情况发生重大变化(如决定处置被审计单位的一个重要组成部分),获取新信息,或者通过实施进一步审计程序,注册会计师对被审计单位及其经营所了解的情况发生变化等因素,注册会计师评价审计结果时所运用的重要性水平,可能与编制审计计划时所确定的重要性水平初步判断数不同,注册会计师应当重新评估所执行审计程序是否充分。如注册会计师在审计过程中发现,实际财务成果与最初确定财务报表整体的重要性时使用的预期本期财务成果相比存在着很大差异,则需要修改重要性。

综上所述,重要性的恰当运用贯穿于审计工作的始终,从审计计划的制订到审计程序的执行,再到审计结果的评价,无一不体现着对重要性的考量与调整。在实际操作中,注册会计师需根据审计风险模型来合理设定重要性水平,并据此指导审计工作的具体开展。以下中国证监会行政处罚决定书(天衡所、谈、谢)〔2022〕60号的案例,便是一个关于重要性水平运用不当导致审计失败的典型实例,进一步强调了正确理解和应用重要性概念在保障审计质量、防范审计风险中的关键作用。

课堂案例

中国证监会行政处罚决定书(天衡所、谈××、谢××)

胜利精密 2016 年虚增利润总额 30 803.73 万元,占当期披露合并报表利润总额的 54.41%;2017 年虚增利润总额 29 811.49 万元,占当期披露合并报表利润总额的 47.16%。天衡所对胜利精密 2016 年、2017 年年度财务报表进行了审计,并分别于 2017 年 4 月 19 日、2018 年 3 月 12 日出具了标准无保留意见的审计报告。天衡所在财务报表审计过程中未勤勉尽责。其中:营业收入和应收账款的风险应对措施存在重大缺陷。

1. 2016 年审计中应收账款函证控制缺失

2016 年,天衡所对信利光电的发函金额为 171 595 357.21 元,占智诚光学应收账款发函总额的 61%,超过 2016 年胜利精密集团审计和智诚光学审计实际执行的重要性水平。在未收到信利光电回函原件的情况下,审计人员将智诚光学财务经理通过社交软件发送的扫描件作为回函结果予以确认,并将该扫描件的打印件作为审计证据留存在底稿中。在《应收账款函证结果汇总表》中"对询证函保持的控制的说明"部分,审计人员的描述为"快递直接回寄我所",与实际情况不符。信利光电函证经由被审计单位人员提交,且并非原件,审计证据可靠性低,审计底稿中也未见对此异常情况的说明。天衡所未按照审计准则的要求对询证函保持控制,也未评价信利光电回函异常情况对评估的应收账款重大错报风险的影响。

2. 2017年审计中未充分关注回函率低等风险,替代性测试未达到审计计划要求

2017年审计中,天衡所向智诚光学的7家客户发出应收账款函证,仅收到2家回函,回函金额仅占发函金额的11.34%,信利光电等主要客户均未回函。其中,信利光电2017年度应收账款审定金额为197 314 259.97元,占智诚光学应收账款审定金额的51.58%,超过2017年胜利精密集团审计和智诚光学审计实际执行的重要性水平。天衡所未充分关注应收账款回函率低及主要客户未回函存在的风险,仅以替代测试结果作为审计证据确认销售收入发生额,且替代性测试审计程序执行不到位,审计证据不充分。

天衡所在执行智诚光学应收账款替代测试程序中,抽取了部分凭证及附件,但《应收账款替代测试表》中编号为2017年转131号、转137号、转140号、转141号、转195号凭证的附件在底稿中缺失,其中2017年转137号、转140号、转141号经查是虚假销售凭证,涉及的虚增销售收入合计为19 951 799.97元(含税),超过2017年胜利精密集团审计和智诚光学审计实际执行的重要性水平。

——摘自中国证券监督管理委员会网站,〔2022〕60号,有改动

以上案例中,2016年天衡所向信利光电发出的询证函金额,显著超出了当时审计实际执行的重要性水平,审计过程中却未能对询证函实施有效的控制,并且忽视了异常回函情况可能对评估应收账款存在的重大错报风险产生的影响。同样地,在2017年的审计中,面对极低的回函率以及主要客户未予回函的高风险状况,天衡所未给予充分的关注。尤其是在未收到关键客户(如信利光电)的回函时,审计团队仅依赖不充分的替代性测试结果来确认销售收入,而这些替代测试的执行又未达到审计计划的要求,导致审计证据明显不足。这些情形均凸显了在风险应对程序中,对重要性水平理解和应用的不足,未能有效地根据重要性水平来设计和执行相应的审计程序,以合理保证发现并纠正重大错报。

第二节　收集审计证据

引例导读

中国证监会行政处罚决定书(中兴华所及相关责任人员)

2023年79号处罚决定书中详细公告了中兴华会计师事务所(特殊普通合伙)对希努尔男装股份有限公司2018、2019年财务报表审计的签字注册会计师谭××等人的违法行为及处罚决定,其中违法事实有:

中兴华对希努尔2018年财务报表审计时,未勤勉尽责,出具的审计报告存在虚假记载,

中兴华未结合对被审计单位及其环境的了解,保持应有的职业怀疑和职业谨慎,未获取充分适当的审计证据,风险应对措施不到位;

中兴华对希努尔2019年财务报表审计时,未勤勉尽责,出具的审计报告存在虚假记载,中兴华未结合对被审计单位及其环境的了解,保持应有的职业怀疑和职业谨慎,未获取充分适当的审计证据,风险应对措施不到位。

——摘自中国证券监督管理委员会网站,〔2023〕79号,有改动

上述公告中列明的违法事实包括会计师事务所未获取充分、适当的审计证据,所以未能得出合理的审计结论,作为形成审计意见的基础。那么,什么是审计证据?如何获取审计证据?如何确定已收集的证据是否充分适当?收集的审计证据如何支持审计意见?

一、审计证据的含义

审计证据,是指注册会计师为了得出审计结论和形成审计意见而使用的信息。审计证据包括构成财务报表基础的会计记录所含有的信息和从其他来源获取的信息。也就是说,审计证据的内容包括以下两个方面。

(一) 会计记录

会计记录是指对初始会计分录形成的记录和支持性记录。例如,支票、电子资金转账记录、发票和合同;总分类账、明细分类账、会计分录以及对财务报表予以调整但未在账簿中反映的其他分录;支持成本分配、计算、调节和披露的手工计算表和电子数据表等。

依据会计记录编制财务报表是被审计单位管理层的责任,注册会计师应当测试会计记录以获取审计证据。

(二) 其他信息

会计记录所含有的信息本身并不足以提供充分的审计证据作为对财务报表发表审计意见的基础,注册会计师还应获取用作审计证据的其他信息。可用作审计证据的其他信息,包括以下几个方面:

(1) 注册会计师从被审计单位内部或外部获取的会计记录以外的信息,如被审计单位会议记录、内部控制手册、询证函的回函、分析师的报告、与竞争者的比较数据等;

(2) 注册会计师通过询问、观察和检查等审计程序获取的信息,如通过检查存货获取存货存在的证据等;

(3) 注册会计师自身编制或获取的可以通过合理推断得出结论的信息,如注册会计师编制的各种计算表、分析表等。

二、审计证据的特征

审计证据的充分性和适当性是审计证据的两个基本特征。

(一) 充分性

审计证据的充分性,是对审计证据数量的衡量。注册会计师需要获取的审计证据的数量受其对重大错报风险评估的影响,并受审计证据质量的影响。

客观公正的审计意见必须建立在有足够数量的审计证据的基础之上,但是这并不是说

审计证据的数量越多越好。为了使审计人员进行高效审计,注册会计师通常把需要足够数量审计证据的范围降至最低限度。因此,每一审计项目对审计证据的需要量,以及取得这些证据的途径和方法,应当根据该项目的具体情况来定。在某些情况下,由于时间、空间成本的限制,注册会计师不能获取最为理想的审计证据时,可考虑通过其他的途径或用其他的审计证据来替代。注册会计师只有通过不同的渠道和方法取得他认为足够的审计证据时,才能据以发表审计意见。

注册会计师判断审计证据是否充分时,主要考虑审计风险大小、具体审计项目的重要性、审计人员的经验、审计过程中是否发现错误或舞弊、审计证据的类型与获取途径以及成本效益制约等因素。

(二) 适当性

审计证据的适当性,是对审计证据质量的衡量,即审计证据在支持审计意见所依据的结论方面具有的相关性和可靠性。相关性和可靠性是审计证据适当性的核心内容,只有相关且可靠的审计证据才是高质量的。

1. 审计证据的相关性

相关性,是指用作审计证据的信息与审计程序的目的和所考虑的相关认定之间的逻辑联系。用作审计证据的信息的相关性可能受测试方向的影响。例如,如果某审计程序的目的是测试应付账款的多计错报,则测试已记录的应付账款可能是相关的审计程序。如果某审计程序的目的是测试应付账款的漏记错报,相关的审计程序可能是测试期后支出、未支付发票、供应商结算单以及发票未收到的收货报告单等,而不是测试已记录的应付账款。

2. 审计证据的可靠性

可靠性,是指证据的可信程度。审计证据的可靠性受其来源和性质的影响,并取决于获取审计证据的具体环境。注册会计师通常考虑下列原则判断审计证据的可靠性:

(1) 从外部独立来源获取的审计证据比从其他来源获取的审计证据更可靠。从外部独立来源获取的审计证据未经被审计单位有关职员之手,从而减少了伪造、更改凭证或业务记录的可能性,因而其证明力最强。比如银行询证函回函、应收账款询证函回函、保险公司等机构出具的证明等。相反,如被审计单位内部的会计记录、会议记录等,由于提供者与被审计单位存在经济或行政关系等,其可靠性应受到质疑。

(2) 内部控制有效时内部生成的审计证据比内部控制薄弱时内部生成的审计证据更可靠。如果被审计单位内部控制有效,会计记录的可信赖程度将会增加。如果被审计单位的内部控制薄弱,甚至不存在任何内部控制,被审计单位内部凭证记录的可靠性就大为降低。例如,如果与销售业务相关的内部控制有效,注册会计师就能从销售发票和发货单中取得比内部控制薄弱时更加可靠的审计证据。

(3) 直接获取的审计证据比间接获取或推论的审计证据更可靠。例如,注册会计师观察某项内部控制的运行得到的证据比询问被审计单位某项内部控制的运行得到的证据更可靠。间接获取的证据有被涂改及伪造的可能性,降低了可信赖程度。推论得出的审计证据,其主观性较强,人为因素较多,可依赖程度也受到影响。

(4) 以文件、记录形式(无论是纸质、电子或其他介质)存在的审计证据比口头形式的审计证据更可靠。例如,会议的同步书面记录比对讨论事项事后的口头表述更可靠。口头证据本身并不足以证明事实的真相,仅仅提供了一些重要线索,为进一步调查确认所用。

(5) 从原件获取的审计证据比从传真件或复印件获取的审计证据更可靠。注册会计师可审查原件是否有被涂改或伪造的迹象,排除伪证,提高证据的可信赖程度。而传真件或复印件容易是篡改或伪造的结果,可靠性较低。

注册会计师在按照上述原则评价审计证据的可靠性时,还应当注意可能出现的重要例外情况。例如,审计证据虽然是从独立的外部来源获得,但是如果该证据是由不知情者或不具备资格者提供,审计证据也可能是不可靠的。同样,如果注册会计师不具备评价证据的专业能力,那么即使是直接获取的证据,也可能不可靠。

(三) 充分性与适当性之间的关系

充分性和适当性是审计证据的两个重要特征,两者缺一不可,只有充分且适当的审计证据才是有证明力的。

审计证据的适当性会影响审计证据的充分性。注册会计师需要获取的审计证据的数量受审计证据质量的影响。审计证据质量越高,需要的审计证据数量可能越少。例如,被审计单位内部控制有效时生成的审计证据更可靠,注册会计师只需获取适量的审计证据,就可以为发表审计意见提供合理的基础。

需要注意的是,尽管审计证据的充分性和适当性相关,但如果审计证据的质量存在缺陷,那么注册会计师仅靠获取更多的审计证据可能无法弥补其质量上的缺陷。例如,注册会计师应当获取与销售收入完整性相关的证据,实际获取到的却是有关销售收入真实性的证据,审计证据与完整性目标不相关,即使获取的证据再多,也证明不了收入的完整性。同样的,如果注册会计师获取的证据不可靠,那么证据数量再多也难以起到证明作用。

(四) 评价充分性与适当性时的特殊考虑

1. 对文件记录可靠性的考虑

审计工作通常不涉及鉴定文件记录的真伪,注册会计师也不是鉴定文件记录真伪的专家,但应当考虑用作审计证据的信息的可靠性,并考虑与这些信息生成和维护相关控制的有效性。如果在审计过程中识别出的情况使其认为文件记录可能是伪造的,或文件记录中的某些条款已发生变动,注册会计师应当作出进一步调查,包括直接向第三方询证,或考虑利用专家的工作以评价文件记录的真伪。

课堂案例

中国证监会行政处罚决定书(大华所、董×、李×)

大华会计师事务所(特殊普通合伙)对獐子岛集团股份有限公司 2016 年财务报表审计中存在如下违法事实:

未对相关审计证据的可靠性进行评价。

《2016 年期末各年底播虾夷扇贝存量定点采集记录》(简称《定点采集记录》)显示,盘点期间,獐子岛集团使用科研 19 号船于 2017 年 1 月 8 日、1 月 11 日、1 月 12 日、1 月 16 日、1 月 17 日、1 月 23 日、1 月 24 日、1 月 25 日、2 月 3 日、2 月 7 日、2 月 12 日和 2 月 13 日,合计

12天,在130个点位对增殖分公司外区虾夷扇贝进行了抽样盘点。大华所参与獐子岛2016年虾夷扇贝盘点的项目组最早于2017年1月7日乘船登上獐子岛执行现场审计工作,最晚于2017年1月22日离岛。期间,獐子岛集团在1月8日、1月11日、1月12日、1月16日和1月17日,共计在54个点位进行了存量定点采集工作。2017年1月28日至2月3日,大华所项目组处于放假阶段,并未在獐子岛执行任何审计工作。

综上,大华所没有执行2017年1月23日至2月13日共计7天的现场监盘工作,同时,我会另案查明,经对比北斗导航卫星定位数据,执行盘点任务的海测船在2017年1月23日、1月24日、1月25日、2月3日和2月7日并没有航行轨迹。但大华所项目组成员在所有整理打印的《定点采集记录》上签字确认,认可了所有獐子岛集团盘点结果并收入审计工作底稿。对于大华所未参与现场监盘的7天《定点采集记录》,大华所未获取该部分盘点信息的准确性和完整性相关的审计证据,未对该部分《定点采集记录》的可靠性进行评价。

——摘自中国证券监督管理委员会网站,〔2023〕18号,有改动

"《定点采集记录》上签字确认的7人中,6人是獐子岛集团的内部工作人员,1名外部专家长期受雇于獐子岛集团,故该份证据本身的可靠性较低",处罚决定书显示会计师事务所对本身可靠性较低的审计证据没有进一步调查消除疑虑,给予处罚。

2. 使用被审计单位生成信息的考虑

注册会计师为获取可靠的审计证据,实施审计程序时使用的被审计单位生成的信息需要足够完整和准确。必要时,注册会计师应当就这些信息的准确性和完整性获取审计证据。以下案例正是一个警示,信永中和会计师事务所及其相关责任人员因未对乐视网内部生成信息的准确性与完整性获取审计证据,最终被确认存在违法事实并受到处罚。

课堂案例

中国证监会行政处罚决定书(信永中和会计师事务所、常××、白××)

信永中和为乐视网提供审计服务,存在以下违法事实情况:

对乐视网内部生成的信息,未获取充分、适当的审计证据证明内部生成信息的可靠性、完整性与准确性

注册会计师在重点审计领域策略中提出:要利用IT审计人员对乐视网广告业务系统——方舟系统进行审计,了解公司在广告投放过程中相关数据是否存在舞弊。在内部控制测试以及营业收入实质性测试程序中,注册会计师均使用方舟系统的曝光量数据。用广告客户订单中约定的单价乘以方舟系统中的曝光量,二者的乘积即为广告实际投放收入。将其与订单金额进行比较,用以确认广告实际投放金额与订单金额是否相符,金额是否准确。经查,注册会计师未获取充分、适当的审计证据证明方舟系统曝光量数据的可靠性、完整性与准确性。经我会另案查明,新疆数集科技有限公司、北京鸿鑫元熙智库信息技术有限公司(以下简称鸿鑫元熙)从未与乐视网发生过广告业务,据工作底稿显示,却存在曝光量数据。

信永中和的上述行为违反了《中国注册会计师审计准则第1301号——审计证据》第十

三条"在使用被审计单位生成的信息时,注册会计师应当评价该信息对实现审计目的是否足够可靠,包括根据具体情况在必要时实施下列程序:(一)获取有关信息准确性和完整性的审计证据;(二)评价信息对实现审计目的是否足够准确和详细"及《中国注册会计师鉴证业务基本准则》第二十八条"注册会计师应当以职业怀疑态度计划和执行鉴证业务,获取有关鉴证对象信息是否不存在重大错报的充分、适当的证据"的规定。

——摘自中国证券监督管理委员会网站,〔2022〕19号,有改动

3. 证据相互矛盾时的考虑

如果针对某项认定从不同来源获取的审计证据或获取的不同性质的审计证据能够相互印证,与该项认定相关的审计证据则具有更强的说服力。如果从不同来源获取的审计证据或获取的不同性质的审计证据不一致,表明某项审计证据可能不可靠,注册会计师应当追加必要的审计程序。

课堂案例

中国证券监督管理委员会北京监管局行政处罚决定书(大华会计师事务所(特殊普通合伙)、赵××、颜××)

大华所在对致生联发2016年度财务报表审计时,未勤勉尽责,出具的审计报告存在虚假记载。在风险识别与评估阶段,大华所未了解致生联发与审计相关的内部控制。在实施南阳项目营业收入的风险应对措施时,大华所现场勘查程序执行不到位,未对勘查所见的项目建设情况与相关合同要求和验收资料的重大不符保持职业怀疑,未对监理例会纪要、验收资料等明显异常或相互矛盾的审计证据保持职业怀疑,未执行进一步审计程序消除疑虑,未就南阳项目的收入确认及相关担保事项获取充分、适当的审计证据。

——摘自中国证券监督管理委员会北京监管局网站,〔2022〕18号,有改动

上述案例中大华会计师事务所发现相互矛盾的审计证据,没有保持职业怀疑,并未执行进一步审计程序消除疑虑,北京监管局对这一行为给予了处罚。

4. 获取审计证据时对成本的考虑

注册会计师可以考虑获取审计证据的成本与所获取信息的有用性之间的关系,但不应以获取审计证据的困难和成本为理由减少不可替代的审计程序。在保证获取充分、适当的审计证据的前提下,控制审计成本也是会计师事务所增强竞争能力和获利能力所必需的。但为了保证得出的审计结论、形成的审计意见是恰当的,注册会计师不应将获取审计证据的成本高和难度大作为减少不可替代的审计程序的理由。例如,在某些情况下,存货监盘是证实存货"存在"认定的不可替代的审计程序,注册会计师在审计中不得以检查成本高和难以实施为由而不执行该程序。

三、审计证据的分类

在审计实务中,审计证据的种类繁多,其外在形式、取得方式、取得途径、证明力的强弱等均有所不同。对审计证据进行合理、科学的分类,有利于有效地收集、恰当地使用和评价

审计证据。

按照不同分类方式对审计证据进行分类,根据审计证据外在的具体形态可以将其划分为实物证据、书面证据、口头证据和环境证据;根据审计证据的相关程度分为直接证据和间接证据;根据审计证据的来源分为来自审计客户内部的证据和来自审计客户外部的证据;根据审计证据所提供的逻辑证明分为正面证据和反面证据;根据审计证据的证明力分为充分证明力、部分证明力和无证明力三种类型。下面重点介绍部分证据类型。

(一) 实物证据

实物证据是指用以确定某些实物资产是否确实存在的证据。实物证据通常被认为是最可靠的证据,具有很强的证明力。通过对库存现金、存货和固定资产等的监盘,可以取得这些资产的实物证据。实物证据通常可以证实它们是否确实存在,但是不能保证资产的所有权归被审计单位所有;可以证明实物资产的数量,但是难以确保实物资产的质量。

(二) 书面证据

书面证据是指以书面文件形式存在的一类证据。这类证据是审计中获得的主要证据,包括与审计有关的各种原始凭证、会计记录、会议记录、各种合同、报告函件等。书面证据有来自外部和内部两种。一般来说,来自外部的证据比来自内部的证据更加可靠,证明力更强。但是,如果内部证据在外部流转,并获得其他单位或个人的承认,则具有较强的可靠性,如销货发票、付款支票等。只在内部流转的书面证据,其可靠程度会因被审计单位内部控制的强弱而有差别。比如内部证据(如收料单与发料单)经过了被审计单位内部不同部门的审核、签章,且所有凭证预先都有连续编号并依次处理,则这些证据也具有较强的可靠性;相反,如果被审计单位内部控制不健全,注册会计师就不能过分地依赖其内部自制的书面证据。

(三) 口头证据

口头证据是指由被询问人员的口头回答所形成的一类证据。口头证据可以用于每一类认定的评价过程,但是由于其证明力较弱,在通过询问获得口头证据后,审计人员还必须通过获取其他类型的证据对其进行进一步的确证。在审计过程中,注册会计师还应把各种重要的口头证据尽快做成记录,并记录陈述时间、人员和背景等,必要时还需获得被询问者的签名确认。尽管如此,口头证据仍然广泛应用于整个审计过程中。一方面,被询问人员的答复可能为审计人员提供尚未获悉的信息或佐证证据;另一方面,被询问人员的答复也可能提供与审计人员已取得的信息存在重大差异的其他信息。

(四) 环境证据

环境证据也称状况证据,指对被审计单位产生影响的各种环境事件,包括被审计单位的内部控制情况、被审计单位管理人员的素质、各种管理条件和管理水平等。例如,当注册会计师或被审计单位有良好的内部控制制度,并且管理水平较高时,就可以认为被审计单位现行的内部控制制度为会计报表项目的真实性提供了强有力的环境证据。环境证据一般不属于主要的审计证据,但它可帮助注册会计师了解被审计单位及其经济活动所处的环境,是注册会计师进一步审计所必须掌握的资料。

四、审计证据的获取

注册会计师为实现审计具体审计目标,可以根据需要,单独或综合运用检查、观察、询问、函证、重新计算、重新执行、分析程序等审计程序,以获取充分、适当的审计证据。

(一) 检查

检查是指注册会计师对被审计单位内部或外部生成的,以纸质、电子或其他介质形式存在的记录和文件进行审查,或对资产进行实物审查。

检查记录或文件可以提供可靠程度不同的审计证据,审计证据的可靠性取决于记录或文件的性质和来源,而在检查内部记录或文件时,其可靠性则取决于生成该记录或文件的内部控制的有效性。某些文件是表明一项资产存在的直接审计证据,如构成金融工具的股票或债券,但是检查此类文件并不一定能提供有关所有权或计价的审计证据。此外,检查已执行的合同可以提供与被审计单位运用会计政策(如收入确认)相关的审计证据。

检查有形资产可为其"存在"认定提供可靠的审计证据,但是不一定能够为"权利和义务"或"准确性、计价和分摊"等认定提供可靠的审计证据。对个别存货项目进行的检查,可与存货监盘一同实施。

(二) 观察

观察是指注册会计师查看相关人员正在从事的活动或实施的程序。例如,注册会计师对被审计单位人员执行的存货盘点或控制活动进行观察。观察可以提供执行有关过程或程序的审计证据,但观察所提供的审计证据仅限于观察发生的时间,而且被观察人员的行为可能因被观察而受到影响,这也会使观察提供的审计证据受到限制。

《中国注册会计师审计准则第1311号——对存货、诉讼和索赔、分部信息等特定项目获取审计证据的具体考虑(2019年2月20日修订)》第四条明确规定:在存货盘点现场实施监盘时,注册会计师应当实施下列审计程序:

(1) 评价管理层用以记录和控制存货盘点结果的指令和程序;
(2) 观察管理层制订的盘点程序的执行情况;
(3) 检查存货;
(4) 执行抽盘。

其中的"观察"和"检查"都是在存货盘点现场实施监盘时必须执行的程序。

(三) 询问

中国证监会行政处罚决定书(天圆全所、江×、高××)

天圆全会计师事务所(特殊普通合伙)对易见供应链管理股份有限公司2018年、2019年年度财务报表审计违法事实有:

天圆全所在2016年度、2018年度、2019年度审计时,对核心企业的访谈均由易见股份安排和联系,统一由易见股份人员陪同安排车辆前往。在部分核心企业访谈中,天圆全所没有核实被访谈人身份、没有有效核实现场访谈的被访谈单位地址、视频访谈中没有对被访谈人单位所在地(如访谈单位牌匾等)进行核实、未对访谈记录中被访谈人签字和公司盖章过程保持控制,从而未发现被访谈人姓名与访谈记录上姓名不一致、被访谈人非访谈公司员工以及易见股份安排其公司员工冒充被访谈人等异常情况,无法保证访谈的真实性。

天圆全所的上述行为违反《中国注册会计师审计准则第1101号——注册会计师的总体目标和审计工作的基本要求》第二十八条"在计划和实施审计工作时,注册会计师应当保持职业怀疑,认识到可能存在导致财务报表发生重大错报的情形"及《中国注册会计师审计准则第1301号——审计证据》第十条"注册会计师应当根据具体情况设计和实施恰当的审计程序,以获取充分、适当的审计证据"的规定。

——摘自中国证券监督管理委员会网站,〔2023〕3号,有改动

询问是指注册会计师以书面或口头的方式,向被审计单位内部或外部的知情人员获取财务信息和非财务信息,并对答复进行评价的过程。作为其他审计程序的补充,询问广泛应用于整个审计过程中。但是,询问本身不足以发现认定层次存在的重大错报,也不足以测试内部控制运行的有效性,注册会计师还应当实施其他审计程序,以获取充分、适当的审计证据。

一方面,知情人员对询问的答复可能为注册会计师提供尚未获悉的信息或佐证证据。另一方面,对询问的答复也可能提供与注册会计师已获取的其他信息存在重大差异的信息,如关于被审计单位管理层凌驾于控制之上的可能性的信息。在某些情况下,对询问的答复为注册会计师修改审计程序或实施追加的审计程序提供了基础。

尽管对通过询问获取的审计证据予以佐证通常特别重要,但是在询问管理层意图时,获取的支持管理层意图的信息可能是有限的。针对某些事项,注册会计师可能认为有必要向管理层和治理层(如适用)获取书面声明,以证实对口头询问的答复。

以下案例中,会计师事务所的一个违法事实是对货币资金及存货进行审计,执行询问审计程序时未按准则要求实施。

 课堂案例

中国证券监督管理委员会行政复议决定书(中审亚太会计师事务所(特殊普通合伙)、解×)

中审亚太会计师事务所(特殊普通合伙)(简称中审亚太)出具的公准肉食品股份有限公司(简称公准股份)2014年、2015年年度审计报告存在虚假记载。经另案查明,公准股份2014年、2015年年度报告存在虚增银行存款、虚增营业收入和成本、虚增利润等虚假记载行为。中审亚太对公准股份2014年、2015年年度财务报表进行审计,并分别于2015年3月25日、2016年3月3日出具标准无保留意见的审计报告。中审亚太在公准股份2014年、2015年年度财务报表审计过程中未勤勉尽责。其中包括:

中审亚太对公准股份2015年年度财务报表审计过程中,货币资金的审计程序存在缺陷。底稿记录显示审计采用询问、观察、检查等程序了解货币资金主要控制流程,未见询问

对象、询问记录、被审计单位内控制度等证据。

中审亚太对公准股份2015年年度财务报表审计过程中,存货审计程序存在缺陷。存货管理的了解和控制测试程序中,底稿中记录审计人员采用询问、观察等程序了解公准股份存货主要控制流程,未见询问对象、询问记录、被审计单位内控制度等证据。

——摘自中国证券监督管理委员会网站,〔2023〕11号,有改动

(四) 函证

函证是指注册会计师直接从第三方(被询证者)获取书面答复以作为审计证据的过程,书面答复可以采用纸质、电子或其他介质等形式。函证程序通常用于确认或填列有关账户余额及要素的信息,也可以用于确认被审计单位与其他机构或人员签订的协议、合同或从事的交易的条款,或用于确认不存在某些交易,如可能影响被审计单位收入确认的"背后协议"。函证程序是实务中使用最广泛、出错最频繁的审计程序之一,以下重点介绍。

1. 函证的对象

函证的对象包括以下方面:

(1) 银行存款、借款及与金融机构往来的其他重要信息。注册会计师应当对银行存款(包括零余额账户和在本期内注销的账户)、借款及与金融机构往来的其他重要信息实施函证程序,除非有充分证据表明某一存款、借款及与金融机构往来的其他重要信息对财务报表不重要且与之相关的重大错报风险很低。如果不对这些项目实施函证程序,注册会计师应当在审计工作底稿中说明理由。

(2) 应收账款。注册会计师应当对应收账款实施函证程序,除非有充分证据表明应收账款对财务报表不重要,或函证很可能无效。如果认为函证很可能无效,注册会计师应当实施替代审计程序,获取相关、可靠的审计证据。如果不对应收账款函证,注册会计师应当在审计工作底稿中说明理由。

(3) 其他内容。注册会计师可以根据具体情况和实际需要对下列内容(包括但不限于)实施函证:交易性金融资产、应收票据、其他应收款、预付账款、由其他单位代为保管、加工或销售的存货、长期股权投资、应付账款、预收账款、保证、抵押或质押、或有事项和重大或异常的交易等。

函证通常适用于账户余额及其组成部分(如应收账款明细账),但是不一定限于这些项目。例如,为确认合同条款是否发生变动及变动细节,注册会计师可以函证被审计单位与第三方签订的合同条款。注册会计师还可向第三方函证是否存在影响被审计单位收入确认的背后协议或某项重大交易的细节。

2. 函证程序实施的范围

如果采用审计抽样的方式确定函证程序的范围,无论是采用统计抽样方法,还是采用非统计抽样方法,选取的样本应当足以代表总体。根据对被审计单位的了解、评估的重大错报风险以及所测试总体的特征等,注册会计师可以确定从总体中选取特定项目进行测试。选取的特定项目可能包括:金额较大的项目,账龄较长的项目,交易频繁但期末余额较小的项目,重大关联方交易,重大或异常的交易,可能存在争议、舞弊或错误的交易。

3. 函证的时间

注册会计师通常以资产负债表日为截止日,在资产负债表日后适当时间内实施函证。如果重大错报风险评估为低水平,注册会计师可选择资产负债表日前适当日期为截止日实施函证,并对所函证项目自该截止日起至资产负债表日发生的变动实施实质性程序。

4. 函证的方式

函证的方式有两种,积极式函证和消极式函证。不同的函证方式,其提供审计证据的可靠性不同。注册会计师可以单独采用其中一种,也可将两种方式结合使用。

(1) 积极式函证。

积极式函证,是指注册会计师应当要求被询证者必须回函,确认询证函所列示信息是否正确,或填列询证函要求的信息的一种函证方式。积极式函证又分为两种:一种是在询证函中列明拟函证的账户余额或其他信息,要求被询证者确认所函证的款项是否正确。通常认为,对这种询证函的回复能够提供可靠的审计证据。但是,其缺点是被询证者可能对所列示信息根本不加以验证就予以回函确认。注册会计师通常难以发觉是否发生了这种情形。为了避免这种风险,注册会计师可以采用另一种询证函,即在询证函中不列明账户余额或其他信息,而要求被询证者填写有关信息或提供进一步信息。这种询证函要求被询证者做出更多的努力,可能会导致回函率降低,进而导致注册会计师执行更多的替代程序。

在采用积极式函证时,只有注册会计师收到回函,才能为财务报表认定提供审计证据。注册会计师没有收到回函,可能是由于被询证者根本不存在,或是由于被询证者没有收到询证函,也可能是由于询证者没有理会询证函,因此,无法证明所函证信息是否正确。

(2) 消极式函证。

如采用消极式函证,注册会计师只要求被询证者仅在不同意询证函列示信息的情况下才予以回函。对消极式询证函而言,未收到回函并不能明确表明预期的被询证者已经收到询证函或已经核实了询证函中包含的信息的准确性。因此,未收到消极式询证函的回函提供的审计证据,远不如积极式询证函的回函提供的审计证据有说服力。如果询证函中的信息对被询证者不利,则被询证者更有可能回函表示不同意;相反,如果询证函中的信息对被询证者有利,回函的可能性就会相对较小。例如,被审计单位的供应商如果认为询证函低估了被审计单位的应付账款余额,则其更有可能回函;如果高估了该余额,则回函的可能性很小。因此,注册会计师在考虑这些余额是否可能低估时,向供应商发出消极式询证函可能是有用的程序,但是,利用这种程序收集该余额高估的证据就未必有效。

当同时存在以下情况时,注册会计师可考虑采用消极式函证:重大错报风险评估为低水平,涉及大量余额较小的账户,预期不存在大量的错误,没有理由相信被询证者不认真对待函证。

(3) 两种方式结合使用。

在实务中,注册会计师也可将这两种方式结合使用。以应收账款为例,当应收账款的余额是由少量的大额应收账款和大量的小额应收账款构成时,注册会计师可以对所有的或抽取的大额应收账款样本项目采用积极式函证,而对抽取的小额应收账款样本项目采用消极式函证。

5. 函证的控制

课堂案例

中国证监会行政处罚决定书(天圆全所、江×、高××)

天圆全会计师事务所(特殊普通合伙)对易见供应链管理股份有限公司2015—2019年度财务报表审计违法事实有:天圆全所未对函证过程保持控制。

天圆全所未对2015年度银行询证函保持控制,未亲自获取相关账户银行询证函、现场函证过程失控,未对银行询证函回函快递单寄件人为个人信息等异常情况保持职业怀疑,并未实施进一步审计程序,获取了虚假银行询证函,未能发现易见股份虚增2015年度银行存款1 208 436 000元。

天圆全所2018年度、2019年度审计时,未对核心企业函证过程保持控制,对被询证单位的地址和联系人等影响函证真实性的重要信息未能有效控制和关注,且询证函发出后未有效跟进。

天圆全所的上述行为违反《中国注册会计师审计准则第1312号——函证》第十四条"当实施函证程序时,注册会计师应当对询证函保持控制,包括:(一)确定需要确认或填列的信息;(二)选择适当的被询证者;(三)设计询证函,包括正确填列被询证者的姓名和地址,以及被询证者直接向注册会计师回函的地址等信息;(四)发出询证函并予以跟进,必要时再次向被询证者寄发询证函"及第二十三条"注册会计师应当评价实施函证程序的结果是否提供了相关、可靠的审计证据,或是有必要进一步获取审计证据"的规定。

——摘自中国证券监督管理委员会网站,〔2023〕3号,有改动

以上是对函证未进行有效控制的处罚,注册会计师应当对函证的全过程保持控制。

(1) 获取被审计单位的授权。

函证是会计师事务所以被审计单位的名义向被询证者发出的,所以,要实施函证,首先需要取得被审计单位的授权。当被审计单位管理层要求对拟函证的某些账户余额或其他信息不实施函证时,注册会计师应当考虑该项要求是否合理,并获取审计证据予以支持。如果认为管理层的要求合理,注册会计师应当实施替代审计程序,以获取与这些账户余额或其他信息相关的充分、适当的审计证据。如果认为管理层的要求不合理,且被其阻挠而无法实施函证,注册会计师应当视为审计范围受到限制,并考虑对审计报告可能产生的影响。

(2) 函证发出前的控制措施。

询证函经过被审计单位盖章后,应由注册会计师直接发出。为使函证程序能有效地实施,在询证函发出前,注册会计师需要恰当地设计询证函,并对询证函上的各项资料进行充分核对,并要注意如下事项:第一,询证函中填列的需要被询证者确认的信息是否与被审计单位账簿中的有关记录保持一致。对于银行存款的函证,需要银行确认的信息是否与银行对账单等保持一致。第二,考虑选择的被询证者是否适当,包括被询证者对被函证信息是否知情、是否具有客观性、是否拥有回函的授权等。第三,是否已在询证函中正确填写被询证者直接向注册会计师回函的地址。第四,是否已将部分或全部被询证者的名称、地址与被审

计单位有关记录进行核对,以确保询证函中的名称、地址等内容的准确性。可以执行的程序包括但不限于:通过拨打公共查询电话核实被询证者的名称和地址;通过被询证者的网站或其他公开网站核对被询证者的名称和地址;将被询证者的名称和地址信息与被审计单位持有的相关合同等文件核对;对于供应商或客户,可以将被询证者的名称、地址与被审计单位收到或开具的增值税专用发票中的对方单位名称、地址进行核对。

(3) 函证发出时的控制措施。

根据注册会计师对舞弊风险的判断,以及被询证者的地址和性质、以往回函情况、回函截止日期等因素,询证函的发出和收回可以采用邮寄、跟函、电子形式函证(包括传真、电子邮件、直接访问网站等)等方式。

第一,通过邮寄方式发出询证函时采取的控制措施。为避免询证函被拦截、篡改等舞弊风险,在邮寄询证函时,注册会计师可以在核实由被审计单位提供的被询证者的联系方式后,不使用被审计单位本身的邮寄设施,而是独立寄发询证函(如直接在邮局投递)。

第二,通过跟函的方式发出询证函时采取的控制措施。如果注册会计师认为跟函方式(即注册会计师独自或在被审计单位员工的陪同下亲自将询证函送至被询证者,在被询证者核对并确认回函后,亲自将回函带回的方式)能够获取可靠消息,可以采取该方式发送并收回询证函。如果被询证者同意注册会计师独自前往被询证者执行函证程序,注册会计师可以独自前往。如果注册会计师跟函时需要有被审计单位员工陪伴,注册会计师需要在整个过程中保持对询证函的控制,同时,对被审计单位和被询证者之间串通舞弊的风险保持警觉。

在我国目前的实务操作中,由于被审计单位之间的商业惯例还比较认可印章原件,所以邮寄和跟函方式更为常见。

第三,通过电子函证方式发出询证函时采取的控制措施。随着信息技术的不断发展应用,电子函证已成为趋势。当注册会计师根据具体情况选择通过电子方式发送询证函时,应在发函前基于对特定询证方式所存在风险的评估,并考虑采取相应的控制措施。为进一步规范银行函证及回函工作,提升审计工作质量,维护金融市场秩序,推动社会信用体系建设,防范银行业金融机构操作风险和声誉风险,财政部、中国银保监会联合发布了《关于进一步规范银行函证及回函工作的通知》(财会〔2020〕12号)和《银行函证及回函工作操作指引》等,其中作出了一系列明确要求。可以预见,随着我国函证数字化工作的稳步推进,函证数字化的范围及规模将越来越大,函证的质量将不断提高。

(4) 函证收回的控制措施。

课堂案例

中国证监会行政处罚决定书(天衡所、谈××、谢××)

2016年审计中应收账款函证控制缺失。

2016年天衡所对信利光电的发函金额为171 595 357.21元,占智诚光学应收账款发函总额的61%,超过2016年胜利精密集团审计和智诚光学审计实际执行的重要性水平。在未收到信利光电回函原件的情况下,审计人员将智诚光学财务经理通过社交软件发送的扫描件作为回函结果予以确认,并将该扫描件的打印件作为审计证据留存在底稿中。在《应收账款函证结果汇总表》中"对询证函保持的控制的说明"部分,审计人员的描述为"快递直接回寄我所",与实际情况不符。信利光电函证经由被审计单位人员提交,且并非原件,审计证据可靠性低,审计底稿中也未见对此异常情况的说明。天衡所未按照审计准则的要求对询证函保持控制,也未评价信利光电回函异常情况对评估的应收账款重大错报风险的影响。

——摘自中国证券监督管理委员会网站,〔2022〕60号,有改动

注册会计师在收到询证函回函时,应根据不同的询证函发出方式采取对应的控制措施。在验证回函的可靠性时,注册会计师需要保持职业怀疑。

第一,通过邮寄方式收到的回函。注册会计师可以验证以下信息:被询证者确认的询证函是否为原件,是否与注册会计师发出的询证函是同一份;回函是否由被询证者直接寄给注册会计师;寄给注册会计师的回邮信封或快递信封中记录的发件方名称、地址是否与询证函中记载的被询证者名称、地址一致;回邮信封上寄出方的邮戳显示发出城市或地区是否与询证者的地址一致;被询证者加盖在询证函上的印章以及签名中显示的被询证者名称是否与询证函中记载的被询证者名称一致。如果被询证者将回函寄至被审计单位,被审计单位将其转交注册会计师,该回函不能视为可靠的审计证据。这种情况下注册会计师可以要求被询证者直接书面回复。

第二,通过跟函方式收到的回函。注册会计师可以实施以下审计程序:了解被询证者处理函证的通常流程和处理人员;确认处理询证函人员的身份和处理询证函的权限,如索要名片、观察员工卡或姓名牌等;观察处理询证函的人员是否按照处理函证的正常流程认真处理询证函,如该人员是否在其计算机系统或相关记录中核对相关信息。

第三,以电子形式收到的回函。对以电子形式收到的回函,由于回函者的身份及其授权情况很难确定,对回函的更改也难以发觉,因此可靠性存在风险。注册会计师和回函者采用一定的程序为电子形式的回函创造安全环境,可以降低该风险。如果注册会计师确信这种程序安全并得到适当控制,则会提高相关回函的可靠性。当注册会计师存有疑虑时,可以与被询证者联系以核实回函的来源及内容。例如,当被询证者通过电子邮件回函时,注册会计师可以通过电话联系被询证者,确定被询证者是否发送了回函。必要时,注册会计师可以要求被询证者提供回函原件。

课堂案例

中国证监会行政处罚决定书(堂堂所、吴×× 、刘×× 、刘××)

中国证监会2022年第6号行政处罚决定书中,列明深圳堂堂会计师事务所在对*ST新亿2018、2019年财务报表审计中未对应收账款、应付账款函证保持控制的违法事实如下:

堂堂所审计底稿记录,亿源汇金因向阿信商贸销售铁精粉形成应收账款,2019年12月31日和2018年12月31日余额分别为6 043 893.50元、3 577 016.70元。亿源汇金底稿"应收账款函证结果汇总表"记录被审计单位由于某种情况未能盖章询证,函证程序无法实施,通过电子邮件函证的形式替代,并附有邮箱地址为"'阿信'53××××486@qq.com"的肯定性回函(邮件回复时间2020年7月30日晚上9:45)以及询证函的扫描件,底稿中未记录发出邮箱的信息,

也未记录核实'阿信'53××××486@qq.com邮箱地址为阿信商贸所有的过程。

堂堂所审计底稿记录,亿源汇金因向思北投资采购铁精粉形成应付账款,2019年12月31日和2018年12月31日余额分别为4 566 968.92元(含调整前运费金额为4 797 847.92元)、2 079 350.96元。亿源汇金底稿"应付账款函证结果汇总表"记录被审计单位由于某种情况未能盖章询证,函证程序无法实施,已实施替代程序,并附有邮箱地址为"'思北'53××××11@qq.com"的肯定性回函(邮件回复时间2020年7月30日晚上8:53)以及询证函的扫描件,底稿中未记录发出邮箱的信息,也未记录核实'思北'53××××11@qq.com邮箱地址为思北投资所有的过程。

堂堂所通过邮箱函证替代函证,但是函证前并未向公司获取邮箱地址并核实其真实性,而是将吴某堂的邮箱给了*ST新亿,收到邮箱回复函证情况后,也未核实回复函证邮箱的真实归属,未关注到询证函金额存在错误且对方予以确认的情况。在出具审计报告后,补充实施函证程序时,仍然通过*ST新亿将函证给到思北投资和阿信商贸,未对函证过程实施有效控制。

——摘自中国证券监督管理委员会网站,〔2022〕6号,有改动

第四,对询证函的口头回复。只对询证函进行口头回复不是对注册会计师的直接书面回复,不符合函证的要求,因此,不能作为可靠的审计证据。在收到对询证函口头回复的情况下,注册会计师可要求被询证者提供直接书面回复。如果仍未收到书面回函,注册会计师需要通过实施替代程序,寻找其他审计证据以支持口头回复中的信息。

(5)评价函证的结果。

注册会计师应当评价实施函证程序的结果是否提供了相关、可靠的审计证据,或是否有必要进一步获取审计证据。除了"询证函被适当的被询证者回复,且回函同意询证函中包含的信息或提供了不存在不符合事项的信息"这种情形外,还要特别注意以下三种情形并采取相应的应对措施:

第一,回函被认为不可靠。在验证回函的可靠性时,注册会计师需要保持职业怀疑,并加强对审计项目组成员所做工作的指导、监督和复核。如果存在对询证函回函的可靠性产生疑虑的因素,注册会计师应当进一步获取审计证据以消除这些疑虑;如果认为询证函回函不可靠,注册会计师应当评价其对评估的相关重大错报风险(包括舞弊风险),以及其他审计程序的性质、时间安排和范围的影响。

第二,未回函。若在合理的时间内未收到询证函(积极式函证)回函,注册会计师应当考虑必要时再次向被询证者寄发询证函。对于因无法投递而退回的信函要进行分析,查明是否因被函证者地址迁移导致信函无法投递,还是所询函信息本来就是假的,并继续追查以找到原因。

若未能得到被询证者的回应,注册会计师应当实施替代审计程序,如检查书面文件。比如,对应收账款,检查期后收款、货运单据及监控期末的销售。但是,若注册会计师认为取得积极式函证回函是获取充分、适当的审计证据的必要程序,则替代程序不能提供注册会计师所需要的审计证据。在这种情况下,如果未获取回函,注册会计师应当确定其对审计工作和审计意见的影响。以下案例中,信永中和会计师事务所在对乐视网的审计中,因在未收到有效回函的情况下未有效执行应收账款函证的替代程序,而受到了相应的处罚。

课堂案例

中国证监会行政处罚决定书(信永中和会计师事务所、常××、白××)

注册会计师对乐视网92家客户应收账款进行函证,36家客户回函,回函金额占期末应收账款余额17.87%;56家客户未回函。注册会计师未对全部未回函的客户进行替代测试,仅选取了36家未回函客户执行了替代测试程序。

在执行函证替代测试程序的下列客户中,注册会计师仅获取了应收账款明细表或乐视网广告业务系统部分销售订单,或前述二者,未获取其他相关、可靠的审计证据。这些客户包括上海高钧广告有限公司、上海久尚广告传播有限公司、奥凯航空有限公司、广东南方新视界传媒科技有限公司、易美广告有限公司、上海魔山广告传播有限公司、北京德荣佳益广告有限公司、广州唯品会信息科技有限公司、天津数集科技有限公司(简称天津数集)、上海睦集网络科技有限公司、北京灵集科技有限公司。此外,未发函、未有效执行函证替代测试程序的北京博思百川国际广告传媒有限公司、北京鼎诚文众广告有限公司以及发函未回函且未做替代测试的上海河马动画设计股份有限公司连同上述11家客户均系2015年乐视网虚假业务客户,共计虚增利润32 797.51万元,占当年披露利润总额的442.20%。

信永中和的上述行为违反了《中国注册会计师审计准则第1312号——函证》第十九条"在未回函的情况下,注册会计师应当实施替代程序以获取相关、可靠的审计证据"的规定。

——摘自中国证券监督管理委员会网站,〔2022〕19号,有改动

第三,回函显示存在不符事项。注册会计师应当调查不符事项,以确定是否表明存在错报。询证函回函中指出的不符事项可能显示财务报表存在错报或潜在错报。当识别出错报时,注册会计师需要根据《中国注册会计师审计准则第1141号——财务报表审计中与舞弊相关的责任》的规定评价该错报是否表明存在舞弊。不符事项可以为注册会计师判断来自类似的被询证者回函的质量及类似账户回函质量提供依据。不符事项还可能显示被审计单位与财务报告相关的内部控制存在缺陷。

某些不符事项并不表明存在错报。例如,注册会计师可能认为询证函回函的差异是由于函证程序的时间安排、计量或书写错误造成的。具体情况包括:询证函发出时,债务人已经付款,而被审计单位尚未收到货款;询证函发出时,被审计单位的货物已经发出并做销售记录,但货物仍在途中,债务人尚未收到货物;债务人出于某种原因将货物退回,而被审计单位尚未收到等;债务人对收到的货物的数量、质量及价格等方面有异议而全部或部分拒付货款等。

(6)实施函证时需要关注的舞弊风险迹象。

在函证过程中,注册会计师需要始终保持职业怀疑,对舞弊风险迹象保持警觉。注册会计师需要关注的与函证程序有关的舞弊风险迹象的情形有:

第一,管理层不允许寄发询证函。

第二,管理层试图拦截、篡改询证函或回函,如坚持以特定的方式发送询证函。

第三,被询证者将回函寄至被审计单位,被审计单位将其转交注册会计师。

第四，注册会计师跟进访问被询证者，发现回函信息与被询证者记录不一致，例如，对银行的跟进访问表明提供给注册会计师的银行函证结果与银行的账面记录不一致。

第五，从私人电子信箱发送的回函。

第六，收到同一日期发回的、相同笔迹的多份回函。

第七，位于不同地址的多家被询证者的回函邮戳显示的发函地址相同。

第八，收到不同被询证者用快递寄回的回函，但是快递的交寄人或发件人是同一个人或是被审计单位的员工。

第九，回函邮戳显示的发函地址与被审计单位记录的被询证者的地址不一致。

第十，不正常的回函率，例如，银行函证未回函；与以前年度相比，回函率异常偏高或回函率重大变动；向被审计单位债权人发送的询证函回函率很低。

第十一，被询证者缺乏独立性。例如，被审计单位及其管理层能够对被询证者施加重大影响以使其向注册会计师提供虚假或误导信息（如被审计单位是被询证者唯一或重要的客户或供应商）；被询证者既是被审计单位资产的保管人又是资产的管理者。

（7）针对舞弊迹象采取的应对措施。

针对舞弊风险迹象，注册会计师根据具体情况可以实施的审计程序的情形包括：

第一，验证被询证者是否存在、是否与被审计单位之间缺乏独立性，其业务性质和规模是否与被询证者和被审计单位之间的交易记录相匹配；

第二，将与从其他来源得到的被询证者的地址（如与被审计单位签订的合同上签署的地址、网络上查询到的地址）相比较，验证寄出方地址的有效性；

第三，将被审计单位档案中有关被询证者的签名样本、公司公章与回函核对；

第四，要求与被询证者相关人员直接沟通讨论询证事项，考虑是否有必要前往被询证者工作地点以验证其是否存在；

第五，分别在中期和期末寄发询证函，并使用被审计单位账面记录和其他相关信息核对相关账户的期间变动；

第六，考虑从金融机构获得被审计单位的信用记录，加盖该金融机构公章，并与被审计单位会计记录相核对，以证实是否存在被审计单位没有记录的贷款、担保、开立银行承兑汇票、信用证、保函等事项。根据金融机构的要求，注册会计师获取信用记录时可以考虑由被审计单位人员陪同前往。在该过程中，注册会计师需要注意确认该信用记录没有被篡改。

中国注册会计师协会针对近年来函证可靠性存在的问题，对注册会计师控制函证过程、评估函证结果可靠性提供了进一步指引。指引提示替代程序的局限性；针对函证实务中对回函差异调查处理不到位的问题，提示注册会计师对回函差异进行恰当的调查处理；对信息技术环境下注册会计师实施函证程序的创新方式也提供了细化指导。

（五）重新计算

重新计算是指注册会计师对记录或文件中的数据计算的准确性进行核对。重新计算可通过手工方式或电子方式进行。例如，计算销售发票的金额是否正确、计算存货计价中的加权平均单价、计算折旧费用、计算应纳税额等。注册会计师的计算不一定按被审计单位的计算程序和顺序进行，有时可以逆算或倒轧。

（六）重新执行

重新执行是指注册会计师独立执行原本作为被审计单位内部控制组成部分的程序或控

制。通过重新执行,检查被审计单位内部控制制度是否健全,内部控制运行是否有效。例如,检查从签订销售合同到最终确认销售收入的全过程是否有相关的控制措施,以及这些措施是否得到有效执行。以下案例中广东正中珠江会计师事务所受处罚的其中一条违法事实是,内部控制测试的重新执行程序没有有效实施,未对明显异常或相互矛盾的审计证据保持应有的职业怀疑,未执行进一步审计程序消除疑虑,仍得出"控制活动运行有效且得到执行"的结论。

中国证监会行政处罚决定书(广东正中珠江会计师事务所、杨××、张××、刘×、苏××)

正中珠江出具的康美药业2016年至2018年年度审计报告存在虚假记载,其中2016年年度财务报表审计存在以下违法事实:

内部控制测试程序存在重大缺陷。一是未识别金蝶EAS系统与捷科系统存在的差异,未分析差异产生的原因并判断对财务报表的影响,也未在审计底稿中说明未追溯至捷科系统的理由及证据,获取的审计证据不具有充分性和适当性。二是控制点之一"销售出库单",抽取了49个样本,有5个样本记录的内容与实际会计记账凭证内容不符,正中珠江实际抽样时未核查对应的样本凭证。三是执行"重新执行"程序时,审计计划包括检查随货同行单,抽取的50个样本中,仅4个样本包含有随货同行单,两个样本存在出库单、销售合同签署日期晚于随货同行单(客户签收单)日期的情况;控制点之一"订立销售合同",抽取了58个样本,有35个样本的合同不存在编号且主要合同条款均为空白。正中珠江未对明显异常或相互矛盾的审计证据保持应有的职业怀疑,未执行进一步审计程序消除疑虑。正中珠江对康美药业销售业务内部控制评价结论为"控制活动运行有效且得到执行",该评价没有充分、适当的审计证据支持,评价结论不恰当,不符合《中国注册会计师审计准则第1231号——针对评估的重大错报风险采取的应对措施》第8条的规定。

——摘自中国证券监督管理委员会网站,〔2021〕11号,有改动

(七) 分析程序

中国证券监督管理委员会黑龙江监管局行政处罚决定书(亚太(集团)会计师事务所、潘×、张×)

亚太(集团)会计师事务所(特殊普通合伙)(简称亚太集团)对时任公准肉食品股份有限公司(简称公准股份)2016年年度财务报表审计存在以下违法事实:

未对货币资金异常保持职业怀疑并执行分析程序。公准股份长期存在大额活期银行存款,其中2014年年末资金余额42 847.73万元,占资产总额的84.2%,2015年年末货币资金余额66 148.1万元,占资产总额的87.8%,2016年年末货币资金余额66 821.88万元,占资产

总额的79.34%。大量流动资金闲置,未进行定期存款或购买理财产品,仅获取活期存款利息,也未见需要大额资金的生产经营或者投资计划。亚太集团对此未保持应有的职业怀疑并对其合理性进行分析,不符合《中国注册会计师审计准则第1101号——注册会计师的总体目标和审计工作的基本要求》(2010年修订)第二十八条、《中国注册会计师审计准则第1301号——审计证据》(2010年修订)第十一条、第十五条的规定。

——摘自中国证券监督管理委员会黑龙江监管局网站,〔2022〕2号,有改动

以上案例中,亚太(集团)会计师事务所因未对货币资金异常保持职业怀疑并执行分析程序而受到行政处罚。那么,什么是分析程序?应该如何执行分析程序?

分析程序是指注册会计师通过分析不同财务数据之间以及财务数据与非财务数据之间的内在关系,对财务信息作出评价。分析程序还包括在必要时对识别出的、与其他相关信息不一致或与预期值差异重大的波动或关系进行调查。

通过分析程序获取的证据通常不能作为直接证据,但是获得该类证据是识别风险和发现线索的关键程序。因此,分析程序具有非常广泛的应用性,贯穿审计工作的全过程。实施风险评估程序时,应当运用分析程序,用以识别报表中的异常变化,评估重大错报风险;实施实质性程序时,如果使用分析程序比细节测试能更有效地将认定层次的检查风险降至可以接受的水平时,可以单独或结合细节测试,运用实质性分析程序,但是不必须使用;在审计结束或监控结束时的总体复核时,应当运用分析程序,确定报表整体是否与其对被审计单位的了解一致。

在实施分析程序时,注册会计师需要考虑将被审计单位的财务信息与以下信息进行比较:① 以前期间的可比信息,即纵向的比较信息;② 可比的行业信息,即横向的比较信息;③ 被审计单位的预期结果,如预算或预测等,或注册会计师的预期数据,如折旧的估计值。

第三节 编制审计工作底稿

引例导读

浙江省注册会计师协会关于给予台州中鼎会计师事务所(普通合伙)及注册会计师董×、段×、单×、赵×公开谴责的惩戒决定书

省财政厅、省注册会计师协会组成联合检查组,于2022年9月对台州中鼎会计师事务所(普通合伙)进行了执业质量检查。检查发现存在以下执业质量问题,具体如下:

……(因本书篇幅限制而省略)

四、××村土地整治项目资金拨付和使用情况专项审计项目(台鼎会综字〔2022〕第016号,签字注册会计师:董××、段××)

未执行审计程序,未编制审计底稿,只复印了项目立项文件、结算审核报告、部分凭证、部分发票、项目施工合同等资料,不符合《中国注册会计师审计准则第1131号——审计工作

底稿》第九条和中国注册会计师审计准则第1301号——审计证据第十条的规定。

五、××村2020年度财务收支专项审计项目（台鼎会综字〔2021〕第118号，签字注册会计师：董××、单××）

未执行审计程序，未编制审计底稿，未获取未审财务报表，仅获取了凭证汇总表、凭证查询表，复印了收入、在建工程、往来、管理费用等科目的部分凭证、部分发票，不符合《中国注册会计师审计准则第1131号——审计工作底稿》第九条和《中国注册会计师审计准则第1301号——审计证据》第十条的规定。

六、××电机有限公司股权变动专项审计项目（台鼎会综字〔2021〕第043号，签字注册会计师：董××、赵××）

对2021年3月31日注册资本及实收资本情况发表意见，审计底稿复印了相关验资报告（由其他事务所出具）及部分年审报告（由其他事务所出具）。未编制审计工作底稿，不符合《中国注册会计师审计准则第1131号——审计工作底稿》第十条和《中国注册会计师审计准则第1301号——审计证据》第十条的规定。

根据惩戒办法的相关规定，经浙江省注册会计师协会惩戒委员会决议，决定对台州中鼎会计师事务所（普通合伙）及注册会计师董××、段××、单××、赵××给予"公开谴责"的惩戒。

——摘自浙江省注册会计师协会网站，有改动

根据《中国注册会计师审计准则第1131号——审计工作底稿》的规定，注册会计师执行审计业务，需按要求编制工作底稿，否则要承担相应法律责任。那么，什么是审计工作底稿，审计准则又有哪些规定和要求？

一、审计工作底稿的定义

审计工作底稿是指注册会计师对制订的审计计划、实施的审计程序、获取的相关审计证据，以及得出的审计结论作出的记录。审计工作底稿是审计证据的载体，是注册会计师在审计过程中形成的审计工作记录和获取的资料。审计工作底稿形成于审计过程，反映整个审计过程。

二、审计工作底稿的编制

（一）审计工作底稿的编制目的

审计工作底稿不是可有可无的，审计工作底稿在计划和执行审计工作中发挥着关键作用。它提供了审计工作实际执行情况的记录，是形成审计报告的基础。审计工作底稿还可用于项目质量复核、监督会计师事务所对审计准则的遵循情况以及第三方的检查等。在会计师事务所因执业质量而涉及诉讼或有关监管机构进行执业质量检查时，审计工作底稿能够提供证据，证明会计师事务所是否按照《中国注册会计师审计准则》的规定执行了审计工作。因此，注册会计师应当及时编制审计工作底稿，以实现下列目的：

（1）提供充分、适当的记录，作为出具审计报告的基础；

（2）提供证据，证明注册会计师已按照审计准则和相关法律法规的规定计划和执行了

审计工作。

除上述目的外,编制审计工作底稿还可以实现下列目的:

(1) 有助于项目组计划和执行审计工作;

(2) 有助于负责督导的项目组成员按照《中国注册会计师审计准则第1121号——对财务报表审计实施的质量管理》的规定,履行指导、监督与复核审计工作的责任;

(3) 便于项目组说明其执行审计工作的情况;

(4) 保留对未来审计工作持续产生重大影响的事项的记录;

(5) 便于会计师事务所实施项目质量复核与检查;

(6) 便于监管机构和注册会计师协会根据相关法律法规或其他相关要求,对会计师事务所实施执业质量检查。

(二) 审计工作底稿的编制要求

注册会计师编制的审计工作底稿,应当使未曾接触该项审计工作的有经验的专业人士清楚地了解:

(1) 按照审计准则和相关法律法规的规定实施的审计程序的性质、时间安排和范围;

(2) 实施审计程序的结果和获取的审计证据;

(3) 审计中遇到的重大事项和得出的结论,以及在得出结论时作出的重大职业判断。

有经验的专业人士,是指会计师事务所内部或外部的具有审计实务经验,并且对下列方面有合理了解的人士:

(1) 审计过程;

(2) 审计准则和相关法律法规的规定;

(3) 被审计单位所处的经营环境;

(4) 与被审计单位所处行业相关的会计和审计问题。

(三) 审计工作底稿的编制内容

审计工作底稿可以以纸质、电子或其他介质形式存在。审计工作底稿通常包括总体审计策略、具体审计计划、分析表、问题备忘录、重大事项概要、询证函回函和声明、核对表、有关重大事项的往来函件(包括电子邮件),注册会计师还可以将被审计单位文件记录的摘要或复印件(如重大的或特定的合同和协议)作为审计工作底稿的一部分。

此外,审计工作底稿通常还包括业务约定书、管理建议书、项目组内部或项目组与被审计单位举行的会议记录、与其他人士(如其他注册会计师、律师、专家等)的沟通文件及错报汇总表等。但是,审计工作底稿并不能代替被审计单位的会计记录。

审计工作底稿通常不包括已被取代的审计工作底稿的草稿或财务报表的草稿、反映不全面或初步思考的记录、存在印刷错误或其他错误而作废的文本,以及重复的文件记录等。由于这些草稿、错误的文本或重复的文件记录不直接构成审计结论和审计意见的支持性证据,因此,注册会计师无须保留这些记录。

(四) 审计工作底稿的编制要素

通常,审计工作底稿包括下列全部或部分要素。

1. 审计工作底稿的标题

每张审计工作底稿应当包括被审计单位的名称、审计项目的名称以及资产负债表日或审计工作底稿覆盖的会计期间(如果与交易相关)。

2. 审计过程记录

在记录审计过程时,应当特别注意以下几个重点方面:

(1) 测试的具体项目或事项的识别特征。在记录实施审计程序的性质、时间安排和范围时,注册会计师应当记录测试的具体项目或事项的识别特征。记录具体项目或事项的识别特征可以实现多种目的,例如,既能反映项目组履行职责的情况,也便于对例外事项或不符事项进行调查,以及对测试的项目或事项进行复核。

识别特征是指被测试的项目或事项表现出的征象或标志。例如,在对被审计单位生成的订购单进行细节测试时,注册会计师可以以订购单的日期和其唯一编号作为测试订购单的识别特征。对于需要选取或复核既定总体内一定金额以上的所有项目的审计程序,注册会计师可以记录实施程序的范围并指明该总体。例如,银行存款日记账中一定金额以上的所有会计分录。对于需要系统化抽样的审计程序,注册会计师可能会通过记录样本的来源、抽样的起点及抽样间隔来识别已选取的样本。对于需要询问被审计单位中特定人员的审计程序,注册会计师可能会以询问的时间、被询问人的姓名及职位作为识别特征。对于观察程序,注册会计师可以以观察的对象或观察过程、相关被观察人员及其各自的责任、观察的地点和时间作为识别特征。

(2) 重大事项及相关重大职业判断。注册会计师应当根据具体情况判断某一事项是否属于重大事项。重大事项通常包括:引起特别风险的事项;实施审计程序的结果,该结果表明财务信息可能存在重大错报,或需要修正以前对重大错报风险的评估和针对这些风险拟采取的应对措施;导致注册会计师难以实施必要审计程序的情形;导致出具非无保留意见或者带强调事项段"与持续经营相关的重大不确定性"等段落的审计报告的事项。

有关重大事项的记录可能分散在审计工作底稿的不同部分。将这些分散在审计工作底稿中的有关重大事项的记录汇总在重大事项概要中,注册会计师编制重大事项概要有利于有效地复核和检查审计工作底稿,并评价重大事项的影响。重大事项概要包括审计过程中识别的重大事项及其如何得到解决,或对其他支持性审计工作底稿的交叉索引。

注册会计师在执行审计工作和评价审计结果时运用职业判断的程度,是决定记录重大事项的审计工作底稿的格式、内容和范围的一项重要因素。在审计工作底稿中,对重大职业判断进行记录,能够解释注册会计师得出的结论并提高职业判断的质量。

当涉及重大事项和重大职业判断时,注册会计师需要编制与运用职业判断相关的审计工作底稿。

(3) 针对重大事项,如何处理不一致的情况。如果识别出的信息与针对某重大事项得出的最终结论不一致,注册会计师应当记录如何处理不一致的情况。这些情况包括但不限于注册会计师针对该信息执行的审计程序、项目组成员对某事项的职业判断不同而向专业技术部门的咨询情况,以及项目组成员和被咨询人员不同意见(如项目组与专业技术部门的不同意见)的解决情况。

记录如何处理识别出的信息与针对重大事项得出的结论不一致的情况是非常必要的,它有助于注册会计师关注这些不一致,并对此执行必要的审计程序以恰当地解决这些不一致。但是,对如何解决这些不一致的记录要求并不意味着注册会计师需要保留不正确的或被取代的审计工作底稿。此外,对于职业判断的差异,若初步的判断意见是基于不完整的资料或数据,则注册会计师也无须保留这些初步的判断意见。

3. 审计结论

审计工作的每一部分都应包含与已实施审计程序的结果及其是否实现既定审计目标相关的结论,还应包括审计程序识别出的例外情况和重大事项如何得到解决的结论。注册会计师恰当地记录审计结论非常重要。注册会计师需要根据所实施的审计程序及获取的审计证据得出结论,并以此作为对财务报表发表审计意见的基础。在记录审计结论时需注意,在审计工作底稿中记录的审计程序和审计证据是否足以支持所得出的审计结论。

4. 审计标识及其说明

审计标识被用于与已实施审计程序相关的底稿。每张审计工作底稿都应当包含对已实施程序的性质和范围所作的解释,以支持每一个标识的含义。审计工作底稿中可使用各种审计标识,但应说明其含义,并保持前后一致。

5. 索引号及编号

审计工作底稿需要注明索引号及顺序编号,相关审计工作底稿之间需要保持清晰的勾稽关系。为了汇总及便于交叉索引和复核,每个会计师事务所都会制定特定的审计工作底稿归档流程。每张表或记录都有一个索引号,如A1、D6等,以说明其在审计工作底稿中的放置位置。审计工作底稿中包含的信息通常需要与其他相关审计工作底稿中的相关信息进行交叉索引,利用计算机编制审计工作底稿时,可以采用电子索引和链接,随着审计工作的推进,链接表还可以自动更新。

在实务中,注册会计师可以按照所记录的审计工作的内容层次对审计工作底稿进行编号。例如,固定资产汇总表的编号为C1,按类别列示的固定资产明细表的编号为C1-1,房屋建筑物的编号为C1-1-2,运输工具的编号为C1-1-3,其他设备的编号为C1-1-4。相互引用时,需要在审计工作底稿中交叉注明索引号。

6. 编制者和复核者姓名及执行日期

为了明确责任,在各自完成与特定工作底稿相关的任务后,编制者和复核者应在工作底稿上签名并注明编制日期和复核日期。在记录已实施审计程序的性质、时间安排和范围时,注册会计师应当记录:测试的具体项目或事项的识别特征;审计工作的执行人员及完成审计工作的日期;审计工作的复核人员及复核的日期和范围。在需要项目质量复核的情况下,还需要注明项目质量复核人员及复核的日期。

通常,需要在每一张审计工作底稿上注明执行审计工作的人员和复核人员、完成该项审计工作的日期以及完成复核的日期。在实务中,如果若干页的审计工作底稿记录同一性质的具体审计程序或事项,并且编制在同一个索引号中,此时可以仅在审计工作底稿的第一页上记录审计工作的执行人员和复核人员并注明日期。

三、审计工作底稿的归档

课堂案例

北京市财政局关于北京颂石会计师事务所(普通合伙)行政处罚决定书

根据《中华人民共和国注册会计师法》的规定,北京市财政局派出检查组对北京颂石会计师事务所(普通合伙)2019年1月至2020年6月执业质量情况实施了检查。查出的主要问题和行政处罚决定如下:

经查,你所2019年600份年审报告无工作底稿,184份专项报告仅有审计报告无工作底稿;2020年211份年审报告无工作底稿,17份专项报告仅有审计报告无工作底稿,在未履行必要的审计程序,未获取充分适当的审计证据的情况下出具审计报告且情节严重。上述违法事实,有检查报告、检查工作底稿、询问笔录等相关证据予以证实。

上述行为违反《中华人民共和国注册会计师法》第二十一条第一款以及第三十一条、《会计师事务所执业许可和监督管理办法》第六十条第一项、《中国注册会计师审计准则第1231号——针对评估的重大错报风险采取的应对措施》第十八条、《中国注册会计师审计准则第1301号——审计证据》第十条等规定。

我局于2022年5月31日在北京市财政局官网向你所公告送达了《北京市财政局行政处罚听证告知书》,告知你所享有陈述、申辩、申请听证的权利,在法定期间内,你所未提出陈述、申辩意见和听证申请。

根据《中华人民共和国注册会计师法》第三十九条第一款及《会计师事务所执业许可和监督管理办法》第六十七条第一款的规定,我局于2022年8月25日决定给予你所吊销会计师事务所执业许可的行政处罚。

如不服本处罚决定,可以在接到本决定书之日起60日内,依法向北京市人民政府申请行政复议;或者在接到本决定书之日起15日内,依法向北京市通州区人民法院提起行政诉讼。逾期不申请行政复议或者不向人民法院提起行政诉讼又不履行行政处罚决定的,本机关将依法申请人民法院强制执行。

除法律另有规定外,行政复议和行政诉讼期间,行政处罚不停止执行。

——摘自北京市财政局网站,京财监督〔2022〕1933号,有改动

《会计师事务所质量管理准则第5101号——业务质量管理》和《中国注册会计师审计准则第1131号——审计工作底稿》对审计工作底稿的归档作出了具体规定,涉及归档工作的性质和期限、审计工作底稿保管期限等方面。财政部、国家档案局以财会〔2016〕1号印发的《会计师事务所审计档案管理办法》对会计师事务所审计档案管理进行了要求。

(一)审计工作底稿归档工作的性质

在审计报告日或审计报告日后将审计工作底稿归整为最终审计档案是一项事务性的工作,不涉及新的审计程序或得出新的结论。

在归档期间,注册会计师可以对审计工作底稿进行以下事务性的变动:删除或废弃被取代的审计工作底稿;对审计工作底稿进行分类、整理和交叉索引;对审计档案归整工作的完成核对表签字认可;记录在审计报告日前获取的、与项目组相关成员进行讨论并达成一致意见的审计证据。

(二) 审计档案的结构

对每项具体审计业务,注册会计师应当将审计工作底稿归整为审计档案。表4-2是典型的审计档案结构举例。

表4-2 审计档案结构举例

序号	审计工作底稿类型	具体审计档案
1	审计计划阶段工作底稿	1. 总体审计策略和具体审计计划; 2. 对内部审计职能的评价; 3. 对外部专家的评价; 4. 对服务机构的评价; 5. 被审计单位提交资料清单; 6. 集团注册会计师的指示; 7. 前期审计报告和经审计的财务报表; 8. 预备会会议纪要
2	进一步审计程序工作底稿	1. 有关控制测试工作底稿; 2. 有关实质性程序工作底稿(包括实质性分析程序和细节测试)
3	审计完成阶段工作底稿	1. 审计工作完成情况核对表; 2. 管理层声明书原件; 3. 重大事项概要; 4. 错报汇总表; 5. 被审计单位财务报表和试算平衡表; 6. 有关列报的工作底稿(如现金流量表、关联方和关联交易的披露等); 7. 财务报表所属期间的董事会会议纪要; 8. 总结会会议纪要
4	沟通和报告相关工作底稿	1. 审计报告和经审计的财务报表; 2. 与主审注册会计师的沟通和报告; 3. 与治理层的沟通和报告; 4. 与管理层的沟通和报告; 5. 管理建议书
5	特定项目审计程序表	1. 舞弊; 2. 持续经营; 3. 对法律法规的考虑; 4. 关联方

(三) 审计工作底稿归档的期限

会计师事务所应当制定有关及时完成最终业务档案归整工作的政策和程序。审计工作底稿的归档期限为审计报告日后60天内。如果注册会计师未能完成审计业务,审计工作底稿的归档期限为审计业务中止后的60天内。

如果针对客户的同一财务信息执行不同的委托业务,出具两个或多个不同的报告,会计师事务所应当将其视为不同的业务,根据会计师事务所内部制定的政策和程序,在规定的归档期限内分别将审计工作底稿归整为最终审计档案。

(四) 审计工作底稿归档后的变动

 课堂案例

中国证监会行政处罚决定书(堂堂所、吴××、刘××、刘××)

深圳堂堂会计师事务所在对*ST新亿2018、2019年财务报表审计中修改、删除审计底稿的违法事实:

针对*ST新亿贸易收入问题,负责收入科目审计的项目组成员在第一次现场审计时对*ST新亿子公司亿源汇金2019年的贸易收入存疑,认为未获取充分适当的审计证据,不认可其收入确认,并记录于底稿中。签字会计师刘润斌出报告前没有关注,在整理底稿时才发现,为掩盖审计中发现的问题,修改了底稿,并要求公司补充提供合同和结算单(2018年的结算单未提供)。审计底稿中存在多处审计说明和审计结论相互矛盾,如2019年应付账款替代测试表底稿中记录审计说明:"已检查合同、发票、结算单,未发现异常;对期初余额进行检查未发现异常,详见2018-FD2-5-1",审计结论:"由于未获取充分适当的审计证据,无法证实应付账款的真实、准确";2018年应付账款替代测试表底稿中记录审计说明:"已检查合同、发票、结算单,未发现异常;对期初余额进行检查未发现异常,详见2018-FD3-1-2",审计结论:"由于未获取充分适当的审计证据,无法证实应付账款的真实、准确"。上述问题表明堂堂所在期后整理底稿时,修改部分底稿,未来得及全面删改底稿。

——摘自中国证券监督管理委员会网站,〔2022〕6号,有改动

注册会计师不得随意修改、删除审计工作底稿,否则违反准则规定,需承担相应法律责任。注册会计师发现有必要修改现有审计工作底稿或增加新的审计工作底稿的情形主要有:一是注册会计师已实施了必要的审计程序,取得了充分、适当的审计证据并得出了恰当的审计结论,但是审计工作底稿的记录不够充分。二是审计报告日后,发现例外情况要求注册会计师实施新的或追加审计程序,或导致注册会计师得出新的结论。例外情况主要是指审计报告日后发现与已审计财务信息相关,且在审计报告日已经存在的事实,该事实如果被注册会计师在审计报告日前获知,可能影响审计报告。例如,注册会计师在审计报告日后才获知法院在审计报告日前已对被审计单位的诉讼、索赔事项作出最终判决结果。例外情况可能在审计报告日后发现,也可能在财务报表报出日后发现,注册会计师应当按照《中国注册会计师审计准则第1332号——期后事项》有关"财务报表报出后发现的事实"的相关规定,对例外事项实施新的或追加的审计程序。

在完成最终审计档案的归整工作后,如果发现有必要修改现有审计工作底稿或增加新的审计工作底稿,无论修改或增加的性质如何,注册会计师均应当记录修改或增加审计工作底稿的理由、时间和人员,以及复核的时间和人员。

四、审计工作底稿的保存期限

会计师事务所应当自审计报告日起,对审计工作底稿至少保存10年。如果注册会计师未能完成审计业务,会计师事务所应当自审计业务中止日起,对审计工作底稿至少保存10年。

在完成最终审计档案的归整工作后,注册会计师不应在规定的保存期届满前删除或废弃任何性质的审计工作底稿。

本章小结

审计重要性作为一个非常关键的概念贯穿审计的整个过程,包括计划审计工作中确定的重要性和实际执行的重要性。在计划审计工作中,财务报表整体的重要性是必须确定的,而特定类别交易、账户余额或披露的重要性是根据需要判断是否有必要确定。在审计计划、审计执行以及审计结果评价阶段都会用到重要性的概念。注册会计师应当从定量和定性两个方面确定重要性。

审计证据是指注册会计师为了得出审计结论和形成审计意见而使用的信息,包括构成财务报表基础的会计记录所含有的信息和从其他来源获取的信息。审计证据具有充分性和适当性两个特征,可以通过检查、询问、观察、函证、重新计算、重新执行、分析程序等审计程序来获取审计证据。

审计工作底稿是指审计人员对制订的审计计划、实施的审计程序、获取的审计证据以及得出的审计结论做出的记录。它是审计证据的载体,是审计人员形成审计结论、发表审计意见的直接依据。注册会计师应当在审计报告日或审计工作终止后60日内将审计工作底稿归档,并至少保存10年。

复习思考题

1. 什么是审计重要性?如何判断审计重要性?
2. 在审计目标实现的各个阶段,分别如何运用审计重要性?
3. 获得审计证据有哪些类型的审计程序?
4. 函证的对象、范围分别是什么?实施函证时需要关注哪些舞弊风险迹象?
5. 存货监盘中应该注意什么?
6. 分析程序在哪些程序中使用?
7. 审计工作底稿是什么?包括哪些要素?

课后习题

知识图谱

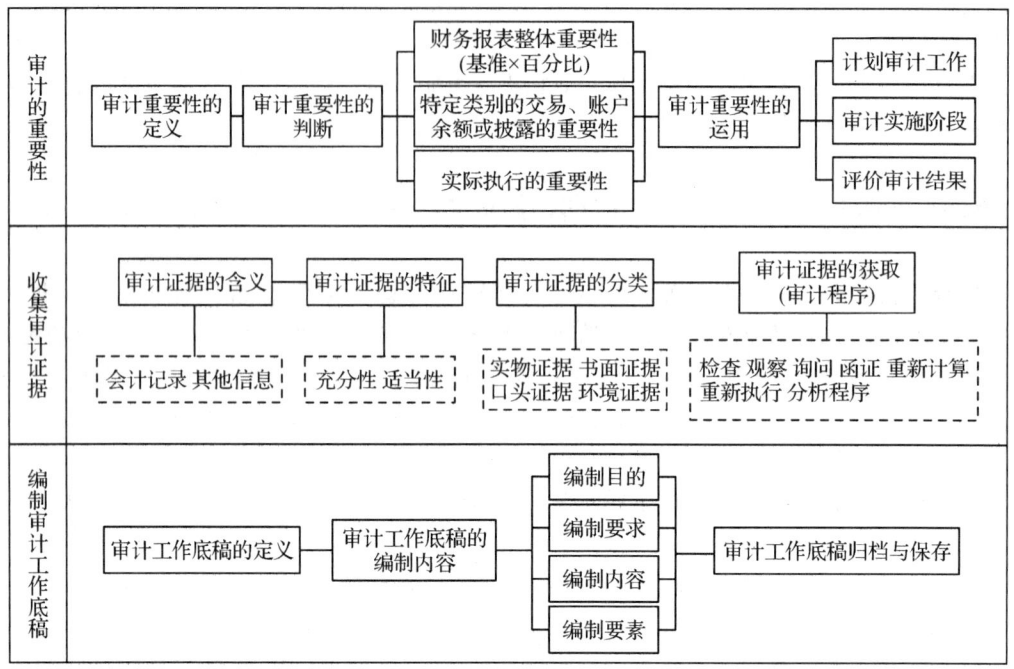

第二篇 执行篇

第五章 明确审计目标

 学习目标

- 了解审计目标的含义与影响因素；
- 掌握审计总目标；
- 掌握审计具体目标，掌握各类交易、事项及相关披露的认定。

拓展阅读

 学习重点

- 我国注册会计师审计的总体目标；
- 审计具体目标；
- 管理层认定。

 思政要求

- 培养使命责任与担当意识，牢记目标，了然于胸；
- 习近平总书记的"不忘初心、牢记使命"教诲贯穿实务始终。

 引例导读

中国证监会行政处罚决定书（万隆所、卫××等4名责任人员）

经查明，万隆所在对金荔科技2006年年度报告审计过程中未勤勉尽责，未按照中国注册会计师执业准则规定的程序审计，未对所依据文件资料内容的真实性、准确性、完整性进行核查和验证，出具了含有虚假内容的审计报告。其中违法事实如下：

万隆所以"避免公司退市"作为审计目的，偏离了财务报表审计目标，不符合《中国注册会计师审计准则第1101号——财务报表审计的目标和一般原则》第四条和第六条的规定。

——摘自中国证券监督管理委员会网站，〔2009〕52号，有改动

上述引例导读中的会计师事务所偏离了财务报表审计目标，不符合相关审计准则。那么，什么是审计目标？审计目标应如何确定？本节将对此进行详细介绍。

第一节 审计目标概述

一、审计目标的含义

审计目标是指在一定历史环境下,审计主体通过审计实践活动所期望达到的境地或者最终结果,它体现了审计的基本职能是构成审计理论的基石,是整个审计系统运行的定向机制,是审计工作的出发点和落脚点。

二、审计目标的演进

审计目标是随着社会经济环境的改变而改变的,即随着审计的发展而发展的。以民间审计发展为例,它从形成到发展经历了会计账项审计、资产负债表审计和财务报表审计阶段,审计目标也相应地经历了这三个发展阶段。审计目标的具体演进如表5-1所示。

表5-1 审计目标发展演进

阶 段	时 间	审计目标	审计方法
会计账项审计	1844年至20世纪初	查错防弊	详细审计
资产负债表审计	20世纪初至20世纪30年代	判断企业信用状况	转向抽查审计
财务报表审计	20世纪30年代至今	鉴证财务报表的可信性	扩大到测试相关的内部控制,并广泛采用抽样审计;计算机辅助审计技术方法采用;风险导向得到推广

第二节 总体目标

一、现阶段我国注册会计师的总体目标

《中国注册会计师审计准则第1101号——注册会计师的总体目标和审计工作的基本要求》第四章明确,现阶段我国注册会计师在执行财务报表审计工作时,总体目标是:

(1)对财务报表整体是否不存在由于舞弊或错误导致的重大错报获取合理保证,使得注册会计师能够对财务报表是否在所有重大方面按照适用的财务报告编制基础编制发表审计意见;

(2)按照审计准则的规定,根据审计结果对财务报表出具审计报告,并与管理层和治理层沟通。

在任何情况下,如果不能获取合理保证,并且在审计报告中发表保留意见也不足以实现向财务报表预期使用者报告的目的,注册会计师应当按照审计准则的规定出具无法表示意见的审计报告,或者在法律法规允许的情况下终止审计业务或解除业务约定。

二、相关概念

要理解注册会计师的总体目标需掌握以下几个核心概念。

(一) 财务报表

财务报表,是指依据某一财务报告编制基础对被审计单位历史财务信息作出的结构性表述。财务报表通常是指整套财务报表,有时也指单一财务报表。整套财务报表的构成应当根据适用的财务报告编制基础的规定确定。适用的财务报告编制基础,是指法律法规要求采用的财务报告编制基础,或者管理层和治理层(如适用)在编制财务报表时,就被审计单位性质和财务报表目标而言,采用的可接受的财务报告编制基础。

财务报告编制基础分为通用目的编制基础和特殊目的编制基础。通用目的编制基础,是指旨在满足广大财务报表使用者共同的财务信息需求的财务报告编制基础,通常是指会计准则和会计制度;特殊目的编制基础,是指旨在满足财务报表特定使用者对财务信息需求的财务报告编制基础,包括计税核算基础、监管机构的报告要求和合同的约定等。

(二) 管理层与治理层

财务报表是由被审计单位管理层在治理层的监督下编制的。管理层和治理层(如适用)认可并理解与财务报表相关的责任,是注册会计师执行审计工作的前提,构成注册会计师按照审计准则的规定执行审计工作的基础。财务报表审计并不减轻管理层或治理层的责任。

管理层,是指对被审计单位经营活动的执行负有经营管理责任的人员。在某些被审计单位,管理层包括部分或全部的治理层成员,如治理层中负有经营管理责任的人员,或参与日常经营管理的业主(简称业主兼经理)。

治理层,是指对被审计单位战略方向以及管理层履行经营管理责任负有监督责任的人员或组织。治理层的责任包括监督财务报告过程。在某些被审计单位,治理层可能包括管理层,如治理层中负有经营管理责任的人员,或业主兼经理。

(三) 错报

错报,是指某一财务报表项目的金额、分类或列报,与按照适用的财务报告编制基础应当列示的金额、分类或列报之间存在的差异。错报可能是由于错误或舞弊导致的。为了帮助注册会计师评价审计过程中累积的错报的影响以及与管理层和治理层沟通错报事项,可将错报区分为以下几类:① 事实错报,即毋庸置疑的错报;② 判断错报,注册会计师认为管理层对财务报表中的确认、计量和列报(包括对会计政策的选择或运用)作出不合理或不恰当的判断导致的差异;③ 推断错报,是注册会计师对总体存在的错报作出的最佳估计数,涉及根据在审计样本中识别出的错报来推断总体的错报。

注册会计师针对财务报表整体发表审计意见,因此没有责任发现对财务报表整体影响并不重大的错报。换言之,在计划和执行审计工作,以及评价识别出的错报对审计的影响和未更正的错报(如有)对财务报表的影响时,注册会计师应当运用重要性概念——如果合理预期某一错报(包括漏报)单独或连同其他错报可能影响财务报表使用者依据财务报表作出的经济决策,则该项错报通常被认为是重大的。在评价错报的过程中,应特别注意以下内容:

第一,错报可能不会孤立发生,一项错报的发生还可能表明存在其他错报。比如,在大量财务造假案例中,虚增营业收入和虚增营业成本是同时存在的,因为这样可避免因造假导致毛利率异常变化。

第二,应当累积在审计过程中识别出的错报,除非错报明显微小。"明显微小"不等同于"不重大"。这些明显微小的错报,无论单独或者汇总起来,从规模、性质或其发生的环境来看都是明显微不足道的。如果不确定一个或多个错报是否明显微小,就不能认为这些错报是明显微小的;如果从性质或其发生的环境来看,某项与金额相关的错报可能不是明显微小的,则需要对其进行累积。

(四) 合理保证

合理保证,是指注册会计师在财务报表审计中提供的一种高度但非绝对的保证。当注册会计师获取充分、适当的审计证据将审计风险降至可接受的低水平时,就获取了合理保证。由于审计存在固有限制,注册会计师据以得出结论和形成审计意见的大多数审计证据是说服性而非结论性的。因此,审计只能提供合理保证,不能提供绝对保证。

(五) 按照审计准则的规定

除非存在下列情况之一,否则注册会计师应当遵守审计准则的所有要求:① 某项审计准则的全部内容与具体审计工作不相关;② 由于审计准则的某项要求存在适用条件,而该条件并不存在,导致该项要求不适用。

在极其特殊的情况下,注册会计师可能认为有必要偏离某项审计准则的相关要求;只有在情况②下,注册会计师才能偏离该项要求。在该情况下,注册会计师应当实施替代审计程序以实现相关要求的目的。如果不能实现相关审计准则规定的目标,注册会计师应当评价这是否使其不能实现总体目标。如果不能实现总体目标,注册会计师应当按照审计准则的规定出具非无保留意见的审计报告,或者在法律法规允许的情况下解除业务约定。

(六) 职业判断

职业判断,是指在审计准则、财务报告编制基础和职业道德要求的框架下,注册会计师综合运用相关知识、技能和经验,作出适合审计业务具体情况、有根据的行动决策。在为实现审计目标而开展审计工作的全过程中,注册会计师的职业判断是必不可少的。职业判断对于作出下列决策尤为必要:① 确定重要性和评估审计风险;② 为满足审计准则的要求和收集审计证据的需要,确定所需实施的审计程序的性质、时间安排和范围;③ 为实现审计准则规定的目标和注册会计师的总体目标,评价是否已获取充分、适当的审计证据以及是否还需执行更多的工作;④ 评价管理层在应用适用的财务报告编制基础时作出的判断;⑤ 根据已获取的审计证据得出结论,如评估管理层在编制财务报表时作出的估计的合理性。

评价职业判断是否适当可以基于下列两个方面:① 作出的判断是否反映了对审计和会计原则的适当运用;② 根据截至审计报告日注册会计师知悉的事实和情况,作出的判断是否适当,是否与这些事实和情况相一致。

注册会计师需要对在整个审计过程中所运用的职业判断作出适当记录,使未曾接触该项审计工作的有经验的专业人士了解在对重大事项得出结论时作出的重大职业判断。如果有关决策不被该业务的具体事实和情况所支持或者缺乏充分、适当的审计证据,职业判断并不能成为作出决策的正当理由。

三、注册会计师目标的逻辑过程

注册会计师的总体目标是审计工作的起点。为了计划审计工作,收集充分、适当的审计证据,注册会计师有必要将总体目标具体化。总体目标的具体化是一个系统的过程,从逻辑上讲,至少包括以下步骤(见图 5-1):① 明确注册会计师在财务报表审计中的总体目标;② 明确被审计单位管理层及治理层和注册会计师对财务报表的责任;③ 将财务报表所涉及的交易与账户划分为若干交易循环;④ 明确管理层关于交易类别、账户余额和披露的认定;⑤ 确定交易类别、账户余额和披露的具体审计目标;⑥ 确定交易类别、账户余额和披露的审计程序。

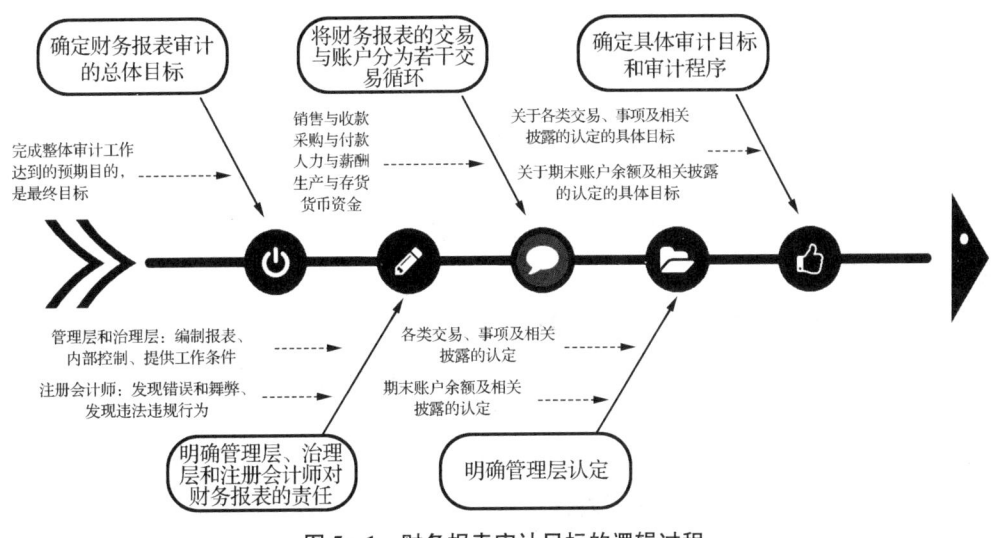

图 5-1 财务报表审计目标的逻辑过程

第三节 具体目标

一、管理层认定

认定是一种主张、一种意思表达。当声明财务报表按照适用的财务报告编制基础编制并在所有重大方面实现公允反映时,就意味着管理层对各类交易和事项、账户余额以及披露的确认、计量和列报作出明确或隐含的认定。换言之,管理层声明"保真"后的财务报表就具体化为了一个个具体的认定。因此,具体审计目标可概括为对具体认定执行审计以判断其是否恰当。

(一)关于各类交易、事项及相关披露的认定

1. 发生

认定含义:记录或披露的交易和事项已发生,且这些交易和事项与被审计单位有关。

2. 完整性

认定含义:所有应当记录的交易和事项均已经记录,所有应当包括在财务报表中的相关披露均已经包括。

3. 准确性

认定含义:与交易和事项有关的金额及其他数据已恰当记录,相关披露已得到恰当的计量和描述。

4. 截止

认定含义:交易和事项已记录于正确的会计期间。

5. 分类

认定含义:交易和事项已记录于恰当的账户。

6. 列报

认定含义:交易和事项已被恰当地汇总或分解且表述清楚,相关披露在适用的财务报告编制基础下是相关的、可理解的。

(二)关于期末账户余额及相关披露的认定

关于期末账户余额及相关披露的认定反映的是企业截至特定时点的账户余额信息,通常对应资产负债表账户。该认定分为以下六个具体认定。

1. 存在

认定含义:记录的资产、负债和所有者权益是存在的。

2. 权利和义务

认定含义:记录的资产由被审计单位拥有或控制,记录的负债是被审计单位应当履行的偿还义务。

3. 完整性

认定含义:所有应当记录的资产、负债和所有者权益均已记录,所有应当包括在财务报表中的相关披露均已包括。

4. 分类

认定含义:资产、负债和所有者权益已记录于恰当的账户。

5. 准确性、计价和分摊

认定含义:资产、负债和所有者权益以恰当的金额包括在财务报表中,与之相关的计价或分摊调整已恰当记录,相关披露已得到恰当计量和描述。

6. 列报

认定含义:资产、负债和所有者权益已被恰当地汇总或分解且表述清楚,相关披露在适

用的财务报告编制基础下是相关的、可理解的。

二、项目审计目标

(一) 关于各类交易、事项及相关披露认定的具体审计目标

1. 发生

审计目标：确认已记录的交易是真实发生的。违反该目标将导致"虚增、高估或多计"问题。例如，没有发生销售交易，却在销售明细账中记录了一笔销售，就违反了该目标。

2. 完整性

审计目标：确认所有已发生的交易和事项都已记录。违反该目标将导致"相关披露未包括""减、漏记或少计"问题。例如，发生了一笔销售交易，却没有在销售明细账和总账中记录与反映这笔交易，就违反了该目标。

3. 准确性

审计目标：确认已记录的交易是按正确金额反映的。违反该目标将导致"金额"问题。例如，在销售交易中，开账单时使用了错误的销售价格、账单中的乘积或加总有误、在销售明细账中记录了错误的金额，都违反了该目标。

4. 截止

审计目标：确认接近资产负债表日的交易记录于恰当的期间。违反该目标将导致"提前确认或延迟确认"问题。例如，将在本期销售但将于下期收到款项的一笔业务收入确认为下期的销售收入，就违反了这一目标。因此，审计人员必须对各交易事项的入账时间进行截止测试，确定被审计单位在会计上记录和确认交易事项的时间是恰当的。

5. 分类

审计目标：确认被审计单位记录的交易经过适当分类。违反该目标将导致"账户不当"问题。例如，将出售经营性固定资产所得的收入记录为营业收入，就违反了这一目标。

6. 列报

审计目标：确认被审计单位的交易和事项已被恰当地汇总或分解且表述清楚，相关披露在适用的财务报告编制基础下是相关的、可理解的。这是一个综合性、整体性的目标。例如，利润表在所有重大方面按照适用的财务报告编制基础编制且公允反映了年度的经营成果，则符合该审计目标的要求。

(二) 关于期末账户余额及相关披露认定的具体审计目标

1. 存在

审计目标：确认资产负债表上表述的各项资产、负债和权益账户的余额在资产负债表日存在。违反该目标将导致"虚增、高估或多计"问题。例如，在应收账款的期末余额中存在某客户的应收账款，但实际上该款项早已结清，就违反了这一目标。

2. 权利和义务

审计目标：确认资产属于被审计单位的权利，负债属于被审计单位的义务。例如，将不

属于被审计单位的资产记入账内,就违反了权利目标;而将不属于被审计单位的负债记入账内,就违反了义务目标。又如,将客户寄存在公司的商品记入本公司的存货账户,就违反了这一目标。因此,对于被审计单位的资产和负债项目,审计人员除了要检查其存在性外,还必须确定被审计单位对这些资产和负债所拥有的权利与义务。

3. 完整性

审计目标:确认所有应当列入的金额是否均已列入。违反该目标将导致"虚减、漏记或少计"问题。例如,存在对某客户的应付账款,但在应付账款明细表中没有记录对该客户的应付账款,就违反了这一目标。

4. 分类

审计目标:确认资产、负债和所有者权益已记录于恰当的账户。例如,将看守鱼塘的狗记为公司的固定资产,就违反了这一目标。

5. 准确性、计价和分摊

审计目标:确认资产、负债和所有者权益以恰当的金额包括在财务报表中,与之相关的计价或分摊调整已恰当记录。违反该认定将导致初始计量(如固定资产的初始入账价值)、后续计量(如资产减值、折旧与摊销)存在问题。例如,公司的商誉已有明显迹象表明发生了减值,但仍以商誉的初始账面价值反映,就违反了这一目标。

6. 列报

审计目标:确认资产、负债和所有者权益已被恰当地汇总或分解且表述清楚,相关披露在适用的财务报告编制基础下是相关的、可理解的。这是一个综合性、整体性的目标。例如,资产负债表在所有重大方面按照适用的财务报告编制基础编制且公允反映了截至财年截止日的财务状况,则符合该审计目标的要求。

本章小结

审计目标分为总体目标和具体目标。总体目标指注册会计师为完成整体审计工作而达到的预期目的,是最终目标。注册会计师财务报表审计的总体目标是对财务报表整体是否不存在由于舞弊或错误导致的重大错报获取合理保证,使得注册会计师能够对财务报表是否在所有重大方面按照适用的财务报告编制基础编制发表审计意见;具体目标指注册会计师通过实施审计程序以确定管理层在财务报表中确认的各类交易、事项、账户余额、披露层次认定是否恰当,是行动目标。

复习思考题

1. 审计的总体目标是什么?
2. 审计的具体目标是什么?
3. 什么是管理层认定?有哪些具体认定?

课后习题

知识图谱

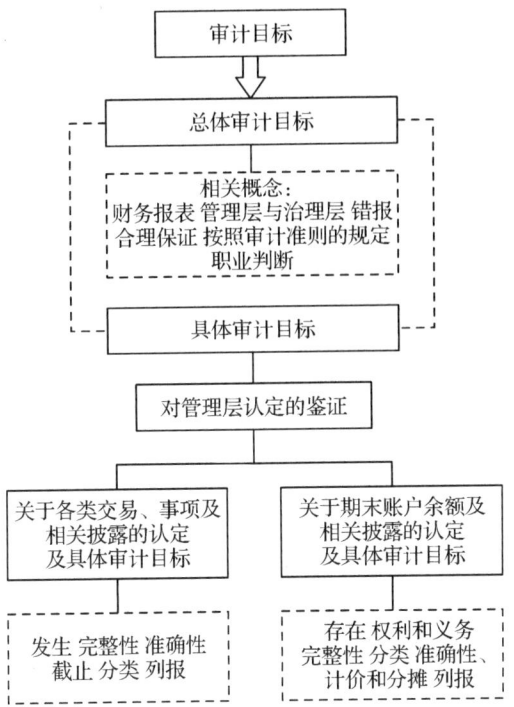

第六章 制订审计计划

 学习目标

- 了解初步业务活动的目标和内容；
- 了解审计业务约定书的内容；
- 掌握初步业务活动应考虑的因素；
- 掌握总体审计策略的内容；
- 掌握具体审计计划的内容。

拓展阅读

 学习重点

- 总体审计策略与具体审计计划之间的关系；
- 审计业务约定书中双方权利和责任；
- 审计计划中与治理层沟通事项。

 思政要求

- 规划和计划，既要有全局、系统高度，又要涵盖全面、细致，既要有战略定义，又要有计划灵活性；
- 好的计划是成功的开始，计划又是一个持续的、不断修正的过程，计划贯穿工作始终；
- 行业规划要符合国家战略，行业目标要适应国家规划。

 引例导读 1

中国证监会行政处罚决定书(北京兴华会计师事务所、韩××、姜××)

北京兴华会计师事务所(特殊普通合伙)(简称北京兴华)为某控股公司申请证券公司新增 5% 以上股东资格提供审计服务过程中未勤勉尽责，部分违法事实如下：某控股公司 2013 年度营业收入合计 9.49 亿元，北京兴华未能在审计中发现其中 8.92 亿元收入为虚假收入。经查，北京兴华对该控股公司 2013 年度营业收入科目审计程序不到位。审计开展前制定的总体审计策略对该控股公司可能存在较高重大错报风险的领域未予以关注和分析，审计策略中无相关记录。

——摘自中国证券监督管理委员会网站,〔2021〕80 号, 有改动在引例导读1中,北京兴华会计师事务所因未勤勉尽责受到处罚,在审计开展前制定的总体审计策略,未对相关重大错报风险领域予以关注和分析,在审计策略中也无相关记录。

根据审计准则要求,注册会计师审计开展前,要在计划审计工作时保持职业怀疑,认识到可能存在导致财务报表发生重大错报的情形,制定总体审计策略,对可能存在较高重大错报风险的领域予以关注和分析,否则会受到行政处罚;在实施审计工作时需要按照计划执行,否则可能造成审计失败,要承担法律责任。在引例导读2中,众华所连续3年未对总体审计策略审计工作底稿中计划的可能存在重大错报风险的领域采取恰当的应对措施,也未对未执行计划的原因予以说明,结果受到了行政处罚。

 引例导读2

中国证监会行政处罚决定书(众华所、李××、周×)

众华会计师事务所(特殊普通合伙)(简称众华所),为上海富控互动娱乐股份有限公司(简称富控互动)2013年至2015年年度财务报表审计机构。富控互动2013年年度报告虚增利润2 767.63万元,2014年年度报告虚增利润1.09亿元,2015年年度报告虚增利润1.4亿元。众华所为富控互动2013年至2015年年度财务报表提供审计服务,并连续3年出具了标准无保留意见的审计报告。众华所出具的前述审计报告存在虚假记载。部分违法事实如下:

未按总体审计策略的要求对专利使用费收入等实施内部控制审计程序

众华所在2013年度总体审计策略审计工作底稿中,对可能存在重大错报风险的领域描述为高估收入,低估成本。拟采取的应对措施为加大控制测试量,关注与上期和同行业数据比较等,而在销售与收款循环审计程序中,众华所未按照总体审计策略的要求,对中技桩业的专利使用费收入实施了解内部控制及控制测试程序。

2014年度总体审计策略审计工作底稿中,众华所对可能存在重大错报风险的领域描述为高估收入,低估成本。拟采取的应对措施为加大控制测试量,关注与上期和同行业数据比较等,而在销售与收款循环审计程序中,众华所未按照总体审计策略的要求,对中技桩业的专利使用费、技术服务费收入实施了解内部控制及控制测试程序。

2015年度总体审计策略审计工作底稿中,对可能存在重大错报风险的领域描述为高估收入,低估成本。拟采取的应对措施为加大控制测试量,关注与上期和同行业数据比较等,而在销售与收款循环审计程序中,众华所未按照总体审计策略的要求,对中技桩业的专利使用费、技术服务费、商标使用费收入实施了解内部控制及控制测试程序。

根据当事人违法行为的事实、性质、情节与社会危害程度,依据2005年《证券法》第二百二十三条的规定,我会决定:

一、责令众华会计师事务所(特殊普通合伙)改正,没收众华会计师事务所(特殊普通合伙)业务收入3 962 264.14元,并处以3 962 264.14元罚款;

二、对李××、周×给予警告,并分别处以6万元的罚款。

——摘自中国证券监督管理委员会网站,〔2022〕21号,有改动计划审计工作对于注册会计师顺利完成审计工作和控制审计风险具有非常重要的意义。合理的审计计划有助于注册会计师关注重点审计领域、及时发现和解决潜在问题并恰当地组织和管理审计工作,以使审计工作更加有效。同时,充分的审计计划可以帮助注册会计师对项目组成员进行恰当分工和指导监督,并复核其工作,还有助于协调其他注册会计师和专家的工作。计划审计工作是一项持续的过程,注册会计师通常在前一期审计工作结束后即开始开展本期的审计计划工作,直到本期审计工作结束为止。

第一节 接受业务委托

初步业务活动是审计计划的一部分,因为从有意向承接客户的审计委托之时起注册会计师就要考虑将要开展哪些活动以评估最终是否接受该项业务委托并签订业务约定书。在签订业务约定书后,注册会计师开始计划审计工作。因此,开展初步业务活动,有助于注册会计师从源头上识别和评价可能对在项目层面管理和实现业务的高质量产生负面影响的事项或情况,并有助于其在计划审计工作时达到下列要求:① 具备执行业务所需的独立性和专业胜任能力;② 不存在因管理层诚信问题而可能影响注册会计师保持该项业务的意愿的事项;③ 与被审计单位之间不存在对业务约定条款的误解。

一、客户关系和审计业务的接受与保持

针对客户关系和审计业务的接受与保持,实施相应的程序,注册会计师应当确定会计师事务所就客户关系和审计业务的接受与保持制定的政策和程序已得到遵守,并且得出的相关结论是适当的。

(一) 应获取和评估的相关信息

注册会计师应实施相应的程序以获取和评估以下相关信息。其中,前两点是关于客户的信息,后两点是关于会计师事务所和注册会计师自身的信息。前者重点关注客户的审计风险和审计条件,后者聚焦会计师事务所和注册会计师承接审计业务的胜任能力和独立性。

(1) 了解业务环境以确定是否满足拟承接业务的基本特征。在接受委托前,注册会计师应当初步了解业务环境,包括业务约定事项、审计对象特征、使用的标准、预期使用者的需求、责任方及其环境的相关特征,以及可能对审计业务产生重大影响的事项、交易、条件和惯例等其他事项。在初步了解业务环境后,只有认定符合独立性和专业胜任能力等相关职业道德规范的要求,并且拟承接的业务具备规定的特征,注册会计师才能将其作为鉴证业务予以承接。

(2) 了解客户(包括客户的管理层和治理层)的诚信和道德价值观。客户的诚信和道德价值观直接影响财务报表舞弊或存在重大错报的可能性、管理层和治理层声明的可靠性以及为审计工作提供必要支持的承诺可信性。针对客户的诚信和道德价值观,可考虑的事项主要包括:① 客户主要股东、关键管理人员及治理层的身份和商业信誉;② 客户的经营性质,包括其业务;③ 有关客户主要股东、关键管理人员及治理层对内部控制环境和会计准则等的态度的信息;④ 客户是否过分考虑将会计师事务所的收费维持在尽可能低的水平;

⑤工作范围受到不适当限制的迹象;⑥客户可能涉嫌洗钱或其他刑事犯罪活动的迹象;⑦变更会计师事务所的理由;⑧关联方的名称、特征和商业信誉。

(3) 评价项目组是否具有执行审计业务的专业胜任能力以及必要的时间和资源。在接受委托前,注册会计师应当评估其执行审计业务的能力,由此确定审计小组的关键成员并考虑在审计过程中是否需要借助外部专家的协助。如果审计项目组不具备或不能获得执行业务必需的胜任能力,注册会计师应当考虑是否可通过分派充足的具有胜任能力的员工和(或)必要时利用专家的工作(比如,获得计算机专业技术人员以及熟悉法律、工程等方面的专家的协助)来缓解或消除胜任能力不足的情形。如果计划利用专家工作,审计人员应当对专家的专业胜任能力和独立性进行评价。除此之外,会计师事务所还应当考虑其是否有足够的时间和资源完成该客户所委托的业务。如果会计师事务所并不具备足够的时间和资源,则不应当贸然接受业务委托。

(4) 评估会计师事务所和项目组遵守职业道德要求(包括独立性要求)的情况。项目合伙人应当负责确保审计项目组其他成员知悉适用于审计业务的性质和具体情况的相关职业道德要求(包括独立性要求),并对项目组遵守职业道德要求的情况进行评估。会计师事务所和项目组应主动识别和评估可能对遵守独立性原则产生不利影响的因素与情形。若存在将对遵守独立性原则产生严重不利影响以致无法采取缓解措施的情形(比如,会计师事务所与被审计单位存在直接经济利益),应拒绝接受业务委托;若存在对遵守独立性原则产生不利影响但可通过采取相应措施予以缓解或消除的情形(比如,项目合伙人的表弟在被审计单位任财务总监),可根据对不利影响程度的评估结果采取具体措施(比如,替换其他合伙人负责该项目)后接受业务委托。

(二) 应关注的其他信息和情形

1. 与前任注册会计师的沟通

课堂案例

中国证券监督管理委员会黑龙江监管局行政处罚决定书
(亚太(集团)会计师事务所、潘×、张×)

亚太(集团)会计师事务所(特殊普通合伙)(简称亚太集团)对时任公准肉食品股份有限公司(简称公准股份)2016年年度财务报表审计存在以下违法事实:

亚太集团在接受委托前,未与前任注册会计师进行沟通,审计底稿中也未见与前任注册会计师沟通有关的情况记录,不符合《中国注册会计师审计准则第1153号——前任注册会计师和后任注册会计师的沟通》(2010年修订)第七条、第十八条的规定。

——摘自中国证券监督管理委员会黑龙江监管局网站,〔2022〕2号,有改动

在首次审计业务(即非连续审计)开始前,后任注册会计师应当与前任注册会计师进行必要沟通,并对沟通结果进行评价,以确定是否接受委托。与前任注册会计师进行沟通,是后任注册会计师在接受委托前实施的必要审计程序,不是可有可无的程序。后任注册会计师应当提请客户以书面方式同意前任注册会计师对其询问作出充分答复。如果客户不同意

前任注册会计师作出答复,或限制答复的范围,后任注册会计师应当向被审计单位询问原因,并考虑是否接受委托。当出现这种情况时,后任注册会计师一般应拒绝接受委托,除非可以通过其他方式获知必要的事实,或有充分的证据表明审计风险水平非常低。如果客户同意前任注册会计师作出充分答复,后任注册会计师向前任注册会计师询问的内容应当合理、具体,至少包括:① 是否发现被审计单位管理层存在正直和诚信方面的问题;② 前任注册会计师与管理层在重大会计、审计等问题上存在的意见分歧;③ 前任注册会计师向客户治理层通报的管理层舞弊、违反法律法规行为以及值得关注的内部控制缺陷;④ 前任注册会计师认为导致客户变更会计师事务所的原因。

在征得客户的书面同意后,前任注册会计师应当根据所了解的事实,对后任注册会计师的合理询问及时作出充分答复。如果受到客户的限制或存在法律诉讼的顾虑,决定不向后任注册会计师作出充分答复,前任注册会计师应当向后任注册会计师表明其答复是有限的,并说明原因。如果得到的答复是有限的,或未得到答复,后任注册会计师应当考虑是否接受委托:① 如果从前任注册会计师处得到的答复是有限的,后任注册会计师需要判断是否存在由客户或潜在法律诉讼引起的答复限制,并考虑对接受委托的影响。② 如果未得到答复,且没有理由认为变更会计师事务所的原因异常,后任注册会计师需要设法以其他方式与前任注册会计师再次进行沟通。如果仍得不到答复,后任注册会计师可以致函前任注册会计师,说明如果在适当的时间内得不到答复,将假设不存在专业方面的原因使其拒绝接受委托,并表明拟接受委托。

以下分别列示某会计师事务所在接受审计委托前向被审计单位征询是否允许与前任注册会计师沟通的函件以及作为后任注册会计师在首次接受审计委托前与前任注册会计师(A会计师事务所)进行必要沟通的函件参考格式。

沟通函

××××公司:

贵公司拟聘请本所执行202×年度财务报表审计业务,按照《中国注册会计师审计准则第1153号——前任注册会计师与后任注册会计师的沟通》的规定,本所在接受委托之前,应当与贵公司的前任注册会计师ABC会计师事务所进行沟通,以确定本所是否能够接受委托。为此,请贵公司同意本所与ABC会计师事务所进行沟通,并授权ABC会计师事务所对本所就贵公司事项的询问作出答复。

感谢贵公司对本所工作的支持!

如有任何问题,请及时与本所联系,以便我们与贵公司进一步沟通。

联系人:

联系电话: 传真:025×××× ××××

地址:江苏省南京市××路××号 邮编:210000

××××会计师事务所(特殊普通合伙)

202×年×月×日

沟通函

××××会计师事务所：

S公司（简称该公司）拟聘请本所为其执行202×年度财务报表审计业务，按照《中国注册会计师审计准则第1153号——前任注册会计师与后任注册会计师的沟通》的规定，经该公司同意，本所就如下问题与贵所及相关注册会计师沟通，烦请贵所根据所了解的事实在收到本函后尽快对其作出充分的答复：

1. 是否发现该公司管理层存在正直和诚信方面的问题；
2. 贵所与该公司管理层在重大会计、审计等问题上存在的意见分歧；
3. 贵所向该公司治理层通报的管理层舞弊、违反法律法规行为以及值得关注的内部控制缺陷；
4. 贵所认为导致该公司变更会计师事务所的原因。

感谢贵所对本所工作的支持！

如有任何问题，请及时与本所联系，以便我们与贵所进一步沟通。

联系人：

联系电话： 传真：025-8×××× ××××

地址：江苏省南京市××路××号 邮编：210000

××××会计师事务所（特殊普通合伙）

202×年×月×日

2. 在本期或以前审计中发现的重大事项

注册会计师在本期或以前审计中发现的重大事项，对决定是否接受与保持客户关系和审计业务具有重要的信息参考价值。常见的重大事项包括但不限于：公司连续亏损已被证券交易所实施退市警告，以前年度的财务报表和财务报告内部控制被审计机构出具无法表示意见或否定意见，公司大股东或核心高管被列入"失信人名单"，公司治理层和管理层（即董事、监事、管理层）中存在大量频繁离职的情形，公司存在大量的股权质押或高额商誉，公司的治理结构混乱，投资者互动平台或社交媒体上广泛质疑公司存在财务造假，在以前年度审计中与客户公司在审计范围和审计意见上存在重大分歧等。

3. 特别因素的考虑

注册会计师在决定是否接受与保持客户关系和审计业务时还应当考虑一些特别因素，如被审计单位是否面临某些特殊的风险，客户是否正被主管机构或政府部门调查，是否涉及违反银行债务契约而受到起诉，主要管理人员是否正在接受司法部门的调查等。上述特别因素将对审计风险造成影响，因此在接受委托时必须慎重考虑。

二、就审计业务约定条款与被审计单位达成一致

只有通过实施下列工作就执行审计工作的基础达成一致意见后，才能承接或保持审计业务。

（一）确定审计的前提条件存在

审计的前提条件，是指管理层在编制财务报表时采用可接受的财务报告编制基础，以及管理层对注册会计师执行审计工作的前提的认同。确定审计的前提条件存在应包括以下两

个方面的内容。

1. 确定管理层在编制财务报表时采用的财务报告编制基础是可接受的

如果不存在可接受的财务报告编制基础,管理层就不具有编制财务报表的恰当基础,注册会计师也不具有对财务报表进行审计的适当标准。通常,如果财务报告准则由经授权或获得认可的准则制定机构制定和发布,供某类实体使用,只要这些机构遵循一套既定和透明的程序(包括认真研究和仔细考虑广大利益相关者的观点),则认为财务报告准则对于这类实体编制通用目的财务报表是可接受的。在确定编制财务报表所采用的财务报告编制基础的可接受性时,注册会计师需要考虑下列相关因素:① 被审计单位的性质(如被审计单位是商业企业、公共部门实体还是非营利组织);② 财务报表的目的(如编制财务报表是用于满足广大财务报表使用者共同的财务信息需求,还是用于满足财务报表特定使用者的财务信息需求);③ 财务报表的性质(如财务报表是整套财务报表还是单一财务报表);④ 法律法规是否规定了适用的财务报告编制基础。

2. 就管理层认可并理解其责任与管理层达成一致意见

管理层的责任包括:① 按照适用的财务报告编制基础编制财务报表,并使其实现公允反映(如适用);② 设计、执行和维护必要的内部控制,以使财务报表不存在由于舞弊或错误导致的重大错报;③ 向注册会计师提供必要的工作条件,包括允许注册会计师接触与编制财务报表相关的所有信息(如记录、文件和其他事项),向注册会计师提供审计所需的其他信息,允许注册会计师在获取审计证据时不受限制地接触其认为必要的内部人员和其他相关人员。

注册会计师应当要求管理层就其已履行的某些责任提供书面声明(包括管理层责任的书面声明、其他审计准则要求的书面声明,以及在必要时需要获取用于支持其他审计证据的书面声明)。注册会计师需要使管理层意识到这一点。如果管理层不认可其责任或不同意提供书面声明导致注册会计师将不能获取充分、适当的审计证据,则注册会计师承接此类审计业务是不恰当的,除非法律法规另有规定。

(二)确认注册会计师和管理层已就审计业务约定条款达成一致意见

注册会计师应当就审计业务约定条款,与管理层或治理层(如适用)达成一致意见,以避免双方对各自责任产生误解。在就审计业务约定条款达成一致意见时,管理层和治理层担任的角色取决于被审计单位的治理结构和相关法律法规的规定。应当注意,如果管理层或治理层在拟议的审计业务约定条款中对审计工作的范围施加限制,以致注册会计师认为这种限制将导致其对财务报表发表无法表示意见,注册会计师不应将该项业务作为审计业务予以承接,除非法律法规另有规定。

三、签订审计业务约定书

课堂案例

中国证券监督管理委员会行政复议决定书(希格玛会计师事务所
(特殊普通合伙)、杨××、于×、赵×)

永城煤电控股集团有限公司(简称永煤控股)2017年至2019年财务报告存在虚增货币

资金等信息披露违法行为。希格玛所为永煤控股2017年至2019年财务报表提供审计服务，出具了无保留意见的审计报告存在虚假记载。在审计过程中，希格玛所分别与永煤控股及其子公司单独签订《审计业务约定书》，三年审计费用分别为122万元、122万元、120.5万元，合计364.5万元（含税，税率为6%）。希格玛所及相关人员在为永煤控股2017年至2019年财务报告提供审计服务过程中，未勤勉尽责，其中包括：2018年《审计业务约定书》签署不规范。

希格玛所于2019年3月30日出具永煤控股《2018年度审计报告》，但希格玛所与河南能化《业务约定书》上签署时间为2019年6月12日，与永煤控股《审计业务约定书》上的签署时间为2019年4月10日。

——摘自中国证券监督管理委员会网站，〔2023〕43号，有改动

上述处罚决定书中，审计业务约定书不规范是会计师事务所的违法事实之一。那么，关于审计业务约定书，审计准则中有哪些规定和要求呢？

审计业务约定书是指会计师事务所与被审计单位签订的，用以记录和确认审计业务的委托与受托关系、审计目标和范围、双方的责任以及报告的格式等事项的书面协议。

（一）审计业务约定书的作用

签订审计业务约定书的目的是明确委托人与受托人的责任与义务，敦促双方遵守约定事项并加强合作，以保护会计师事务所和被审计单位双方的利益。签订审计业务约定书具有以下几方面作用：① 增进了解，加强合作。签订审计业务约定书的过程就是业务双方相互了解的过程，有利于加强双方的合作。在审计工作开始前，签订审计业务约定书，有助于避免管理层对审计产生误解。② 明确义务，划分责任。审计业务约定书应对双方的责任和义务作出明确的规定，尽可能减少双方的误解，减少审计业务中涉及处理事项的互相推诿现象。如果出现法律诉讼，审计业务约定书是确定会计师事务所和委托人双方应负责任的重要依据。③ 为检查业绩提供依据。利用审计业务约定书可以鉴定审计业务的完成情况，也可用于检查双方义务的履行情况。

（二）审计业务约定书的内容

审计业务约定条款应当包括下列主要内容：① 财务报表审计的目标与范围；② 注册会计师的责任；③ 管理层的责任；④ 指出用于编制财务报表所适用的财务报告编制基础；⑤ 提及注册会计师拟出具的审计报告的预期形式和内容，以及对在特定情况下出具的审计报告可能不同于预期形式和内容的说明。

审计业务约定书的格式和内容可能因被审计单位而异。在以上主要内容的基础上，根据实务中的具体情况和现实需要，审计业务约定条款还可能包括其他相关内容，如计划和执行审计工作的安排（包括审计项目组的构成）、预期管理层将提供书面说明、收费的计算基础和收费安排、向其他机构或人员提供审计工作底稿的义务等。

（三）审计业务约定条款的变更

在缺乏合理理由的情况下，注册会计师不应同意变更审计业务约定条款。在完成审计业务前，如果被审计单位或委托人要求将审计业务变更为保证程度较低的业务，注册会计师应当确定是否存在合理理由予以变更。如果审计业务约定条款发生变更，注册会计师应当与管理层就新的业务约定条款达成一致意见，并记录于业务约定书或其他适当形式的书面

协议中。如果注册会计师不同意变更审计业务约定的条款,而管理层又不允许继续执行原审计业务,注册会计师应当考虑:在适用的法律法规允许的情况下,解除审计业务约定;确定是否有约定义务或其他义务向治理层、所有者或监管机构等报告该事项。

第二节 总体审计策略

引例导读

中国证监会市场禁入决定书(黄×、温×)

黄×、温×,为河南天丰节能板材科技股份有限公司(简称天丰节能)首次公开发行股票并上市申请(简称IPO)审计报告利安达会计师事务所(以下简称利安达)签字注册会计师,经中国证监会认定为证券市场禁入者,自宣布决定之日起,10年内不得在任何机构中从事证券业务或担任上市公司董事、监事或高级管理人员职务。其中违法事实有:

IPO审计底稿中计划类工作底稿缺失或没有在计划中对评估出的重大错报风险作出恰当应对,没有设计进一步审计程序,没有对舞弊风险进行评估和计划应对,违反《审计准则第1231号——针对评估的重大错报风险采取的应对措施》第五条、第六条和《审计准则第1141号——财务报表审计中与舞弊相关的责任》第十三条、第十六条、第十七条的规定。

利安达IPO审计底稿(2010年)无计划类工作底稿,无总体审计策略、具体审计计划、重要性水平确定表等;无"风险评估汇总表"或其他风险评估底稿。

利安达IPO审计底稿(2011年)无总体审计策略、具体审计计划;无"风险评估汇总表"或其他风险评估底稿。

——摘自中国证券监督管理委员会网站,〔2014〕6号,有改动

虽然上述案例已经较为久远,无计划类工作底稿、无总体审计策略、无具体审计计划的情况在现实中已不多见,但我们仍然需要对此保持警惕。那么,什么是总体审计策略?又该如何制定总体审计策略呢?本节将对此进行详细介绍。

一、总体审计策略的制定要求

注册会计师应当制定总体审计策略,以确定审计工作的范围、时间安排和方向,并指导具体审计计划的制定。

在制定总体审计策略时,注册会计师应当考虑按照《中国注册会计师审计准则第1121号——对财务报表审计实施的质量管理》的要求获取信息,并采取下列措施:
(1)确定审计业务的特征,以界定审计范围;
(2)明确审计业务的报告目标,以计划审计的时间安排和所需沟通的性质;
(3)根据职业判断,考虑用以指导项目组工作方向的重要因素;
(4)考虑初步业务活动的结果,并考虑项目合伙人对被审计单位执行其他业务时获得

的经验是否与审计业务相关(如适用);

(5) 确定执行业务所需资源的性质、时间安排和范围。

二、总体审计策略的内容

注册会计师应当为审计工作制定总体审计策略。总体审计策略用以确定审计范围、时间安排和方向,并指导具体审计计划的制定。在制定总体审计策略时,应当考虑以下主要事项:

(一) 审计范围

在确定审计范围时,需要考虑下列具体事项:

(1) 编制拟审计的财务信息所依据的财务报告编制基础,包括是否需要将财务信息调整至按照其他财务报告编制基础编制;

(2) 特定行业的报告要求,如某些行业监管机构要求提交的报告;

(3) 预期审计工作涵盖的范围,包括应涵盖的组成部分的数量及所在地点;

(4) 母公司和集团组成部分之间存在的控制关系的性质,以确定如何编制合并财务报表;

(5) 由组成部分注册会计师审计组成部分的范围;

(6) 拟审计的经营分部的性质,包括是否需要具备专业知识;

(7) 外币折算,包括外币交易的会计处理、外币财务报表的折算和相关信息的披露;

(8) 除为合并目的执行的审计工作之外,对个别财务报表进行法定审计的需求;

(9) 内部审计工作的可获得性及注册会计师拟信赖内部审计工作的程度;

(10) 审计单位使用服务机构的情况,以及注册会计师如何取得有关服务机构内部控制设计和运行有效性的证据;

(11) 对利用在以前审计工作中获取的审计证据(如获取的与风险评估程序和控制相关的审计证据)的预期;

(12) 信息技术对审计程序的影响,包括数据的可获得性和对使用计算机辅助审计技术的预期;

(13) 协调审计工作中期财务信息审阅的预期涵盖范围和时间安排,以及中期审阅所获取的信息对审计工作的影响;

(14) 与被审计单位人员的时间协调和相关数据的可获得性。

(二) 报告目标、时间安排及所需沟通的性质

为计划报告目标、时间安排和所需沟通,要考虑下列事项:

(1) 被审计单位对外报告的时间表,包括中间阶段和最终阶段;

(2) 与管理层和治理层举行会谈,讨论审计工作的性质、时间安排和范围;

(3) 与管理层和治理层讨论注册会计师拟出具的报告的类型和时间安排以及沟通的其他事项(口头或书面沟通),包括审计报告、管理建议书和向治理层通报的其他事项;

(4) 与管理层讨论预期就整个审计业务中审计工作的进展进行的沟通;

(5) 与组成部分注册会计师沟通拟出具的报告类型和时间安排,以及与组成部分审计相关的其他事项;

(6) 项目组成员之间沟通的预期性质和时间安排,包括项目组会议的性质和时间安排,以及复核已执行工作的时间安排;

(7) 预期是否需要和第三方进行其他沟通,包括与审计相关的法定或约定的报告责任。

(三) 审计方向

总体审计策略的制定应当包括考虑影响审计业务的重要因素,以确定项目组工作方向,包括确定适当的重要性水平,初步识别可能存在较高的重大错报风险的领域,初步识别重要的组成部分和账户余额,评价是否需要针对内部控制的有效性获取审计证据,识别被审计单位、所处行业、财务报告要求及其他相关方面最近发生的重大变化等。

在确定审计方向时,注册会计师需要考虑下列事项:

(1) 重要性方面。具体包括:
① 为计划目的确定重要性;
② 为组成部分确定重要性且与组成部分的注册会计师沟通;
③ 在审计过程中重新考虑重要性;
④ 识别重要的组成部分和账户余额。
(2) 重大错报风险较高的审计领域。
(3) 评估的财务报表层次的重大错报风险对指导、监督及复核的影响。
(4) 项目组人员的选择(在必要时包括项目质量复核人员)和工作分工,包括向重大错报风险较高的审计领域分派具备适当经验的人员。
(5) 项目预算,包括考虑为重大错报风险可能较高的审计领域分配适当的工作时间。
(6) 如何向项目组成员强调在收集和评价审计证据过程中保持职业怀疑的必要性。
(7) 以往审计中对内部控制运行有效性进行评价的结果,包括所识别的控制缺陷的性质及应对措施。
(8) 管理层重视设计和实施健全的内部控制的相关证据,包括这些内部控制得以适当记录的证据。
(9) 业务交易量规模,基于审计效率的考虑确定是否依赖内部控制。
(10) 对内部控制重要性的重视程度。
(11) 管理层用于识别和编制适用的财务报告编制基础所要求的披露(包括从总账和明细账之外的其他途径获取的信息)的流程。
(12) 影响被审计单位经营的重大发展变化,包括信息技术和业务流程的变化,关键管理人员变化,以及收购、兼并和分立。
(13) 重大的行业发展情况,如行业法规变化和新的报告规定。
(14) 会计准则及会计制度的变化,该变化可能涉及作出重大的新披露或对现有披露作出重大修改。
(15) 其他重大变化,如影响被审计单位的法律环境的变化。

(四) 审计资源

注册会计师应当在总体审计策略中清楚地说明审计资源的规划和调配,包括确定执行审计业务所必需的审计资源的性质、时间安排和范围。

(1) 向具体审计领域调配的资源,包括向高风险领域分派有适当经验的项目组成员,就复杂的问题利用专家工作等;
(2) 向具体审计领域分配资源的多少,包括分派到重要地点进行存货监盘的项目组成

员的人数,在集团审计中复核组成部分注册会计师工作的范围,向高风险领域分配的审计时间预算等;

(3) 何时调配这些资源,包括是在期中审计阶段还是在关键的截止日期调配资源等;

(4) 如何管理、指导、监督这些资源,包括预期何时召开项目组预备会和总结会,预期项目合伙人和经理如何进行复核,是否需要实施项目质量复核等。

第三节 具体审计计划

注册会计师应当为审计工作制订具体审计计划。具体审计计划比总体审计策略更加详细,其内容包括为获取充分、适当的审计证据以将审计风险降至可接受的低水平,项目组成员拟实施的审计程序的性质、时间安排和范围。可以说,为获取充分、适当的审计证据,而确定审计程序的性质、时间安排和范围是具体审计计划的核心。具体审计计划应包括风险评估程序、计划实施的进一步审计程序和其他审计程序。

一、风险评估程序

具体审计计划应当包括按照《中国注册会计师审计准则第1211号——重大错报风险的识别和评估》的规定,为了充分识别和评估财务报表重大错报风险,注册会计师计划实施的风险评估程序的性质、时间安排和范围。

二、计划实施的进一步审计程序

具体审计计划应当包括按照《中国注册会计师审计准则第1231号——针对评估的重大错报风险采取的应对措施》的规定,对评估的认定层次的重大错报风险,注册会计师计划实施的进一步审计程序的性质、时间安排和范围。进一步审计程序包括控制测试和实质性程序。

需要强调的是,随着审计工作的推进,对审计程序的计划会一步步深入,并贯穿于整个审计过程。例如,计划风险评估程序通常在审计开始阶段进行,计划实施的进一步审计程序则需要依据风险评估程序的结果进行。因此,为达到制订具体审计计划的要求,注册会计师要完成风险评估程序,识别和评估重大错报风险,并针对评估的认定层次的重大错报风险,计划实施进一步审计程序的性质、时间安排和范围。

披露可能包含从总账和明细账之外的其他途径获取的信息,这也可能影响风险。鉴于披露包含的信息涉及范围较广、细节较多,当计划的风险评估程序和进一步审计程序与披露相关时,确定这些程序的性质、时间安排和范围十分重要。进一步来说,某些披露可能包含从总账和明细账之外的其他途径获取的信息,这也可能影响评估的结果以及为应对该风险实施的审计程序的性质、时间安排和范围。

通常,注册会计师计划的进一步审计程序可以分为进一步审计程序的总体方案和拟实施的具体审计程序(包括进一步审计程序的具体性质、时间安排和范围)两个层次。进一步审计程序的总体方案主要是指注册会计师针对各类交易、账户余额和披露决定采用的总体方案(包括实质性方案和综合性方案)。具体审计程序则是对进一步审计程序的总体方案的延伸和细化,通常包括控制测试和实质性程序的性质、时间安排和范围。在实务中,注册会计师通常单独制定一套包括这些具体程序的"进一步审计程序表",待具体实施审计程序时,注册会计师将基于所计划的具体审计程序,进一步记录所实施的审计程序及结果,并最终形成有关进一步审计程序的审计工作底稿。

另外,完整、详细的进一步审计程序的计划包括对各类交易、账户余额和披露实施的具体审计程序的性质、时间安排和范围,包括抽取的样本量等。在实务中,注册会计师可以统筹安排进一步审计程序的先后顺序,如果对某类交易、账户余额或披露已经做出计划,则可以安排先行开展工作,与此同时再制定其他交易、账户余额和披露的进一步审计程序。

三、计划其他审计程序

具体审计计划应当包括根据审计准则的规定,注册会计师针对审计业务需要实施的其他审计程序。计划的其他审计程序可以包括上述进一步审计程序的计划中没有涵盖的、根据其他审计准则的要求注册会计师应当执行的既定程序。

在审计计划阶段,除了按照《中国注册会计师审计准则第1211号——重大错报风险的识别和评估》进行计划工作,注册会计师还需要兼顾其他准则中规定的、针对特定项目在审计计划阶段应执行的程序及记录要求。例如,《中国注册会计师审计准则第1141号——财务报表审计中与舞弊相关的责任》《中国注册会计师审计准则第1324号——持续经营》《中国注册会计师审计准则第1142号——财务报表审计中对法律法规的考虑》及《中国注册会计师审计准则第1323号——关联方》等准则中对注册会计师针对这些特定项目在审计计划阶段应当执行的程序及其记录做出了规定。当然,由于被审计单位所处行业、环境各不相同,特定项目可能也有所不同。例如,有些企业可能涉及环境事项、电子商务等。在实务中注册会计师应根据被审计单位的具体情况确定特定项目并执行相应的审计程序。

第四节 审计计划的修改与记录

一、审计计划的修改

 课堂案例

中国证监会行政处罚决定书(大信所、杨×、邹××)

大信会计师事务所(特殊普通合伙)(简称大信所)对新疆同济堂健康产业股份有限公司(简称同济堂)2016年至2018年年报进行审计,因未勤勉尽责被行政处罚。存在违法事实:未有效识别2018年相关舞弊风险因素。

同济堂2018年收入108亿元,净利润5.6亿元,经营活动产生的现金流量净额为-7.1亿元;同济堂董事长张××、副董事长李×等高管人员2018年为同济堂提供4.3亿元担保。大信所未有效识别上述情况,制作的舞弊风险因素评价表中对"在财务报表显示盈利或利润增长的情况下,经营活动产生的现金流量经常出现负数,或经营活动不能产生现金流入"和

"管理层和治理层个人为被审计单位的债务提供了担保"的舞弊风险因素均填写为"不存在该事项"。大信所在后期获取到相应信息后未根据审计证据修正风险评估结果,未修改相应审计计划采取进一步审计程序,未能全面评估舞弊导致的财务报表层次重大错报风险,对相关舞弊风险因素采取的应对措施不充分。上述行为不符合《中国注册会计师审计准则第1141号——财务报表审计中与舞弊相关的责任》第十三条、第二十四条、第二十五条和《中国注册会计师审计准则第1211号——通过了解被审计单位及其环境并评估重大错报风险》第十七条、第三十四条的要求。

——摘自中国证券监督管理委员会网站,〔2023〕42号,有改动

计划审计工作并非审计业务的一个孤立阶段,而是一个持续的、不断修正的过程。在审计过程中,注册会计师应当在必要时对总体审计策略和具体审计计划作出更新和修改。

在连续审计业务中,计划审计工作通常于上期审计工作结束后不久或伴随着上期审计工作的完成就开始了,直至本期审计工作结束为止。由于未预期事项的存在、条件的变化或通过实施审计程序获取的审计证据等,注册会计师可能需要基于修正后的风险评估结果,对总体审计策略和具体审计计划,以及相应的原计划的进一步审计程序的性质、时间安排和范围作出修改。例如,当注册会计师之后注意到的信息与计划审计程序时获知的信息存在重大差异时(如注册会计师通过实施实质性程序获取的审计证据可能与实施控制测试获取的审计证据相矛盾),就可能发生这种情况。

二、审计计划的记录

注册会计师应当就下列事项形成审计工作底稿:① 总体审计策略。总体审计策略的工作底稿是对注册会计师在项目层面管理业务质量时作出的关键决策的记录,也是与项目组沟通重大事项的一种方式。例如,注册会计师可能采用备忘录的形式记录总体审计策略,包括对审计工作的总体范围、时间安排及执行作出的关键决策。② 具体审计计划。该记录还可用于证明已经恰当计划审计程序,该计划在执行前需要得到复核和批准。注册会计师可以使用标准的审计程序表或审计工作完成核对表,并根据需要进行调整以反映业务的特定情况。③ 在审计过程中对总体审计策略或具体审计计划作出的任何重大修改及其理由,包括对项目组成员实施指导、监督和复核的计划作出的重大修改及其理由。注册会计师记录对总体审计策略和具体审计计划作出的重大修改及对原计划审计程序的性质、时间安排和范围的修改,可以反映注册会计师作出这些重大修改的理由,以及审计工作最终采用的总体审计策略和具体审计计划,并表明注册会计师对审计过程中遇到的重大变化作出的恰当回应。实务中,如果对计划实施的指导、监督、复核的性质、时间安排和范围作出重大修改,则上述指导、监督、复核形成的工作底稿可以提供这些重大修改的记录。

本章小结

制订审计计划前要先通过开展初步业务活动确定是否接受与保持审计业务委托,确定接受与保持后,就审计业务约定条款与被审计单位达成一致意见并与客户签订业务约定书。签订业务约定书之后,注册会计师开始计划审计工作,包括制定总体审计策略和具体审计计

划。审计计划不是审计业务的一个孤立阶段,而是一个持续的、不断修正的过程,贯穿审计过程始终。

复习思考题

1. 初步业务活动如何开展?开展初步业务活动的目的是什么?
2. 总体审计策略的内容是什么?
3. 具体审计计划内容是什么?
4. 注册会计师应与治理层沟通的事项有哪些?

课后习题

知识图谱

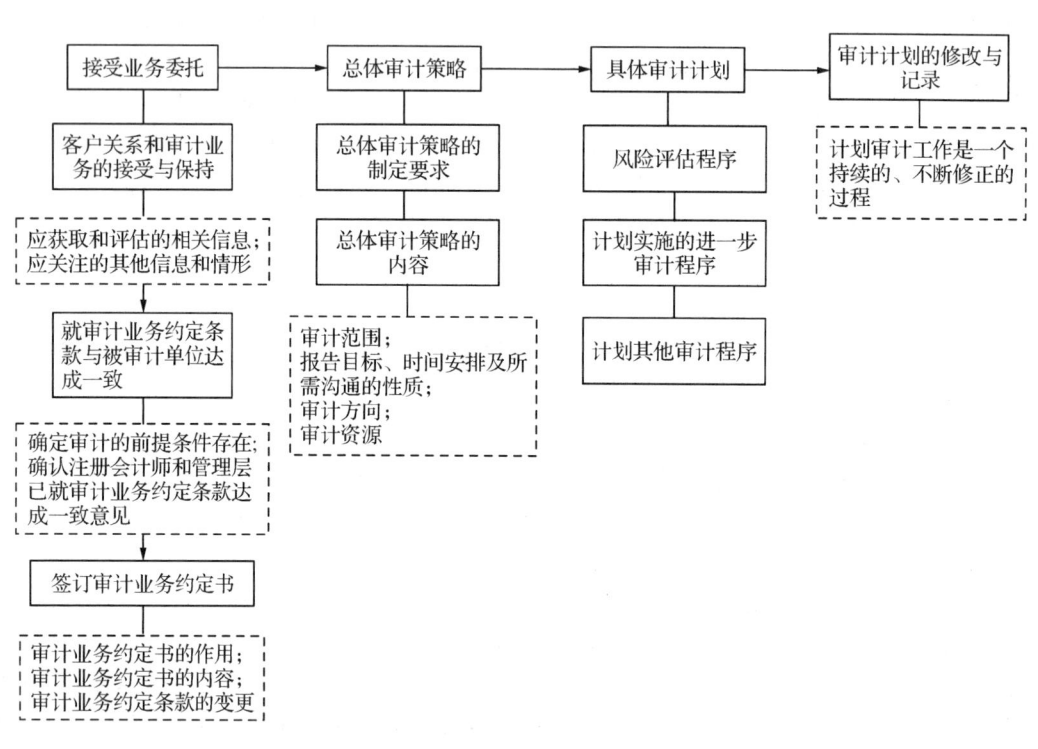

第七章　应对审计风险

 学习目标

- 掌握审计风险的含义,掌握审计风险模型;
- 了解被审计单位及其环境等内容,掌握识别和评估重大错报风险的审计程序;
- 掌握内部控制基本理论;
- 了解进一步审计程序、控制测试、实质性程序的内涵和要求;
- 掌握进一步审计程序、控制测试、实质性程序的性质、时间和范围;
- 了解审计抽样的概念、特征、种类;
- 了解抽样风险和非抽样风险的概念及种类;
- 掌握变量抽样和属性抽样的基本概念和方法。

拓展阅读

 学习重点

- 审计风险模型;
- 风险评估程序;
- 风险应对程序;
- 审计抽样步骤;
- 获取审计证据时对审计抽样和其他选取测试项目方法的考虑。

 思政要求

- 树立忧患意识、风险意识、责任意识,提高防控能力;
- 养成面对风险的勇气,提高风险识别敏感度,培养风险应对的能力;
- 没有调查就没有发言权。培养学生科学地调查研究的能力,实事求是的工作态度,脚踏实地的工作作风。

 引例导读

中注协约谈会计师事务所提示审计风险防范

以下是中国注册会计师协会网站上 2023 年及 2024 年年报季时,中国注册会计师协会约谈会计师事务所的部分报道列举:

中注协约谈会计师事务所提示房地产行业上市公司年报审计风险　　2023-03-30

中注协约谈会计师事务所提示境外业务占比较高的上市公司年报审计风险

2023 - 04 - 06

中注协约谈会计师事务所提示临近年报披露日承接上市公司年报审计风险防范

2024 - 03 - 21

中注协约谈会计师事务所提示持续经营能力存在重大不确定性的上市公司年报审计风险

2024 - 04 - 16

中注协约谈会计师事务所提示频繁变更审计机构的上市公司年报审计风险

2024 - 04 - 16

——摘自中国注册会计师协会网站，有改动

每年年报季，中国注册会计师协会都会约谈相关会计师事务所，提示各种审计风险。可见，审计执业是有风险的，防范审计风险对会计师事务所及执业人员非常重要。那么，什么是审计风险？该如何评估风险？又该如何应对风险？本章将一一介绍。

第一节 认知审计风险模型

一、审计风险的含义

审计风险，是指当财务报表存在重大错报时，注册会计师发表不恰当审计意见的可能性。在审计准则中，审计风险不包括财务报表不存在重大错报，而注册会计师发表的审计意见认为财务报表存在重大错报的风险。这种风险通常可以忽略不计。

值得注意的是，审计风险是一个与审计过程相关的技术术语，并不是指注册会计师的业务风险，如因诉讼、负面宣传或其他与财务报表审计相关的事项导致损失的可能性。

二、审计风险的特征

（一）审计风险贯穿审计全过程

审计风险往往通过最终审计结论与预期的偏差体现出来，审计人员在执行审计的过程中一般很难察觉，但这并不意味着审计风险只存在于审计的最终环节。实际上审计过程中每一环节微小的因素，都可能导致产生审计风险。因此，审计风险贯穿审计全过程。

（二）审计风险是客观存在的

由于审计的固有限制，即使注册会计师按照审计准则的规定恰当计划和实施了审计工作，也不避免地存在财务报表中的某些重大错报未被发现的风险。此外，个人能力等因素所导致的非故意性审计工作失误或不当，也会导致审计风险。因此，审计风险是客观存在的，无法被完全消除。

（三）审计风险是可控的

审计风险无法被完全消除，并不意味着无法将审计风险控制在可接受的低水平。以下措施通常能够降低注册会计师最终将承受的审计风险：在执行具体审计工作之前，制订科学合理的审计计划,并根据在审计执行过程中所获取的情况进行适时、适当的动态调整;在审计执行过程中,通过风险评估程序有效地识别和评估被审计单位的重大风险,并据此采取针对性的风险应对措施(比如考虑审计程序执行的范围大小、详细程度等)。

三、审计风险的模型

在现代风险导向模式下,审计风险取决于重大错报风险和检查风险。

(一) 重大错报风险

重大错报风险,是指财务报表在审计前存在重大错报的可能性。因此,重大错报风险与被审计单位的风险相关,且独立于财务报表审计而存在,属于客观存在的风险。

重大错报风险包含财务报表层次和认定层次两个层次,注册会计师应当从两个层次考虑重大错报风险。

1. 财务报表层次的重大错报风险

财务报表层次的重大错报风险,是指与财务报表整体存在广泛联系并潜在影响多项认定的重大错报风险。换言之,这种性质的风险不一定限定于某类交易、账户余额或披露层次的特定认定的风险。

财务报表层次的重大错报风险可能与注册会计师考虑的由于舞弊导致的重大错报风险尤其相关。比如,当被审计单位存在明显的财务舞弊动机或已发现财务舞弊的迹象时,该重大错报风险应属于财务报表层次。另外,被审计单位管理层的诚信、被审计单位薄弱的控制环境(比如关键控制缺失或未有效执行、管理层凌驾于内部控制上)通常也可能与财务报表层次的重大错报风险相关。

2. 认定层次的重大错报风险

认定层次的重大错报风险,指与某类交易、事项、期末账户余额或财务报表披露相关的重大错报风险。认定层次的重大错报风险可以进一步细分为固有风险和控制风险。

$$重大错报风险 = 固有风险 \times 控制风险$$

(1) 固有风险。

固有风险,指在不考虑相关内部控制的情况下,某类交易、事项、期末账户余额或财务报表披露的某一认定易于发生错报的可能性。固有风险的高低受固有风险因素的影响。固有风险的因素可以是定性的,也可以是定量的。固有风险的因素包括事项或情况的复杂性、主观性、变化、不确定性,管理层偏向以及其他舞弊风险因素。

某些类别的交易、事项、期末账户余额或财务报表披露及其认定,固有风险较高。例如,复杂的计算比简单计算更能出错;受重大计量不确定性影响的会计估计发生错报的可能性较大。产生经营风险的外部因素也可能影响固有风险,如技术进步可能导致某项产品陈旧,进而导致存货易于高估。被审计单位及其环境中的某些因素还可能与多个或所有类别的交易、账户余额和披露有关,也可能影响与某一具体认定相关的固有风险。

(2) 控制风险。

控制风险,是指某类交易、账户余额或披露的某一认定发生错报,该错报单独或连同其他错报可能是重大的,但没有被内部控制及时防止、发现或纠正的可能性。

控制风险取决于与财务报表编制有关的内部控制设计、执行以及维护的有效性。管理层采用内部控制,旨在应对识别出的影响被审计单位实现与财务报表编制相关的目标的风险。然而,由于内部控制的固有限制,无论内部控制设计和运行如何有效,也只能降低而不能消除财务报表的重大错报风险。内部控制的固有限制诸如人为差错的可能性、因串通舞弊或管理层不适当地凌驾于控制之上而使内部控制被规避的可能性、实施内部控制的成本等。

(二)检查风险

检查风险,指如果存在某一错报,该错报单独或连同其他错报可能是重大的,注册会计师为将审计风险降至可接受的低水平而实施程序后没有发现这种错报的可能性。

检查风险与注册会计师为将审计风险降至可接受的低水平而确定的审计程序、时间安排以及范围相关。因此,它取决于审计程序及其执行的有效性。通常,下列措施有助于提高审计程序及其执行的有效性:制订恰当的计划、为项目组分派合适的人员、保持职业怀疑、监督和复核已经执行的审计工作。然而,由于审计的固有限制,检查风险的存在是必然的,只能降低而无法消除。

(三)审计风险

在既定的审计风险水平下,注册会计师针对某一认定确定的可接受检查风险水平与注册会计师对认定层次重大错报风险的评估结果呈反向关系。即评估的重大错报风险越高,可接受的检查风险越低;评估的重大错报风险越低,可接受的检查风险就越高。检查风险与重大错报风险的反向关系用数学模型表示如下:

$$审计风险 = 重大错报风险 \times 检查风险$$

这个模型也就是审计风险模型。假设针对某一认定,注册会计师将可以接受的审计风险水平设定为5%,注册会计师实施风险评估程序后将重大错报风险评估为25%,则根据这一模型,可接受的检查风险为20%。当然,在实务中,注册会计师不一定用绝对数量表达这些风险水平,而是选用"高""中""低"等文字进行定性描述。

注册会计师应当合理设计审计程序的性质、时间安排和范围,并有效执行审计程序,以控制检查风险。上例中,注册会计师根据确定的可接受检查风险(20%),设计审计程序的性质、时间安排和范围。审计计划在很大程度上围绕确定审计程序的性质、时间安排和范围而展开。

第二节 评估重大错报风险

引例导读

中国证监会行政处罚决定书(亚太所、贾××、秦××、栗××)

2023年78号处罚决定书详细公告了亚太(集团)会计师事务所(特殊普通合伙)对华晨

汽车集团控股有限公司（简称华晨集团）2017年、2018年年报审计中的违法行为及处罚决定，其中违法事实有：

亚太所对华晨集团2017年财务报表的审计存在重大缺陷，未能恰当实施风险识别和评估程序。

亚太所对华晨集团2018年财务报表的审计存在重大缺陷，风险识别与评估程序未有效执行。

亚太所上述行为不符合《中国注册会计师审计准则第1141号——财务报表审计中与舞弊相关的责任》第二十五条和《中国注册会计师审计准则第1211号——通过了解被审计单位及其环境识别和评估重大错报风险》第三十一条、第三十四条的规定，导致未能设计和实施必要的审计程序，获取充分的审计证据，未能对华晨集团2018年年度报告发表恰当的审计意见，审计报告存在虚假记载。

——摘自中国证券监督管理委员会网站，〔2023〕78号，有改动

在以上案例中，亚太所在对华晨集团2017年和2018年的财务报表审计中，均存在风险识别与评估程序未有效执行的问题。那么，在进行财务报表审计时，应该如何识别风险和评估风险呢？本节将对此进行详细介绍。

审计模式和方法的演进经历了账项导向审计阶段、内控导向审计阶段和风险导向审计阶段三个阶段。从20世纪70年代以来，审计诉讼案件呈现爆炸式发生和增长，社会公众对审计人员期望值日益增高，为了合理防范和降低审计风险并降低审计成本，注册会计师审计逐渐从"内控导向审计"进入到"风险导向审计阶段"。

风险导向审计阶段有如下特点：第一，审计职业界更关注审计风险，研究、防范、降低审计风险成为职业界的重要任务；第二，在该阶段，职业界不仅关注和评估内部控制风险，还关注企业经营面临的外部风险，因为外部风险也会加大审计风险；第三，在该阶段，职业界通过将审计风险量化和模型化，从而控制审计风险。

2003年，国际审计与鉴证准则理事会（IAASB）将审计风险模型修订为：审计风险＝重大错报风险×检查风险，所以审计风险取决于重大错报风险和检查风险。通俗地说，当财务报表发生重大错报，注册会计师发表了不恰当意见的可能性来自两个方面，一个是本身财务报表存在重大错报甚至难以被发现的可能性，这是重大错报风险；另一个是注册会计师采取不了不恰当的审计程序，或者注册会计师本身能力不够，犯了常识性错误，或者某种因素影响了注册会计师判断等，使得本来存在错报而注册会计师没有发现的可能性，这是检查风险。

重大错报风险属于审计之前存在的风险，不管注册会计师如何审计，重大错报风险已经存在，无法改变，无法降低，无法控制，但是可以评估，从而为下一步应对做准备。本章将对重大错报风险的评估进行介绍。

一、风险评估的含义

什么是风险评估？风险评估是指通过了解被审计单位及其环境等因素，识别和评估财务报表层次和认定层次的重大错报风险，从而为设计和实施针对评估的重大错报风险采取的应对措施提供基础。

风险评估含义包括三方面内容：一是如何进行风险评估？二是为什么进行风险评估？三是风险评估后下一步如何做？

如何进行风险评估？就是了解被审计单位及其环境等因素。具体了解哪些内容？准则规定共包括以下几个方面：

（1）被审计单位及其环境。

（2）适用的财务报告编制基础、会计政策以及变更会计政策的原因。

（3）被审计单位内部控制体系各要素。

为什么要了解被审计单位及环境等方面？是为了识别和评估财务报表层次和认定层次的重大错报风险。注册会计师需要评估两个层次的重大错报风险。针对财务报表层次的重大错报风险确定"总体应对措施"，针对认定层次的重大错报风险设计和实施"进一步审计程序"，以降低检查风险至可以接受的水平。该程序不是可有可无的程序，是必需的程序，它对于注册会计师合理运用职业判断，有效实施审计程序，最终实现审计目标有重要的意义。也是审计目标实现过程中非常重要的一环，也是审计学中非常重要的一个章节。

二、风险评估程序和信息来源

风险评估程序，是指注册会计师为识别和评估财务报表层次以及认定层次的重大错报风险，而设计和实施的审计程序。注册会计师在设计和实施风险评估程序时，不应当偏向于获取佐证性的审计证据，也不应当排斥相矛盾的审计证据。不带倾向性地设计和实施风险评估程序以获取支持重大错报风险识别和评估的审计证据，可以帮助注册会计师识别潜在的相矛盾的信息，进而帮助注册会计师在识别和评估重大错报风险时保持职业怀疑。为了了解被审计单位及其环境，注册会计师应当实施的风险评估程序主要包括：询问被审计单位管理层和内部其他相关人员（包括内部审计人员），分析程序，观察和检查；注册会计师应当考虑从客户关系和审计业务的接受与保持、项目合伙人为被审计单位执行的其他业务中获取信息。

（一）询问被审计单位管理层和内部其他合适人员

注册会计师通过询问获取的大部分信息来自管理层和负责财务报告的人员。注册会计师可以考虑向管理层和负责财务报告的人员询问下列事项：

（1）管理层所关注的主要问题。如新的竞争对手、主要客户和供应商的流失、新的税收法规的实施以及经营目标或战略的变化等。

（2）被审计单位最近的财务状况、经营成果和现金流量。

（3）可能影响财务报告的交易和事项，或者目前发生的重大会计处理问题，如重大的并购事宜等。

（4）被审计单位发生的其他重要变化，如所有权结构、组织结构的变化，以及内部控制的变化等。

询问管理层和被审计单位内部其他合适人员，是注册会计师了解被审计单位及其环境等方面的重要信息来源。除了向管理层和负责财务报告的人员询问外，注册会计师还可以通过询问被审计单位内部其他不同层级和职责的适当人员获取信息，这可能为识别和评估重大错报风险提供不同的视角。例如：

(1) 直接询问治理层,可能有助于注册会计师了解治理层对管理层编制财务报表的监督程度。

(2) 直接询问负责生成、处理或记录复杂或异常交易的员工,可能有助于注册会计师评价被审计单位选择和运用某项会计政策的恰当性。

(3) 直接询问内部法律顾问,可能有助于注册会计师了解如诉讼、遵守法律法规的情况、影响被审计单位的舞弊或舞弊嫌疑、产品保证、售后责任、与业务合作伙伴的安排(如合营企业)以及合同条款的含义等事项的有关信息。

(4) 直接询问营销人员,可能有助于注册会计师了解被审计单位营销策略的变化、销售趋势或与客户的合同安排等。

(5) 直接询问风险管理职能部门或人员,可能有助于注册会计师了解可能影响财务报告的经营和监管风险。

(6) 直接询问信息技术人员,可能有助于注册会计师了解系统变更、系统或控制失效的情况,或与信息技术相关的其他风险。

(7) 直接询问适当的内部审计人员,可能有助于注册会计师在识别和评估风险时了解被审计单位及其环境以及内部控制体系。

(二) 分析程序

注册会计师使用分析程序研究不同财务数据之间以及财务数据与非财务数据之间的内在关系,对财务信息作出评价。实施分析程序有助于注册会计师识别不一致的情形、异常的交易或事项,以及可能对审计产生影响的金额、比率和趋势。识别出的异常或未预期到的关系可以帮助注册会计师识别重大错报风险,特别是由舞弊导致的重大错报风险。

分析程序既可用作风险评估程序和实质性程序,也可用来对财务报表进行总体复核。注册会计师将分析程序用作风险评估程序,识别注册会计师未注意到的被审计单位某些方面的情况,或了解固有风险因素(如相关变化)如何影响"相关认定"易于发生错报的可能性,可能有助于识别和评估重大错报风险。

注册会计师在将分析程序用作风险评估程序时,可以同时使用财务信息和非财务信息,如分析销售额(财务信息)与卖场的面积(非财务信息)或已经出售商品数量(非财务信息)之间的关系;也可以使用高度汇总的数据,这种情况下实施分析程序的结果可能仅初步显示财务报表存在重大错报风险,注册会计师应当将分析结果连同识别重大错报风险时获取的其他信息一并考虑,也就是说,为了确定重大错报风险的真正来源,注册会计师应当针对数据汇总的每一来源实施更为详细的分析程序。

(三) 观察和检查

观察和检查程序可以支持对管理层和其他相关人员的询问结果,并可以提供有关被审计单位及其环境等方面情况的信息。注册会计师应当实施下列观察和检查程序:

(1) 观察被审计单位的经营活动。例如,观察被审计单位人员正在从事的生产活动和内部控制活动,增加注册会计师对被审计单位人员如何进行生产经营活动及实施内部控制的了解。

(2) 检查内部文件、记录和内部控制手册。例如,检查被审计单位的经营计划、策略、章程,与其他单位签订的合同、协议,各业务流程操作指引和内部控制手册等,了解被审计单位组织结构和内部控制制度的建立健全情况。

（3）阅读由管理层和治理层编制的报告。例如，阅读被审计单位年度和中期财务报告，股东大会、董事会会议、高级管理层会议的会议记录或纪要，管理层的讨论和分析资料，对重要经营环节和外部因素的评价，被审计单位内部管理报告和其他特殊目的的报告（如新投资项目的可行性分析报告）等，了解自上一期审计结束至本期审计期间被审计单位发生的重大事项。

（4）实地察看被审计单位的生产经营场所和厂房设备。通过现场访问和实地察看被审计单位的生产经营场所和厂房设备，可以帮助注册会计师了解被审计单位的性质及其经营活动。在实地察看被审计单位的厂房和办公场所的过程中，注册会计师有机会与被审计单位管理层和担任不同职责的员工进行交流，可以增强注册会计师对被审计单位的经营活动及其重大影响因素的了解。

（5）追踪交易在财务报告信息系统中的处理过程（穿行测试）。这是注册会计师了解被审计单位业务流程及其相关控制时经常使用的审计程序。通过追踪某笔或某几笔交易在业务流程中如何生成、记录、处理和报告，以及相关控制如何执行，注册会计师可以确定被审计单位的交易流程和相关控制是否与之前通过其他程序所获得的了解相一致，并确定相关控制是否得到执行。穿行测试不属于审计基本程序之一，而是注册会计师综合运用观察和检查等程序，对业务流程和相关内部控制进行了解的过程。

（四）其他审计程序和信息来源

1. 从被审计单位外部获取信息

除了采用上述程序从被审计单位内部获取信息以外，如果根据职业判断认为从被审计单位外部获取的信息有助于识别重大错报风险，注册会计师应当实施其他审计程序以获取这些信息。例如，直接或间接从特定外部机构（如监管机构）获取；获取被审计单位的公开信息，如被审计单位发布的新闻稿、分析师或投资者会议材料、分析师报告或与交易活动有关的信息；询问被审计单位聘请的外部法律顾问、专业评估师、投资顾问和财务顾问等。不论内部和外部信息的来源如何，注册会计师都需要考虑用作审计证据的信息的相关性和可靠性。

2. 评价客户关系和审计业务的接受或保持过程中获取的信息

注册会计师应当考虑在评价客户关系和审计业务的接受或保持过程中获取的信息是否与识别重大错报风险相关。对于承接新的审计业务，注册会计师应当在业务承接阶段对被审计单位及其环境等方面的情况有一个初步的了解，以确定是否承接该业务；对于连续审计业务，应在每年的续约过程中对上年审计作总体评价，并更新对被审计单位的了解和风险评估结果，以确定是否续约。

3. 其他业务中获取信息

注册会计师除了从目前的服务中获取信息外，还应当考虑向被审计单位提供其他服务（如执行中期财务报表审阅业务）所获得的经验是否有助于识别重大错报风险。

4. 项目组内部讨论

《中国注册会计师审计准则第1211号——重大错报风险的识别和评估》要求，项目合伙人和项目组其他关键成员应当讨论被审计单位财务报表易于发生重大错报的可能性，以及如何根据被审计单位的具体情况运用适用的财务报告编制基础。项目合伙人应当确定向未参与讨论的项目组成员通报哪些事项。作为项目组内部讨论的一部分,考虑适用的财务报告编制基础上的披露要求,有助于注册会计师在审计工作的早期识别可能存在的与披露相关的重大错报风险领域。

讨论的目的是共享信息,交流意见,使每个人都了解自己负责的领域发生重大错报风险的可能性,了解各自实施的审计程序对其他人的工作的影响,以及对确定进一步审计程序的影响,明确在整个审计过程中保持职业怀疑态度的重要性,对可能发生重大错报风险的迹象保持足够的警惕。讨论的内容包括被审计单位面临的经营风险,财务报表容易发生错报的领域以及发生错报的方式,特别是由于舞弊导致重大错报的可能性,可能存在的与披露相关的重大错报风险领域。参与讨论的人员包括项目组关键成员,通常包括项目合伙人,但并非项目组所有成员。如果项目组需要拥有信息技术或其他特殊技能的专家,这些专家需要参加。讨论的方式可视具体情况而定,在整个审计过程中项目组成员要持续交流有关财务报表发生重大错报可能性的信息。

三、了解被审计单位及其环境等方面

课堂案例

中国证券监督管理委员会行政复议决定书(中审亚太会计师事务所(特殊普通合伙)、解×)

中审亚太会计师事务所(特殊普通合伙)(简称中审亚太)出具的公准肉食品股份有限公司(简称公准股份)2014年、2015年年度审计报告存在虚假记载。经另案查明,公准股份2014年、2015年年度报告存在虚增银行存款、虚增营业收入和成本、虚增利润等虚假记载行为。中审亚太对公准股份2014年、2015年年度财务报表进行审计,并分别于2015年3月25日、2016年3月3日出具标准无保留意见的审计报告。中审亚太在公准股份2014年、2015年年度财务报表审计过程中未勤勉尽责。其中包括:

了解被审计单位及其环境的审计程序执行不到位。中审亚太对公准股份2014年年度财务报表审计过程中,了解被审计单位及其环境的审计程序执行不到位。被审计单位是生猪养殖及屠宰加工企业,中审亚太在执行风险评估程序时,"了解被审计单位性质""了解被审计单位的目标""战略以及相关经营风险""了解被审计单位的行业状况、法律环境与监管环境及其他外部因素""了解被审计单位财务业绩的衡量和评价"等底稿中多处体现的是对一次性卫生用品等内容的了解,且公司组织结构、所有权结构、法定代表人等内容均与被审计单位无关。在"内部环境了解评价表"和"风险评估了解评价表"中,被审计单位是否设置审计委员会内容前后矛盾。

——摘自中国证券监督管理委员会网站,〔2023〕11号,有改动

从上述行政复议决定书中我们可以看到,中审亚太所的一项违法事实是在执行了解被审计单位及其环境的审计程序时执行不到位。那么,注册会计师在执行审计工作时,到底应该如何了解被审计单位及其环境呢?《中国注册会计师审计准则第1211号——重大错报风

险的识别和评估》(2022年12月22日修订)要求,注册会计师应当了解被审计单位及其环境等方面,具体来说,包括以下三个方面。

(一) 了解被审计单位及其环境

1. 组织结构、所有权和治理结构、业务模式(包括该业务模式利用信息技术的程度)

第一,注册会计师应当了解被审计单位组织结构,考虑复杂组织结构可能导致的重大错报风险,包括财务报表合并、商誉以及长期股权投资核算等问题,以及财务报表是否已对这些问题作出了充分披露。例如,对于在多个地区拥有子公司、合营企业、联营企业或其他成员机构,或者存在多个业务分部和地区分部的被审计单位,不仅编制合并财务报表的难度增加,还存在其他可能导致重大错报风险的复杂事项,包括对于子公司、合营企业、联营企业和其他股权投资类别的判断及其会计处理等。

第二,注册会计师应当了解所有权结构以及所有者与其他人员或实体之间的关系,包括关联方,考虑关联方关系是否已经得到识别,以及关联方交易是否得到恰当会计处理。例如,注册会计师应当了解被审计单位是属于国有企业、外商投资企业、民营企业,还是属于其他类型的企业,还应当了解其直接控股母公司、间接控股母公司、最终控股母公司和其他股东的构成,以及所有者与其他人员或实体(如控股母公司控制的其他企业)之间的关系。同时,注册会计师可能需要对其控股母公司(股东)的情况作进一步的了解,包括控制母公司的所有权性质、管理风格及其对被审计单位经营活动及财务报表可能产生的影响;控制母公司与被审计单位在资产、业务、人员、机构、财务等方面是否分开,是否存在占用资金等情况;控股母公司是否施加压力,要求被审计单位达到其设定的财务业绩目标。注册会计师还应当了解所有者、治理层、管理层之间的区别。例如,在较不复杂的被审计单位中,所有者可能参与管理被审计单位,因此,所有者、治理层、管理层之间只有很小的区别或没有区别。相反,在某些上市实体中,三者之间可能存在明确的区分。

第三,注册会计师应当了解被审计单位的治理结构。良好的治理结构可以对被审计单位的经营和财务运作以及财务报告实施有效的监督,从而降低财务报表发生重大错报的风险。注册会计师可以考虑下列事项,以了解治理结构:治理层人员是否参与对被审计单位的管理;董事会中的非执行人员(如有)是否与负责执行的管理层相分离;治理层人员是否在被审计单位法律上的、组织结构下的、组成部分中任职,如担任董事;治理层是否下设专门机构(如审计委员会)以及该专门机构的责任;治理层监督财务报告的责任,包括批准财务报表。注册会计师应当考虑治理层是否能够在独立于管理层的情况下对被审计单位事务包括财务报告作出客观判断。

第四,注册会计师应当了解被审计单位的业务模式。注册会计师了解被审计单位的目标、战略和业务模式有助于从战略层面和整体层面了解被审计单位,并了解被审计单位承担和面临的经营风险。了解业务模式主要是为了了解和评价被审计单位经营风险可能对财务报表重大错报产生的影响。所谓经营风险是指可能对被审计单位实现目标和实施战略的能力产生不利影响的重要状况、事项、情况、作为(或不作为)所导致的风险,或由于制定不恰当的目标和战略而导致的风险。由于多数经营风险最终都会产生财务后果,从而影响财务报表,因此,了解影响财务报表的经营风险有助于注册会计师识别重大错报风险。但是并非所有的经营风险都会导致重大错报风险,经营风险比财务报表重大错报风险范围更广,注册会计师没有责任了解或识别所有的经营风险,注册会计师并非需要了解被审计单位业务模式的所有方面。导致财务报表产生重大错报风险的可能性有所增加的经营风险可能来自下列事项:

(1)目标或战略不恰当,未能有效实施战略,环境的变化或经营的复杂性。

(2)未能认识到变革的必要性也可能导致经营风险。例如,开发新产品或服务可能失败;即使成功开拓了市场,也不足以支撑产品或服务;产品或服务存在瑕疵,可能导致法律责任及声誉方面的风险。

(3)对管理层的激励和压力措施可能导致有意或无意的管理层偏向,并因此影响重大假设以及管理层或治理层预期的合理性。

注册会计师在了解可能导致财务报表重大错报风险的业务模式、目标、战略及相关经营风险时,可以考虑下列事项(具体见表7-1)。

表7-1 相关经营风险考虑因素

考虑因素	导致的经营风险
行业发展	被审计单位缺乏足以应对行业变化的人力资源和业务专长等
开发新产品或提供新服务	被审计单位产品责任增加
业务扩张	被审计单位对市场需求的估计不准确
新的会计政策要求	被审计单位可能对其未完全执行或执行不当
监管要求	被审计单位法律责任增加
本期及未来的融资条件	被审计单位无法满足融资条件而失去融资机会等
信息技术的运用	新的信息技术系统的实施将影响经营和财务报告等
实施战略的影响	需要运用新的会计政策要求的影响等

注册会计师了解被审计单位的业务模式,主要包括经营活动、投资活动和筹资活动,了解这些活动的目的和内容见表7-2。

表7-2 业务模式目的和内容

活动类型	目 的	内 容
经营活动	有助于注册会计师识别预期在财务报表中反映的主要交易类别、重要账户余额和披露。 了解被审计单位的活动特别是经营活动,也有助于注册会计师了解影响财务报告的重要会计政策、交易或事项	包括收入来源,产品或服务以及市场的性质;业务的开展情况。 联盟、合营与外包情况。 地区分布与行业细分。 生产设施、仓库和办公室的地理位置,存货存放地点和数量。 研究与开发活动及其支出。 关联方交易

续 表

活动类型	目 的	内 容
投资活动	有助于注册会计师关注被审计单位在经营策略和方向上的重大变化	包括计划实施或近期已实施的并购或资产处置;证券与贷款的投资和处置。 资本性投资活动。 未纳入合并范围的实体的投资
筹资活动	有助于注册会计师评估被审计单位在融资方面的压力,并进一步考虑被审计单位在可预见未来的持续经营能力	包括主要子公司和联营企业(无论是否纳入合并范围)的所有权结构。 债务结构和相关条款,包括资产负债表外融资和租赁安排。 实际受益方(例如,实际受益方来自国内还是国外,其商业声誉和经验可能对被审计单位产生的影响)及关联方。 衍生金融工具的使用

2. 行业形势、法律环境、监管环境和其他外部因素

第一,注册会计师应当了解行业形势。了解行业形势有助于注册会计师识别与被审计单位所处行业有关的重大错报风险。被审计单位经营所处的行业可能因其经营性质或监管程度,产生特定的重大错报风险,具体如表 7-3 所示。

表 7-3 行业形势的具体情况

行业形势	具体情况
所处行业的市场与竞争	被审计单位所处行业的总体发展趋势如何? 处于哪一发展阶段,是起步、快速成长、成熟还是衰退阶段? 所处市场的需求、市场容量和价格竞争如何? 谁是被审计单位最重要的竞争者,它们各自所占的市场份额是多少? 被审计单位与其竞争者相比主要的竞争优势是什么? 被审计单位业务的增长率和财务业绩与行业的平均水平及主要竞争者相比如何?存在重大差异的原因是什么? 竞争者是否采取了某些行动,如并购活动、降低销售价格、开发新技术等,从而对被审计单位的经营活动产生影响? 供应商和客户关系如何? 行业关键指标和统计数据如何?
生产经营的季节性和周期性	行业是否受经济周期波动的影响?采取了哪些行动使波动产生的影响最小化?
与被审计单位产品相关的生产技术发展	行业受技术发展影响的程度如何? 是否开发了新的技术?
能源供应与成本	能源消耗在总成本中所占的比重是多少?能源价格的变化对成本的影响大不大?

第二,注册会计师应当了解被审计单位在日常经营管理活动中的法律法规和监管要求。注册会计师了解被审计单位法律环境与监管环境的主要原因有:① 某些法律法规或监管要求可能对被审计单位经营活动有重大影响,如不遵守将导致停业等严重后果;② 某些法律法规或监管要求(如环保法规等)规定了被审计单位某些方面的责任和义务;③ 某些法律法规或监管要求决定了被审计单位需要遵循的行业惯例和核算要求。注册会计师应当了解的内容包括:① 适用的财务报告编制基础;② 受管制行业的法规框架,包括披露要求;③ 对被

审计单位经营活动产生重大影响的法律法规,如劳动法和相关法规;④ 税收相关法律法规;⑤ 目前对被审计单位开展经营活动产生影响的政府政策,如货币政策(包括外汇管制)、财政政策、财政刺激措施(如政府援助项目)、关税或贸易限制政策等;⑥ 影响行业和被审计单位经营活动的环保要求。

第三,注册会计师应当了解被审计单位的其他外部因素,主要包括总体经济情况、利率、融资的可获得性、通货膨胀水平或币值变动等。具体而言,需要了解:① 当前的宏观经济状况以及未来的发展趋势如何?② 目前国内或本地区的经济状况(如增长率、通货膨胀率、失业率、利率等)怎样影响被审计单位的经营活动?③ 被审计单位的经营活动是否受到汇率波动或全球市场力量的影响?

注册会计师对上述外部因素了解的范围和程度,因被审计单位所处行业、规模以及其他因素(如市场地位)的不同而不同。注册会计师可以考虑将了解的重点放在对被审计单位的经营活动可能产生重要影响的关键外部因素,以及与前期相比发生的重大变化上。

3. 财务业绩的衡量标准,包括内部和外部使用的衡量标准

通过询问管理层等程序,了解用于评价被审计单位财务业绩的衡量标准,有助于注册会计师考虑这些内部或外部的衡量标准,是否会导致被审计单位面临实现业绩目标的压力。这些压力可能促使管理层采取某些措施,从而增加发生由管理层偏向或舞弊导致的错报的可能性(如改善经营业绩或有意歪曲财务报表)。此外,分析师或信用机构、新闻和其他媒体、税务机关、监管机构、商会和资金提供方等外部机构或人员也可能评价和分析被审计单位的财务业绩,注册会计师可以考虑获取这些可公开获得的信息,以帮助其进一步了解业务并识别相矛盾的信息。

注册会计师在了解被审计单位财务业绩衡量和评价情况时,应当关注下列用于评价财务业绩的标准:① 关键业绩指标(财务或非财务的)、关键比率、趋势和经营统计数据;② 同期财务业绩比较分析;③ 预算、预测、差异分析,分部信息与分部、部门或其他不同层次的业绩报告;④ 员工业绩考核与激励性报酬政策;⑤ 被审计单位与竞争对手的业绩比较。

(二)了解适用的财务报告编制基础、会计政策以及变更会计政策的原因

注册会计师应当了解被审计单位适用的财务报告编制基础、会计政策以及变更会计政策的原因,并评价被审计单位的会计政策是否适当、是否与适用的财务报告编制基础一致。

1. 了解时需要考虑的事项

在了解被审计单位适用的财务报告编制基础,以及如何根据被审计单位及其环境的性质和情况运用该编制基础时,注册会计师可能需要考虑的事项包括被审计单位与适用的报告编制基础相关的财务报告实务和其对会计政策的选择和运用。具体事项如表7-4所示。

表7-4　了解财务报表编制基础等需要考虑具体事项

需要考虑的两类事项	具体事项
被审计单位与适用的财务报告编制基础相关的财务报告实务	(1) 会计政策和行业特定惯例； (2) 收入确认； (3) 金融工具以及相关信用损失的会计处理； (4) 外币资产、负债与交易； (5) 异常或复杂交易的会计处理
就被审计单位对会计政策的选择和运用（包括发生的变化以及变化的原因）获得的了解	(1) 被审计单位用于确认、计量和列报（包括披露）重大和异常交易的方法； (2) 在缺乏权威性标准或共识的争议或新兴领域采用重要会计政策产生的影响； (3) 环境变化，如适用的财务报告编制基础的变化或税制改革可能导致被审计单位的会计政策变更； (4) 新颁布的会计准则、法律法规，被审计单位采用的时间以及如何采用或遵守这些规定

2. 了解固有风险因素如何影响认定易于发生错报的可能性

在了解被审计单位及其环境和适用的财务报告编制基础时，注册会计师还应当了解被审计单位在按照适用的财务报告编制基础编制财务报表时，固有风险因素如何影响各项认定易于发生错报的可能性。所谓固有风险因素，是指在不考虑内部控制的情况下，导致交易类别、账户余额和披露的某一认定易于发生错报（无论该错报是由舞弊还是错误导致的）的因素。固有风险因素可能是定性或定量的，与适用的财务报告编制基础要求的信息编制相关的固有风险因素包括复杂性、主观性、变化、不确定性以及由影响固有风险的管理层偏向或其他舞弊风险因素导致易于发生错报的其他因素（详见表7-5）。

了解固有风险因素如何影响认定易于发生错报的可能性，有助于注册会计师初步了解错报发生的可能性和重要程度，并帮助注册会计师按照审计准则的规定识别认定层次的重大错报风险。了解固有风险因素可以帮助注册会计师按照《中国注册会计师审计准则第1231号——针对评估的重大错报风险采取的应对措施》的规定设计和实施进一步审计程序。

表7-5　固有风险因素具体分析及示例

固有风险因素	分　析	示　例
复杂性	由信息的性质或编制所需信息的方式所导致的，包括编制过程本身较为复杂的情况	(1) 在高度复杂的监管环境中开展业务； (2) 存在复杂的联营或合营企业； (3) 涉及复杂的会计计量； (4) 使用表外融资、特殊目的实体以及其他复杂的融资安排； (5) 会计估计时存在许多具有不同特征的潜在数据来源

续 表

固有风险因素	分　析	示　例
主观性	由于知识或信息的可获得性受到限制,客观编制所需信息的能力存在固有局限性,管理层可能需要对采取的适当方法和财务报表中的相关信息作出选择或主观判断	(1) 某项会计估计具有多种可能的衡量标准,如管理层确认折旧费用或建造收入和费用; (2) 管理层对非流动资产(如投资性房地产)的估值技术或模型的选择
变化	随着时间的变化,被审计单位的经营、经济环境、会计、监管、所处行业或经营环境中其他方面的事项或情况也会产生变化,其影响反映在所需信息中。这些变化可能影响管理层的假设和判断	(1) 在经济不稳定(如货币发生重大贬值或经济发生严重通货膨胀)的国家或地区开展业务; (2) 在不稳定的市场开展业务(如期货交易); (3) 持续经营和资产流动性出现问题,包括重要客户流失; (4) 被审计单位经营所处的行业发生变化; (5) 供应链发生变化; (6) 开发新产品或提供新服务,或进入新的业务领域; (7) 开辟新的经营场所; (8) 被审计单位组织结构发生变化,如发生重大收购、重组或其他非常规事项; (9) 拟出售分支机构或业务分部; (10) 关键人员变动(包括核心执行人员的离职); (11) 信息技术环境发生变化; (12) 安装新的与财务报告相关的重大信息技术系统; (13) 采用新的会计准则; (14) 获取资本或借款的能力受到新的限制; (15) 经营活动或财务业绩受到监管机构或政府机构的调查; (16) 与环境保护相关的新立法的影响
不确定性	获取知识或数据的能力受到限制,且管理层不能控制这些限制(包括受到成本的限制),是产生不确定性的原因。该不确定性对编制所需信息的影响无法消除	(1) 涉及重大计量不确定性(包括会计估计)的事项或交易及相关披露; (2) 存在未决诉讼和或有负债; (3) 无法精确确定所需的货币金额并且在财务报表完成日之前无法确定估计的结果,则会导致估计不确定性
由影响固有风险的管理层偏向或其他舞弊风险因素导致易于发生错报的其他因素	管理层偏向通常与特定情况相关,这些情况可能导致管理层在作出判断时未保持中立(潜在管理层偏向的迹象),从而导致信息产生重大错报,如果管理层是故意的,则导致舞弊。这些迹象包括影响固有风险的使管理层不保持中立的动机或压力以及机会	(1) 管理层和员工编制虚假财务报告的机会,包括遗漏披露应包括的重大信息或信息晦涩难懂; (2) 从事重大的关联方交易; (3) 发生大额非常规或非系统性交易(包括公司间的交易和在期末发生大量收入的交易); (4) 按照管理层特定意图记录的交易(如债务重组、资产出售和交易性债券的分类); (5) 缺乏具备会计和财务报告技能的员工; (6) 控制缺陷,尤其是控制环境、风险评估和内部监督中的控制缺陷和管理层未处理的内部控制缺陷; (7) 以往发生的错报或错误,或者在本期期末出现重大会计调整

(三)了解被审计单位内部控制体系各要素

课堂案例

中国证券监督管理委员会行政复议决定书(希格玛会计师事务所(特殊普通合伙)、杨××、于×、赵×)

希格玛所及相关人员在为永煤控股2017年至2019年财务报告提供审计服务过程中,未勤勉尽责,其中包括:未获取合理保证,重大错报风险评估错误。

希格玛所在实施风险评估程序时,已经注意到永煤控股货币资金收支全部纳入河南能源化工集团(简称河南能化)预审的管理,希格玛所在了解被审计单位内部控制时,未将结算中心存款纳入永煤控股货币资金循环,未充分了解与结算中心存款相关的内部控制,未综合运用询问被审计单位内部人员和其他程序评价与结算中心存款相关的内部控制设计与执行情况,仅获取了上级部门下发的文件和了解结算中心存款的核算流程,仅依据河南能化对永煤控股及其他子公司资金实行统一管理符合国家政策规定,即形成永煤控股在河南能源化工集团资金管理中心(简称资金管理中心)开立的账户以及资金的存取、计息、对账与企业在银行开立的账户并无差异的结论。

希格玛所没有保持职业怀疑,没有针对永煤控股资金管理中心存款账户开立在河南能源化工集团财务有限公司(简称财务公司或河南能化财务公司)且账户名称为河南能化,货币资金已划转至河南能化,需经河南能化审批后方可支取的情况进行分析判断,未认识到可能导致财务报表发生重大错报的情形,错误评估货币资金领域重大错报风险。

——摘自中国证券监督管理委员会网站,〔2023〕43号,有改动

从上述案例中我们可以看到,希格玛所的一项违法事实是:在了解被审计单位内部控制时,未勤勉尽责,未获取合理保证,重大错报风险评估错误。那么,注册会计师在执行审计工作时,到底应该如何了解被审计单位内部控制呢?

1. 内部控制的概念

内部控制,是指被审计单位为实现控制目标所制定的政策和程序。其中,政策是指被审计单位为了实施控制而作出的应当或不应当采取某种措施的规定;程序是指为执行政策而采取的行动。

内部控制体系,是指由治理层、管理层和其他人员设计、执行和维护的体系,以合理保证被审计单位能够实现财务报告的可靠性,提高经营的效率和效果,以及遵守适用的法律法规等目标。

自20世纪70年代以来,审计行业进入了风险导向审计阶段,期间审计诉讼案件屡见不鲜。特别是安然事件和世通事件爆发后,这些事件"彻底打击了投资者对资本市场的信心"。为了应对这一挑战,2002年,时任美国总统小布什签署了《萨班斯-奥克斯利法案》,该法案全称为《上市公司会计改革与投资者保护法案》,为在美国上市的公司设定了严格的合规性要求。在新闻发布会上,小布什总统称该法案为"自罗斯福总统以来美国商业界影响最为深远的改革法案"。该法案对《1933年证券法》和《1934年证券交易法》进行了大幅修订,并在

公司治理、会计职业监管、证券市场监管等多个方面制定了诸多新的规定。

该法案有三个方面备受关注：一是建立一个由5个成员组成的公众公司会计监察委员会，对会计师事务所提供的上市审计服务进行监管；二是对上市公司高管人员造假予以重罚。公司CEO和CFO必须对财务报表的真实性宣誓，如果提供不真实的财务报表，将会面临10到20年的监禁，以及100万到500万美元的罚款，按刑期而论，财务报表造假的严重性和持枪抢劫相当；三是公认《萨班斯-奥克斯利法案》中最严苛、最复杂、执行成本最高的404条款，该条款规定，在美上市企业必须建立内部控制体系，强制性地要求所有公开交易公司必须于2005年年底满足本部分的要求，与财务报告一起提供内部控制的年度管理报告（CEO和CFO必须签署书面声明）。

《萨班斯-奥克斯利法案》不仅要求在美国上市的本土公司执行，还要求在美国上市的非本土公司从2006年年报开始实施。2010年，我国财政部等五部委联合颁布了《企业内部控制审计指引》，对强制性披露内控审计报告的时间作出了规定，之后又将范围从境内外同时上市扩大到国内所有上市公司。在这样的背景下，我国先是一些在美国上市的企业开始进行内部控制建设，之后，各大中型企业、上市公司、事业单位等先后进行内部控制建设。

2. 内部控制体系的要素

内部控制体系包括控制环境、风险评估、信息系统与沟通、控制活动、内部监督五个相互关联的要素。

第一个要素是控制环境。控制环境涵盖了治理职能和管理职能，以及治理层和管理层对内部控制体系及其重要性的态度、认识和行动。控制环境设定了被审计单位的内部控制基调，影响员工的内部控制意识，并为被审计单位内部控制体系中其他要素的运行奠定了总体基础。良好的控制环境是实施有效内部控制的基础。防止或发现并纠正舞弊和错误是被审计单位治理层和管理层的责任。在评价控制环境的设计和实施情况时，注册会计师应当了解管理层在治理层的监督下，是否营造并保持了诚实守信和合乎道德的文化，以及是否建立了防止或发现并纠正舞弊和错误的恰当控制。实际上，在审计业务承接阶段，注册会计师就需要对控制环境作出初步了解和评价。

环境控制一般包括这些因素：① 对诚信和道德价值观念的沟通与落实；② 对胜任能力的重视；③ 治理层的参与程度；④ 管理层的理念和经营风格；⑤ 组织结构；⑥ 责任授权和划分方法；⑦ 人力资源政策与实务等方面。

第二个要素是风险评估。风险评估是企业内部控制的重要环节，是指企业应及时识别、系统分析经营活动中与实现内部控制目标相关的风险，合理确定风险应对策略。企业应当准确识别与实现控制目标相关的内部风险和外部风险，确定相应的风险承受度。

企业识别外部风险，应当关注以下因素：① 经济因素、产业政策、融资环境、市场竞争、资源供给等经济因素；② 法律环境、监管要求等法律因素；③ 安全稳定、文化传统、社会信用、教育水平、消费者行为等社会因素；④ 技术进步、工艺改进等技术因素；⑤ 自然灾害、环境状况等自然环境因素；⑥ 其他有关外部风险因素。例如，新能源的发展对传统汽车行业产生了影响，电商的兴起则导致了线下零售行业的衰退。面对这些变化，一些企业未能及时应对，从而错失了发展的良机或做出了错误的决策，这些都属于外部风险。

企业识别内部风险，应当关注以下因素：① 董事、监事、经理及其他高级管理人员的职业操守、员工专业胜任能力等人力资源因素;② 组织机构、经营方式、资产管理以及业务流程等管理因素;③ 研究开发、技术投入、信息技术运用等自主创新因素;④ 财务状况、经营成果、现金流量等财务因素;⑤ 其他有关内部风险因素。例如,信息处理程序崩溃、员工素质及培训不足、管理层职责改变等,都属于企业内部风险。企业需要及时识别这些风险,并认真应对,以避免产生损失。

企业应当采用定量和定性相结合的方法,按照风险发生的可能性及其影响程度等,对识别的风险进行分析和排序,确定关注重点和优先控制的风险;根据风险分析的结果,结合风险承受度,权衡风险与收益,综合运用风险规避、风险降低、风险分担和风险承受等风险应对策略,实现对风险的有效控制。

第三个要素是信息系统与沟通。这个要素是内部控制框架中的中枢神经系统,贯穿企业生产经营管理的全员、全流程、全时间段,指为了使职员能执行其职责,企业必须识别、捕捉、交流外部和内部信息。一个良好的信息系统应具备准确且迅速地生成高质量信息的能力,这些信息涵盖企业的经营状况、财务状况以及法规遵循情况。这些高质量信息不仅包含内部信息,还涉及外部事件。更为关键的是,这些信息必须能够在企业内部实现由上至下、由下至上的广泛传递,并引发相应的反应和行动。

第四个要素是控制活动。控制活动是内部控制建设的重要手段,是指为了保证管理指令得到实施而制定并执行的控制政策和程序。企业必须制定控制的政策和程序,并予以执行,以帮助管理层保证其控制目标的实现。控制活动存在整个公司内,并出现于各管理层及功能组织中,包括与授权、业绩评价、信息处理、实物控制和职责分离等相关的活动。

控制活动包括一般授权和特别授权。授权的目的在于保证交易在管理层授权范围内进行。业绩评价包括分析评价实际业绩与预算(或预测、前期业绩)的差异,综合分析财务数据与经营数据的内在关系,将内部数据与外部信息相比较,评价职能部门、分支机构或项目活动的业绩,以及对发现的异常或关系采取必要的调查与纠正措施。与信息处理相关的控制活动包括信息技术的一般控制和应用控制,被审计单位通常执行各种措施,检查各种类型信息处理环境下的交易的准确性、完整性和授权,信息处理可以是人工的、自动化的,或是基于自动流程的人工控制。实物控制包括对资产和记录采取适当的安全保护措施,对访问计算机程序和数据文件设置授权,以及定期盘点并将盘点记录与会计记录相核对。职责分离指被审计单位如何将交易授权、交易记录以及资产保管等职责分配给不同员工,以防范同一员工在履行多项职责时可能发生的舞弊或错误。当信息技术在信息系统中运用时,职责分离可能通过设置安全控制来实现。

第五个要素是内部监督。内部监督是指被审计单位评价内部控制在一段时间内运行有效性的过程,该过程包括及时评价控制的设计和运行,以及根据情况的变化采取必要的纠正措施。监督对控制的持续有效运行十分重要。对控制的监督主要包括管理控制方法和内部审计两个方面。

(1) 管理层通常运用预算和其他财务报告来监督工作的进行,由于管理层对工作比较熟悉,所以这种管理控制方法是内部控制的一个重要因素,管理层可以在预算、标准成本、历史情况的基础上定期将记录的交易和余额同预期的结果相比较来提高控制水平。

(2) 内部审计是企业自我独立评价的一种活动,是管理层用来监督会计系统和相关控制程序的手段。内部审计可通过协助管理层监督其他控制政策和程序的有效性,促成好的控制环境的建立。

3. 内部控制的分类和固有局限性

(1) 内部控制的分类。

第一,直接控制和间接控制。

从内部控制概念可以看出,被审计单位的内部控制目标相当广泛。针对财务报表审计的目的和需要,注册会计师只应当了解与审计相关的控制。与审计相关的控制,按照其对防止、发现或纠正认定层次错报发挥作用的方式,可以分为直接控制和间接控制,这种分类有助于注册会计师识别和评估财务报表层次以及认定层次的重大错报风险。

直接控制是指足以精准防止、发现或纠正认定层次错报的内部控制。信息系统与沟通以及控制活动要素中的控制主要为直接控制,注册会计师对这些要素的了解和评价更有可能影响其对认定层次重大错报风险的识别和评估。实务中,注册会计师需要投入充足的资源对这类要素的控制进行了解和评价。

间接控制是指不足以精准防止、发现或纠正认定层次错报的内部控制。控制环境、风险评估和内部监督中的控制主要是间接控制,该类控制虽不足以精准地防止、发现或纠正认定层次的错报,但可以支持其他控制。因此,该类控制可能间接影响及时发现或防止错报发生的可能性。当然,这些要素中的某些控制也可能是直接控制。注册会计师对这些要素的了解和评价更有可能影响其对财务报表层次重大错报风险的识别和评估,也可能影响对认定层次重大错报风险的识别和评估。

控制环境为内部控制体系其他要素的运行奠定了总体基础。控制环境不能直接防止、发现并纠正错误,但是其可能影响内部控制体系其他要素中控制的有效性。同样,风险评估和内部监督旨在支持整个内部控制体系。所以,由于控制环境、风险评估和内部监督是被审计单位内部控制体系的基础,其运行中的任何缺陷都可能对财务报表的编制产生广泛的影响,注册会计师对这些要素的了解和评价,更有可能影响其对财务报表层次重大错报风险的识别和评估,也可能影响对认定层次重大错报风险的识别和评估。

第二,整体层面和业务流程层面控制。

内部控制的某些要素(如控制环境)更多地对被审计单位整体层面产生影响,而其他要素(如信息系统与沟通、控制活动)则可能更多地与特定业务流程相关。在实务中,注册会计师应当从被审计单位整体层面和业务流程层面分别了解和评价被审计单位的内部控制。

整体层面的控制(包括对管理层凌驾于内部控制之上的控制)和信息技术一般控制通常在所有业务活动中普遍存在,业务流程层面的控制主要是对工薪、销售和采购等交易的控制。整体层面的控制对内部控制在所有业务流程中得到严格的设计的执行具有重要影响。整体层面的控制较差甚至可能使最好的业务流程层面的控制失效。例如,被审计单位可能有一个有效的采购系统,但是如果会计人员不胜任,仍然会发生大量错误,且其中一些错误可能导致财务报表存在重大错报。而且,管理层凌驾于内部控制之上(它们经常在企业整体层面出现)也是不好的公司行为中的普遍问题。

注册会计师应当从被审计单位层面和业务流程层面分别了解和评价被审计单位的内部控制。

第三,人工和自动化控制。

大多数被审计单位出于编制财务报告和实现经营目标的需要使用信息技术。然而,即使信息技术得到广泛使用,人工因素仍然会存在于这些系统之中。不同的被审计单位采用的控制系统中人工控制和自动化控制的比例是不同的。内部控制可能既包括人工成分,又包括自动化成分。在风险评估以及设计和实施进一步审计程序时,注册会计师应当考虑内部控制的人工和自动化特征及其影响。值得注意的是,无论被审计单位的经营环境是以人工为主还是完全自动化,或者人工和自动化要素的组合(即人工控制和自动化控制相结合以及被审计单位内部控制体系中使用的其他资源),审计的总体目标和范围均保持一致。内部控制风险的程度和性质取决于被审计单位信息系统的性质和特征。考虑到信息系统的特征,被审计单位可以通过建立有效的控制,应对由于采用信息技术或人工成分而产生的风险。表7-6是两类控制的适用范围、特点及风险。

表7-6 自动化控制与人工控制

类别	适用范围	特点	特定风险
自动化控制	① 存在大量或重复发生的交易; ② 事先可预计或预测的错误能够通过自动化处理得以防止或发现并纠正; ③ 用特定方法实施的控制可得到适当设计和自动化处理	① 处理大量的交易或数据时,一贯运用事先确定的业务规则,并进行复杂运算; ② 提高信息的及时性、可获得性及准确性; ③ 促进对信息的深入分析; ④ 提高对被审计单位的经营业绩及其政策和程序执行情况进行监督的能力; ⑤ 降低控制被规避的风险; ⑥ 通过对信息技术应用程序、数据库系统和操作系统执行安全控制,提高职责分离的有效性	① 所依赖的系统或程序不能正确处理数据,或处理了不正确的数据,或两种情况并存; ② 授权不恰当、越权访问、未经授权改变数据、系统或程序; ③ 未能对系统或程序作出必要的修改; ④ 不恰当的人为干预; ⑤ 数据丢失或无法访问
人工控制	① 存在大额、异常或偶发的交易; ② 存在难以界定、预计或预测的错误情况; ③ 为应对情况的变化,需要对现有的自动化控制进行人工干预; ④ 监督自动化控制的有效性	① 相对于自动化控制,人工控制的可靠性较低; ② 内部控制的人工成分在处理需要主观判断或酌情处理的情形时可能更为适当	① 人工控制可能更容易被规避、忽视或凌驾; ② 人工控制可能不具有一贯性; ③ 人工控制可能更容易产生简单错误或失误

第四,预防性和检查性控制。

通常将业务流程中的控制划分为预防性控制和检查性控制。

预防性控制通常用于正常业务流程的每一项交易,以防止错报的发生。在流程中防止错报是信息系统的重要目标。预防性控制可能是人工的,也可能是自动化的。例如,计算机程序自动生成收货报告,同时更新采购档案,可以防止出现购货漏记账的情况。

建立检查性控制的目的是发现流程中可能发生的错报(尽管有预防性控制,但还是会发生的错报)。被审计单位通过检查性控制,监督其流程和相应的预防性控制能否有效地发挥作用。检查性控制通常是管理层用来监督实现流程目标的控制。检查性控制可以由人工执行,也可以由信息系统自动执行。例如,每季度复核应收账款贷方余额并找出原因,可以查找未予入账的发票和销售与现金收入中的分类错误。

缺乏有效的预防性控制增加了发生错报的风险,因此,需要建立更为敏感的检查性控制。通常,注册会计师在识别检查性控制的同时,也记录重要的预防性控制。

(2) 内部控制的固有局限性。

内部控制存在固有局限性,无论如何设计和执行,只能对财务报告的可靠性提供合理的保证。内部控制实现目标的可能性受其固有限制的影响。这些限制主要包括:

第一,在决策时人为判断可能出现错误或人为失误而导致内部控制失效。例如,控制的设计和修改可能存在失误,被审计单位信息技术工作人员没有完全理解系统如何处理销售交易,为使系统能够处理新型产品的销售,可能错误地对系统进行更改;或者对系统的更改是正确的,但是程序员没能把更改转化为正确的程序代码。

第二,控制可能由于两个或更多的人员进行串通或管理层凌驾于内部控制之上而被规避。例如,管理层可能与客户签订背后协议,对标准的销售合同作出变动,从而导致确认收入发生错误。

此外,由于被审计单位内部行使控制职能的人员素质不适应岗位要求,或实施内部控制时过多考虑成本效益也可能造成内部控制的局限性。

对于小型被审计单位,由于拥有的员工较少,限制了其职责分离的程度。但是在业主管理的小型被审计单位,业主兼经理可以实施比大型被审计单位更有效的监督,这种监督可以弥补职责分离有限的局限性。另外,由于内部控制系统较为简单,业主兼经理更有可能凌驾于控制之上。注册会计师在识别由于舞弊导致的重大错报风险时需要考虑这一问题。

4. 了解与财务报表编制相关的内部控制体系各要素

内部控制的目标不仅包括财务报告的可靠性,还包括经营的效率和效果以及对法律法规的遵守,但注册会计师审计的目的是对财务报表是否存在重大错报发表审计意见,所以,注册会计师考虑的并不是被审计单位整体的内部控制,而只是与财务报表审计相关的内部控制,即与审计相关的控制。与审计相关的控制,包括被审计单位为实现财务报告可靠性目标设计和实施的控制。注册会计师应当运用职业判断,考虑一项控制单独或连同其他控制是否与评估重大错报风险以及针对评估的风险设计和实施进一步审计程序有关。

(1) 与财务报表编制相关的控制环境。

控制环境包括治理职能和管理职能,以及治理层和管理层对内部控制体系及其重要性的态度、认识和行动。

审计准则规定,注册会计师为了解与财务报表编制相关的控制环境,应当实施以下风险评估程序:

第一,了解涉及管理层如何履行其管理职责;在治理层与管理层分离的体制下,治理层的独立性以及治理层监督内部控制体系;被审计单位内部权限和职责的分配情况;被审计单位如何吸引、培养和留住具有胜任能力的人员;被审计单位如何使其人员致力于实现内部控制体系的目标等方面的控制、流程和组织结构。

第二,评价在治理层的监督下,管理层是否营造并保持了诚实守信和合乎道德的文化;根据被审计单位的性质和复杂程度,控制环境是否为内部控制体系的其他要素奠定了适当的基础;识别出的控制环境方面的控制缺陷,是否会削弱被审计单位内部控制体系的其他要素;在信息技术环境下,注册会计师还应当重视对与被审计单位使用信息技术相关的控制环境的评价等方面的情况。

注册会计师应当对控制环境的构成要素获取足够的了解,并考虑内部控制的实质及其综合效果,以了解管理层和治理层对内部控制及其重要性的态度、认识以及采取的行动。在评价控制环境各个要素时,注册会计师应当考虑控制环境各要素的控制是否得到执行。因为管理层也许建立了合理的内部控制,却未有效执行。

在确定构成控制环境的要素是否得到执行时,注册会计师应当考虑将询问与其他风险评估程序相结合以获取审计证据。通过询问管理层和员工,注册会计师可能了解管理层如何就业务规程和道德价值观念与员工进行沟通;通过观察和检查,注册会计师可能了解管理层是否建立了正式的行为守则,在日常工作中行为守则是否得到遵守,以及管理层如何处理违反行为守则的情形。

(2)与财务报表编制相关的风险评估工作。

被审计单位风险评估工作的作用是识别、评估和管理影响其实现经营目标能力的各种风险。由于被审计单位风险评估包括识别与财务报告相关的经营风险,以及针对这些风险所采取的措施,注册会计师应当了解被审计单位的风险评估工作。

审计准则规定,注册会计师为了解被审计单位与财务报表编制相关的风险评估工作,应当实施以下风险评估程序:

第一,了解被审计单位的识别与财务报告目标相关的经营风险、评估上述风险的重要程度和发生的可能性以及应对上述风险等方面工作。

第二,根据被审计单位的性质和复杂程度,评价其风险评估工作是否适合其具体情况。

审计准则还规定,如果注册会计师识别出重大错报风险,而管理层未能识别出这些风险,注册会计师需要判断这些风险是不是被审计单位风险评估工作应当识别出的风险。如果注册会计师认为,这些风险是被审计单位风险评估工作应当识别出的风险,则应当了解被审计单位风险评估工作未能识别这些风险的原因。还要考虑对前述的注册会计师"评价其风险评估工作是否适合其具体情况"的影响。在评价被审计单位风险评估的设计和执行时,注册会计师应当确定管理层如何识别与财务报告相关的经营风险,如何估计该风险的重要性,如何评估风险发生的可能性,以及如何采取措施管理这些风险。如果被审计单位的风险评估符合其具体情况,了解被审计单位的风险评估工作有助于注册会计师识别财务报表的重大错报风险。

(3)与财务报表编制相关的信息系统与沟通。

与财务报表编制相关的信息系统由一系列的活动和政策、会计记录和支持性记录组成。与财务报表编制相关的沟通,包括使员工了解各自在与财务报告有关的内部控制方面的角色和职责,员工之间的工作联系,以及向适当级别的管理层报告例外事项的方式。

审计准则规定,注册会计师为了解被审计单位与财务报表编制相关的信息系统与沟通,应当实施以下风险评估程序:

第一,了解被审计单位的信息处理活动(包括数据和信息),在这些活动中使用的资源,针对相关交易类别、账户余额和披露的信息处理活动的政策。

第二,了解被审计单位如何沟通与财务报表编制相关的重大事项,以及信息系统和内部控制体系其他要素中的相关报告责任。

第三,评价被审计单位的信息系统与沟通是否能够为被审计单位按照适用的财务报告编制基础编制财务报表提供适当的支持。

(4) 与财务报表编制相关的控制活动。

控制活动是指有助于确保管理层的指令得以执行的政策和程序。控制活动要素中的控制可能与授权和批准、调节、验证、实物或逻辑控制、职责分离等事项相关。注册会计师应当按照审计准则的规定识别控制活动要素中的控制,这些控制包括信息处理控制和信息技术一般控制,两类控制均可能属于人工控制或自动化控制。

审计准则规定,注册会计师为了了解与财务报表编制相关的控制活动,应当实施以下风险评估程序:

第一,识别用于应对认定层次重大错报风险的控制,包括:应对特别风险的控制;与会计分录相关的控制,这些会计分录包括用以记录非经常性的、异常的交易,以及用于调整的非标准会计分录;注册会计师拟测试运行有效性的控制,包括用于应对仅实施实质性程序不能提供充分、适当审计证据的重大错报风险的控制;注册会计师根据职业判断认为适当的、能够有助于其实现与认定层次重大错报风险有关目标的其他控制。

第二,基于上述第一项中识别的控制,识别哪些信息技术应用程序及信息技术环境的其他方面,可能面临运用信息技术导致的风险。

第三,针对上述第二项中识别的信息技术应用程序及信息技术环境的其他方面,进一步识别运用信息技术导致的相关风险以及被审计单位用于应对这些风险的信息技术一般控制。

第四,针对上述第一项以及第三项识别出的每项控制,评价控制的设计是否有效,即这些控制能否应对认定层次重大错报风险或为其他控制的运行提供支持;询问被审计单位内部人员,并运用其他风险评估程序,以确定控制是否得到执行。

在了解控制活动时,注册会计师应当重点考虑一项控制活动单独或连同其他控制活动,是否能够以及如何防止或发现并纠正各类交易、账户余额和披露认定存在的重大错报。注册会计师的工作重点是,识别和了解针对重大错报风险更高的领域的控制活动。如果多项控制活动能够实现同一目标,注册会计师不必了解与该目标相关的每项控制活动。

(5) 与财务报表编制相关的内部监督。

管理层的重要职责之一就是建立和维护内部控制体系并保证其持续有效运行,对内部控制体系的监督可以实现这一目标。监督是由适当的人员,在适当、及时的基础上,评估控制的设计和运行情况的过程。对内部控制体系的监督是指被审计单位评价内部控制在一段时间内运行有效性的过程。对内部控制体系的监督涉及及时评估控制的有效性并采取必要的补救措施。

审计准则规定,注册会计师为了解被审计单位对与财务报表编制相关的内部控制体系的监督工作,应当实施以下风险评估程序:

第一,了解被审计单位实施的持续性评价和单独评价,以及识别控制缺陷的情况和整改的情况;

第二,了解被审计单位的内部审计,包括内部审计的性质、职责和活动;

第三,了解被审计单位在监督内部控制体系的过程中所使用信息的来源,以及管理层认为这些信息足以信赖的依据;

第四,根据被审计单位的性质和复杂程度,评价被审计单位对内部控制体系的监督是否适合其具体情况。

注册会计师在了解被审计单位如何监督内部控制体系时,可以考虑的相关事项包括监督活动的设计,如监督是定期的还是持续的、监督活动的实施情况和频率、对监督活动结果的定期评价,以确定控制是否有效、如何通过适当的整改措施应对识别的缺陷,包括与负责采取整改措施的人员及时沟通缺陷等。

5. 了解内部控制的性质和程度

(1) 了解内部控制的性质。

注册会计师了解内部控制的目的,就是评价控制设计的有效性以及控制是否得到执行。值得注意的是,评价设计有效的控制是否得到执行,与测试控制运行的有效性即控制是否得到一贯执行,是有区别的。前者是了解内部控制的目的,后者是控制测试的目的。

(2) 了解内部控制的程度。

对内部控制了解的程度,是指注册会计师在实施风险评估程序时,了解被审计单位内部控制的范围及深度。这包括评价控制设计的有效性,并确定其是否得到执行,但不包括对控制是否得到一贯执行的测试。以销售与收款循环为例,表7-7是风险评估程序中了解内部控制,评价控制的设计并确定控制是否得到执行的工作底稿。

(3) 了解内部控制的程序。

为了解内部控制实施的程序,注册会计师通常实施询问被审计单位人员、观察特定控制的运用、检查文件和报告和追踪交易在财务报告信息系统中的处理过程(穿行测试)等风险评估程序,以获取有关控制设计有效性和控制是否得到执行的审计证据。

四、识别和评估重大错报风险

识别和评估重大错报风险是风险评估阶段的最后步骤。前面部分阐述的注册会计师在财务报表审计中,应当如何实施风险评估程序获取对被审计单位及其环境等方面情况的了解。获取这些了解的目的是使用通过了解获得的、可能导致财务报表发生重大错报的风险因素(事项或情况)以及内部控制对相关风险的抵消信息,识别和评估财务报表层次以及各类交易、账户余额和披露认定层次的重大错报风险。对重大错报风险的识别和评估结果是注册会计师设计和实施应对措施的依据。

(一) 识别和评估财务报表层次以及认定层次的重大错报风险

1. 总体要求

注册会计师应当利用了解获得的信息,判断确定某风险因素是与财务报表整体存在广泛的联系,并可影响多项认定,进而识别该风险属于财务报表层次重大错报风险,还是与财务报表整体不存在广泛联系,进而识别该风险为认定层次重大错报风险。

重大错报风险是固有风险和控制风险共同作用的结果,因此,注册会计师在评估重大错报风险的时候,应当考虑相关控制的影响(即控制风险)。

表7—7 评价控制的设计并确定控制是否得到执行

被审计单位：　　　　　　　　　　索引号：XSL-05　　　　　　页次：05
项目：评价控制的设计并确定控制是否得到执行　　编制人：　　　　　　日期：
账务报表截止日/期间：　　　　　　复核人：　　　　　　　　日期：

该循环具体业务流程及控制

子流程	控制序号	控制目标	被审计单位控制活动	受影响的相关交易类别、账户余额和披露	相关认定	是否应对特别风险	控制的性质	控制频率	与控制相关的风险	控制活动对实现控制目标是否有效	控制是否得到执行（是/否）	确定控制是否得到执行的工作底稿索引	是否测试控制运行有效性及理由	
													是否测试	理由
订单/合同审批	#XS1	客户采购订单经过适当审批	收到现有客户的采购订单后，销售业务员将订单金额与该客户已被授权的信用额度以及至今尚欠账款余额进行检查，经销售经理审批。如果采购订单金额经理复核，如果是超过信用额度的采购订单，须由总经理审批	营业收入；应收账款	存在/发生									
	#XS2	客户采购订单经过适当审批	销售业务员对新客户进行背景调查，求取包括信用评审机构对客户信用等级的评定报告等，填写"新客户基本情况表"并附相关资料交至销售经理审核。信用管理经理注明是否授受该新客户，信用管理经理注明是否同意接受该新客户销售及信用额度不超过人民币×××元；若高于该标准，须经总经理审批	营业收入；应收账款	存在/发生									
	#XS3	录入的销售合同信息正确	销售经理审核和批准信息管理员录入系统的销售信息，系统自动生成连续编号的销售订单	营业收入；应收账款	计价和分摊、准确性									
	#XS4	销售合同经过适当审批和签署	销售合同经销售经理复核后提交总经理签署	营业收入；应收账款	存在/发生									

续表

子流程	控制序号	控制目标	被审计单位控制活动	受影响的相关交易类别、账户余额和披露	相关认定	是否应对特别风险	控制的性质	控制频率	与控制相关的风险	控制活动对实现控制目标是否有效	控制是否得到执行（是/否）	确定控制是否得到执行的工作底稿索引	是否测试控制运行有效性	是否测试控制运行有效性及理由
													是否测试	理由
记录应收账款/合同资产和确认收入	#XS5	确认收入—记账	收入确认的依据复核无误后，根据发货进度及合同条款的约定等情况记录应收账款/合同资产，并提交会计主管复核。在完成对收入凭证及相关单证的复核后，会计主管在系统中批准收入确认凭证	应收账款；营业收入；合同资产	存在/发生；完整性；计价和分摊；准确性									
	#XS6	确认收入—收据复核认依据	账务人员依据公司的收入确认政策对签收单（收入确认）进行复核；确认签收单（是否由客户提供，是否盖章或签字）；签收单/验收单的日期是否在系统记录的发货日期之后；签收单、验收单与订单、提货单上所载的货物种类、数量是否一致；对差异进行及时调查和解决	营业收入；合同资产；应收账款	存在/发生；计价分摊；准确性									
收款	#XS7	已收到款项记录正确	出纳员检查收到的票据后收款通知单上签字确认，应收账款记账员将收款通知单、银行收款回单等进行核对无误后，在系统中编制收款凭证并提交会计主管复核。在完成对收款凭证及相关单证的复核后，会计主管在系统中批准收款凭证，在打印收款凭证后附载的单证上加盖"核销"印章	应收账款	计价和分摊；准确性									
对账与调节	#XS8	已记录的应收账款和销售收入是正确的	每月末，应收账款记账员向主要客户发送对账单。如有对账差异，应收账款记账员联系销售经理进行进一步调查。根据对账情况、应收账款调整建议（如有），交给会计主管报告和调整，经会计主管复核后，应收账款记账员进行必要的会计调整	营业收入；应收账款	存在/发生；完整性；权利和义务；截止									

续表

子流程	控制序号	控制目标	被审计单位控制活动	受影响的相关交易类别、账户余额和披露	相关认定	是否应对特别风险	控制的性质	控制频率	与控制相关的风险	控制活动对实现控制目标是否有效	控制是否得到执行（是/否）	确定控制是否得到执行的工作底稿索引	是否测试	控制运行有效性及理由 理由
计提坏账准备	#XS9	准确计提坏账准备并经适当授权	每季度末,销售经理根据客户应收账款的账龄分析报告、客户实际账款状况以及所了解的其他信息,编写应收账款可回收性分析报告。销售经理经理、财务经理和总经理在季度管理会议上讨论该报告,按照公司会计政策讨论结果,经总经理复核后入账	应收账款	计价和分摊/准确性									

2. 识别和评估财务报表层次重大错报风险

(1) 识别。如果判断某风险因素对财务报表整体存在广泛联系,并可能影响多项认定,注册会计师应当将其识别为财务报表层次重大错报风险。例如,在经济不稳定的国家和地区开展业务、资产的流动性出现问题、重要客户流失、融资能力受限等,可能导致注册会计师对被审计单位的持续经营能力产生重大疑虑。又如,管理层缺乏诚信,或承受异常的压力,或管理层凌驾于控制之上可能引发舞弊风险,这些风险与财务报表整体相关。

(2) 评估。对于识别出的财务报表层次重大错报风险,注册会计师应当从评价这些风险对财务报表整体产生的影响和确定这些风险是否影响对认定层次风险的评估结果两方面进行评估。

3. 识别和评估认定层次重大错报风险

(1) 识别。如果判断某固有风险因素可能导致某项认定发生重大错报,但与财务报表整体不存在广泛联系,注册会计师应当将其识别为认定层次的重大错报风险。例如,被审计单位存在复杂的联营或合资,这一事项表明长期股权投资账户的认定可能存在重大错报风险。又如,被审计单位存在重大的关联方交易,该事项表明关联方及关联方交易的披露认定可能存在重大错报风险。

(2) 评估。对于识别出的认定层次重大错报风险,注册会计师应当分别评估固有风险和控制风险。注册会计师识别确定某项认定是否属于相关认定,应当依据其固有风险,而不考虑相关控制的影响。注册会计师识别出相关认定后,在评估认定层次重大错报风险时,才应当考虑相关控制的影响。

第一,评估固有风险。对于识别出的认定层次重大错报风险,注册会计师应当通过评估错报发生的可能性和重要程度来评估固有风险。

第二,评估控制风险。注册会计师在拟测试控制运行有效性的情况下,应当评估控制风险。如果拟不测试控制运行的有效性,则应当将固有风险的评估结果作为重大错报风险的评估结果。

第三,确定特别风险。注册会计师应当确定评估的重大错报风险是否为特别风险。确定特别风险可以使注册会计师通过实施特定应对措施,更专注于那些位于固有风险等级上限的风险。

第四,两种特殊情形的处理。包括:

① 仅实施实质性程序无法应对的重大错报风险。针对某些认定层次重大错报风险,仅实施实质性程序无法为其提供充分、适当的审计证据,注册会计师应当确定评估出的重大错报风险是否属于该类风险。对于这类风险,注册会计师应当根据相关审计准则的规定,对相关控制的设计和执行进行了解和测试。

② 对重大交易类别、账户余额和披露的考虑。如果能够合理预期,某类交易、账户余额和披露中信息的遗漏、错误陈述或含糊表达,可能影响财务报表使用者依据财务报表整体作出的经济决策,则通常认为该类交易、账户余额和披露是重大的。如果注册会计师未将重大交易类别、账户余额和披露确定为"相关交易类别、账户余额和披露",则应当评价这样做是否适当。

第五,两个层次间相互影响的处理。在评估识别的认定层次重大错报风险时,注册会计师可能认为某些重大错报风险与财务报表整体存在广泛联系,可能影响多项认定,在这种情况下,注册会计师可能更新对财务报表层次重大错报风险的识别。如果重大错报风险由于广泛影响多项认定而被识别为财务报表层次重大错报风险,并可以识别出受影响的特定认定,注册会计师应当在评估认定层次重大错报风险的固有风险时考虑这些风险。

4. 考虑财务报表的可审计性

如果通过对内部控制的了解发现下列情况,并对财务报表局部或整体的可审计性产生疑问,注册会计师应当考虑出具保留意见或无法表示意见的审计报告:

(1) 被审计单位会计记录的状况和可靠性存在重大问题,不能获取充分、适当的审计证据以发表无保留意见;

(2) 对管理层的诚信存在严重疑虑。必要时,注册会计师应当考虑解除业务约定。

(二) 评估固有风险等级

固有风险等级指注册会计师对固有风险水平在一个范围内作出的从低到高的判断。作出该判断应当考虑被审计单位的性质和具体情况,并考虑评估的错报发生的可能性和重要程度以及固有风险因素。在评估与特定认定层次重大错报风险相关的固有风险等级时,注册会计师应当运用职业判断,确定错报发生的可能性和重要程度综合起来的影响程度。综合起来的影响程度越高,评估的固有风险等级越高,反之亦然。评估的固有风险等级较高也可能是错报发生的可能性和重要程度的不同组合导致的,即评估的固有风险等级较高,并不意味着评估的错报发生的可能性和重要程度都较高。为制定适应的应对策略,注册会计师可以基于对固有风险的评估,将重大错报风险按固有风险等级的类别进行划分。注册会计师可以以不同的方式描述固有风险的等级类别(如区分最高、较高、中、低等进行定性描述),并适当应对。

以下中兴财光华会计师事务所对柏堡龙货币资金审计中,将货币资金存在性认定的固有风险评估为高风险,却未采取适当的审计证据,未能取得充分适当的审计证据,未能将审计风险降低到可接受的低水平,未能发现虚增银行存款的财务舞弊行为。

课堂案例

中国证监会行政处罚决定书(中兴财光华、姚××、赵××、白××)

柏堡龙对外披露的2018年度财务报告虚增当年期末银行存款737 975 363.28元,虚增营业收入141 640 334.31元,虚增利润总额53 791 660.78元,未如实披露其他非流动资产报表项目预付工程款3.3亿元,其中虚增银行存款占期末总资产的24.38%,虚增营业收入、利润总额分别占对外披露营业收入、利润总额的17.25%、24.67%。柏堡龙对外披露的2019年度报告虚增当年期末银行存款1 097 554 969.81元,未如实披露其他非流动资产报表项目预付工程款3.3亿元,其中虚增银行存款占期末总资产的34.93%。

中兴财光华为柏堡龙2018年至2019年的年度审计机构,对柏堡龙2018、2019年度财务报告出具了标准无保留意见的审计报告。部分违法事实如下:

在货币资金存在性认定的固有风险为高风险的情况下,中兴财光华未保持应有的职业怀疑,未关注到内部控制缺陷,未能有效控制基本户函证过程,未能关注基本户对账单的异常,未能从银行独立获取对账单及采取有效的替代程序,未能考虑未从银行获取基本户对账单导致审计受限情形对审计意见的影响,未获取与银行存款真实性相关的充分适当的审计证据,以至于未能将审计风险降低到可接受的低水平,未能发现虚增银行存款的财务舞弊行为。

——摘自中国证券监督管理委员会网站,〔2022〕36号,有改动

(三)需要特别考虑的重大错报风险

引例导读

中国证监会行政处罚决定书(大信所、杨×、邹××)

大信会计师事务所(特殊普通合伙)(简称大信所)对新疆同济堂健康产业股份有限公司(简称同济堂)2016年至2018年年报审计,因未勤勉尽责被行政处罚,部分违法事实如下:

大信所审计未勤勉尽责,对营业收入的风险评估不恰当。大信所在2016至2018年审计中关注到同济堂因重组"存在业绩压力、存在由于舞弊导致财务报表发生重大错报的可能性""因存在业绩承诺,需重点关注业绩的真实性"。对此,大信所未保持应有的职业谨慎和职业怀疑,未在风险评估工作底稿中将"营业收入"项目评估为特别风险,对营业收入的风险评估结论不恰当。上述行为不符合《中国注册会计师审计准则第1141号——财务报表审计中与舞弊相关的责任》第二十七条、第二十八条、第五十一条的要求。

——摘自中国证券监督管理委员会网站,〔2023〕42号,有改动

在上述案例中,大信所的一项违法事实是在风险评估中,未将应评估为特别风险的"营业收入"项目评估为特别风险。那么,注册会计师在风险评估中应如何识别特别风险呢?

作为风险评估的一部分,注册会计师应当运用职业判断,确定识别的风险中哪些是需要特别考虑的重大错报风险(简称特别风险)。

1. 特别风险的概念

特别风险,是指注册会计师识别出的符合下列特征之一的重大错报风险:

(1)根据固有风险因素对错报发生的可能性和错报的严重程度的影响,注册会计师将固有风险评估为达到或接近固有风险等级的最高级;

(2)根据审计准则的规定,注册会计师应当将其作为特别风险。

2. 特别风险的判定

固有风险的影响越低,评估的风险等级可能也越低。注册会计师在评估固有风险等级时,应当考虑固有风险因素的影响。以下事项可能导致注册会计师评估认为重大错报风险具有较高的固有风险等级,进而将其确定为特别风险:

(1)交易具有多种可接受的会计处理,因此涉及主观性;

(2)会计估计具有高度不确定性或模型复杂;

(3)支持账户余额的数据收集和处理较为复杂;

(4) 账户余额或定量披露涉及复杂的计算;

(5) 对会计政策存在不同的理解;

(6) 被审计单位业务的变化涉及会计处理发生变化,如合并和收购。

在判断哪些风险是特别风险时,注册会计师不应考虑识别出的控制对相关风险的抵消效果。

3. 特别风险的来源

特别风险通常与重大的非常规交易和判断事项有关,日常的、不复杂的、经正规处理的交易不太可能产生特别风险。

非常规交易是指由于金额或性质异常而不经常发生的交易。例如,企业购并、债务重组、重大或有事项等。由于非常规交易具备以下特征,因此与重大非常规交易相关的特别风险可能会引发更高的重大错报风险。这些特征包括:① 管理层更多地干预会计处理;② 数据收集和处理受到更多的人工干预;③ 复杂的计算或会计处理方法;④ 非常规交易的性质可能使被审计单位难以对由此产生的特别风险实施有效控制。

判断事项通常包括作出的会计估计(具有计量的重大不确定性),如资产减值准备金的估计、需要运用复杂估值技术确定的公允价值计量等。由于以下因素,与重大判断事项相关的特别风险可能引发更高的重大错报风险:① 对涉及会计估计、收入确认等方面的会计原则存在不同理解;② 所要求的判断可能是主观和复杂的,或需要对未来事项作出假设。

4. 特别风险的处理

课堂案例

中国证监会行政处罚决定书(中兴财光华、姚××、赵××、白××)

柏堡龙对外披露的2018年度财务报告和2019年财务报告除虚增当年期末银行存款、虚增营业收入、虚增利润总额外,均未如实披露其他非流动资产报表项目预付工程款3.3亿元。

中兴财光华为柏堡龙2018年至2019年的年度审计机构,对柏堡龙2018、2019年度财务报告均出具了标准无保留意见的审计报告。部分违法事实如下:

2018年,在其他非流动资产评估为特别风险的情况下,中兴财光华未保持应有的职业怀疑关注到审计证据的异常情况,未收集与其他非流动资产相关的充分适当的审计证据,以至于未能将特别风险降低到可接受的低水平,未能核实柏堡龙全球项目中预付工程款的真实性,未能发现、未如实披露其他非流动资产和募集资金使用情况的财务舞弊行为。

2019年,在广东证监局提示相关审计风险,且其他非流动资产评估为特别风险的情况下,中兴财光华未保持应有的职业怀疑关注到所获审计证据的异常,未收集与其他非流动资产相关的充分适当的审计证据,以至于未能将特别风险降低到可接受的低水平,未能核实柏堡龙全球项目中预付工程款的真实性,未能发现、未如实披露其他非流动资产的财务舞弊行为。

——摘自中国证券监督管理委员会网站,〔2022〕36号,有改动对于特别风险,应当给予特别的关注和应对。在上述案例中,中兴财光华所在将其他非流动资产评估为特别风险后,却未能保持应有的职业怀疑态度,也未采取恰当的审计程序。那么,针对特别风险,我们应当如何有效应对呢?

了解与特别风险相关的控制,有助于注册会计师制定有效的审计应对方案。对于特别风险,注册会计师应当评价相关控制的设计情况,并确定其是否已经得到执行。由于与重大非常规交易或判断事项相关的风险很少受到日常控制的约束,注册会计师应当了解被审计单位是否针对该特别风险设计和实施了控制。

例如,作出会计估计所依据的假设是否由管理层或专家进行复核,是否建立作出会计估计的正规程序,重大会计估计结果是否由治理层批准等。再比如,管理层在收到重大诉讼事项的通知时采取的措施,包括这类事项是否提交适当的专家(如内部或外部的法律顾问)处理、是否对该事项的潜在影响作出评估、是否确定该事项在财务报表中的披露问题以及如何确定等。

如果管理层未能实施控制以恰当应对特别风险,注册会计师应当认为内部控制存在值得关注的内部控制缺陷,并考虑其对风险评估的影响。在此情况下,注册会计师应当就此类事项与治理层沟通。

(四) 仅实施实质性程序无法应对的重大错报风险

作为风险评估的一部分,如果认为仅实施实质性程序获取的审计证据无法应对认定层次的重大错报风险,注册会计师应当评价被审计单位针对这些风险设计的控制,并确定其执行情况。

在被审计单位对日常交易采用高度自动化处理的情况下,审计证据可能仅以电子形式存在,其充分性和适当性通常取决于自动化信息系统相关控制的有效性,注册会计师应当考虑仅实施实质性程序不能获取充分、适当审计证据的可能性。例如,某企业通过高度自动化的系统确定采购品种和数量,生成采购订购单,并通过系统中设定的收货确认和付款条件进行付款。除了系统中的相关信息,该企业没有其他有关订购单和收货的记录。在这种情况下,如果认为仅实施实质性程序不能获取充分、适当的审计证据,注册会计师应当考虑依赖的相关控制的有效性,并对其进行了解、评估和测试。

在实务中,注册会计师可以用表7-8汇总识别的重大错报风险。

表7-8 汇总识别的重大错报风险

识别的重大错报风险	对财务报表的影响	相关交易类别、账户余额和披露及相关认定	是否与财务报表整体广泛相关	是否属于特别风险	是否属于仅实施实质性程序无法应对的重大错报风险
记录识别的重大错报风险	描述对财务报表的影响和导致财务报表发生重大错报的可能性	列示相关交易类别、账户余额和披露及相关认定	考虑是否属于财务报表层次的重大错报风险	考虑是否属于特别风险	考虑是否属于仅实施实质性程序无法应对的重大错报风险

(五) 修正风险识别或评估结果

注册会计师对认定层次重大错报风险的识别或评估,可能随着审计过程中不断获取审计证据而做出相应的变化。如果通过实施进一步审计程序获取的审计证据与初始识别或评估获取的审计证据相矛盾,注册会计师应当修正风险识别或评估结果,并相应修改原计划实施的进一步审计程序。

因此,识别或评估重大错报风险与了解被审计单位及其环境等方面情况一样,也是一个连续和动态地收集、更新与分析信息的过程,贯穿整个审计过程的始终。

(六) 审计工作底稿

注册会计师应当遵守《中国注册会计师审计准则第 1131 号——审计工作底稿》的规定,并就下列事项形成审计工作底稿:

(1) 项目组内部进行的讨论以及得出的重要结论;

(2) 注册会计师根据《中国注册会计师审计准则第 1211 号——重大错报风险的识别和评估》的规定,对被审计单位及其环境、适用的财务报表编制基础和内部控制体系各要素等所了解到的要点和信息来源,以及实施的风险评估程序;

(3) 根据《中国注册会计师审计准则第 1211 号——重大错报风险的识别和评估》的规定,对所识别的控制的设计进行的评价,以及如何确定这些控制是否得到执行;

(4) 识别、评估的财务报表层次和认定层次重大错报风险,包括特别风险,仅实施实质性程序不能提供充分、适当的审计证据的风险,以及作出有关重大判断的理由。

第三节 应对重大错报风险

引例导读

中国证监会市场禁入决定书(杨××、张××、苏××)

康美药业 2016 年、2017 年、2018 年年度报告存在虚增收入、虚增货币资金等虚假记载行为。正中珠江为康美药业 2016 年、2017 年、2018 年年度报告提供审计服务。2017 年 4 月 18 日、2018 年 4 月 24 日,正中珠江分别为康美药业 2016 年、2017 年财务报表出具了标准无保留的审计意见;2019 年 4 月 28 日,正中珠江为康美药业 2018 年财务报表出具了保留意见。

一、正中珠江对康美药业 2016 年财务报表的审计存在缺陷

(一) 风险识别与评估阶段,部分审计底稿存在缺陷

……(因本书篇幅限制而省略,下同)

(二) 货币资金科目的风险应对措施存在重大缺陷

1. 内部控制测试程序存在重大缺陷。

2. 实质性程序存在重大缺陷。

(三) 营业收入科目的风险应对措施存在重大缺陷

1. 内部控制测试程序存在重大缺陷。

2. 实质性程序存在重大缺陷。

二、正中珠江对康美药业2017年财务报表的审计存在缺陷

(一) 风险识别与评估阶段,部分审计底稿存在缺陷

(二) 货币资金科目的风险应对措施存在重大缺陷

1. 内部控制测试程序存在重大缺陷。

2. 实质性程序存在重大缺陷。

(三) 营业收入科目的风险应对措施存在重大缺陷

1. 内部控制测试程序存在重大缺陷。

2. 实质性程序存在重大缺陷。

三、正中珠江对康美药业2018年财务报表的审计存在缺陷

(一) 风险识别与评估阶段,部分审计底稿未认定营业收入科目存在舞弊风险或特别风险,未就由于舞弊导致的财务报表重大错报的可能性执行相关的审计程序,存在缺陷。

(二) 实质性程序存在重大缺陷

当事人杨××、张××、苏××作为从事证券服务业务的人员,未勤勉尽责,违法行为情节严重,依据2005年《证券法》第二百三十三条和《证券市场禁入规定》(证监会令第115号)第三条、第五条的规定,我会决定:对杨××、张××分别采取5年证券市场禁入措施,对苏××采取10年证券市场禁入措施。自我会宣布决定之日起,在禁入期间内,除不得继续在原机构从事证券业务或者担任原上市公司、非上市公众公司董事、监事、高级管理人员职务外,也不得在其他任何机构中从事证券业务或者担任其他上市公司、非上市公众公司董事、监事、高级管理人员职务。

——摘自中国证券监督管理委员会网站,〔2021〕4号,有改动

在该案例中,注册会计师因执行风险应对措施不当等违法事实造成审计失败,进而被市场禁入。那么,针对评估出的重大错报风险,我们应当如何采取有效的应对措施呢?本节将对此进行详细介绍。

《中国注册会计师审计准则第1231号——针对评估的重大错报风险采取的应对措施》规范了注册会计师针对评估的重大错报风险确定总体应对措施,设计和实施进一步审计程序。注册会计师应当针对评估的重大错报风险实施程序,即针对评估的财务报表层次重大错报风险确定总体应对措施,并针对评估的认定层次重大错报风险设计和实施进一步审计程序,以将审计风险降至可接受的低水平。

一、财务报表层次重大错报风险与总体应对措施

(一) 财务报表层次重大错报风险与总体应对措施

在财务报表重大错报风险的评估过程中,注册会计师应当确定,识别的重大错报风险是与特定的某类交易、账户余额和披露的认定相关,还是与财务报表整体广泛相关,进而影响多项认定。如果是后者,则属于财务报表层次的重大错报风险。

注册会计师应当针对评估的财务报表层次的重大错报风险确定下列总体应对措施:

(1) 向项目组强调保持职业怀疑态度的必要性。

(2) 指派更有经验或具有特殊技能的审计人员,或请专家辅助工作。

由于各行业在经营业务、经营风险、财务报告、法规要求等方面具有特殊性,审计人员的专业分工细化成为一种趋势。审计项目组成员中应有一定比例的人员曾经参与过被审计单位以前年度的审计,或具有被审计单位所处特定行业的相关审计经验。必要时,可以考虑请信息技术、税务、评估、精算等方面的专家来辅助工作。

(3) 提供更多的督导。

对于财务报表层次重大错报风险较高的审计项目,审计项目组的高级别成员,如项目合伙人、项目经理等经验较丰富的人员,要对其他成员提供更详细、更经常、更及时的指导和监督并加强项目质量复核。

(4) 在选择拟实施的进一步审计程序时融入更多的不可预见因素。

这种考虑可以避免被审计单位人员,尤其是管理层,因为熟悉注册会计师的审计套路而可能采取种种规避手段,掩盖财务报告中的舞弊行为。在实务中,注册会计师可以通过以下方式提高审计程序的不可预见性:

① 对某些未测试过的低于设定的重要性水平或风险较小的账户余额和认定实施实质性程序;

② 调整实施审计程序的时间,使被审计单位不可预期;

③ 采取不同的审计抽样方法,使抽取的测试样本与以前有所不同;

④ 选取不同的地点实施审计程序,或预先不告知被审计单位所选定的测试地点。

⑤ 注册会计师需要与被审计单位的管理层事先沟通,要求实施具有不可预见性的审计程序,但不能告知其具体内容。注册会计师可以在签订审计业务约定书时明确提出这一要求。

⑥ 虽然对于不可预见性程度没有量化的规定,但是审计项目组可根据对舞弊风险的评估等确定具有不可预见性的审计程序。审计项目组可以汇总那些具有不可预见性的审计程序,并记录在审计工作底稿中。

⑦ 项目合伙人需要安排项目组成员有效地实施具有不可预见性的审计程序,但同时要避免使项目组成员处于困难境地。

(5) 对拟实施审计程序的性质、时间安排或范围作出总体修改。如果财务报表层次的重大错报风险源于薄弱的控制环境,即控制环境存在缺陷,注册会计师在对拟实施审计程序的性质、时间安排和范围作出总体修改时应当考虑:

① 在期末而非期中实施更多的审计程序。控制环境的缺陷通常会削弱期中获得的审计证据的可信赖程度。

② 通过实施实质性程序获取更广泛的审计证据。良好的控制环境是其他控制要素发挥作用的基础。控制环境存在缺陷通常会削弱其他控制要素的作用,导致注册会计师可能无法信赖内部控制,而主要依赖实施实质性程序获取审计证据。

③ 增加拟纳入审计范围的经营地点的数量。

(二)总体应对措施对拟实进一步审计程序的总体审计方案的影响

财务报表层次重大错报风险往往不仅仅限于某类交易、账户余额和披露,可能对财务报表的多项认定产生广泛影响,并相应增加注册会计师对认定层次重大错报风险的评估难度。

因此，注册会计师评估的财务报表层次重大错报风险以及采取的总体应对措施，对拟实施进一步审计程序的总体审计方案具有重大影响。

拟实施进一步审计程序的总体审计方案包括实质性方案和综合性方案。其中，实质性方案是指注册会计师实施的进一步审计程序以实质性程序为主；综合性方案是指注册会计师在实施进一步审计程序时，将控制测试与实质性程序结合使用。当评估的财务报表层次重大错报风险属于高风险水平（并相应采取更强调审计程序不可预见性以及重视调整审计程序的性质、时间安排和范围等总体应对措施）时，拟实施进一步审计程序的总体方案往往更倾向于实质性方案。

二、针对认定层次重大错报风险的进一步审计程序

(一) 进一步审计程序的含义和要求

1. 进一步审计程序的含义

进一步审计程序是针对风险评估程序而言，是指注册会计师针对评估的各类交易、账户余额、列报认定层次重大错报风险实施的审计程序，包括控制测试和实质性程序。

注册会计师应当针对评估的认定层次重大错报风险设计和实施进一步审计程序，包括审计程序的性质、时间安排和范围。其中，进一步审计程序的性质尤为重要。注册会计师实施的审计程序应具有目的性和针对性，注册会计师应该有的放矢地配置审计资源，有利于提高审计效率和效果。

2. 设计进一步审计程序时的考虑因素

注册会计师可以通过综合考虑以下因素设计进一步审计程序：

(1) 考虑风险的重要性。风险的重要性是指风险后果的严重程度，风险的后果越严重，就越需要注册会计师关注和重视，越需要精心设计有针对性的进一步审计程序。

(2) 重大错报发生的可能性。重大错报发生的可能性越大，同样越需要注册会计师精心设计进一步审计程序。

(3) 涉及的各类交易、账户余额和列报的特征。不同的交易、账户余额和披露，产生的认定层次的重大错报风险也会存在差异，适用的审计程序也有差别，需要注册会计师区别对待，并设计有针对性的进一步审计程序予以应对。

(4) 被审计单位采用的特定控制的性质；不同性质的控制（尤其是人工控制或自动化控制）对注册会计师设计进一步审计程序具有重要影响。

(5) 注册会计师是否拟获取审计证据，以确定内部控制在防止或发现并纠正重大错报方面的有效性。如果注册会计师在风险评估时预期内部控制运行有效，随后拟实施的进一步审计程序就必须包括控制测试，且实质性程序自然会受到之前控制测试结果的影响。

3. 进一步审计程序总体方案的选择

注册会计师对认定层次重大错报风险的评估为确定进一步审计程序的总体审计方案奠定了基础。因此，注册会计师应当根据对认定层次重大错报风险的评估结果，恰当选用实质性方案或综合性方案。通常情况下，注册会计师出于成本效益的考虑可以采用综合性方案设计进一步审计程序，即将测试控制运行的有效性与实质性程序结合使用。但在某些情况

下(如仅通过实质性程序无法应对重大错报风险),注册会计师必须通过实施控制测试,才可能有效应对评估出的某一认定的重大错报风险;而在另一些情况下(如注册会计师的风险评估程序未能识别出与认定相关的任何控制,或注册会计师认为控制测试很可能不符合成本效益原则),注册会计师可能认为仅实施实质性程序就是适当的。

注册会计师无论选用实质性方案还是综合性方案,都应当对所有重大的各类交易、账户余额和披露设计和实施实质性程序。

小型被审计单位可能不存在能够被注册会计师识别的控制活动,注册会计师实施的进一步审计程序可能主要是实质性程序。但是,注册会计师始终应当考虑在缺乏控制的情况下,仅通过实施实质性程序是否能够获取充分、适当的审计证据。

(二) 进一步审计程序的性质

1. 进一步审计程序的性质的概念

进一步审计程序的性质是指进一步审计程序的目的和类型。

因为进一步审计程序包括控制测试和实质性程序,所以进一步审计程序的目的包括:通过控制测试以确定内部控制运行的有效性;通过实质性程序以发现认定层次的重大错报。

进一步审计程序的类型包括检查、观察、询问、函证、重新计算、重新执行和分析程序。注册会计师应当根据认定层次重大错报风险的评估结果选择审计程序。

不同的审计程序应对特定认定错报风险的效力不同,在应对评估的风险时,合理确定审计程序的性质非常重要。例如,对于与收入完整性认定相关的重大错报风险,控制测试通常更能有效应对;对于与收入发生认定相关的重大错报风险,实质性程序通常更能有效应对。

2. 进一步审计程序的性质的选择

在确定进一步审计程序的性质时,注册会计师首先需要考虑的是认定层次重大错报风险的评估结果。评估的认定层次重大错报风险越高,对通过实质性程序获取的审计证据的相关性和可靠性的要求越高,从而可能影响进一步审计程序的类型及其综合运用。例如,当注册会计师判断某类交易协议的完整性存在更高的重大错报风险时,除了检查文件,注册会计师还可能决定向第三方询问或函证协议条款的完整性。

在确定拟实施的审计程序时,注册会计师接下来应当考虑评估的认定层次重大错报风险产生的原因,包括考虑各类交易、账户余额和披露的具体特征以及内部控制。例如,注册会计师可能判断某特定类别的交易即使在不存在相关控制的情况下发生重大错报的风险仍较低,此时注册会计师可能认为仅实施实质性程序就可以获取充分、适当的审计证据。再如,对于经由被审计单位信息系统日常处理和控制的某类交易,如果注册会计师预期此类交易在内部控制运行有效的情况下发生重大错报的风险较低,且拟在控制运行有效的基础上设计实质性程序,注册会计师就会决定先实施控制测试。

如果在实施进一步审计程序时拟利用被审计单位信息系统生成的信息,注册会计师应当就信息的准确性和完整性获取审计证据。例如,注册会计师在对被审计单位的存货期末余额实施实质性程序时,拟利用被审计单位信息系统生成的各个存货存放地点及其余额清单,注册会计师应当获取关于这些信息的准确性和完整性的审计证据。

(三) 进一步审计程序的时间

1. 进一步审计程序的时间的概念

进一步审计程序的时间指注册会计师何时实施进一步审计程序,或审计证据适用的期间或时点。它有两层含义,包括审计程序的实施时间和需要获取审计证据适用的期间和时间。

2. 进一步审计程序的时间的选择

基于进一步审计程序的时间的概念,有关进一步审计程序的时间选择也包括两个层面:一是注册会计师选择在何时实施进一步审计程序,这个层面的选择问题主要集中在如何权衡期中与期末实施审计程序的关系;二是选择获取什么期间或时点的审计证据,这个层面的选择问题分别集中在如何权衡期中审计证据与期末审计证据的关系、如何权衡以前审计获取的审计证据与本期审计获取的审计证据的关系。这两个层面的最终落脚点都是如何确保获取审计证据的效率和效果。进一步审计程序的时间选择要考虑以下几个方面的问题:

(1) 关于选择在期中还是期末实施控制测试或实质性程序。一项基本的考虑因素应当是注册会计师评估的重大错报风险,当重大错报风险较高时,注册会计师应当考虑在期末或接近期末实施实质性程序,或采用不通知的方式,或在管理层不能预见的时间实施审计程序。某些审计程序只能在期末或期末以后实施,包括将财务报表中的信息与其所依据会计记录相核对或调节,检查财务报表编制过程中所作的会计调整等。如果被审计单位在期末或接近期末发生了重大交易,或重大交易在期末尚未完成,注册会计师应当考虑交易的发生或截止等认定可能存在的重大错报风险,并在期末或期末以后检查此类交易。

(2) 关于在期中实施进一步审计程序的考虑。尽管在期末实施审计程序在很多情况下是非常必要的,但注册会计师不能忽视在期中实施进一步审计程序所能发挥的积极作用。在期中实施进一步审计程序,可能有助于注册会计师在审计工作初期识别重大事项,并在管理层的协助下及时解决这些事项,或针对这些事项制定有效的实质性方案或综合性方案。

当然,在期中实施进一步审计程序存在很大的局限。首先,注册会计师往往难以仅凭在期中实施的进一步审计程序获取有关期中以前的充分、适当的审计证据;其次,即使注册会计师在期中实施的进一步审计程序能够获取有关期中以前的充分、适当的审计证据,但是从期中到期末这段时间还往往会发生重大的交易或事项,从而对所审计期间的各类交易、账户余额和披露的认定产生重大影响;最后,被审计单位管理层也完全有可能在注册会计师于期中实施了进一步审计程序之后对期中以前的相关会计记录作出调整甚至篡改,注册会计师在期中实施了进一步审计程序所获取的审计证据已经发生了变化。为此,如果在期中实施了进一步审计程序,注册会计师还应当针对剩余期间获取审计证据。

(3) 关于影响注册会计师考虑在何时实施审计程序的其他相关因素:一是控制环境。如果控制环境良好,可以抵消期中实施进一步审计程序的局限性。二是何时能得到相关信息。注册会计师根据相关信息可以被获得的时间决定何时实施何种审计程序。三是错报风险的性质。每一种错报风险因为性质差异发生的时点有差异,所以注册会计师可以根据错报风险的性质决定何时实施审计程序。四是审计证据适用的期间或时点。某些审计证据适用的期间或时点有其固有性或特殊性,注册会计师应根据审计证据本身适用的期间或时点决定审计程序的时间。五是编制财务报表的时间,尤其是编制某些披露的时间,这些披露为资产负债表、利润表、所有者权益变动表或现金流量表中记录的金额提供了进一步解释。

(四)进一步审计程序的范围

1. 进一步审计程序的范围的概念

进一步审计程序的范围指实施进一步审计程序(含控制测试和实质性程序)所涉及的数量多少,包括样本量,对控制活动的观察次数频率等。

2. 进一步审计程序的范围确定时考虑的因素

(1)在确定进一步审计程序的范围时,注册会计师主要考虑如下因素:

第一,确定的重要性水平。确定的重要性水平越低,注册会计师实施进一步审计程序的范围越广。

第二,评估的重大错报风险。评估的重大错报风险越高,对拟获取审计证据的相关性、可靠性的要求越高,进一步审计程序的范围越广。但是,只有当审计程序本身与特定风险相关时,扩大审计程序的范围才是有效的。

第三,计划获取的保证程度。计划获取的保证程度越高,对测试结果可靠性要求越高,注册会计师实施的进一步审计程序的范围越广。

(2)关于使用计算机辅助审计技术。

在考虑确定进一步审计程序的范围时,使用计算机辅助审计技术具有积极的作用。注册会计师可以使用计算机辅助审计技术对电子化的交易和账户文档进行更广泛的测试,包括从主要电子文档中选取交易样本,或按照某一特征对交易进行分类,或对总体而非样本进行测试。

(3)关于使用抽样审计方法。

注册会计师需要慎重考虑抽样过程对审计程序范围的影响是否能够有效实现审计目的。注册会计师使用恰当的抽样方法通常可以得出有效结论。但是,如果从总体中选择的样本量过小、选择的抽样方法对实现特定目标不适当和未对发现的例外事项进行恰当的追查等,注册会计师依据样本得出的结论可能与对总体实施同样的审计程序得出的结论不同,出现不可接受的风险。

注册会计师在综合运用不同审计程序时,除了面临各类审计程序的性质选择问题外,还面临如何权衡各类程序的范围问题。因此,注册会计师在综合运用不同审计程序时,不仅应当考虑各类审计程序的性质,还应当考虑测试的范围是否适当。

三、控制测试

课堂案例

中国证监会市场禁入决定书(杨××、张××、苏××)

这份处罚决定书中对正中珠江对康美药业2016年财务报表的审计存在货币资金科目

内部控制测试程序重大缺陷描述如下：

一是未识别捷科系统与金蝶 EAS 系统存在的差异，未分析差异产生的原因并判断对财务报表的影响，也未在审计底稿中说明未追溯至捷科系统的理由及证据，获取的审计证据不具有充分性和适当性。二是控制点之一"往来对账的控制"，主要内容为客户、供应商、销售部门、采购部门、财务部门以捷科系统数据为基础，相互进行对账。内部控制测试审计底稿记载审计人员现场查阅了《销售回款统计表》《采购付款统计表》，实际并未执行，审计底稿也未见对应的审计证据。控制点之一的"定期存款的审批"，主要内容是康美药业内部对定期存款的审批流程。内部控制有效性评价的审计底稿记载审计人员抽取了一个样本，实际并未执行，审计底稿也未见对应的审计证据。三是控制点之一"资金对账"，包括现金对账和银行存款对账，正中珠江仅针对银行存款对账执行内部控制测试程序，未针对现金对账执行内部控制测试程序，无法实现整个控制点的审计目标。正中珠江对康美药业货币资金活动内部控制评价结论为"控制活动运行有效且得到执行"，该评价没有充分、适当的审计证据支持，评价结论不恰当，不符合《中国注册会计师职业道德守则第 1 号——职业道德基本原则》第 7 条和《中国注册会计师审计准则第 1231 号——针对评估的重大错报风险采取的应对措施》第 8 条的规定。

——摘自中国证券监督管理委员会网站，〔2021〕4 号，有改动

这份市场禁入决定书认为，正中珠江对康美药业货币资金活动控制测试评价结论"控制活动运行有效且得到执行"不恰当。那么，什么是控制测试？要求是什么？如何确定控制测试的性质、时间和范围？

控制测试是为了评价内部控制在防止或发现并纠正认定层次重大错报方面的运行有效性而实施的审计程序。注册会计师应当选择为相关交易、账户余额和披露的认定提供证据的内部控制进行测试。

(一) 控制测试的含义和要求

1. 控制测试的含义

控制测试，是指用于评价内部控制在防止或发现并纠正认定层次重大错报方面的运行有效性的审计程序。

要注意控制测试与风险评估中的"了解内部控制"相区分。了解内部控制时，注册会计师要评价内部控制的设计，确定被审计单位内部控制制度是否得到执行，包括某项控制是否存在，是否正在使用；控制测试需要测试内部控制运行的有效性，强调控制能够在各个不同时点按照既定设计得以一贯执行。从以下方面获取相关证据：① 控制在所审计期间的相关时点是如何运行的；② 控制是否得到一贯执行；③ 控制由谁或以何种方式执行。控制测试并非在任何情况下都需要实施。因此，在了解控制是否得到执行时，注册会计师只需抽取少量的交易进行检查或观察某几个时点。但在测试控制运行的有效性时，注册会计师需要抽取足够数量的交易进行检查或对多个不同时点进行观察。两者的区别可以通过以下工作底稿(见表 7-9)与了解内部控制的工作底稿比较进一步区分。

表 7-9 控制测试

被审计单位：	索引号:XSC-01	页次:01
项目:控制测试	编制人：	日期：
财务报表截止日/期间：	复核人：	日期：
测试本循环控制运行有效性的工作包括：			
1. 针对了解的被审计单位销售与收款循环的控制活动,确定拟进行测试的控制活动		
2. 测试控制运行的有效性,记录测试过程和结论		
3. 根据测试结论,确定对实质性程序的性质、时间和范围的影响		
测试本循环控制运行有效性形成下列审计工作底稿：		
1. XSC-2:控制测试汇总表		
2. XSC-3:控制测试程序和过程记录		

测试控制运行的有效性与确定控制是否得到执行所需获取的审计证据虽然存在差异，但两者也有联系。为评价控制设计和确定控制是否得到执行而实施的某些风险评估程序并非专为控制测试而设计，但可能提供有关控制运行有效性的审计证据，注册会计师可以考虑在评价控制设计和获取其得到执行的审计证据的同时测试控制运行有效性，以提高审计效率；同时注册会计师应当考虑这些审计证据是否足以实现控制测试的目的。

2. 控制测试的要求

在设计和实施控制测试时，对控制有效性的信赖程度越高，注册会计师越应当获取有说服力的审计证据。控制测试并非在任何情况下都需要实施。当存在下列情形之一时，注册会计师应当实施控制测试：

(1) 在评估认定层次重大错报风险时，预期控制的运行是有效的。

注册会计师通过实施风险评估程序，可能发现某项控制的设计是存在的，也是合理的，同时得到了执行。这种情况下，出于成本效益的考虑，注册会计师可能预期，某项控制存在被信赖和利用的可能前提下，与该控制有关的认定发生重大错报的可能性就不会很大，也就不需要实施很多的实质性程序，而是认为值得对相关控制在不同时点是否得到了一贯执行进行测试，即实施控制测试。因此，只有认为控制设计合理、能够防止或发现和纠正认定层次的重大错报，注册会计师才有必要对控制运行的有效性实施测试。

(2) 仅实施实质性程序并不能够提供认定层次充分、适当的审计证据。

有时，对有些重大错报风险，注册会计师仅通过实质性程序无法予以应对。例如，在被审计单位对日常交易或财务报表相关的其他数据采用高度自动化处理的情况下，审计证据可能仅以电子形式存在，此时审计证据是否充分和适当通常取决于自动化信息系统相关控制的有效性。如果信息的生成、记录、处理和报告均通过电子格式进行而没有适当有效的控制，则生成不正确信息或信息被不恰当修改的可能性就会大大增加。在认为仅通过实质性程序不能获取充分、适当的审计证据的情况下，注册会计师必须实施控制测试，且这种测试已经不再是单纯出于成本效益的考虑，而是必须获取的一类审计证据。

（二）控制测试的性质

1. 控制测试的性质的概念

控制测试的性质是指控制测试所使用的审计程序的类型及其组合。

计划从控制测试中获取的保证水平是决定控制测试性质的主要因素之一。注册会计师应当选择适当类型的审计程序以获取有关控制运行有效性的保证。在计划和实施控制测试时，对控制有效性的信赖程度越高，注册会计师越应当获取有说服力的审计证据。当拟实施的进一步审计程序以控制测试为主，尤其是仅实施实质性程序无法或不能获取充分、适当的审计证据时，注册会计师应当获取有关控制运行有效性的更高的保证水平。

2. 控制测试审计程序的类型

控制测试与了解内部控制的目的不同，两者采用审计程序的类型也不尽相同。控制测试采用的审计程序有询问、观察、检查和重新执行。

（1）询问。注册会计师可以向被审计单位适当员工询问，获取与内部控制运行情况相关的信息。例如，向负责复核银行存款余额调节表的人员询问如何进行复核，包括复核的要点是什么、发现不符合项如何处理等。询问本身并不足以测试控制运行的有效性，需要将询问与其他审计程序结合使用，以获取有关控制运行有效性的审计证据，如询问的同时检查执行控制时所使用的报告、手册或其他文件等。在询问过程中，注册会计师应当保持职业怀疑。

（2）观察。观察是用于测试不留下书面记录的控制（如职责分离、自动化控制）的运行情况的有效方法。通常情况下，注册会计师通过观察直接获取的证据比间接获取的证据更可靠，但是观察提供的证据仅限于观察发生的时点，注册会计师需要考虑不在场时可能未被执行的情况。

（3）检查。检查非常适用于留有书面证据的控制。检查对象包括复核时留下的记号、签字、标志，以及是否按规定完整实施了该控制。例如，检查销售发票是否有复核人员签字，检查销售发票是否附有客户订购单和出库单等。

（4）重新执行。例如，为了合理保证计价认定的准确性，被审计单位的一项控制是由复核人员核对销售发票上的价格与统一价格单上的价格是否一致。但是，要检查复核人员有没有认真执行核对，仅仅检查复核人员是否在相关文件上签字是不够的，注册会计师还需要自己选取一部分销售发票进行核对，这就是重新执行程序。如果需要进行大量的重新执行，注册会计师就要考虑通过实施控制测试以缩小实质性程序的范围是否有效。

将询问与检查或重新执行结合使用，可能比仅实施询问和观察获取更高水平的保证。例如，被审计单位针对处理收到的邮政汇款单设计和执行了相关的内部控制，注册会计师通过询问和观察程序往往不足以测试此类控制的运行有效性，还需要检查能够证明此类控制在所审计期间的其他时段有效运行的文件和凭证，以获取充分、适当的审计证据。

3. 确定控制测试的性质时的要求

（1）考虑特定控制的性质。注册会计师应当根据特定控制的性质选择所需实施审计程序的类型。例如，某些控制可能存在反映控制运行有效性的文件记录，则可以检查这些文件记录以获取控制运行有效性的审计证据；某些控制可能不存在文件记录（如一项自动化的控制活动),或文件记录与能否证实控制运行有效性不相关,注册会计师应当考虑实施检查以外的其他审计程序(如询问和观察)或借助计算机辅助审计技术,以获取有关控制运行有效性的审计证据。

(2) 考虑测试与认定直接相关和间接相关的控制。在设计控制测试时,注册会计师不仅应当考虑与认定直接相关的控制,还应当考虑这些控制所依赖的与认定间接相关的控制,以获取支持控制运行有效性的审计证据。例如,被审计单位可能针对超出信用额度的例外赊销交易设置报告和审核制度(与认定直接相关的控制);在测试该项制度的运行有效性时,注册会计师不仅应当考虑审核的有效性,还应当考虑与例外内销报告中信息准确性有关的控制(与认定间接相关的控制)是否有效运行。

(3) 如何对一项自动化的信息处理控制实施控制测试。对于一项自动化的信息处理控制,由于信息技术处理过程的内在一贯性,注册会计师可以利用该项控制得以执行的审计证据和信息技术一般控制(特别是对系统变动的控制)运行有效性的审计证据,作为支持该项控制在相关期间运行有效性的重要审计证据。

4. 实施控制测试时双重目的的实现

控制测试的目的是评价控制是否有效运行,细节测试的目的是发现认定层次的重大错报。尽管两者的目的不同,但注册会计师可以考虑针对同一交易同时实施控制测试和细节测试,以实现双重目的。例如,注册会计师通过检查某笔交易的发票可以确定其是否经过适当的授权,也可以获取关于该交易的金额、发生时间等细节证据。当然,如果拟实施双重目的测试,注册会计师应仔细设计和评价测试程序。

5. 实施实质性程序的结果对控制测试结果的影响

如果通过实施实质性程序未发现某项认定存在错报,这本身并不能说明与该认定有关的控制是有效运行的;如果通过实施实质性程序发现某项认定存在错报,注册会计师应当在评价相关控制的运行有效性时予以考虑。因此,注册会计师应当考虑实施实质性程序发现的错报对评价相关控制运行有效性的影响(如降低对相关控制的信赖程度、调整实质性程序的性质、扩大实质性程序的范围等)。如果实施实质性程序发现被审计单位没有识别出的重大错报,通常表明内部控制存在值得关注的缺陷,注册会计师应当就这些缺陷与管理层和治理层进行沟通。

(三) 控制测试的时间

1. 控制测试的时间的概念

控制测试的时间包含两层含义:一是何时实施控制测试;二是测试所针对的控制适用的时点或期间。如果测试特定时点的控制,注册会计师仅得到该时点控制运行有效性的审计证据;如果测试某一期间的控制,注册会计师可获取控制在该期间有效运行的审计证据。因此,注册会计师应当根据控制测试的目的确定控制测试的时间,并确定拟依赖的相关控制的时点或期间。

关于根据控制测试的目的确定控制测试的时间,如果仅需要测试控制在特定时点的运行有效性(如对被审计单位期末存货盘点进行控制测试),注册会计师只需要获取该时点的审计证据。如果需要获取控制在某一期间有效运行的审计证据,仅获取与时点相关的审计证据是不充分的,注册会计师应当辅以其他控制测试,包括测试被审计单位对控制的监督。而所谓的"其他控制测试"应当具备的功能是,能提供相关控制在所有相关时点都运行有效的审计证据;被审计单位对控制的监督起到的就是一种检验相关控制在所有相关时点是否都有效运行的作用,因此,注册会计师测试这类活动能够强化控制在某期间运行有效性的审计证据效力。

2.如何考虑期中审计证据

(1)基本思路。

对于控制测试,注册会计师在期中实施此类程序具有更积极的作用。但是,即使注册会计师已获取有关控制在期中运行有效性的审计证据,仍然需要考虑如何能够将控制在期中运行有效性的审计证据合理延伸至期末,一个基本的考虑是针对期中至期末这段时间获取充分、适当的审计证据。因此,如果已获得有关控制在期中运行有效性的审计证据,并拟利用该证据,注册会计师应当实施下列审计程序:第一,获取这些控制在剩余期间发生变化的审计证据;第二,确定针对剩余期间还需获取的补充审计证据。

(2)考虑控制在剩余期间发生的重大变化。

针对期中已获取审计证据的控制,考察这些控制在剩余期间的变化情况(包括是否发生了变化以及如何变化);如果这些控制在剩余期间没有发生变化,注册会计师可能决定依赖期中获取的审计证据;如果这些控制在剩余期间发生了变化(如信息系统、业务流程或人事管理等方面发生变动),注册会计师需要了解并测试控制的变化对期中审计证据的影响。

(3)考虑剩余期间的补充证据。

针对期中证据以外的、剩余期间的补充证据,注册会计师应当考虑下列因素:

第一,评估的认定层次重大错报风险的重要程度。评估的重大错报风险对财务报表的影响越大,注册会计师需要获取的剩余期间的补充证据越多。

第二,在期中测试的特定控制,以及自期中测试后发生的重大变动。例如,对自动化运行的控制,注册会计师更可能测试信息技术一般控制的运行有效性,以便获取控制在剩余期间运行有效性的审计证据。

第三,在期中对有关控制运行有效性获取的审计证据的程度。如果注册会计师在期中对有关控制运行有效性获取的审计证据比较充分,可以考虑适当减少需要获取的剩余期间的补充证据。

第四,剩余期间的长度。剩余期间越长,注册会计师需要获取的剩余期间的补充证据越多。

第五,在信赖控制的基础上拟缩小实质性程序的范围。注册会计师对相关控制的信赖程度越高,通常在信赖控制的基础上拟减少实质性程序的范围就越大。在这种情况下,注册会计师需要获取的剩余期间的补充证据越多。

第六,控制环境。控制环境越薄弱(或把握程度越低),注册会计师需要获取的剩余期间的补充证据越多。

除了上述的测试剩余期间控制的运行有效性,测试被审计单位对控制的监督也能够作为一项有益的补充证据,以便更有把握地将控制在期中运行有效性的审计证据延伸至期末。如前所述,被审计单位对控制的监督起到的是一种检验相关控制在所有相关时点是否都有效运行的作用,因此,通过测试剩余期间控制的运行有效性或测试被审计单位对控制的监督,注册会计师可以获取补充审计证据。

3. 如何考虑以前审计获得的证据

(1) 基本思路。

关于如何考虑以前审计获取的有关控制运行有效性的审计证据,基本思路是考虑拟信赖的以前审计中测试的控制在本期是否发生变化。如果拟信赖以前审计获取的有关控制运行有效性的审计证据,注册会计师应当通过实施询问并结合观察或检查程序,获取这些控制是否已经发生变化的审计证据。

(2) 具体要求。

当控制在本期发生变化时:如果控制在本期发生变化,注册会计师应当考虑以前审计获取的有关控制运行有效性的审计证据是否与本期审计相关。如果拟信赖的控制自上次测试后已发生实质性变化,以致影响以前审计所获取证据的相关性,注册会计师应当在本期审计中测试这些控制的运行有效性。

当控制在本期未发生变化:如果拟信赖的控制自上次测试后未发生变化,且不属于旨在减轻特别风险的控制,注册会计师应当运用职业判断确定是否在本期审计中测试其运行有效性,以及本期测试与上期测试的时间间隔,但每三年至少对控制测试一次。为了尽量降低审计风险,如果拟信赖以前审计获取的某些控制运行有效性的审计证据,注册会计师应当在每次审计时从中选取足够数量的控制,测试其运行有效性;不应将所有拟信赖控制的测试集中于某一次审计,而在之后的两次审计中不进行任何测试。

与特别风险相关的控制:对于旨在减轻特别风险的控制,如果注册会计师拟信赖减轻特别风险的控制,无论本期是否发生变化,都不应依赖以前审计获取的证据,应在本期测试这些控制的运行有效性。

(3) 对测试间隔期间的考虑因素。

在确定利用以前审计获取的有关控制运行有效性的审计证据是否适当以及再次测试控制的时间间隔时,注册会计师应当考虑的因素或情况包括:

第一,内部控制其他要素的有效性,包括控制环境、对控制的监督以及被审计单位的风险评估过程。例如,当被审计单位控制环境薄弱或对控制的监督薄弱时,注册会计师应当缩短再次测试控制的时间间隔或完全不信赖以前审计获取的审计证据。

第二,控制特征(是人工控制还是自动化控制)产生的风险。当相关控制中人工控制的成分较大时,考虑到人工控制一般稳定性较差,注册会计师可能决定在本期审计中继续测试该控制的运行有效性。

第三,信息技术一般控制的有效性。当信息技术一般控制薄弱时,注册会计师可能更少地依赖以前审计获取的审计证据。

第四,影响内部控制的重大人事变动。例如,当所审计期间发生了对控制运行产生重大影响的人事变动时,注册会计师可能决定在本期审计中不依赖以前审计获取的审计证据。

第五,由于环境发生变化而特定控制缺乏相应变化导致的风险。当环境的变化表明需要对控制作出相应的变动,但控制却没有作出相应变动时,注册会计师应当充分意识到控制不再有效,从而导致本期财务报表发生重大错报的可能,此时不应再依赖以前审计获取的有关控制运行有效性的审计证据。

第六,重大错报的风险和对控制的信赖程度。如果重大错报风险较大或对控制的信赖程度较高,注册会计师应当缩短再次测试控制的时间间隔或完全不信赖以前审计获取的审计证据。

注册会计师是否需要在本期测试某项控制的决策过程见图7-1。

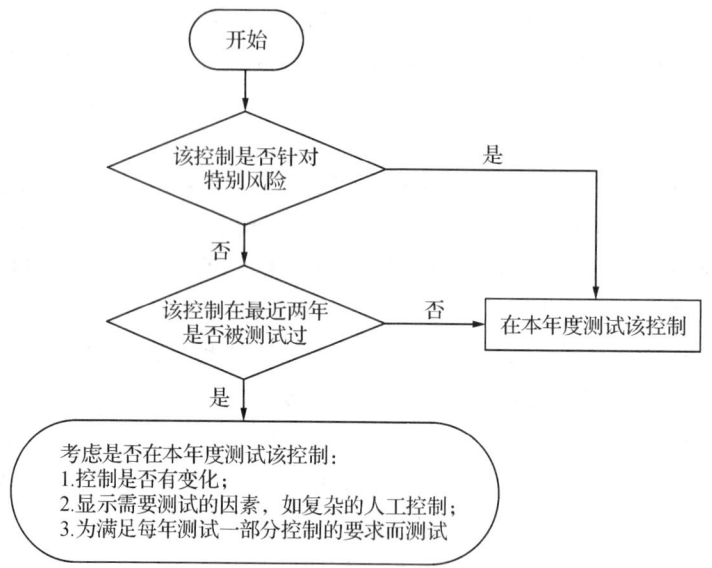

图7-1 本审计期间测试某项控制的决策图

(四)控制测试范围

1. 控制测试范围的含义

控制测试的范围,其含义主要是指某项控制活动的测试次数。注册会计师应当设计控制测试,以获取控制在整个拟信赖的期间有效运行的充分、适当的审计证据。

2. 确定控制测试范围的考虑因素

当针对控制运行的有效性需要获取更具说服力的审计证据时,可能需要扩大控制测试的范围。在确定控制测试的范围时,除考虑对控制的信赖程度外,注册会计师还可能考虑以下因素:

(1) 在拟信赖期间,被审计单位执行控制的频率。执行控制的频率越高,控制测试的范围越大。

(2) 在所审计期间,注册会计师拟信赖控制运行有效性的时间长度。拟信赖控制运行有效性的时间长度不同,在该时间长度内发生的控制活动次数也不同。注册会计师需要根据拟信赖控制的时间长度确定控制测试的范围。拟信赖期间越长,控制测试的范围越大。

(3) 控制的预期偏差。控制的预期偏差率越高,需要实施控制测试的范围越大。如果控制的预期偏差率过高,注册会计师应当考虑控制可能不足以将认定层次的重大错报风险降至可接受的低水平,从而针对某一认定实施的控制测试可能是无效的。

(4) 通过测试与认定相关的其他控制获取的审计证据的范围。针对同一认定,可能存在不同的控制。当针对其他控制获取审计证据的充分性和适当性较高时,测试该控制的范围可适当缩小。

(5) 拟获取的有关认定层次控制运行有效性的审计证据的相关性和可靠性。如拟获取的有关证据的相关性和可靠性较高,测试该控制的范围可适当缩小。

3. 对自动化控制的测试范围的特别考虑

对于自动化控制来说,信息技术处理具有内在一贯性,除非系统发生变动,一项自动化信息处理控制应当一贯运行。对于一项自动化信息处理控制,注册会计师通常无须扩大控制测试的范围,但是需要考虑测试与该信息处理控制有关的信息技术一般控制的运行有效性;还需要确定系统是否发生更改,如果发生更改,是否存在适当的系统更改控制;还需要确定对交易的处理是否使用授权批准的软件版本。

4. 测试两个层次控制时注意的问题

控制测试可用于被审计单位每个层次的内部控制。整体层次控制测试通常更加主观(如管理层对胜任能力的重视)。对整体层次控制进行测试,通常比业务流程层次控制(如检查付款是否得到授权)更难以记录。因此,整体层次控制和信息技术一般控制的评价通常记录的是文件备忘录和支持性证据。注册会计师最好在审计的早期测试整体层次控制,原因在于对这些控制测试的结果会影响其他计划审计程序的性质和范围。

四、实质性程序

 课堂案例

中国证监会市场禁入决定书(杨××、张××、苏××)

这份处罚决定书中关于正中珠江对康美药业2017年财务报表的审计中货币资金科目实质性程序存在重大缺陷的描述如下:

(1) 未按照审计计划直接从银行获取银行账户流水资料,舞弊风险应对不足。针对货币资金存在的舞弊风险,正中珠江计划的风险应对措施为直接从银行索取康美药业交通银行基本户全年度的银行流水资料,并进行重点审核。实际执行时,正中珠江并未直接从银行索取相关资料,不足以应对货币资金的舞弊风险。正中珠江的行为不符合《中国注册会计师审计准则第1231号——针对评估的重大错报风险采取的应对措施》第6条、第21条和《中国注册会计师审计准则第1141号——财务报表审计中与舞弊相关的责任》第31条的规定。

(2) 康美药业2017年度货币资金余额账实差异主要集中在交通银行和工商银行两家银行的3个银行账户上,正中珠江对该两家银行执行邮寄函证程序。经查,两份询证函回函的寄件人为康美药业财务人员黄×勇和马×虹。正中珠江未对回函路径进行有效核对,导致未发现回函人员与被询证者不符,其行为不符合《中国注册会计师审计准则第1312号——函证》第14条、第17条的规定。

(3) 正中珠江针对康美药业货币资金科目获取的银行询证函、银行对账单、银行流水等资料中存在明显异常或相互矛盾的情况。一是康美药业与子公司康美时代(广东)发展有限公司(简称康美时代)均在交通银行开立有银行账户,康美时代的询证函上银行所盖印章为"会计业务章",且银行盖有骑缝章,银行经办人之一陈×鑫所盖私章为四方章;而康美药业

询证函上银行所盖印章为"业务受理章",无骑缝章,经办人之一陈×鑫所盖私章为长方形印章。二是正中珠江获取的康美药业交通银行基本户对账单无银行印章,而康美时代交通银行银行账户对账单均有银行印章,二者存在明显差异。三是康美药业与康美之恋均在工商银行开立有银行账户,康美之恋的询证函上银行复核人印章为"纪×阳"四方章,康美药业的询证函上银行复核人印章为"现场审核纪×阳(3)"长方形印章。正中珠江未关注上述明显异常或相互矛盾的审计证据,未保持应有的职业怀疑,未执行进一步审计程序消除疑虑,不符合《中国注册会计师审计准则第1101号——注册会计师的总体目标和审计工作的基本要求》第28条和《中国注册会计师审计准则第1301号——审计证据》第15条的规定。

——摘自中国证券监督管理委员会网站,〔2021〕4号,有改动

这份市场禁入决定书指出,正中珠江会计师事务所在对康美药业货币资金科目进行审计时,其实质性程序存在多处缺陷。那么,何为实质性程序?其要求又是什么?以及如何确定实质性程序的性质、时间和范围呢?

(一) 实质性程序的概念和要求

1. 实质性程序的概念

实质性程序是指用于发现认定层次重大错报的审计程序,包括对各类交易、账户余额和披露的细节测试以及实质性分析程序。

2. 实质性程序的要求

要正确理解实质性程序的含义,还要注意以下几个要求:

第一,由于注册会计师对重大错报风险的评估是一种判断,可能无法充分识别所有的重大错报风险,并且由于内部控制存在固有局限性,无论评估的重大错报风险结果如何,注册会计师都应当针对所有重大类别的交易、账户余额和披露实施实质性程序。

第二,针对特别风险,注册会计师应当专门针对该风险实施实质性程序。如果针对特别风险仅为实施实质性程序,这些程序应当包括细节测试,或将细节测试和实质性分析程序结合使用,以获得充分、适当的审计证据。为应对特别风险需要获取具有高度相关性和可靠性的审计证据,仅实施实质性分析程序不足以获取有关特别风险的充分、适当的审计证据。

第三,注册会计师实施的实质性程序应当包括下列与财务报表编制完成阶段相关的审计程序:一是将财务报表中的信息与其所依据的会计记录进行核对或调节,包括核对或调节披露中的信息,无论该信息是从总账和明细账中获取,还是从总账和明细账之外的其他途径获取;二是检查财务报表编制过程中作出的重大会计分录和其他调整。注册会计师对会计分录和其他会计调整检查的性质和范围,取决于被审计单位财务报告的性质和复杂程度以及由此产生的重大错报风险。

(二) 实质性程序的性质

1. 实质性程序的性质的概念

实质性程序的性质,指实质性程序的类型和组合。实质性程序包括细节测试和实质性分析程序两类。细节测试是对各类交易、账户余额、列报的具体细节进行测试,目的在于直接识别财务报表认定是否存在错报。细节测试被用于获取与某些认定相关的审计证据,如

"存在""准确性、计价和分摊"等认定。实质性分析程序从技术特征上仍然是分析程序,将该技术方法用于实质性程序,通过研究数据间关系评价信息,用以识别各类交易、账户余额和披露的认定是否存在错报。实质性分析程序通常更适用于在一段时间内存在可预期关系的大量交易。

2. 细节测试的方向

注册会计师应当针对评估的风险设计细节测试,获取充分、适当的审计证据,以达到认定层次所计划的保证水平。注册会计师需要根据不同的认定层次的重大错报风险设计有针对性的细节测试。例如,在针对存在或发生认定设计细节测试时,注册会计师应当选择包含在财务报表金额中的项目,并获取相关审计证据;又如,在针对完整性认定设计细节测试时,注册会计师应当选择有证据表明应包含在财务报表金额中的项目,并调查这些项目是否确实包括在内。如为应对被审计单位漏记本期应付账款的风险,注册会计师可以检查期后付款记录。

3. 设计实质性分析程序时考虑的因素

注册会计师在设计实质性分析程序时应当考虑的因素包括:

(1) 对特定认定使用实质性分析程序的适当性;

(2) 对已记录的金额或比率作出预期时,所依据的内部或外部数据的可靠性;

(3) 作出预期的准确程度是否足以在计划的保证水平上识别重大错报;

(4) 已记录金额与预期值之间可接受的差异额。

考虑到数据及分析的可靠性,在实施实质性分析程序时,如果使用被审计单位编制的信息,注册会计师应当考虑测试与信息编制相关的控制,以及这些信息是否在本期或前期经过审计。

(三) 实质性程序的时间

实质性程序的时间选择与控制测试的时间选择有共同点,也有很大差异。共同点在于:两类程序都面临对期中审计证据和对以前审计获取的审计证据的考虑。两者的差异在于:第一,在控制测试中,期中实施控制测试并获取期中关于控制运行有效性审计证据的做法更具有一种"常态",而由于实质性程序的目的在于更直接地发现重大错报,在期中实施实质性程序时更需要考虑其成本效益的权衡。第二,在本期控制测试中拟依赖以前审计获取的有关控制运行有效性的审计证据,已经受到很大限制;而对以前审计中通过实质性程序获取的审计证据,则采取了更加谨慎的态度和更严格的限制。

1. 如何考虑是否在期中实施实质性程序

在期中实施实质性程序,一方面消耗了审计资源,另一方面期中实施实质性程序获取的审计证据又不能直接作为期末财务报表认定的审计证据,注册会计师仍需要消耗进一步的审计资源,使期中审计证据能够合理延伸至期末。所以注册会计师需要权衡这两部分审计资源的总和是否能够显著小于完全在期末实施实质性程序所需消耗的审计资源。下列因素可能对是否在期中实施实质性程序产生影响:

(1) 控制环境和其他相关的控制。控制环境和其他相关的控制越薄弱,注册会计师越不宜在期中实施实质性程序。

（2）实施审计程序所需信息在期中之后的可获得性。如果实施实质性程序所需信息在期中之后可能难以获取（如系统变动导致某类交易记录难以获取），注册会计师应考虑在期中实施实质性程序；如果实施实质性程序所需信息在期中之后的获取并不存在明显困难，该因素不应成为注册会计师在期中实施实质性程序的重要影响因素。

（3）实质性程序的目的。如果针对某项认定实施实质性程序的目的包括获取该认定的期中审计证据（从而与期末比较），注册会计师应在期中实施实质性程序。

（4）评估的重大错报风险。注册会计师评估的某项认定的重大错报风险越高，针对该认定所需获取的审计证据的相关性和可靠性要求也就越高，注册会计师越应考虑将实质性程序集中于期末（或接近期末）实施。

（5）特定类别交易、账户余额和披露认定的性质。某些交易、账户余额和披露认定的特殊性质（如收入"截止"认定、未决诉讼）决定了注册会计师必须在期末（或接近期末）实施实质性程序。

（6）针对剩余期间，是否可以通过实施实质性程序或将实质性程序与控制测试相结合，降低期末存在错报而未被发现的风险。针对剩余期间，如果注册会计师可以通过实施实质性程序或将实质性程序与控制测试相结合，较有把握地降低期末存在错报而未被发现的风险（如注册会计师在10月实施预审时考虑是否使用一定的审计资源实施实质性程序，从而形成的剩余期间不是很长），注册会计师可以考虑在期中实施实质性程序；针对剩余期间，如果注册会计师认为还需要消耗大量审计资源才有可能降低期末存在错报而未被发现的风险，甚至没有把握通过适当的进一步审计程序降低期末存在错报而未被发现的风险（如被审计单位于8月发生管理层变更，注册会计师接受后任管理层邀请实施预审时，考虑是否使用一定的审计资源实施实质性程序），注册会计师就不宜在期中实施实质性程序。

2. 如何考虑期中审计证据

如果在期中实施了实质性程序，注册会计师应当针对剩余期间实施进一步的实质性程序，或将实质性程序和控制测试结合使用，以将期中测试得出的结论合理延伸至期末。

对于舞弊导致的重大错报风险（作为一类重要的特别风险），如果被审计单位存在故意错报或操纵的可能性，注册会计师应更加慎重考虑能否将期中测试得出的结论延伸至期末。如果已识别出由于舞弊导致的重大错报风险，为将期中得出的结论延伸至期末而实施的审计程序通常是无效的，注册会计师应当考虑在期末或者接近期末实施实质性程序。

3. 如何考虑以前审计获取的审计证据

在以前审计中实施实质性程序获取的审计证据，通常对本期只有很弱的证据效力或没有证据效力，不足以应对本期的重大错报风险。只有当以前获取的审计证据及其相关事项未发生重大变动时，以前获取的审计证据才可能用作本期的有效审计证据。但是即便如此，如果拟利用以前审计中实施实质性程序获取的审计证据，注册会计师应当在本期实施审计程序，以确定这些审计证据是否具有持续相关性。

（四）实质性程序的范围

在确定实质性程序的范围时，注册会计师应当考虑评估的认定层次重大错报风险和实施控制测试的结果。注册会计师评估的认定层次的重大错报风险越高，需要实施实质性程序的范围越广。如果对控制测试结果不满意，注册会计师可能需要考虑扩大实质性程序的范围。

在设计细节测试时,注册会计师不仅要从样本量的角度考虑测试范围,还应考虑选样方法的有效性等因素。

实质性分析程序的范围有两层含义:第一是对什么层次上的数据进行分析,注册会计师可以选择在高度汇总的财务数据层次进行分析,也可以根据重大错报风险的性质和水平调整分析层次;第二是需要对什么幅度或性质的差异展开进一步调查。实施分析程序可能发现差异,但是并非所有的差异都值得展开进一步调查。可容忍或可接受的差异额越大,作为实质性分析程序一部分的进一步调查的范围就越小。于是确定适当的预期差异额同样属于实质性分析程序的范畴。因此,在设计实质性分析程序时,注册会计师应当确定已记录金额与预期值之间可接受的差异额。在确定该差异额时,注册会计师应当主要考虑各类交易、账户余额和披露认定的重要性和计划的保证水平。

第四节 实施审计抽样

引导案例

中国证监会行政处罚决定书(瑞华会计师事务所、刘×等4名责任主体)

瑞华会计师事务所(特殊普通合伙,简称瑞华所)对湖南千山制药机械股份有限公司(简称千山药机)2015年及2016年年度财务报表审计存在以下违法事实:

样本选取不恰当,审计程序不充分。瑞华所对公司银行存款收付记录与银行对账单进行了抽样核对。其中,在2015年审计中,在公司49个银行结算账户中共抽取30笔收款记录与银行对账单核对,共抽取30笔付款记录与银行对账单核对;在2016年审计中,在公司58个银行结算账户中共抽取26笔收款记录与银行对账单核对,共抽取25笔付款记录与银行对账单核对。瑞华所在选取银行账户核对检查时,抽取的样本量较少,且不具备代表性,对大额异常的资金进出未予以重点关注并选取检查。工商银行1901××××1166账户、华夏银行1345××××3894账户,是2015年、2016年公司资金借贷发生额最大的2个银行账户,瑞华所在审计中对上述重要银行账户仅选取2到4笔发生额进行核对检查。经查明,对工商银行1901××××1166账户的发生额,2015年仅检查了2笔收款记录,合计为1 093万元,占该账户公司账面借方发生额的比例为3.48%;2016年,仅检查了1笔往来款145万元,2笔与公司内部其他银行账户转账共4 200万元,合计为4 345万元,占该账户账面借方发生额的比例为2.24%;付款记录检查了2笔,合计为2 700万元,占该账户账面贷方发生额的比例为1.52%。对华夏银行1345××××3894账户的发生额,2015年,仅检查2笔收款记录,合计为5 141.43万元,占该账户账面借方发生额的比例为4.40%;2016年检查了4笔收款记录,均为与子公司或公司内部其他银行账户之间交易记录,合计为1.64亿元,占该账户账面借方发生额的比例为22.00%;付款记录检查了2笔,均与公司内部其他银行账户转账,合计为371万元,占该账户账面贷方发生额的比例为0.54%。瑞华所在审计中对公司银行存款发生额的关注度明显不足,抽样检查数量及金额比例较少,审计检查样本主要为公司内部银行账户之间的资金往来,对大额异常的资金进出关注较少,样本选取明显存在缺陷。

——摘自中国证券监督管理委员会网站,〔2021〕21号,有改动

针对上述案例中的违法事实,瑞华会计师事务所提出了申辩意见,但证监会认为这些申辩意见不成立。根据《中国注册会计师审计准则1313号——审计抽样》(2010年修订版)第十五条、第十六条的规定,注册会计师应当考虑审计程序的目的和抽样总体的特征,应当确定足够的样本规模,以将抽样风险降至可接受的低水平。在审计底稿中确认货币资金科目为高风险项目的情况下,瑞华所在审计过程中在抽取货币资金科目的样本时以选择公司内部银行账户转账记录为主,未说明抽样标准,且样本规模仅参照《内部控制审计指南》中的最小样本量区间25~60次的下限,不足以证明其获取了充分适当的审计证据。瑞华所在申辩意见中称"抽查样本远超《事先告知书》认定的数量",并将银行存款发生额的穿行测试、控制测试、实质性审计程序的样本合并计算。审计过程中,穿行测试、控制测试、实质性审计程序的目的和样本选取标准并不一样,在上述三个阶段的审计程序中,瑞华所的抽样均是参照最小样本量区间25~60次的下限随机选取,且未按照风险导向要求针对新发生业务类型和大额异常资金往来进行抽样,其样本规模不能将抽样风险降至可接受的低水平。

什么是审计抽样?在哪些审计程序中可以运用审计抽样?又该如何进行审计抽样?本节将对此进行详细介绍。

一、审计抽样概述

(一)审计抽样概念

审计抽样,是指注册会计师对具有审计相关性的总体中低于100%的项目实施审计程序,使所有抽样单元都有被选取的机会,为注册会计师针对整个总体得出结论提供合理基础。其中,总体,是指注册会计师从中选取样本并期望据此得出结论的整个数据集合;抽样单元,是指构成总体的个体项目。抽样单元可能是实物项目,如支票簿上列示的支票信息、银行对账单上的贷方记录、销售发票或应收账款余额,也可能是货币单元。

(二)审计抽样的特征

审计抽样应当同时具备三个基本特征:

(1)对具有审计相关性的总体中低于100%的项目实施审计程序。

审计抽样时,注册会计师应确定适合于特定审计目标的总体,并从中选取低于100%的项目实施审计程序。在某些情况下,注册会计师可能决定测试某类交易或账户余额中的每一个项目,即针对总体进行100%的测试,这就是通常所说的全查,而不是审计抽样。

(2)所有抽样单元都有被选取的机会。

审计抽样时,所有抽样单元都应有被选取成为样本的机会,注册会计师不能存在偏向,只挑选具备某一特征的项目(如金额大或账龄长的应收账款)进行测试。如果只选取特定项目实施审计程序,这不是审计抽样。在这种情形下,注册会计师只能针对这些特定项目得出结论,而不能根据特定项目的测试结果推断总体的特征。

(3)可以根据样本项目的测试结果推断出有关抽样总体的结论。

审计抽样时,注册会计师的目的并不是评价样本而是对整个总体得出结论。如果注册会计师从某类交易或账户余额中选取低于100%的项目实施审计程序,却不准备据此推断总体的特征,例如,注册会计师挑选几笔交易,追查其在被审计单位会计系统中的运行轨迹,以获取对被审计单位内部控制的总体了解,而不是评价该类交易的整体特征,这就不是审计抽样。

值得关注的是,只有当从抽样总体中选取的样本具有代表性时,注册会计师才能根据样本项目的测试结果推断出有关总体的结论。代表性,是指在既定的风险水平下,注册会计师根据样本得出的结论,与对整个总体实施与样本相同的审计程序得出的结论类似。样本具有代表性并不意味着根据样本测试结果推断的错报一定与总体中的错报完全相同,如果样本的选取是无偏向的,该样本通常就具有了代表性。代表性与样本整体而非样本中的单个项目相关,与样本规模无关,而与如何选取样本相关。此外,代表性通常只与错报的发生率而非错报的特定性质相关,比如,异常情况导致的样本错报就不具有代表性。

(三)审计抽样的种类

审计抽样的种类很多,通常按抽样决策的依据不同,可以划分为统计抽样和非统计抽样;按审计抽样所了解的总体特征不同可以划分为属性抽样和变量抽样。

1. 统计抽样与非统计抽样

统计抽样是指同时具备下列特征的抽样方法:其一,随机选取样本项目;其二,运用概率论评价样本结果,包括计量抽样风险。如果注册会计师严格按照随机原则选取样本,却没有对样本结果进行统计评估,或者基于非随机选样进行统计评估,都不能认为使用了统计抽样。

非统计抽样,是指不同时满足统计抽样两个基本特征的抽样方法。非统计抽样又有任意抽样和判断抽样之分。在任意抽样法下,从总体中抽取多少样本、抽取哪些样本都是主观随意的,没有客观的依据和标准。判断抽样是基于注册会计师对审计对象的了解和个人的职业判断,有目的、有重点地选取一定量的样本进行审查。任意抽样的样本往往代表性较差,很难保证能够反映总体的真实情况,根据这种样本的审查结果来推断总体,审计结论的可靠性难以保证;判断抽样是在任意抽样的基础上融入个人的经验和判断,所以其结果在很大程度上取决于注册会计师的经验水平和判断能力的高低,但是不能科学地确定样本规模,不能用数学评估的方法测定和控制抽样风险。

统计抽样能够客观地计量抽样风险,并通过调整样本规模精确地控制风险,这是与非统计抽样最重要的区别。不计量抽样风险的抽样方法都是非统计抽样,即便注册会计师按照随机原则选取样本项目,或使用统计抽样的表格确定样本规模,如果没有对样本结果进行统计评估,仍然是非统计抽样。注册会计师使用非统计抽样时,也必须考虑抽样风险并将其降至可接受水平,但无法精确地测定抽样风险。

注册会计师既可使用统计抽样方法,也可使用非统计抽样方法。无论统计抽样还是非统计抽样,两种方法都要求注册会计师在设计、选取和评价样本时运用职业判断。如果设计适当,非统计抽样也能提供与统计抽样方法同样有效的结果。

2. 属性抽样和变量抽样

属性抽样和变量抽样都是统计抽样方法。

属性抽样是一种用来对总体中某一事件发生率得出结论的统计抽样方法。它在审计中最常见的用途是测试某一设定控制的偏差率,以支持注册会计师评估的控制风险水平。

变量抽样是一种用来对总体金额得出结论的统计抽样方法。它在审计中的主要用途是细节测试,以确定记录金额是否合理。

一般而言,属性抽样得出的结论与总体发生率有关,而变量抽样得出的结论与总体的金额有关。但有一个例外,即变量抽样中的货币单元抽样,它是利用属性抽样的原理得出以金额表示的结论。

(四) 审计抽样的风险

1. 抽样风险

抽样风险,是指注册会计师根据样本得出的结论,可能不同于对整个总体实施与样本相同的审计程序得出的结论的风险。只要使用了审计抽样,抽样风险就总是存在。抽样风险与样本规模呈反向关系:样本规模越小,抽样风险越大;样本规模越大,抽样风险越小。

抽样风险可能导致两种类型的错误结论:

第一类错误:在实施控制测试时,注册会计师推断的控制有效性高于其实际有效性(即信赖过度风险);或在实施细节测试时,注册会计师推断某一重大错报不存在而实际上存在(即误受风险)。这类错误结论影响审计效果,这是因为此类错误很可能导致注册会计师发表不恰当的审计意见。

第二类错误:在实施控制测试时,注册会计师推断的控制有效性低于其实际有效性(即信赖不足风险);或在实施细节测试时,注册会计师推断某一重大错报存在而实际上不存在(即误拒风险)。这类错误结论影响审计效率,这是因为此类错误通常会导致注册会计师实施额外的工作。

抽样风险对审计工作的影响见表7-10。

表7-10 抽样风险对审计工作的影响

审计程序	抽样风险种类	对审计工作的影响
控制测试	信赖过度风险	效果
	信赖不足风险	效率
细节测试	误受风险	效果
	误拒风险	效率

2. 非抽样风险

非抽样风险,是指注册会计师由于任何与抽样风险无关的原因而得出错误结论的风险。显然,非抽样风险并非由抽样本身所致,其可能的原因主要有以下几种情形:

(1) 注册会计师选择了不适于实现特定目标的审计程序。例如,注册会计师依赖应收账款函证来揭露未入账的应收账款。

（2）注册会计师选择的总体不适合于测试目标。例如，注册会计师在测试销售收入的"完整性"时将主营业务收入日记账界定为总体。

（3）注册会计师未能适当地定义误差（包括控制偏差或错报），导致注册会计师未能发现样本中存在的偏差或错报。例如，注册会计师在测试现金支付授权控制的有效性时，未将签字人未得到适当授权的情况界定为控制偏差。

（4）注册会计师未能适当地评价审计发现的情况。例如，注册会计师错误解读审计证据可能导致没有发现误差。注册会计师对所发现误差的重要性的判断有误，从而忽略了性质十分重要的误差，也可能导致得出不恰当的结论。

非抽样风险是由人为因素造成的，难以量化，但通过采取合理的措施可将其降至可接受的水平。

（五）审计抽样的适用性

审计抽样并非在所有审计程序中都可使用。注册会计师拟实施的审计程序将对运用审计抽样产生重要影响。在风险评估程序、控制测试和实质性程序中，有些审计程序可以使用审计抽样，有些审计程序则不宜使用审计抽样。

风险评估程序通常不涉及审计抽样。注册会计师在实施风险评估程序以便了解被审计单位及其环境时，一般都会采用询问、分析程序、检查和观察，目的是识别和评估重大错报风险，而不是要对包含全部抽样单元的总体得出结论。另外，风险评估程序实施的范围比较广泛，获取的信息具有较强的主观性，这些都决定了实施风险评估程序不宜使用审计抽样。如果注册会计师在了解控制的设计和确定其是否得到执行的同时，一并计划和实施控制测试，即执行双重目的测试，则可以考虑使用审计抽样，但此时的审计抽样是针对控制测试进行的。

如果表明控制有效运行的特征留下了书面证据，注册会计师就可以在控制测试中使用审计抽样。注册会计师应当根据特定控制的性质选择所需实施的审计程序。某些控制的运行可能没有书面记录，或文件记录与证实控制运行有效性不相关，即属于没有留下运行轨迹，对这类控制实施测试不涉及审计抽样，注册会计师通常应考虑实施询问、观察等程序来获取相关控制运行有效性的审计证据。

实质性程序包括对各类交易、账户余额、披露的细节测试和实质性分析程序。注册会计师只是在实施细节测试程序时，才需要考虑审计抽样和其他选取测试项目的方法问题。在实施细节测试时，注册会计师可以使用审计抽样和其他选取测试项目的方法获取审计证据，以验证有关财务报表金额的一项或多项认定，或对某些金额作出独立的估计。在实施实质性分析程序时不需要使用审计抽样和其他选取测试项目的方法。

（六）审计抽样中的相关概念

1. 代表性与异常误差

代表性，是指在既定的风险水平下，注册会计师根据样本得出的结论，与对整个总体实施与样本相同的审计程序得出的结论类似。代表性与样本整体而非样本中的单个项目相关，与样本规模无关，而与如何选取样本相关。

异常误差，是指对总体中的偏差或错报明显不具有代表性的偏差或错报。

2. 可容忍误差

可容忍误差是可容忍错报和可容忍偏差率的统称。

可容忍错报，是指注册会计师设定的货币金额，注册会计师试图对总体中的实际错报不超过该货币金额获取适当水平的保证。可容忍错报是将实际执行的重要性运用到特定抽样程序，可容忍错报可能等于或低于实际执行的重要性。

可容忍偏差率，是指注册会计师设定的偏离规定的内部控制程序的比率，注册会计师试图对总体中的实际偏差率不超过该比率获取适当水平的保证。

3. 可信赖程度

可信赖程度通常用预计抽样结果能够代表审计对象总体特征的百分比来表示。例如，抽样结果有95%的可信赖程度，表明抽样结果有95%的可能性代表了总体特征。可信赖程度与抽样风险是互补关系，即1减去可信赖程度就是可接受的抽样风险水平（如在95%的可信赖程度下，抽样风险水平为5%）。

4. 总体和分层

在定义总体时，如果总体项目存在重大的变异性，注册会计师应当考虑分层。分层是指将总体划分为多个子总体的过程，每个子总体由一组具有相同特征（通常为货币金额）的抽样单元组成。分层可以降低每一层中项目的变异性，从而在抽样风险没有成比例提高的前提下减小样本的规模。分层时必须仔细界定子总体，使每一抽样单元只能属于一个层。分层可以按照不同的特征来进行，可以是业务的类型、账户余额的大小、项目的重要程度以及内部控制的强弱等。可见，分层不仅能提高抽样效率，还能使注册会计师按项目的重要性、变化频率或其他特征选取不同的样本数，且对不同层次使用不同的审计程序。通常，注册会计师应对包含最重要项目的层次实施全部审查。例如，为函证应收账款，可以将应收账款账户按金额的重要性分为三层，即账户金额在10 000元以上的、在5 000~10 000元的和在5 000元以下的。对应收账款金额在10 000元以上的账户可进行全部函证。

在对总体进行分层的情况下要注意，对某一层中的样本实施审计程序的结果，只能用于推断该子总体，要想推断总体，注册会计师应当考虑与构成总体其他层有关的重大错报风险。

（七）审计抽样的流程

如前所述，在控制测试和细节测试中都会用到审计抽样。无论何种情形下的审计抽样，大致都需经过如下基本流程。

1. 样本设计

样本设计指注册会计师对审计样本进行计划。在计划样本时，注册会计师应当确定测试目标、定义总体和分层、定义抽样单元、定义偏差（对应控制测试）或界定错报（对应细节测试）、定义测试期间（仅适用于控制测试中的审计抽样）等。

2. 样本选取

注册会计师应当确定抽样方法、确定样本规模、选取样本，进而针对选取的每个项目实施适合具体目的的审计程序。如果审计程序不适用于选取的项目，注册会计师应当针对替代项目实施该审计程序。如果未能对某个选取的项目实施设计的审计程序或适当的替代程序,注册会计师应当将该项目视为控制测试中对规定的控制的一项偏差,或细节测试中的一项错报。

3. 评价样本结果

注册会计师应当根据样本结果计算偏差率或推断总体错报,并在考虑抽样风险偏差或错报的性质和原因的基础上,得出总体结论。

(1) 计算偏差率或推断总体错报。

实施细节测试时,注册会计师应当根据样本中发现的错报推断总体错报。而对于控制测试,由于样本偏差率也是整个总体的推断偏差率,注册会计师无须推断偏差率,计算得出的样本偏差率就是对总体偏差率的最佳估计。

(2) 考虑偏差或错报的性质和原因。

注册会计师应当调查识别出的所有偏差或错报的性质和原因,并评价其对审计程序的目的和审计的其他方面可能产生的影响。在极其特殊的情况下,如果认为样本中发现的某项偏差或错报是异常误差,注册会计师应当对该项偏差或错报对总体不具有代表性获取高度保证。在获取这种高度保证时,注册会计师应当实施追加的审计程序,获取充分、适当的审计证据,以确定该项偏差或错报不影响总体的其余部分。

(3) 得出总体结论。

注册会计师得出对总体的结论,基于对下列方面的评价:

第一,样本结果。对于控制测试,除非注册会计师已获取能够证实最初评估结果的进一步审计程序,超出预期的高偏差率可能导致评估的重大错报风险增加;对于细节测试,在缺乏进一步审计证据证明不存在重大错报的情况下,样本中超出预期的错报可能导致注册会计师认为某类交易或账户余额存在重大错报。

第二,使用审计抽样是否已为注册会计师针对所测试的总体得出的结论提供合理基础。

对于细节测试,推断错报与异常错报(如有)之和是注册会计师对总体错报的最佳估计:当推断错报与异常错报(如有)之和超过可容忍错报时,样本就不能为得出有关测试总体的结论提供合理基础;推断错报与异常错报之和越接近可容忍错报,总体中实际错报超过可容忍错报的可能性就越大。

如果推断错报高于确定样本规模时使用的预期错报,注册会计师可能认为,总体中实际错报超出可容忍错报的抽样风险是不可接受的。如果认为审计抽样没有为得出有关测试总体的结论提供合理基础,注册会计师可以:① 要求管理层对识别出的错报和是否可能存在更多错报进行调查,并在必要时进行调整。② 调整进一步审计程序的性质、时间安排和范围,以更好地获取所需的保证。例如,对于控制测试,注册会计师可能会扩大样本规模,测试替代控制或修改相关实质性程序。

(4) 记录抽样程序。

注册会计师应当记录所实施的审计程序,以形成审计工作底稿。在控制测试和细节测试的审计抽样中,审计工作底稿应记录的具体内容可能存在差异,但在总体要求和内容类别上基本一致。

二、控制测试中的审计抽样

中国证监会行政处罚决定书(信永中和会计师事务所、常××、白××)

信永中和为乐视网提供审计服务,部分违法事实摘要如下:

信永中和在对乐视网 2015 年度财务报表审计时,未执行控制测试,注册会计师未选取样本对广告业务"销售与收款循环"内部控制有效性进行测试,却得出"内控有效"的审计结论;IT 审计测试——方舟系统的审计结论缺少证据支持,注册会计师通过访谈了解了乐视网广告业务系统——方舟系统的基本情况,认为广告业务较为人工控制,要求提取奥凯航空有限公司天津分公司(简称奥凯航空)、北京易美广告有限公司(简称易美广告)等 5 家公司广告投放量、排期等系统数据。注册会计师在审计工作底稿中记载:"五家公司投放量、排期等系统数据提取尚未提供,无样本",注册会计师也未进行穿行测试、控制测试,却得出"未发现异常"的审计结论。

信永中和在对乐视网 2016 年度财务报表审计时,注册会计师在穿行测试时即发现这一控制措施未得到执行,即没有收到客户的对账回单,但仍得出"未发现销售收款循环中有缺失的环节"的审计结论,也未选取样本进行控制测试;营业收入实质性测试程序中,部分测试样本计算的广告实际投放收入与订单金额存在重大差异,注册会计师未采取进一步审计程序以获取充分、适当的审计证据。

信永中和的上述行为违反了《中国注册会计师审计准则第 1314 号——审计抽样》第二十一条"注册会计师应当调查识别出的所有偏差或错报的性质和原因,并评价其对审计程序的目的和审计的其他方面可能产生的影响"、第二十四条"注册会计师应当对下列方面进行评价:(一)样本结果;(二)使用审计抽样是否已为注册会计师针对所测试的总体得出的结论提供合理基础"的规定。

——摘自中国证券监督管理委员会网站,〔2022〕19 号,有改动

以上案例中,信永中和为乐视网提供审计服务,因存在控制测试时未选取样本进行测试而得出相关结论被处罚。

对拟信赖的内部控制进行控制测试时,需要使用抽样技术,通过样本的测试得出总体的结论。但是抽样不意味着可以随心所欲、没有规则。控制测试中的抽样一般采用属性抽样审计方法。属性抽样审计就是在一定的精确度和可信赖水平的条件下,通过计算样本差错率来对总体的某种"差错"(属性)的发生频率进行推断的统计抽样审计方法。

(一)样本设计阶段

1. 确定测试目标

控制测试的目标是获取关于控制运行有效性的审计证据,以支持其计划评估的重大错报风险水平。为此,注册会计师应关注控制在所审计期间的相关时点是如何运行的,控制是否得到一贯执行,以及控制由谁或以何种方式执行。控制运行有效性是结论,在形成该结论

前实际上考虑了前后相继的两个问题:一是控制是否建立健全;二是控制是否得到有效执行。因此,测试目标的确定必须基于对具体控制目标下针对性控制制度、措施或程序的了解。

2. 定义总体

总体,是指注册会计师从中选取样本并期望据此得出结论的整个数据集合。注册会计师在界定总体时,应当确保总体的适当性和完整性。其中,适当性是指总体与特定的审计目标是对应的,完整性是指总体是完整、无遗漏的。

(1) 适当性。总体应适合于特定的审计目标,包括适合于测试的方向。例如,要测试用以保证所有发运商品都已开单的控制是否有效运行,注册会计师从已开单的项目中抽取样本不能发现误差,因为该总体不包含那些已发运但未开单的项目。为发现这种误差,将所有已发运的项目作为总体通常比较适当。又如,要测试现金支付授权控制是否有效运行,如果从已得到授权的项目中抽取样本,注册会计师不能发现控制偏差,因为该总体不包含那些已支付但未得到授权的项目。

(2) 完整性。注册会计师应当从总体项目内容和涉及时间等方面确定总体的完整性。例如,如果注册会计师从档案中选取付款证明,除非确信所有的付款证明都已归档,否则注册会计师不能对该期间的所有付款证明得出结论。又如,如果注册会计师对某一控制活动在财务报告期间是否有效运行得出结论,总体应包括来自整个报告期间的所有相关项目。

3. 定义抽样单元

抽样单元通常是能够提供控制运行证据的一份文件资料、一个记录或其中一行,每个抽样单元构成总体中的一个项目。例如,如果测试目标是确定付款是否得到授权,且设定的控制要求付款之前授权人在付款单据上签字,抽样单元可能定义为一张付款单据。如一张付款单据包含了对几张发票的付款,且设定的控制要求每张发票分别得到授权,那么付款单据上与发票对应的一行就可能被定义为抽样单元。

对抽样单元的定义过于宽泛可能导致缺乏效率。例如,如果注册会计师将发票作为抽样单元,就必须对发票上的所有项目进行测试。如果注册会计师将发票上的每一行作为抽样单元,则只需对被选取的行所代表的项目进行测试。如果定义抽样单元的两种方法都适合于测试目标,将每一行的项目作为抽样单元可能效率更高。

4. 定义偏差

注册会计师应根据对内部控制的了解,确定哪些特征能够显示被测试控制的运行情况,然后据此定义控制偏差。例如,设定的控制要求每笔支付都应附有发票、收据、验收报告和订购单等证明文件,且均盖上"已付"戳记。注册会计师认为盖上"已付"戳记的发票和验收报告足以显示控制的适当运行。在这种情况下,偏差可能定义缺乏盖有"已付"戳记的发票和验收报告等证明文件的款项支付。

5. 定义测试期间

注册会计师通常在期中实施控制测试。由于期中测试获取的证据只与控制截止期中测试时点的运行有关,注册会计师需要确定如何获取关于剩余期间的证据。注册会计师可以有两种做法:① 将测试扩展至在剩余期间发生的交易,以获取额外的证据。在这种情况下,在期中执行初始测试,然后估计总体中剩余期间将发生交易的数量并在期末审计时对所有发生在期中测试之后的被选取交易进行检查。② 不将测试扩展至在剩余期间发生的交易。在进行期中测试时,注册会计师发现的偏差可能足以使其得出结论,即使在发生于期中测试以后的交易中未发现任何偏差,控制也不能支持计划评估的重大错报风险水平。在这种情况下,注册会计师可能决定不将样本扩展至期中测试以后发生的交易,而是相应地修正计划的重大错报风险评估水平和实质性程序。

(二) 样本选取阶段

1. 确定抽样方法

在选取样本时,注册会计师需确保从抽样总体中挑选出具有代表性的样本项目,以便能基于样本测试结果合理推断总体的相关结论。样本的选取可通过统计抽样或非统计抽样方法进行,只要应用得当,均能获取充分且适当的审计证据。不论采用何种抽样方式,注册会计师都应确保总体中的每个抽样单元均享有被选中的机会,从而确保样本能够真实反映总体的特征。

常用的样本选取方法包括使用随机数表或计算机辅助审计技术选样、系统选样和随意选样等。

(1) 使用随机数表或计算机辅助审计技术选样。使用随机数表或计算机辅助审计技术选样也称随机数选样,是指对审计对象总体或子总体的所有项目,按随机规则选取样本。使用随机数选样的前提是总体中的每一项目都有不同的编号。注册会计师可以使用计算机生成的随机数,如电子表格程序、随机数码生成程序、通用审计软件等计算机程序生成的随机数,也可以使用随机数表获得所需的随机数,选取匹配的随机样本。随机数选样在统计抽样和非统计抽样中均适用。

(2) 系统选样。系统选样也称等距选样,是注册会计师首先确定选样间隔,即用总体中抽样单元的总数量除以样本规模,得到样本间隔,然后在第一个间隔中确定一个随机起点,从这个随机起点开始,按照选样间隔,从总体中顺序选取样本。系统选样方法使用简便,并可用于无限总体。但是使用系统选样方法要求总体必须是随机排列的,否则容易发生较大的偏差。系统选样可以在非统计抽样中使用,在总体随机分布时也可用于统计抽样。

(3) 随意选样。随意选样就是不考虑金额大小、资料取得的难易程度及个人偏好,以随意的方式选出样本。使用这种方法并不意味着注册会计师可以漫不经心地选择样本,注册会计师要避免任何有意识的偏向或可预见性(如回避难以找到的项目,或总是选择或回避每页的第一个或最后一个项目),从而保证总体中的所有项目都有被选中的机会,使选择的样本具有代表性。随意选样仅适用于非统计抽样。在使用统计抽样时,运用随意选样是不恰当的,因为注册会计师无法量化选取样本的概率。

2. 确定样本规模

样本规模是指从总体中选取样本项目的数量。在审计抽样中,如果样本规模过小,就不能反映出审计对象总体的特征,注册会计师就无法获取充分的审计证据,其审计结论的可靠性就会大打折扣,甚至可能得出错误的审计结论。因此,注册会计师应当确定足够的样本规模,以将抽样风险降至可接受的低水平。相反,如果样本规模过大,则会增加审计工作量,造成不必要的时间和人力上的浪费,加大审计成本,降低审计效率,就会失去审计抽样的意义。

在控制测试中,影响抽样规模的因素如表7-11所示。

表7-11 控制测试中影响样本规模的主要因素

因素类别	具体因素	与样本规模的关系
统计因素	总体规模	除非总体非常小,一般而言,总体规模对样本规模的影响几乎为零。注册会计师通常将抽样单元超过2 000个的总体视为大规模体。对于小规模总体,总体规模与样本规模同向变动
	可接受的过度信赖风险	可接受的过度信赖风险与样本规模反向变动。一般将过度信赖风险确定为10%,特别重要的测试则可以将过度信赖风险确定为5%
审计因素	有效运行的控制可降低重大错报风险的程度	有效运行的控制可降低重大错报风险的程度越大,说明该项控制对于审计目标越重要。因此,有效运行的控制可降低重大错报风险的程度与样本规模同向变动
	可容忍偏差率	可容忍偏差率是注册会计师能够接受的最大偏差数量,如果偏差数超过这一数量则减少或取消对内部控制的信赖。可容忍偏差率与样本规模反向变动
	预计总体偏差率	预计总体偏差率与样本规模同向变动。在既定的可容忍偏差率下预计总体偏差率越大,所需的样本规模越大。预计总体偏差率不应超过可容忍偏差率,如果预期总体偏差率高得无法接受,意味着控制有效性很低,注册会计师通常决定不实施控制测试,而实施更多的实质性程序
	其他因素	控制运行的相关期间越长(年或季度),需要测试的样本越多;控制程序越复杂,测试的样本越多;对人工控制实施的测试要多于自动化控制

3. 选取样本并对其实施审计程序

注册会计师应当针对选取的每个项目,实施适合具体审计目标的审计程序。比如,在销售环节的控制测试中,与"发生"认定对应的其中一项控制制度是销售合同签订前需经过申请与审批环节,可通过检查记录或文件这一审计程序,查验抽取出的已签订销售合同是否后附有(或存在)经过审批的《销售合同申请表》,若有对应的《销售合同申请表》,则进一步检查是否经规定部门和人员签署意见并签章。值得注意的是,有时被测试的控制只在部分样本单据上留下了运行证据。如果注册会计师无法对选取的项目实施计划的审计程序或适当的替代程序,就要考虑在评价样本时将该样本项目视为控制偏差。另外,注册会计师要考虑造成该限制的原因,以及该限制可能对其了解内部控制和评估重大错报风险产生的影响。

(三) 评价样本结果阶段

在完成对样本的测试并汇总控制偏差之后,注册会计师应当评价样本结果,并对总体得出结论。基本流程如下。

1. 计算偏差率

将样本中发现的偏差数量除以样本规模,就可以计算出样本偏差率。样本偏差率就是注册会计师对总体偏差率的最佳估计,因而在控制测试中无须另外推断总体偏差率,但必须考虑抽样风险。

2. 考虑抽样风险

即在估计出的总体偏差率（即样本偏差率）基础上，考虑抽样风险（主要是信赖过度风险）的影响，以此形成在可接受的抽样风险下总体偏差率的适用区间。然后，将计算出的总体偏差率上限与可容忍偏差率比较，以形成对总体的判断：① 如果总体偏差率上限低于可容忍偏差率，则总体可以接受。这时注册会计师对总体得出结论，样本结果支持计划评估的控制有效性，从而支持计划的重大错报风险评估水平。② 如果总体偏差率上限大于或等于可容忍偏差率，则总体不能接受。这时注册会计师对总体得出结论，样本结果不支持计划评估的控制有效性，从而不支持计划的重大错报风险评估水平。注册会计师应当修正重大错报风险评估水平，并增加实质性程序的数量。③ 如果总体偏差率上限低于但接近可容忍偏差率。注册会计师应当结合其他审计程序的结果，考虑是否接受总体，并考虑是否需要扩大测试范围，以进一步证实计划评估的控制有效性和重大错报风险水平。

在非统计抽样中，抽样风险无法直接计量。注册会计师通常直接将估计出的总体偏差率（即样本偏差率）与可容忍偏差率相比较，运用职业判断确定总体是否可以接受：① 如果总体偏差率大于可容忍偏差率，则总体不能接受；② 如果总体偏差大大低于可容忍偏差率，注册会计师通常认为总体可以接受；③ 如果总体偏差率低于可容忍偏差率，但两者很接近，注册会计师常认为实际的总体偏差率高于容忍偏差率的抽样风险很高，因而总体不可接受；④ 如果总体偏差率与可容忍偏差率之间的差额不是很大也不是很小，以至于不能认定总体是否可以接受，注册会计师则要考虑扩大样本规模或实施其他测试，以进一步收集证据。

3. 考虑偏差的性质和原因

除了关注偏差率和抽样风险，注册会计师还应当调查识别出的所有偏差的性质和原因，并评价其对审计程序的目的和审计的其他方面可能产生的影响。无论是统计抽样还是非统计抽样，对样本结果的定性评估和定量评估都一样重要。即使样本的评价结果在可接受的范围内，注册会计师也应对样本中的所有控制偏差进行定性分析。注册会计师对偏差的性质和原因的分析包括：是有意的还是无意的？是误解了规定还是粗心大意？是经常发生还是偶然发生？是系统的还是随机的？如果注册会计师发现许多偏差具有相同的特征，如交易类型、地点、生产线或时期等，则应考虑这些特征是否可能是引起偏差的原因，是否存在其他尚未发现的具有相同特征的偏差。

4. 得出总体结论

在计算偏差率、考虑抽样风险、分析偏差的性质和原因之后，注册会计师需要运用职业判断得出总体结论。如果样本结果及其他相关审计证据支持计划评估的控制有效性，从而支持计划的重大错报风险评估水平，注册会计师可能不需要修改计划的实质性程序。如果样本结果不支持计划的控制运行有效性和重大错报风险评估水平，注册会计师通常有两种选择：① 进一步测试其他控制（如补偿性控制），以支持计划的控制运行有效性和重大错报风险评估水平；② 提高重大错报风险评估水平，并相应修改计划的实质性程序的性质、时间安排和范围。

(四)记录抽样程序

在控制测试中使用审计抽样时,注册会计师通常应在审计工作底稿中记录下列内容:对所测试的设定控制的描述;与抽样相关的控制目标,包括相关认定;对总体和抽样单元的定义,包括注册会计师如何考虑总体的完整性;对偏差的定义;可接受的信赖过度风险、可容忍偏差率,以及在抽样中使用的预计总体偏差率;确定样本规模的方法;选样方法;选取的样本项目;对如何实施抽样程序的描述;对样本的评价及总体结论摘要。

对样本的评价和总体结论摘要通常包含样本中发现的偏差数量、推断的偏差率、对注册会计师如何考虑抽样风险的解释,以及关于样本结果是否支持计划的重大错报风险评估水平的结论。工作底稿中还可能记录偏差的性质、注册会计师对偏差的定性分析,以及样本评价结果对其他审计程序的影响。

三、细节测试中的审计抽样

课堂案例

中国证监会行政处罚决定书(亚太所、吴××、周××)

亚太(集团)会计师事务所(特殊普通合伙)(简称亚太所)对雄安科融环境科技股份有限公司(简称科融环境)出具的2017年度审计报告中存在以下违法事实:

选取样本随意。亚太所2017年审计底稿中制定的收入截止性测试步骤为"抽取截止日前后10张凭证追查至发货单",但索引表显示亚太所截止日期前未连续选取凭证,截止日期后仅选取3笔凭证且不连续,测试过程随意。对此,亚太所无合理解释。涂改调试报告确认收入的记账凭证中,2017年12月648、649、650、653、654号属于截止日前主营业务收入最后10张凭证。上述记账凭证应当在亚太所计划的截止性测试范围内,但未实际执行。

亚太所的上述行为违反了《中国注册会计师审计准则第1314号——审计抽样》第二十一条、第二十四条的规定。

——摘自中国证券监督管理委员会网站,〔2021〕118号,有改动

在上述案例中,亚太会计师事务所在细节测试中未遵循审计准则的相关规定,因此中国证监会对其"选取样本随意"的行为进行了处罚。那么,在细节测试中的审计抽样具体有哪些规定呢?注册会计师在设计样本、选择样本以及评价样本时,又应该遵循哪些原则和方法呢?

细节测试中的抽样一般使用变量抽样技术。变量抽样是对审计对象总体的货币金额进行细节测试时所采用的抽样方法。变量抽样法可用于确定账户金额是多少,是否存在重大错报等。变量抽样法通常运用于审查应收账款的金额、存货的数量和金额、工资费用、交易活动的有效性等。在细节测试时,一般可采用单位平均估计抽样、比率抽样、差额估计抽样和PPS抽样等变量抽样方法,这些方法均可通过分层来实现。

(一) 样本设计阶段

1. 确定测试目标

细节测试的目的是识别财务报表中各类交易、账户余额和披露中存在的重大错报。在细节测试中，审计抽样通常用来测试有关财务报表金额的一项或多项认定（如营业收入的"发生"认定）的合理性。

2. 定义总体

在实施审计抽样之前，注册会计师必须仔细定义总体，确定抽样总体的范围，确保总体的适当性和完整性。

总体定义得是否适当、完整取决于对测试目标的准确把握。比如，若测试目标是检查营业收入的"发生"认定，那么总体应该是所有已记录为营业收入的销售交易；若测试目标是检查营业收入的"完整性"认定是否合理，那么总体应该是所有实际发生的销售交易。

值得注意的是：① 不同性质的交易可能导致借方余额、贷方余额和零余额多种情况并存，注册会计师需要根据风险、相关认定和审计目标进行不同的考虑。例如，应收账款账户可能既有借方余额，又有贷方余额。对于借方余额，注册会计师较为关心其存在性；对于贷方余额，则更为关心其完整性。另外，对于借方或贷方余额或零余额账户，通常需要分别考察借方发生额和贷方发生额。② 在审计抽样时，销售收入和销售成本通常被视为两个独立的总体。为了减少样本量而仅将毛利率作为一个总体是不恰当的，因为收入错报并非总能被成本错报抵消，反之亦然。例如，当存在舞弊时，被审计单位记录了虚构的销售收入，该笔收入并没有与之相匹配的销售成本。

3. 定义抽样单元

在细节测试中，抽样单元可能是一个账户余额、一笔交易或交易中的一个记录（如销售发票中的单个项目），甚至是每个货币单元。注册会计师在定义抽样单元时也应考虑实施计划的审计程序或替代程序的难易程度。如果将抽样单元界定为客户明细账余额，当某客户没有回函证实该余额时，注册会计师可能需要对构成该余额的每一笔交易进行测试。因此，如果将抽样单元界定为构成应收账款余额的每笔交易，审计抽样的效率可能更高。

4. 界定错报

注册会计师应根据审计目标界定错报。在界定时，应注意一些特殊情形。例如，在应收账款函证中，客户在函证信息针对的截止日之前已支付而被审计单位在该日之后才收到的款项不构成错报。

(二) 样本选取阶段

1. 确定抽样方法

在细节测试中进行审计抽样，可能使用统计抽样，也可能使用非统计抽样。注册会计师在细节测试中常用的统计抽样方法包括货币单元抽样和传统变量抽样。

2. 确定样本规模

提供充分审计证据所必需的样本规模取决于审计目标和抽样方法的效率。在既定目标下，如果一个样本能够以更小的样本规模实现相同的目标，那么它就比另一个样本更为有效。在细节测试中,影响样本规模的因素如表 7-12 所示。

表 7-12 细节测试中影响样本规模的主要因素

因素类别	具体因素	与样本规模的关系
统计因素	总体规模	总体中的项目数量在细节测试中对样本规模的影响很小
	总体的变异性	总体变异性是指总体的某一特征(如金额)在各项目之间的差异程度。在统计抽样中,衡量这种变异或分散程度的指标是标准差。总体项目的变异性程度与样本规模同向变动。当总体的变异性过高时,可以考虑先分层再确定每一层的抽样规模
	可接受的误受风险	可接受的误受风险与样本规模反向变动
审计因素	其他实质性程序在同一认定上的使用情况	其他实质性程序在同一认定上的使用程度与样本规模反向变动
	可容忍错报	可容忍错报与样本规模反向变动
	预计总体错报	预计总体错报与样本规模同向变动。预计总体错报不应超过可容忍错报。在既定的可容忍错报下,预计总体错报的金额和频率越小,所需的样本规模也越小。相反,预计总体错报的金额和频率越大,所需的样本规模也越大
	其他因素	控制运行的相关期间越长(年或季度),需要测试的样本越多;控制程序越复杂,需要测试的样本越多;对人工控制实施的测试要多于对自动化控制实施的测试

3. 选取样本并对其实施审计程序

在选取样本前,注册会计师通常先识别单个重大项目并对此执行审计程序,然后以剩余项目为抽样总体。由于抽样是以剩余项目为总体,在后续结果评价时也应单独由剩余项目的样本结果(而非单个重大项目的审计结果与剩余项目的样本结果之和)推断剩余项目的总体情况。对于选取的每一个样本,注册会计师应实施适合具体审计目标的审计程序。无法对选取的项目实施检查时,注册会计师应当考虑这些未检查项目对样本评价结果的影响:如果未检查项目中可能存在的错报不会改变对样本的评价结果,则无须检查这些项目;反之,则应当实施替代程序,获取形成结论所需的审计证据。此外,注册会计师还要考虑无法实施检查的原因是否影响计划的重大错报风险或舞弊风险的评估水平。

(三)评价样本结果阶段

1. 推断总体错报

注册会计师应当根据样本结果推断总体错报。根据由样本推断总体的方法差异,可以将细节测试中的统计抽样分为传统的变量抽样方法和货币单元抽样法。

(1)传统变量抽样。

常见的传统变量抽样方法有以下三种:

第一,均值法。使用这种方法时,注册会计师先计算样本中所有项目审定金额的平均值,然后用这个样本平均值乘以总体规模,得出总体金额的估计值;总体估计金额和总体账面金额之间的差额就是推断的总体错报。

$$\text{样本审定金额的平均值} = \text{样本审定金额} \div \text{样本规模}$$
$$\text{估计的总体金额} = \text{样本审定金额的平均值} \times \text{总体规模}$$
$$\text{推断的总体错报} = \text{总体账面金额} - \text{估计的总体金额}$$

第二,差额法。使用这种方法时,注册会计师先计算样本的审定金额与账面金额之间的平均差额,再以这个平均差额乘以总体规模,从而求出估计的总体错报。

$$\text{样本平均错报} = (\text{样本账面金额} - \text{样本审定金额}) \div \text{样本规模}$$
$$\text{推断的总体错报} = \text{样本平均错报} \times \text{总体规模}$$

第三,比率法。使用这种方法时,注册会计师先计算样本的审定金额与账面金额之间的比率,再以这个比率乘以总体账面金额,从而求出估计的总体金额,最后由总体估计金额和总体账面金额的差额得出推断的总体错报。

$$\text{比率} = \text{样本审定金额} \div \text{样本账面金额}$$
$$\text{估计的总体金额} = \text{总体账面金额} \times \text{比率}$$
$$\text{推断的总体错报} = \text{总体账面金额} - \text{估计的总体金额}$$

三种方法各有其适用条件:第一,如果未对总体进行分层,注册会计师通常不使用均值法,因为此时所需的样本规模可能太大,不符合成本效益原则;比率法和差额法都要求样本项目存在错报,如果样本项目的审定金额和账面金额之间没有差异,使用这两种方法将会导致错误的结论。第二,如果发现错报金额与项目的金额紧密相关,注册会计师通常会选择比率法;如果发现错报金额与项目的数量紧密相关,注册会计师通常会选择差额法;如果注册会计师决定使用统计抽样,且预计没有差异或只有少量差异,就不应使用比率法和差额法,而考虑使用其他替代方法,如均值法或货币单元抽样。

(2) 货币单元抽样。

货币单元抽样是一种运用属性抽样原理对货币金额而不是对发生率得出结论的统计抽样方法,它是概率比例规模抽样方法的分支,有时也称为金额单元抽样、累计货币金额抽样以及综合属性变量抽样等。货币单元抽样以货币单元作为抽样单元。例如,总体包含 10 个应收账款明细账户,共有余额 10 000 元,每一元编列数字,即从 1 到 10 000;然后,从中抽取出 10 个数字(可以采取随机选样、系统选样等方法);将这 10 个数字所在的明细账户抽取出来。注册会计师检查的账户余额或交易称为逻辑单元。

使用货币单元抽样法时,若采用系统选样法,由样本结果推断总体情况的思路为:① 如果逻辑单元的账面金额大于或等于选样间隔,则推断的错报金额就是该逻辑单元的实际错报金额。② 如果逻辑单元的账面金额小于选样间隔,注册会计师首先计算存在错报的所有逻辑单元的错报百分比,这个百分比就是整个选样间隔的错报百分比(因为每一个被选取的货币单元都代表了整个选样间隔中的所有货币单元),再用这个错报百分比乘以选样间隔,得出推断错报的金额。将所有这些推断错报金额汇总后,再加上在金额大于或等于选样间隔的逻辑单元中发现的实际错报金额,注册会计师就能计算出总体的错报金额。例如,注册会计师确定的选样间隔是 3 000 元,如果在样本中发现了 3 个高估错报,项目的账面金额分别为 100 元、200 元和 5 000 元,审定金额分别为 0、150 元和 4 000 元,则注册会计师推断的错报金额为 4 750 元。计算过程如下:对于账面金额为 5 000 元的项目,因其账面金额大于抽样间隔 3 000 元，所以该项目的实际错报金额多计了 1 000 元，也就是推断的错报；对于账面金额为 100 元和 200 元的项目，因其面价值小于抽样间隔 3 000 元，所以先计算它们的错报率，分别为 100%[=(100－0)÷100]和 25%[=(200－150)÷200]，然后分别乘以抽样间隔 3 000 元，得到推断的错报金额为 3 750 元；最后，将两部分的推断错报金额汇总，得到推断的总体错报金额 4 750 元(=1 000+3 750)。

(3) 传统变量抽样与货币单元抽样的比较。

根据以上对传统变量抽样和货币单元抽样的了解，可以总结出它们各自的优缺点，如表 7-13 所示。

表 7-13 变量抽样比较

类 别	优 点	缺 点
传统变量抽样	① 若账面金额与审定金额之间存在较多差异，传统变量抽样可能只较小的样本规模就能满足审计目标。 ② 注册会计师关注总体的低估时，使用传统变量抽样比货币单元抽样更合适；需在每一层追加选取额外样本项目时，传统变量抽样更易于扩大样本规模。 ③ 对零余额或负余额项目的选取，传统变量抽样不需要在设计时予以特别考虑	① 传统变量抽样比货币单元抽样复杂，通常需要借助计算机程序。 ② 在确定样本规模时，需估计总体特征的标准差，而这种估计往往难以作出；若存在非常大的项目，或者在总体的账面金额与审定金额之间存在非常大的差异，而且样本规模比较小，正态分布理论可能不适用，注册会计师更可能得出错误的结论。 ③ 如果几乎不存在错报，传统变量抽样中的差异法和比率法将无法使用
货币单元抽样	① 注册会计师可以很方便地计算样本规模和评价样本结果，因而通常比传统变量抽样更易于使用。 ② 在确定所需的样本规模时无须直接考虑总体的特征(如变异性)。 ③ 项目被选取的概率与其货币金额大小成比例，无须通过分层减少变异性。 ④ 在使用系统选样法选取样本时，如果项目金额等于或大于选样间距，货币单元抽样将自动识别所有单个重大项目，即该项目一定会被选中。 ⑤ 若注册会计师预计不存在错报，货币单元抽样的样本规模通常比传统变量抽样小。 ⑥ 货币单元抽样的样本更容易设计，且可在能够获得完整的最终总体之前开始选取样本	① 不适用于测试总体的低估。 ② 对零余额或负余额的选取需要在设计时予以特别考虑。 ③ 当发现错报时，如果风险水平一定，货币单元抽样在评价样本时可能高估抽样风险的影响，从而导致注册会计师更能拒绝一个可接受的总体账面金额。 ④ 通常需要逐个累计总体金额，以确定总体是否完整并与财务报表一致；不过，如果相关会计数据以电子形式存储，就不会额外增加大量的审计成本。 ⑤ 当预计总体错报的金额增加时，货币单元抽样所需的样本规模也会增加，货币单元抽样的样本规模可能大于传统变量抽样

2. 考虑抽样风险

在细节测试中，推断的错报是注册会计师对总体错报作出的最佳估计。当推断的错报接近或超过可容忍错报时，总体中的实际错报金额很可能超过了可容忍错报。因此，注册会计师要将各交易类别或账户余额的错报总额与该类交易或账户余额的可容忍错报相比较，并适当考虑抽样风险，以评价样本结果。如果推断的错报总额低于可容忍错报，注册会计师还要考虑总体的实际错报金额仍有可能超过可容忍错报的风险。

在非统计抽样中,注册会计师运用职业判断和经验考虑抽样风险。例如,某账户的账面金额为1 000 000元,可容忍错报为50 000元,根据适当的样本推断的总体错报为10 000元。由于推断的总体错报远远低于可容忍错报,注册会计师可能合理确信,总体实际错报金额超过可容忍错报的抽样风险很低,因而可以接受。另外,如果推断的错报总额接近或超过可容忍错报,注册会计师通常得出总体实际错报超过可容忍错报的结论。当推断的错报总额与可容忍错报的差距既不很小又不很大时,注册会计师应当仔细考虑,总体实际错报超过可容忍错报的风险是否高得无法接受。这种情况下,注册会计师可能会扩大样本规模以降低抽样风险的影响。如果推断的错报大于注册会计师确定样本规模时预计的总体错报,注册会计师也可能得出结论,认为总体实际错报金额超过可容忍错报的抽样风险是不可接受的。

3. 考虑错报的性质和原因

除了评价错报的金额和频率以及抽样风险,注册会计师还应当考虑:① 错报的性质和原因。是原则还是应用方面的差异?是错误还是舞弊导致?是误解指令还是粗心大意所致? ② 错报与审计工作其他阶段之间可能存在的关系。

4. 得出总体结论

 课堂案例

中国证监会行政处罚决定书(信永中和会计师事务所、常××、白××)

信永中和为乐视网提供审计服务,存在以下违法事实情况:

营业收入实质性测试程序中,部分测试样本计算的广告实际投放收入与订单金额存在重大差异,注册会计师未采取进一步审计程序以获取充分、适当的审计证据。

注册会计师在营业收入实质性审计程序中,抽取了10家大额广告客户261笔线上广告投放订单,用订单中约定的单价乘以方舟系统中的曝光量,与订单金额进行比较,用以确认广告实际投放金额与订单金额是否相符,金额是否准确。

审计底稿显示,有17笔订单的差异率在±40%以上,其中正向差异率最大为2 343.52%,负向差异率最大为-99.91%。在这17笔订单中,包括乐视网2016年虚假业务客户鸿鑫元熙,其有2笔订单的差异率均为-50%。据我会另案查明,鸿鑫元熙从未与乐视网发生广告业务往来。在上述17笔订单存在重大差异的情况下,注册会计师未采取进一步审计程序,直接得出"测算差异较小,未发现异常"的审计结论。上述重大差异也在一定程度上表明,方舟系统曝光量数据的可靠性、完整性与准确性存在疑虑。

综上,信永中和的上述行为违反了《中国注册会计师审计准则第1314号——审计抽样》第二十一条"注册会计师应当调查识别出的所有偏差或错报的性质和原因,并评价其对审计程序的目的和审计的其他方面可能产生的影响"、第二十四条"注册会计师应当对下列方面进行评价:(一)样本结果;(二)使用审计抽样是否已为注册会计师针对所测试的总体得出的结论提供合理基础"的规定。

——摘自中国证券监督管理委员会网站,〔2022〕19号,有改动

在推断总体错报、考虑抽样风险、分析错报的性质和原因之后,注册会计师需要运用职

业判断得出总体结论。

如果样本结果不支持总体账面金额,且注册会计师认为账面金额可能存在错报,注册会计师通常会建议被审计单位对错报进行调查,并在必要时调整账面记录。依据被审计单位已更正的错报对推断的总体错报额进行调整后,注册会计师应当将该类交易或账户余额中剩余的推断错报与其他交易或账户余额中的错报总额累计起来,以评价财务报表整体是否存在重大错报。无论样本结果是否表明错报总额超过了可容忍错报,注册会计师都应当要求被审计单位的管理层记录已发现的事实错报(除非明显微小)。

如果样本结果表明注册会计师作出抽样计划时依据的假设有误,注册会计师应当采取适当的行动。例如,如果细节测试中发现的错报的金额或频率大于依据重大错报风险的评估水平作出的预期,注册会计师需要考虑重大错报风险的评估水平是否仍然适当。注册会计师也可能决定修改对重大错报风险评估水平低于最高水平的其他账户拟实施的审计程序。

(四)记录抽样程序

在细节测试中使用审计抽样时,注册会计师通常在审计工作底稿中记录下列内容:测试的目标,受到影响的账户和认定;对总体和抽样单元的定义,包括注册会计师如何考虑总体的完整性;对错报的定义;可接受的误受风险;可接受的误拒风险(如涉及);估计的错报及可容忍错报;使用的审计抽样方法;确定样本规模的方法;选样方法;选取的样本项目,对如何实施抽样程序的描述,以及在样本中发现的错报的清单;对样本的评价;总体结论概要;进行样本评估和作出职业判断时,认为重要的性质因素。

商品经济的发展不仅促成了审计的产生,而且不断推动审计向前发展。进入20世纪,全球经济得以迅速发展,由于人力成本和时间的限制,不可能对被审计单位的全部数据进行收集和分析,所以审计方法从详细审计初步转向抽样审计,依据样本的情况来推断总体的风险状况。与详细审计相比,抽样审计大大节约了人力成本和时间成本,具有一定的科学性,但是也有其固有缺陷,因为抽样风险不可避免,很可能抽样风险中就蕴藏着重大舞弊行为,这将造成严重的审计风险。近年,随着大数据的发展,人们不再局限于大量数据的收集和处理工作,可以利用大数据对被审计单位的所有数据信息进行搜集和分析,因而使得对被审计单位进行总体审计成为可能,这不但能规避随机抽样产生的抽样风险,更能提高审计效率和审计质量。利用大数据技术的总体审计模式也能使得审计人员建立总体审计的思维模式,可以使现代审计获得革命性的变化。

本章小结

审计风险是指当财务报表存在重大错报时,注册会计师发表不恰当审计意见的可能性。在现代风险导向模式下,审计风险取决于重大错报风险和检查风险。重大错报风险是指财务报表在审计前存在重大错报的可能性。重大错报风险与被审计单位有关、与注册会计师无关,只能被识别和评估,而无法被降低。检查风险是指如果存在某一错报,该错报单独或连同其他错报是重大的,注册会计师为将审计风险降至可接受的低水平而实施程序后没有发现这种错报的可能性。检查风险与注册会计师有关,是可以被降低的。

风险评估程序,是指注册会计师为了解被审计单位及其环境、财务会计政策及其变更、内部控制体系等内容,以识别和评估财务报表层次和认定层次的重大错报风险而实施的审计程序。风险评估程序应当包括询问管理层、内部审计人员和被审计单位内部其他相关人员,分析程序,观察和检查等程序。通过风险评估程序识别与评估重大错报风险后,注册会计师应当根据识别与评估的结果,针对性地设计和实施应对重大错报风险的措施,包括总体方案和具体程序。进一步审计程序的总体方案包括实质性方案和综合性方案两种:实质性方案指注册会计师实施的进一步审计程序以实质性程序为主;综合性方案是指注册会计师在实施进一步审计程序时,将控制测试与实质性程序结合使用。无论是实质性方案还是综合性方案,在设计和实施进一步审计程序时,均需要考虑性质、时间安排、范围三个方面。

审计抽样指注册会计师对具有审计相关性的总体中低于100%的项目实施审计程序,使所有抽样单元都有被选取的机会。审计抽样仅适用于留下运行轨迹的控制测试和细节测试。按方法分类,审计抽样包括统计抽样和非统计抽样;按目的分类,审计抽样包括变量抽样和属性抽样。审计抽样包括样本设计、样本选择、评价样本等步骤。

复习思考题

1. 什么是审计风险?审计风险的构成要素有哪些?
2. 什么是风险评估程序?风险评估程序包括哪些内容?
3. 了解被审计单位及其环境应包括哪些内容?
4. 内部控制体系包括哪些内容?
5. 针对评估的财务报表层次重大错报风险有哪些总体应对措施?针对认定层次的重大错报风险应如何应对?
6. 什么是控制测试?什么是实质性程序?
7. 确定控制测试和实质性程序的性质、时间和范围分别要考虑哪些因素?
8. 审计抽样有哪些常用的方法?各自特点及适用情形是什么?
9. 审计抽样一般包括哪些步骤?各步骤具体如何实施?
10. 属性抽样和变量抽样中影响规模的因素分别有哪些?
11. 传统变量抽样有哪些由样本推断总体的方法?这些方法下,分别如何由样本审定结果推断总体?

课后习题

第七章 应对审计风险

知识图谱

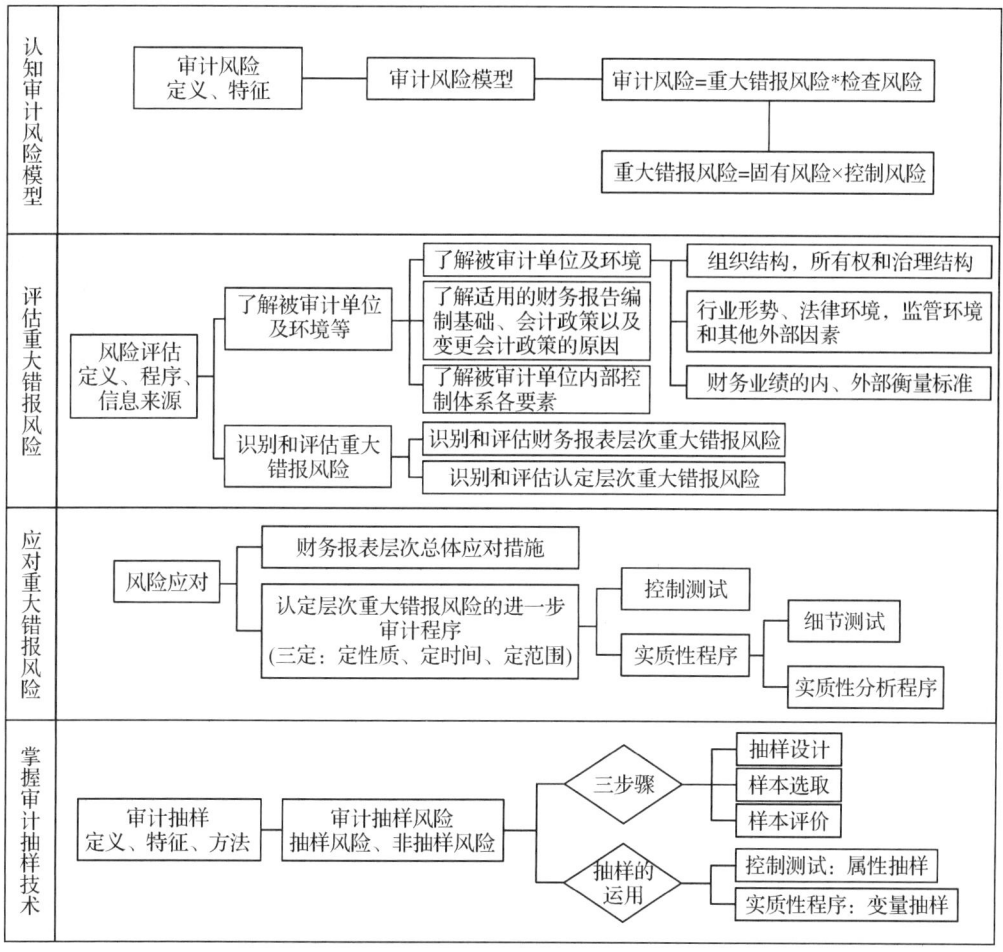

第八章 执行审计循环

 学习目标

拓展阅读

• 了解销售与收款循环、采购与付款循环、生产与存货循环以及货币资金的主要业务活动、相关凭证和记录、关键控制点;
• 掌握各循环重点账户的审计目标以及进一步审计程序的基本程序;
• 掌握如何设计和执行各循环的审计程序,理解与各循环每种实质性程序相关的财务报表认定。

 学习重点

• 各业务循环的主要业务活动;
• 各业务循环的控制测试和实质性程序。

 思政要求

• 树立正确的质量观和质量意识;
• 自觉严肃地执行审计法律规范体系,推动审计工作高质量发展;
• 以高度的政治责任感、历史使命感和职业荣誉感,把思想和行动统一到习近平总书记关于审计工作的重要讲话精神上来,依法全面履行审计监督职责。

第一节 审计循环概述

 引例导读1

中国证监会依法处罚恒大地产审计机构普华永道

2024年5月,中国证监会对公司债券发行人恒大地产财务造假、欺诈发行等违法行为严肃作出行政处罚,认定恒大地产2019年、2020年年报存在虚假记载,相关5次公司债券发行构成欺诈发行。普华永道是恒大地产上述期间的审计机构,我会对普华永道在上述期间为恒大地产提供审计服务并制作、出具相关文件是否违反《中华人民共和国证券法》的规定,按法定程序开展调查。

我会调查发现,普华永道在执行恒大地产2019年、2020年年报审计工作中未勤勉尽责,在审计过程中违反多项审计准则,违背多项审计要求,多项审计程序失效,未保持应有的职业怀疑,未作出正确的职业判断,未发现恒大地产大金额、高比例财务造假。一是审计工作底稿失真,地产项目观察中约88%的记录与实际执行情况不一致,底稿记录内容严重不可靠。二是现场走访程序失效,现场走访认为符合交楼条件的楼盘大部分实际未竣工交付,部分至我会实地调查时仍未竣工交付,甚至是"一片空地"。三是样本选取范围失控,任由恒大地产替换样本,将恒大地产标注"不让去"的地产项目排除在走访样本之外。四是文件检查程序失灵,核验无异常的交楼清单,实际上大量业主签字确认日晚于资产负债表日。五是复核程序失守,现场走访程序复核工作流于形式,复核人员基于对走访人员的"信任"出具复核结论。

——摘自中国注册会计师协会网站,有改动

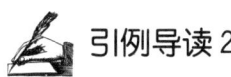

引例导读2

财政部对普华永道作出处罚决定

根据《中华人民共和国注册会计师法》等法律法规,自2024年1月起,财政部组织检查组对普华永道中天会计师事务所(简称普华永道)及其广州分所的恒大地产集团有限公司(简称恒大地产)审计项目执业质量开展了专项检查。

经查,普华永道及其广州分所在对恒大地产2018年至2020年财务报表审计过程中,明知恒大地产财务报表存在重大错报而不予指明,发表不恰当的审计意见,出具虚假审计报告。主要问题包括:一是2018年至2020年对恒大地产收入相关的主要审计程序,设计、实施存在严重缺陷,多项程序得出不实结论;2020年,明知恒大地产提前确认收入而不予指明。二是丧失独立性,为恒大地产编制合并财务报表,并在合并财务报表层面编制调整分录以虚增利润。三是明知或应当知道恒大地产存在大量货币资金受限,对财务报表中的重大错报不予指明,并通过各种方式隐瞒或掩盖。四是对恒大地产2020年虚增开发成本、随意确认投资性房地产的重大会计差错不予指明。五是未保持职业怀疑,未发现恒大地产"明股实债"方式融资、合并财务报表范围不准确导致的重大会计差错。六是对恒大地产未按规定披露重大诉讼仲裁事项不予指明,其他应收款及审计抽样、持续经营等审计程序执行不到位,项目质量控制失效等。

——摘自中国注册会计师协会网站,有改动

2024年9月,中国证监会与财政部分别对普华永道在恒大地产审计项目中的严重违法行为作出了严厉处罚,合计罚没金额高达4.41亿元,并暂停其经营业务6个月,同时撤销了广州分所。这一事件在审计界引起了轩然大波,也为我们的审计工作提供了深刻的警示。普华永道,作为国际知名的会计师事务所,本应在审计过程中秉持高度的职业审慎和独立性,然而却因未尽职守、出具虚假审计报告而遭受重罚。

此案例警示注册会计师,在执行各审计循环时,必须严格遵守审计准则和职业道德规范,保持高度的警觉和敏锐性。恒大地产的财务造假行为涉及销售、采购、投资、融资、货币资金等多个环节。无论是销售与收款循环中的收入确认、应收账款管理,还是采购与付款循环中的供应商选择、付款审批,或是生产与存货循环中的成本控制、存货盘点,以及货币资金审计中的资金流动监控,都需要审计师以严谨的态度和专业的技能去审视和核查。鉴于此,本章将重点围绕销售与收款循环审计、采购与付款循环审计、生产与存货循环审计以及货币资金审计展开。

财务报表审计的组织方式大致有两种:一是对财务报表的每个账户余额单独进行审计,称为账户法;二是将财务报表分成几个循环进行审计,即把紧密联系的各类交易和账户余额归入同一循环中,按业务循环组织实施审计,称为循环法。一般而言,账户法与多数被审计单位账户设置体系及财务报表格式相吻合,具有操作方便的优点,但是它将紧密联系的相关账户人为地予以分割,容易造成整个审计工作脱节和重复,不利于审计效率的提高;而循环法更符合被审计单位的业务流程的内部控制设计的实际情况,不仅可加深审计人员对被审计单位经济业务的理解,而且由于将特定业务循环所涉及的财务报表项目分配给一个或数个审计人员,增强了审计人员分工的合理性,有助于提高审计工作的效率与效果。

按照业务逻辑,在财务报表审计中将被审计单位的所有交易和账户余额划分为销售与收款循环、采购与付款循环、生产与存货循环、筹资与投资循环、人力资源与工薪循环等。划分成不同的循环并不意味着各个业务循环互不关联,事实上,各业务循环之间有一定的联系,如投资与筹资循环同采购与付款循环紧密联系,生产与存货循环同其他所有业务循环均紧密联系,注册会计师在进行审计时不应当将各个业务循环割裂来看。

如图 8-1 所示,工业企业的生产经营过程分为供应、生产和销售三个阶段,其经营资金从货币资金出发,伴随着供应、生产和销售过程的进行,资金形态发生变化,分别表现为储备资金、生产资金、成品资金等不同形态,最后又回到货币资金形态,这一资金的运动变化过程称为资金循环。资金周而复始地不断循环,称为资金周转。

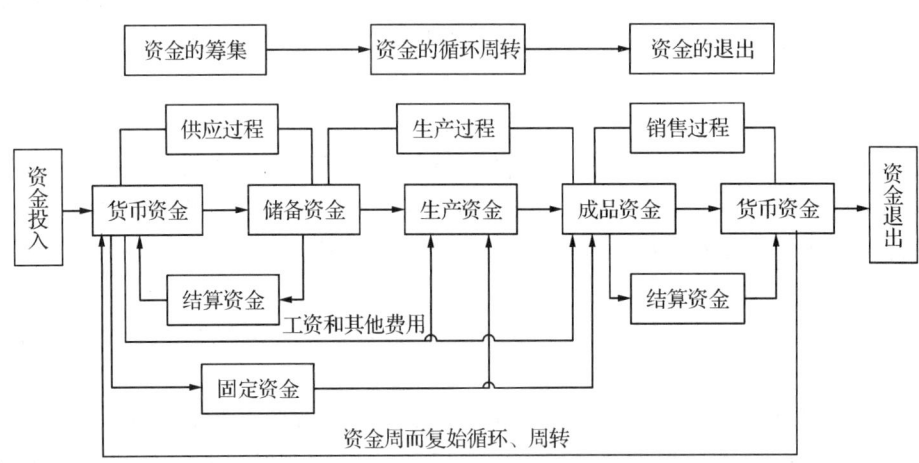

图 8-1 工业企业经营资金的运动过程

伴随着资金循环和周转,企业生产经营业务流程包括销售与收款循环、采购与付款循环、生产与存货循环、人力资源与工薪循环和货币资金循环等,如图 8-2 所示。业务循环审计实际上将业务、财务、审计整合贯通在一起,有利于审计人员了解业务经营活动、理解报表项目与业务之间的联系以及对不同财务报表项目进行交叉复核,从而提高审计工作的效率和效果。

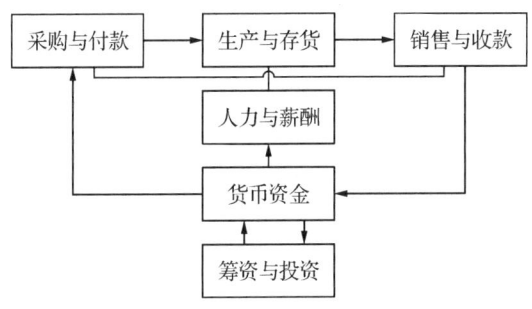

图8-2 审计循环

按照各财务报表项目与业务循环的相关程度,基本可以建立起各业务循环与其所涉及的主要财务报表项目(特殊行业的财务报表项目不涉及)之间的对应关系,如表8-1所示。

表8-1 业务循环与主要财务报表项目对照表

业务循环	资产负债表项目	利润表项目
销售与收款循环	应收票据、应收账款、应收款项融资、合同资产、长期应收款、预收款项、应交税费、合同负债	营业收入、税金及附加
采购与付款循环	预付款项、持有待售资产、固定资产、在建工程、生产性生物资产、油气资产、无形资产、开发支出、长期待摊费用、应付票据、应付账款、持有待售负债、租赁负债、长期应付款	销售费用、管理费用、研发费用、其他收益
生产与存货循环	存货	营业成本
人力与薪酬循环	应付职工薪酬	营业成本、销售费用、管理费用
投资与筹资循环	交易性金融资产、衍生金融资产、其他应收款、其他流动资产、债权投资、其他债权投资、长期股权投资、其他权益工具投资、其他非流动金融资产、投资性房地产、商誉、递延所得税资产、短期借款、交易性金融负债、衍生金融负债、其他应付款、长期借款、应付债券、预计负债、递延收益、递延所得税负债、实收资本(或股本)、其他权益工具、资本公积、其他综合收益专项储备、盈余公积、未分配利润	财务费用、资产减值损失、信用减值损失、投资收益、净敞口套期收益、公允价值变动收益、资产处置收益、营业外收入、营业外支出、所得税费用

第二节 销售与收款循环

 引例导读

中国证监会行政处罚决定书(大信所、杨×、邹××)

大信会计师事务所(特殊普通合伙)(简称大信所)对新疆同济堂健康产业股份有限公司(简称同济堂)2016年至2018年年报审计,因未勤勉尽责被行政处罚,部分违法事实如下:大信

所审计未勤勉尽责,销售和收款循环审计程序存在缺陷。其中一项为内部控制测试存在缺陷。

一是大信所在 2016 至 2018 年内部控制测试过程中,获取的部分销售收入无客户签收确认、部分客户已审批授信额度小于客户实际赊销额度,获取的部分银行收款回单存在交易日与起息日不一致、同一银行经办柜员前后备注格式不一致、部分银行回单印鉴模糊等异常情形。对此,大信所未保持应有的职业谨慎和职业怀疑,未执行进一步审计程序消除疑虑,相关底稿记载的"控制运行有效"测试结论缺少充分、适当的审计证据支持。二是大信所在 2016 至 2018 年销售与收款循环穿行测试中,所检查同一项业务的各个环节获取的相关原始文件并非同一销售客户,无法达到追踪同笔交易在财务报告信息系统中的处理过程的效果,相关底稿将"控制活动是否得到执行"记载为"是"缺少充分、适当的审计证据支持。上述行为不符合《中国注册会计师审计准则第 1101 号——注册会计师的总体目标和审计工作的基本要求》第二十八条、《中国注册会计师审计准则第 1314 号——审计抽样》第二十一条、《中国注册会计师审计准则第 1211 号——通过了解被审计单位及其环境识别和评估重大错报风险》第二十九条以及《中国注册会计师审计准则第 1231 号——针对评估的重大错报风险采取的应对措施》第八条、第十条的要求。

——摘自中国证券监督管理委员会网站,〔2023〕42 号,有改动

在上述处罚决定书中,大信会计师事务所因在销售与收款循环审计中存在缺陷而受到处罚。那么,注册会计师应该如何进行销售与收款循环审计?在销售与收款循环审计中,又有哪些因素需要特别考虑呢?

一、了解销售与收款循环

(一) 不同行业类型的收入来源

企业的收入主要来自出售商品、提供服务等,由于所处行业不同,企业的收入来源有所不同。企业所处的行业和经营性质决定了其收入来源,以及为获取收入而相应产生的各项成本支出。审计人员只有对被审计单位的相关行业活动和经营性质有比较全面的了解,才能因地制宜地执行被审计单位收入、成本的审计工作,胜任销售与收款循环审计。表 8-2 列示了一些常见行业的主要收入来源。

表 8-2 常见行业主要收入来源

行业类型	收入来源
贸易业	作为零售商向普通大众(最终消费者)零售商品;作为批发商向零售商供应商品
一般制造业	通过采购原材料并将其用于生产产成品,销售给客户以取得收入
专业服务业	律师、注册会计师、商业咨询师等主要通过提供专业服务取得服务费收入;医疗服务机构通过提供医疗服务取得收入,包括向住院病人提供病房和医护设备,为病人提供精细护理、手术和药品等取得收入
金融服务业	向客户提供金融服务取得手续费;向客户发放贷款取得利息收入;通过协助客户对其资金进行投资而收取服务费用
建筑业	通过提供建筑服务,完成建筑合同以取得收入

（二）销售与收款循环的主要业务活动和相关内部控制

了解被审计单位的重大业务循环的业务活动及其相关内部控制是注册会计师在实施风险评估程序时的一项必要工作，其目的是识别认定层次重大错报风险，针对识别出的认定层次重大错报风险分别评估固有风险和控制风险，从而设计和实施进一步审计程序。

1. 风险评估程序类型

对于大多数企业而言，销售与收款循环通常是重大业务循环，注册会计师需要在实施风险评估程序时通过实施下列程序，了解该循环涉及的业务活动及相关的内部控制：

（1）询问参与销售与收款流程各业务活动的被审计单位人员，通常包括销售部门、仓储部门和财务部门的员工和管理人员；

（2）获取并阅读企业的相关业务流程图或内部控制手册等资料；

（3）观察销售与收款流程中特定控制的运行，如观察仓储部门人员是否以及如何将装运的商品与销售单上的信息进行核对；

（4）检查文件资料，如检查销售单、出库单、客户对账单等；

（5）实施穿行测试，即追踪销售交易从发生到最终被反映在财务报表中的整个处理过程。例如，选取一笔已收款的销售交易，追踪该笔交易从接受客户订购单直至收回货款的整个过程。表8-3列举了在销售与收款循环中与销售有关的业务活动的控制是否得到执行的穿行测试。

表8-3 与销售有关的业务活动的控制是否得到执行的穿行测试表

被审计单位： 项目：确定控制是否得到执行（穿行测试） 财务报表截止日/期间：	索引号：XSL-06 编制人： 复核人：	页次：06 日期： 日期：
主要业务活动	测试内容	测试结果
销售	销售订单编号♯（日期）	
	销售订单内容	
	是否复核顾客信用额度（是/否）	
	销售合同编号♯（日期）	
	销售合同是否得到适当的审批（是/否）	
	销售通知单编号♯（日期）	
	销售发票编号♯（日期）	
	销售发票是否经过复核	
	装运单编号♯（日期）	
	销售合同、销售通知单、销售发票、装运单内容是否一致（是/否）	
	报关单编号♯（日期）——出口业务适用	
	是否取得货运提单（是/否）——出口业务适用	

续 表

被审计单位：	索引号：XSL-06	页次：06
项目：确定控制是否得到执行(穿行测试)	编制人：	日期：
财务报表截止日/期间：	复核人：	日期：

主要业务活动	测试内容	测试结果
记录应收账款/合同资产和确认收入	记录应收账款/合同资产的凭证编号♯(日期)	
	财务人员依据公司的收入确认政策对签收单/验收单(收入确认的依据)进行查验	
	确认签收单/验收单是否由客户提供(是否盖章或签字)(是/否)	
	签收单/验收单的日期是否在系统记录的发货日期之后(是/否)	
	签收单/验收单与订单、提货单上所载的货物种类、数量是否一致	
记录销售税金	计提销售税金的凭证编号♯(日期)	
	是否与纳税申报表一致(是/否)	
	是否复核纳税申报表(是/否)	
	是否计入应交税费贷方(是/否)	
收款	收款凭证编号♯(日期)	
	收款凭证是否得到会计主管的适当审批(是/否)	
	有关支持性文件上是否盖"核销"章(是/否)	
	付款人名称是否与顾客一致(是/否)	
	银行进账单编号♯/信用证编号♯(日期)	
	是否正确计入应收账款贷方(是/否)	

2. 主要业务活动和相关控制

通过了解销售与收款循环的业务流程，可掌握与销售和收款活动相关的会计信息生产全过程、所涉及的主要环节以及各环节中所对应的责任部门、责任岗位与人员、相关凭证与记录，为明确该循环的关键控制点、执行控制测试和实质性程序提供充分的基础。销售与收款循环通常包括以下业务活动及相关控制：

(1) 接受客户订购单。

客户提出订货要求是整个销售与收款循环的起点，是购买某种商品或服务的一项申请。

客户订购单只有在符合企业管理层授权标准时才能被接受。例如，管理层一般设有已批准销售的客户名单。销售部门在决定是否接受某客户的订购单时，需要检查该客户是否在名单内。对于未列入名单的客户，通常需要由销售部门的主管来决定是否同意销售。

经审批同意接受客户订货单后，可编制一式多联的销售单。销售单是证明销售交易的"发生"认定的凭据之一，也是该笔销售交易轨迹的起点之一。此外，客户订购单是来自外部的触发销售交易的文件之一，也能为销售交易的"发生"认定提供证据。

(2) 批准赊销信用。

对于赊销业务，由信用管理部门根据经管理层批准的赊销政策，在每个客户的已授权的信用额度内进行批准。

对于老客户,信用管理部门的员工在收到销售部门的销售单后,将销售单与该客户已被授权的赊销信用额度以及至今尚欠的账款余额加以比较。在执行人工赊销信用检查时,还应合理划分工作职责,以避免销售人员为扩大销售而使企业承受不适当的信用风险。

对于新客户,信用管理部门应进行信用调查,包括获取信用评审机构对客户信用等级的评定报告。无论是否批准赊销,都要求被授权的信用管理部门人员在销售单上签署意见后将其传递至销售部门。

设计信用批准控制的目的是降低信用损失风险,因此,这些控制与应收票据、应收款项融资、应收账款、合同资产账面余额的"准确性、计价和分摊"认定相关。

使用信用技术的企业,通常通过信息技术应用程序,自动检查订购单涉及的客户是否在经批准的客户名单内,以及赊销金额是否仍在信用额度内。对于不满足条件的情形则要求管理层特别批准。

(3) 根据销售单编制出库单并发货。

仓库管理人员只有在收到经批准的销售单后才能编制出库单并安排发货。这项控制旨在防止仓库管理人员未经授权擅自发货。已批准的销售单是仓库根据授权发货的依据。

在使用信息技术的企业中,信息技术应用程序可能在销售单经批准后才生成连续编号的出库单,并按照设定的要求对出库单和销售单的相关内容进行核对。

(4) 按出库单装运货物。

产品配送人员在发货时清点货物,确认与出库单一致后在出库单上签字确认并进行货物运输。

(5) 向客户开具发票。

向客户开具发票主要涉及的问题包括:是否对所有发运的货物已开具了发票("完整性");是否仅对实际发运的货物开具发票,有无重复开具发票或虚开发票("发生");是否按已授权批准的商品价目表所列价格开具发票("准确性")。

为了降低开具发票过程中出现遗漏、重复、错误计价或其他差错的风险,企业通常设立以下控制:在开具销售发票前,负责开票的员工检查是否存在出库单和相应的经批准的销售单;根据已授权批准的商品价目表开具销售发票;将出库单上的发货数量与销售发票上的产品数量进行核对。这些控制与销售交易(即营业收入)的"发生""完整性"以及"准确性"认定相关。

信息技术可以协助实现上述内部控制,在单证核对一致的情况下生成连续编号的销售发票,并对例外事项进行汇总,以供企业相关人员进行进一步处理。

(6) 记录销售。

为了确保正确记录销售,将销售交易归属于适当的会计期间,企业需要设计并执行下列记录销售的控制程序:

第一,根据有效的出库单和销售单记录销售。这些出库单和销售单应能证明销售交易的发生及其发生日期。

第二,使用事先连续编号的销售发票并对发票使用情况进行监控。

第三,独立检查销售发票所载的销售金额与会计记录金额的一致性。

第四,记录销售的职责应与处理销售交易的其他功能相分离。

第五,对记录过程中所涉及的有关记录的接触权限予以限制,以减少未经授权批准的记录发生。

第六,定期独立检查应收票据/应收款项融资/应收账款/合同资产的明细账与总账的一致性。

第七,由不负责现金出纳的销售及应收票据/应收账款融资/应收账款/合同资产记账的人员定期向客户寄发对账单,对不符事项进行调查,必要时调整会计记录,编制对账情况汇总报告并交管理层审核。

(7) 办理和记录现金、银行存款收入。在办理和记录现金、银行存款收入时,企业最关心的是货币资金的安全。货币资金的失窃或被侵占可能发生在货币资金收入入账之前或入账之后。处理货币资金收入时要保证全部货币资金如数、及时地记入现金、银行存款日记账或应收票据/应收款项融资/应收账款/合同资产明细账,并如数、及时地将现金存入银行。企业通过出纳与现金记账的职责分离、现金盘点、编制银行余额调节表、定期向客户发送对账单等控制来实现上述目的。

(8) 确认和记录可变对价的估计和结算情况。

如果合同中存在可变对价,企业需要对计入交易价格的可变对价进行估计,并在每一资产负债表日重新估计应计入交易价格的可变对价金额,以如实反映报告期末存在的情况以及报告期内发生的情况变化。

(9) 计提坏账准备。

企业一般定期对应收票据/应收款项融资/应收账款的预期信用损失进行估计,根据估计结果确认信用减值损失并计提坏账准备,管理层对相关估计进行复核和批准。

(10) 核销坏账。

不管内销部门的工作如何主动,客户因经营不善、宣告破产、死亡等情况发生而不支付货款的事仍可能发生。如有证据表明某笔货款已无法收回,企业即通过适当的审批程序注销该笔应收账款/应收账款融资。

3. 销售与收款循环的内部控制设计和执行

综合上述业务活动中设计的内部控制,可以看出,在销售与收款循环中企业通常从以下方面设计和执行内部控制:

(1) 适当的职责分离。适当的职责分离不仅是预防舞弊的必要手段,也有助于防止各种有意或无意的错误。例如,主营业务收入账,如果由记录应收账款以外的员工独立登记,并由另一位不负责账簿记录的员工定期调节总账和明细账,就构成了一项交互牵制。

为确保办理销售与收款业务的不相容岗位相互分离、制约和监督,一个企业销售与收款业务相关职责适当分离的基本要求通常包括:企业应当分别设立办理销售、发货、收款三项业务的部门或岗位;企业在销售合同订立前,应当指定专门人员就销售价格、信用政策、发货及收款方式等具体事项与客户进行谈判。谈判人员至少应有两人,并与订阅合同的人员相分离;编制销售发票通知单的人员与开具销售发票的人员应相互分离;销售人员应当避免接触销货现款;企业应收票据的取得和贴现必须经由保管票据以外的主管人员书面批准。销售与收款循环中涉及的主要人员包括总经理、财务经理、会计主管、应收账款记账员、出纳员、销售经理、销售信息管理员、销售业务员、生产信息管理员、信用管理经理、仓库经理、仓库信息管理员、法律部负责人等。有关职责分工的政策和程序等审计工作底稿如下:

采用询问、观察和检查等方法,了解并记录销售与收款循环的主要业务流程,并已与×××、×××等确认下列所述内容。

一、有关职责分工的政策和程序

> 例:
> ××公司建立了对下列职责予以分工的政策和程序:
> - 订单的接受与批准
> - 订单的批准与信用额度的批准
> - 销售合同的订立与审批
> - 录入与复核销售订单信息
> - 销售发票的开具与审核
> - 收款处理和记录
>
> 根据相关员工的岗位职责说明,IT部门已经在Y系统中授予了其相应的系统访问权限。财务经理每季度复核系统生成的访问权限报告,确认设置是否适当。

二、该循环主要业务活动概述

1. 订单/合同审批

> 例:
> 根据客户类别,对销售订单采用以下两种方式:
> (1) 现有客户。
> 收到现有客户的采购订单后,销售业务员将订单金额与该客户已被授权的信用额度以及至今尚欠的账款余额进行检查,经销售经理审批后,交至信用管理经理复核。如果是超过信用额度的采购订单,须由总经理批准。
> (2) 新客户。
> 对于新客户,销售业务员将对客户背景进行调查,获取包括信用评审机构对客户信用等级的评定报告等,填写"新客户基本情况表",并附相关资料交至销售经理和信用管理经理审批。
> 销售经理在"新客户基本情况表"上注明是否同意接受该新客户,信用管理经理注明是否同意赊销以及信用额度。给予新客户的信用额度不超过人民币×××元;若高于该标准,须经总经理审批。
> 根据审批后的新客户基本情况表,销售信息管理员将有关信息输入Y系统,在系统中建立新客户档案(包括客户地址、相关资质、银行账户等信息)。
> 完成上述程序后,新客户即可向××公司发出采购订单。如果新客户连续六个月及时支付货款,信用良好,则按"现有客户"进行交易。
> (3) 签订合同并生成销售订单。
> 订单经批准后,销售业务员根据公司固定的销售合同模板草拟销售合同,提交销售经理审核,审核内容包括客户是否经审批、合同是否采用公司模板签订、合同信息与客户采购订单信息是否一致等。销售经理审核后交由总经理签署合同。如果客户要求对公司固定的销售合同模板作出修改,需经法律部负责人同意。
> 销售合同均预先连续编号。
> 根据已签订的销售合同,销售信息管理员将有关信息输入Y系统,经销售经理审核录入信息无误后,在系统中批准,系统将自动生成连续编号的销售订单(此时销售订单显示为"待处理"状态)。生产部门据以安排生产,开始生产后,系统中销售订单显示为"在产"状态。

> (注:与生产相关控制活动记录于生产与仓储循环的审计工作底稿(SCL))。
> 　　每周,销售经理从系统中导出包含本周所有销售订单的销售信息报告,以确认录入系统的销售合同和生成的销售订单是否存在跳号/重号的情况。如销售合同已全部恰当录入系统,销售经理即在销售信息报告上签字作为复核的证据。
> 　　每月末,销售信息管理员从系统中导出尚处于"待处理"状态的销售订单信息汇总报告,提交销售经理复核,如发现超出正常周期的待处理订单,销售经理将联系生产经理进行进一步调查,以确定销售订单均已开始生产。
> 　　××公司当期未发生销售退回交易。

2. 收款

> 例:
> 　　销售业务员收到客户的支票、本票或汇票后,填写收款通知单,连同票据一起交给财务部出纳员。出纳员检查收到的票据后在收款通知单上签字确认,于当日或次日将票据解入银行。应收账款记账员将收款通知单、银行收款回单等进行核对无误后,在系统中编制收款凭证并提交会计主管复核。
> 　　在完成对收款凭证及相关单证的复核后,会计主管在系统中批准收款凭证,在打印收款凭证后附的单证上加盖"核销"印戳。
> 　　出纳员根据经复核无误的收款凭证及时登记现金和银行存款日记账。

　　(2) 恰当的授权审批。对于授权审批问题,注册会计师应当关注以下四个关键点上的审批程序:其一,在销售发生之前,赊销已经正确审批;其二,非经正当审批,不得发出货物;其三,销售价格、销售条件、运费、折扣等必须经过审批;其四,审批人应当根据销售与收款授权批准制度的规定,在授权范围内进行审批,不得超越审批权限。对于超过企业既定销售政策和信用政策规定范围的特殊销售交易,需要经过适当的授权。前两项控制的目的在于保证销售交易按照企业定价政策规定的价格开票收款;对授权审批范围设定权限的目的则在于防止因审批人决策失误而造成严重损失。

　　(3) 充分的凭证和记录。充分的凭证和记录有助于企业执行各项控制以实现控制目标。例如,企业在收到客户订购单后,编制一份预先编号的一式多联的销售单,分别用于批准赊销、审批发货、记录发货数量以及向客户开具发票等。在这种制度下,通过定期清点销售单和销售发票,可以避免漏开发票或漏记销售的情况。

　　(4) 凭证的预先编号。对凭证预先进行编号,旨在防止销售以后遗漏向客户开具发票或登记入账,也可防止重复开具发票或重复记账。当然,如果对凭证的编号不作清点,预先编号就会失去其控制意义。定期检查全部凭证的编号,并调查凭证缺号或重号的原因,是实施这项控制的关键点。在信息技术得以广泛运用的环境下,凭证预先编号这一控制在很多情况下由系统执行,同时辅以人工的监控(例如,对系统生成的例外报告进行复核)。

　　(5) 定期寄发对账单。由不负责现金出纳和销售及应收票据/应收款项融资/应收账款/合同资产记账的人员定期向客户寄发对账单,能促使客户在发现应付账款余额不正确后及时反馈有关信息。为了使这项控制更加有效,最好将账户余额中出现的所有核对不符的账项,指定一位既不负责货币资金也不记录主营业务收入和应收票据/应收款项融资/应收账款/合同资产账目的主管人员处理,然后由独立人员定期编制对账情况汇总报告并交管理层审阅。

(6) 内部核查程序。由内部审计人员或其他独立人员核查销售与收款交易的处理和记录,是实现内部控制目标所不可缺少的一项控制措施。

表 8-4 列举了在销售与收款循环审计中可能包括的部分问题。

表 8-4 调查问卷

被审计单位: 项目:调查问卷 财务报表截止日/期间:		索引号:XSL-04 编制人: 复核人:	页次:04 日期: 日期:	
类别	序号	调查问题	调查结果	相关的制度及文件
销售概要	1	公司主要从事哪些业务?具体产品有哪些?		
	2	商品的销售模式有哪些?		
	3	现销和赊销的比例如何?		
	4	销售区域是怎样划分的?		
	5	请介绍一下公司销售部门的组织结构。		
职责分工与授权审批	1	公司信用的确定、复核的流程是怎样的?信用额度的变化需要复核和批准吗?如果需要,如何操作?		
	2	是否有负责信用政策审核的经理或岗位?该经理/岗位是否独立于销售部和应收账款的岗位?		
	3	销售合同协议的审批、签订与办理发货的职责分别由哪些岗位人员负责?		
	4	合同签订前是否有信用控制、价格控制、法律控制人员的复核?		
	5	在收入和应收账款方面,是否有足够的责任分离? a. 存货保管、发运、订货和开发票相分离吗? b. 现金收付与发货、开票、赊销记录程序相分离吗? c. 收款与现金收支记录相分离吗? d. 现金收支凭证与银行对账和审核相分离吗? e. 销售退回货品的验收、处置与相关会计记录的职责分别由哪些岗位人员负责? f. 坏账准备的计提与审批、坏账的核销与审批的职责分别由哪些岗位人员负责?		
经销商管理	1	签约经销商是否有专门的条件要求?是否按规定对经销商资格进行确认?		
	2	是否制定了应收账款和赊销信用额度?经销商的信用额度是否恰当并按规定审批?是否与经销商签订了合同?销售管理部门是否有赊销(寄售)台账?		
	3	是否按规定对经销商考核评价?对经销商的责任追究是否执行?不合格经销商是否按规定退出?		
	4	对经销商的返利是否按规定执行?		

续 表

被审计单位：	索引号：XSL-04	页次：04
项目：调查问卷	编制人：	日期：
财务报表截止日/期间：	复核人：	日期：

类别	序号	调查问题	调查结果	相关的制度及文件
销售客户选择、信用管理和档案管理	1	产品的市场定价策略和审批方式是怎样的？是否有一个指导价格体系？对不符合价格体系的销售合同是否必须有审批程序？		
	2	如何保证在实际业务中按照已审批的价格进行销售？		
	3	对新开发客户是否进行信用评审？对老客户是否定期（或至少每年）进行信用评审？评审如何进行，评审的内容包括哪些方面，由哪些部门/人员制定，评审结果由何人审批？是否建立客户档案记录评审结果？		
销售合同、订单签署（包括合同管理及信息保密）	1	是由谁在销售合同上签字的？若非法人代表，则是否有法人代表的书面授权程序？销售合同的审批流程是怎样的？有哪些部门参与？重要的销售合同协议，是否征询法律顾问或专家的意见？		
	2	销售合同的归档和保管程序是怎样的？是否连续编号？		
	3	提供销售折扣吗？销售折扣如何确定，是否有审批以及记录？		
销售发货、开票和收入管理	1	是否存在核对订单、合同、发票和发货单的数量和金额的一致性的复核程序？		
	2	发票的开立、作废的控制程序是怎样的？		
	3	运输的方式是：a. 客户自提　b. 公司运输到客户处　c. 委托承运人（可以多选）		
	4	收入确认的具体原则是什么（区分某一时点、某一时段）？收入确认的关键证据是什么？相关资料的流转和保管情况如何？		
	5	财务部门如何对销售收入进行财务处理？在记录销售收入前是否会对收入确认的关键证据进行查验？如何保证销售收入都及时、准确、完整地入账？		
销售退回及售后管理	1	相关操作人员是否熟悉公司销售退回和客户服务的流程并按此操作？		
	2	公司是否有对外的可量化的服务承诺？是否有该承诺的审核和确认程序？		
	3	对于公司的客户服务/保修承诺，财务部是否了解？在账上预提相关费用的操作流程是怎样的？		
	4	所有客户问题、不同意见及投诉都定期追究吗？		

续 表

被审计单位：		索引号：XSL-04	页次：04	
项目：调查问卷		编制人：	日期：	
财务报表截止日/期间：		复核人：	日期：	

类别	序号	调查问题	调查结果	相关的制度及文件
销售退回及售后管理	5	销售部门是否设置销售台账，及时反映各种商品销售的开单、发货、收款情况？台账由哪些人员负责维护，如何维护？由哪些人员负责对销售合同协议执行情况进行定期跟踪审阅？发现异常如何跟踪处理？		
应收和预收款管理	1	是否至少每月制作应收账款账龄分析，并且对于逾期的账款采取了相应的措施？		
	2	积压未交付的订货有多少？这些积压未交付的订货是上年的延续吗？		
	3	经冲销的款项是否加以适当控制以便日后催收？由哪些部门负责账款催收？是否明确收款责任，建立科学、合理的清收奖励制度以及责任追究和处罚制度，以利于货款催收？		
	4	对催收无效的逾期应收账款是否及时通过法律程序等途径予以解决？		
	5	坏账注销时需经管理部门批准吗？对于可能成为坏账的应收账款，如何计提坏账准备，需要进行哪些审批？对确定发生的各项坏账，如何进行处理，并在履行规定的审批程序后做出会计处理？		
	6	核销的坏账是否进行备查登记，做到账销案存？已核销的坏账又收回时是否及时入账，防止形成账外款？		
	7	是否按客户设置应收账款台账（或通过计算机系统实现此功能），及时登记客户合同、发货记录、商业票据、款项回收？如何确保会计记录、销售记录、仓储记录一致？		
	8	是否制定相关制度明确应收票据的受理范围和管理措施？是否制定逾期票据追索监控和冲销管理制度？		
	9	应收票据如何进行管理？对于即将到期的应收票据，是否及时向付款人提示付款？已贴现但仍承担收款风险的票据是否在备查簿中登记，以便日后追踪管理？		
	10	如何确定商业票据的真实性和合法性，防止票据欺诈？		
	11	是否定期与往来客户通过函证等方式，核对应收账款、应收票据、预收账款等往来款项？核对的频率、部门、核对结果汇报各是怎样的？如有不符，如何处理？		

续 表

被审计单位：	索引号：XSL-04	页次：04
项目：调查问卷	编制人：	日期：
财务报表截止日/期间：	复核人：	日期：

类别	序号	调查问题	调查结果	相关的制度及文件
应收和预收款管理	12	应收款项期末余额是否经客户认可？与各代理之间是否定期核对账目？对不上的是否及时查出原因并更正？		
分析与考核	1	销售部门是否会同有关部门每月对产品销售、销售政策执行、产品发货与库存、货款收取及催收等情况进行全面分析，并向企业有关会议报告？		
	2	企业是否定期对销售计划的完成、价格的执行及货款回收等情况进行考核？销售部门主要负责人离任是否按规定进行审计？		
		您有什么好的意见或建议？		

（三）销售与收款循环的重大错报风险评估

1. 相关交易类别和账户余额存在的重大错报风险

（1）重大错报风险的范围。

注册会计师识别出的重大错报风险因被审计单位的性质和交易的具体情况而异。以一般制造业的赊销销售为例，注册会计师识别出的销售与收款循环重大错报风险通常包括：

① 已记录的收入交易未真实发生。

② 未完整记录所有已发生的收入交易。

③ 收入交易的复杂性可能导致的错误。例如，被审计单位可能针对一些特定的产品或者服务提供一些特殊的交易安排，如可变对价安排、特殊的退货约定、特殊的服务期限安排等，但管理层可能对这些不同安排下所涉及的交易风险的判断缺乏经验，导致收入确认发生错误。

④ 期末发生的交易可能未计入正确的期间，包括销售退回交易的截止错误。

⑤ 收款未及时入账或记入不正确的账户，因而导致应收账款/合同资产（或应收票据/银行存款）的错报。

⑥ 应收账款坏账准备的计提不准确。

（2）对收入舞弊风险的评估。

由于收入是企业的利润来源，直接关系到企业的财务状况和经营成果。有些企业往往为了达到粉饰财务报表的目的而采用虚增（"发生"认定）或隐瞒收入（"完整性"认定）等方式实施舞弊。在财务报表舞弊案件中，涉及收入确认的舞弊占有很大比例，收入确认已成为注册会计师审计的高风险领域。因此，中国注册会计师审计准则要求注册会计师基于收入确认存在舞弊风险的假定，评价哪些类型的收入、收入交易或认定导致舞弊风险。假定收入确认存在舞弊风险，并不意味着注册会计师应当将与收入确认相关的所有认定都假定为存在舞弊风险。注册会计师需要结合对被审计单位及其环境等方面情况的具体了解，考虑收入确认舞弊可能如何发生。被审计单位不同，管理层实施舞弊的动机或压力不同，其舞弊风险所涉及的具体认定也不同，注册会计师需要作出具体分析。如果注册会计师认为收入确认存在舞弊风险的假定不适用于业务的具体情况,从而未将收入确认作为由于舞弊导致的重大错报风险领域,注册会计师应当在审计工作底稿中记录得出该结论的理由。

① 识别与收入确认相关的舞弊风险。

在实施风险评估程序时,注册会计师识别与收入确认相关的舞弊风险至关重要。注册会计师了解被审计单位生产经营的基本情况、销售模式和业务流程、与收入相关的生产技术条件、收入的来源和构成、收入交易的特征、收入确认的具体原则、与收入确认相关的信息系统、所在行业的基本情况和特殊事项、上下游行业的景气度、重大异常交易的商业理由、被审计单位的业绩衡量、管理层的经营理念、内部控制、财务报表项目的内在联系等,有助于其考虑发生舞弊的方式和领域,以及管理层可能采取的舞弊手段,从而更有效地识别与收入确认相关的舞弊风险,并设计恰当的审计程序以应对此类风险。

注册会计师应当评价通过实施风险评估程序和执行其他相关活动获取的信息是否表明存在舞弊风险因素。例如,如果注册会计师通过实施风险评估程序了解到,被审计单位所处行业竞争激烈并伴随着利润率的下降,而管理层过于强调提高被审计单位利润水平的目标,则注册会计师需要警惕管理层通过实施舞弊高估收入,从而高估利润的风险。

② 常用的收入确认舞弊手段。

了解被审计单位通常采用的收入确认舞弊手段,有助于注册会计师更加有针对性地实施审计程序。被审计单位通常采用的收入确认舞弊手段举例如下:

一是为了达到粉饰财务报表的目的而虚增收入或提前确认收入。具体手段有:虚构销售交易;实施显失公允的交易;在客户取得相关商品控制权前确认销售收入;隐瞒退货条款,在发货时全额确认销售收入;隐瞒不符合收入确认条件的售后回购或售后回租协议,而将以售后回购或售后回租方式发出的商品作为销售商品确认收入;在被审计单位属于代理人的情况下,被审计单位按主要责任人确认收入;对于属于在某一时段内履约的销售交易,通过高估履约进度的方法实现多确认收入;当存在多种可供选择的收入确认会计政策或会计估计方法时,随意变更所选择的会计政策或会计估计方法;选择与销售模式不匹配的收入确认会计政策;通过调整与单独售价或可变对价等相关的会计估计,达到多计或提前确认收入的目的;对于存在多项履约义务的销售交易,未对各项履约义务单独进行核算,而整体作为单项履约义务一次性确认收入;对于应整体作为单项履约义务的销售交易,通过将其拆分为多项履约义务,达到提前确认收入的目的。

二是为了达到报告期内降低税负或转移利润等目的而少计收入或推迟确认收入。具体手段有:被审计单位在满足收入确认条件后,不确认收入,而将收到的货款作为负债挂账,或转入本单位以外的其他账户;被审计单位采用以旧换新的方式销售商品时,以新旧商品的差价确认收入;对于应采用总额法确认收入的销售交易,被审计单位采用净额法确认收入;对于属于某一时段内履约的销售交易,被审计单位未按实际履约进度确认收入,或采用时点法确认收入;对于属于在某一时点履约的销售交易,被审计单位未在客户取得相关商品或服务控制权时确认收入,推迟收入确认时点;通过调整与单独售价或可变对价等相关的会计估计,达到少计或推迟确认收入的目的。

③ 收入确认可能存在舞弊风险的迹象。

舞弊风险迹象,是注册会计师在实施审计过程中发现的、需要引起对舞弊风险警觉的事实或情况。存在舞弊风险迹象并不必然表明发生了舞弊,但了解舞弊风险迹象,有助于注册会计师对审计过程中发现的异常情况产生警觉,从而更有针对性地采取应对措施。注册会计师保持职业怀疑,充分了解被审计单位业务模式并理解业务逻辑,有助于识别舞弊风险迹象。

通常表明被审计单位在收入确认方面可能存在舞弊风险的迹象主要有:

一是销售客户方面出现异常情况。其包括:① 销售情况与客户所处行业状况不符。② 与同一客户同时发生销售和采购交易,或者与同受一方控制的客户和供应商同时发生交易。③ 交易标的对交易对方而言不具有合理用途。④ 主要客户自身规模与其交易规模不匹配。⑤ 与新成立或之前缺乏从事相关业务经历的客户发生大量或大额的交易,或者与原有客户交易金额出现不合理的大额增长。⑥ 与关联方或疑似关联方客户发生大量或大额交易。⑦ 与个人、个体工商户发生异常大量的交易。⑧ 对应收款项/合同资产账龄长、回款率低或缺乏还款能力的客户,仍放宽信用政策。⑨ 被审计单位的客户是否付款取决于下列情况:a. 能否从第三方取得融资;b. 能否转售给第三方(如经销商);c. 被审计单位能否满足特定的重要条件。⑩ 直接或通过关联方为客户提供融资担保。

二是销售交易方面出现异常情况。其包括:在监控期末时发生了大量或大额的交易;实际销售情况与订单不符,或者根据已取消的订单发货或重复发货;未经客户同意,在销售合同约定的发货期之前发送商品或将商品运送到销售合同约定地点以外的其他地点;被审计单位的销售记录表明,已将商品发往外部仓库或货运代理人,却未指明任何客户;销售价格异常;已经销售的商品在期后有大量退回;交易之后长期不进行结算。

三是销售合同、单据方面出现异常情况。其包括:销售合同未签字盖章,或者销售合同上加盖的公章并不属于合同所指定的客户;销售合同中重要条款(如交货地点、付款条件)缺失或含糊;销售合同中部分条款或条件不同于被审计单位的标准销售合同,或过于复杂;销售合同或发运单上的日期被更改;在实际发货之前开具销售发票,或实际未发货而开具销售发票;记录的销售交易未经恰当授权或缺乏出库单、货运单、销售发票等证据支持。

四是销售回款方面出现异常情况。其包括:应收款项收回时,付款单位与购买方不一致,存在较多代付款的情况;应收款项收回时,银行回单中的摘要与销售业务无关;对不同客户的应收款项从同一付款单位收回;经常采用多方债权债务抵消的方式抵消应收款项。

五是被审计单位通常会使用货币资金配合收入舞弊,注册会计师需要关注资金方面出现的异常情况。其包括:通过虚构交易套取资金;发生异常大量的现金交易,或被审计单位有非正常的资金流转及往来,特别是有非正常现金收付的情况;在货币资金充足的情况下仍大额举债;被审计单位申请公开发行股票并上市,连续几个年度进行大额分红;工程实际付款进度明显快于合同约定付款进度;与关联方或疑似关联方客户发生大额资金往来。

六是其他方面出现异常情况。其包括:采用异于行业惯例的收入确认方法;与销售和收款相关的业务流程、内部控制发生异常变化,或者销售交易未按照内部控制制度的规定执行;非财务人员过度参与与收入相关的会计政策的选择、运用以及重要会计估计的作出;通过实施分析程序发现异常或偏离预期的趋势或关系;被审计单位的账簿记录与询证函回函提供的信息之间存在重大或异常差异;在被审计单位业务或其他相关事项未发生重大变化的情况下,询证函回函相符比例明显于以前年度;被审计单位管理层不允许注册会计师接触可能提供审计证据的特定员工、客户供应商或其他人员。

以上情况并未穷尽实务中存在舞弊风险的迹象,被审计单位存在列举的某一迹象也并不意味着其在收入确认方面一定存在舞弊风险,注册会计师应当结合对被审计单位及其环境等方面情况的了解,在审计过程中对异常情况保持高度警觉和职业怀疑,在此基础上运用职业判断确定被审计单位在收入确认方面是否可能存在舞弊风险。

④ 对收入确认实施分析程序。

在收入确认领域实施审计程序时,分析程序是一种较为有效的程序,注册会计师要重视并充分利用分析程序,发挥其在识别收入确认舞弊中的作用。通过实施分析程序,注册会计师可能识别出未注意到的异常关系,或通过其他审计程序难以发现的变动趋势,从而有目的、有针对性地关注可能发生重大错报风险的领域,有助于评估重大错报风险,为设计和实施应对措施奠定基础。如果发现异常或偏离预期的趋势或关系,注册会计师需要认真调查其原因,评价是否表明可能存在由于舞弊导致的重大错报风险。涉及监控期末收入和利润的异常关系尤其值得关注,例如,在报告期的最后几周内记录了不寻常的大额收入或异常交易。

2. 评估固有风险和控制风险

(1) 评估固有风险。

针对识别出的销售与收款循环相关交易类别和账户余额存在的重大错报风险,注册会计师应当通过评估错报发生的可能性和重要程度来评估固有风险。在评估时,注册会计师运用职业判断确定错报发生的可能性和重要程度综合起来的影响程度。

例如,某被审计单位本年度与新客户签订了一项重大合同,包含向客户转让多项商品和服务的承诺。在评估固有风险时,注册会计师认为与该交易相关的固有风险因素包括:

① 复杂性。例如,被审计单位需要识别合同中包含几个单项履约义务。

② 主观性。例如,在确定单独售价时,被审计单位需要对采用的方法和参数作出选择。

③ 不确定性。例如,在确定涉及可变对价的交易价格和单项履约义务的履约进度时,涉及重大的管理层判断,存在估计不确定性。

④ 其他因素。被审计单位以往年度未签订过这类合同,财务人员对相关的会计处理缺乏经验。基于上述因素,注册会计师认为错报发生的可能性较大,并且由于合同金额重大,如果发生错报,其严重程度也较高。综合这些考虑,注册会计师将与该交易相关的风险的固有风险等级评估为最高级,即存在特别风险。

(2) 评估控制风险。

如果计划测试销售与收款循环中相关控制的运行有效性,注册会计师应当评估控制风险。

例如,被审计单位建造部门的人员每月测量产品完工进度,经该部门经理复核签字后交财务部门,作为确定履约进度和收入的依据。注册会计师计划测试该项控制的运行有效性,认为虽然执行控制的人员具备相应的知识和技能,但该项控制非常重要,且控制的运行涉及较高的主观程度,因此,综合考虑确定该项控制的风险等级为高水平。

如果注册会计师拟不测试控制运行的有效性,则应当将固有风险的评估结果作为重大错报风险的评估结果。

3. 根据重大错报风险评估结果设计进一步审计程序

注册会计师根据对销售与收款循环的重大错报风险的评估结果,制定实施进一步审计程序的总体方案,包括确定是采用综合性方案还是实质性方案,并考虑审计程序的性质、时间安排和范围,继而实施控制测试和实质性程序,以应对识别出的认定层次的重大错报风险。具体见表8-5。

表8-5 销售与收款循环的重大错报风险和拟实施的进一步审计程序的总体方案

重大错报风险描述	相关财务报表项目及认定	固有风险等级	控制风险等级	进一步审计程序的总体方案	拟从控制测试中获取的保证程度	拟从实质性程序中获取的保证程度
销售收入可能未真实发生	营业收入:发生 应收账款/合同资产:存在	最高	高	实质性方案	无	高
销售收入记录可能不完整	营业收入/应收账款/合同资产:完整性	中	最高	实质性方案	无	高
期末收入交易可能未计入正确的期间	营业收入:截止 应收账款/合同资产:存在/完整性	高	最高	实质性方案	无	高
发生的收入交易未能得到准确记录	营业收入:准确性 应收账款/合同资产:准确性、计价和分摊	低	中	综合性方案	中	低
应收账款坏账准备的计提不准确	应收账款/合同资产:准确性、计价和分摊	中	最高	实质性方案	无	高

注:"控制风险等级"一列中所列示的"最高",表示注册会计师拟不测试控制运行的有效性,而是将固有风险的评估结果作为重大错报风险的评估结果。因此,在"拟从控制测试中获取的保证程度"列的相应栏次中显示为"无"。

"拟从控制测试中获取的保证程度"一列所列示的"中"以及"拟从实质性程序中获取的保证程度"一列所列示的"高""低"的级别的确定属于注册会计师的职业判断。针对不同的风险级别,其对应的拟获取的保证程度并非一定如本表所示。本表中的内容仅为向读者演示注册会计师基于特定情况所作出的对应的审计方案的评价结果,从而基于该结果确定控制测试和实质性程序的性质、时间安排和范围。

二、销售与收款循环的控制测试

(一) 控制测试的基本原理

风险评估和风险应对是整个审计过程的核心,因此,注册会计师通常以识别的重大错报风险为起点,选取拟测试的控制并实施控制测试。在对被审计单位销售与收款循环的相关内部控制实施测试时,注册会计师需要注意以下几点:

(1) 控制测试所使用的审计程序的类型主要包括询问、观察、检查和重新执行,其提供的保证程序依次递增。注册会计师需要根据所测试的内部控制的特征及需要获得的保证程序选用适当的测试程序。

(2) 如果在期中实施了控制测试,注册会计师应当在年末审计时实施适当的前推程序,就控制在剩余期间的运行情况获取证据,以确定控制是否在整个被审计期间持续运行有效。

(3) 控制测试的范围取决于注册会计师需要通过控制测试获取的保证程度。

(4) 如果拟依赖的内部控制是由计算机执行的自动化控制,注册会计师除了测试自动化信息处理控制的运行有效性,还需要就相关的信息技术一般控制的运行有效性获取审计证据。如果所测试的人工控制利用了系统生成的信息或报告,注册会计师除了测试人工控制,还需就系统生成的信息或报告的可靠性获取审计证据。

上述有关实施销售与收款循环的控制测试时的基本要求,就其原理而言,对其他业务循环的控制测试同样适用,因此,后面其他业务循环的控制测试不再重复。

(二) 销售业务的控制测试

销售业务主要存在但不仅限于以下控制偏差:① 销售单上没有客户赊销信用的批准标记,销售对象没有经过严格的信用审批。② 销售交易记录不完整,已开票的货物没有发出或者已发出的货物没有开票或者没有对销售单、销售发票、发运单、贷项通知单等凭证进行编号。③ 销售价格没有与总价目表相核对,以不正确的价格开单给客户。④ 会计账簿记录的是虚假交易,或者利用未经批准的发运单提货,将货物发送给未经信用批准的客户或者根本就不存在的客户。⑤ 客户欠款的冲销未经过恰当的授权批准,通过随意冲销可收回的欠款隐瞒挪用客户的汇款;销售的退回与折让未经适当批准,通过虚假的销售退回通知单来隐瞒挪用客户的汇款。

上述控制中可能存在的偏差,通常的控制测试主要采取以下程序:① 核对销售发票、销售合同、销售订单所载明的品名、规格、数量、价格是否一致;② 检查销售合同与客户信用是否已经过信用管理部门的核准;③ 注意销售折扣与折让是否合理;④ 从销售发票追查到销售记账凭证及销售记账凭证汇总表;⑤ 从销售记账凭证及销售记账凭证汇总表追查至总账及明细账;⑥ 检查销售发票中所列商品并与商品价目表核对;⑦ 核对相应的运货单副本,检查销售发票日期与运货日期是否一致。⑧ 抽查任意一个月的销售发票,检查其是否连续编号、有无缺号,作废发票的处理是否正确,并加计总额与该时间的销售收入总额核对一致。⑨ 检查销售退回与折让的核准以及会计处理。

(三) 收款业务的控制测试

收款业务主要存在以下控制偏差:① 已记录的收款未及时存入银行或者存在坐支行为;② 银行回单未与现金收款条相核对;③ 期末公司的银行存款未根据银行对账单进行适当调节,因而未能及时确定收款的处理差错;④ 现金收款条上没有对应的销售代码或者记录在错误的销售账户中;⑤ 其他应收款的账务处理未进行双重检查;⑥ 以不正确的金额和账户记录其他非主营业务产生的应收款。

针对收款业务的控制测试程序主要包括:① 将收款凭证、账户余额与银行对账单核对;② 将收款凭证与应收账款明细账核对,以检查应收账款的回收情况,同时也将实收金额与销售发票核对;③ 追查记入库存现金、银行存款日记账的数字是否正确;④ 将收款凭证与存入银行账户的日期和金额核对。

三、销售与收款循环的实质性程序

完成控制测试后,注册会计师基于控制测试的结果(即控制运行是否有效),考虑从控制测试中已获得的审计证据及其保证程度,确定是否需要对具体审计计划中设计的实质性程序的性质、时间安排和范围作出适当调整。例如,如果控制测试的结果表明内部控制未能有效运行,注册会计师需要从实质性程序中获取更多的相关审计证据,注册会计师可以修改实质性程序的性质,如采用细节测试而非实质性分析程序、获取更多的外部证据等,或修改实质性审计程序的范围,如扩大样本规模。

在实务中,注册会计师通过计划阶段执行的风险评估程序,已经确定了与已识别重大错报风险相关的认定。下一步从风险对应的具体审计目标和相关认定的角度出发,对实务中较为常见的针对营业收入和应收账款的实质性程序进行阐述。

(一) 营业收入的实质性程序

1. 营业收入的审计目标

营业收入项目反映企业在销售商品、提供劳务等主营业务活动中所产生的收入,以及企业确认的除主营业务活动以外的其他经营活动实现的收入,包括出租固定资产、出租无形资产、出租包装物和商品、销售材料等实现的收入。

营业收入的审计目标一般包括:

(1) 确定利润表中记录的营业收入是否已发生,且与被审计单位有关("发生"认定);

(2) 确定所有应当记录的营业收入是否均已记录("完整性"认定);

(3) 确定与营业收入有关的金额及其他数据是否已恰当记录,包括对销售退回、可变对价的处理是否适当("准确性"认定);

(4) 确定营业收入是否已记录于正确的会计期间("截止"认定);

(5) 确定营业收入记录于恰当的账户("分类"认定);

(6) 确定营业收入已被恰当地汇总或分解且表达清楚,按照企业会计准则的规定在财务报表中作出的相关披露是相关的、可理解的("列报"认定)。

营业收入包括主营业务收入和其他业务收入,下面仅对主营业务收入的实质性程序作出详细阐述。

2. 主营业务收入的常规实质性程序

(1) 获取营业收入明细表,并复核加计是否正确。

(2) 实施实质性分析程序。

(3) 检查主营业务收入确认方法是否符合企业会计准则的规定。

(4) 检查交易价格。

(5) 检查与收入交易相关的原始凭证与会计分录。

(6) 从出库单(客户签收联)中选取样本,追查至主营业务收入明细账,以确定是否存在遗漏事项("完整性"认定)。

(7) 结合对应收账款实施的函证程序,选择客户函证本期销售额。

(8) 实施销售截止测试。

(9) 对于销售退回,检查相关手续是否符合规定,结合原始销售凭证检查其会计处理是否正确,结合存货项目审计关注其真实性。

(10) 检查可变对价的会计处理。

(11) 检查主营业务收入在财务报表中的列报和披露是否符合企业会计准则的规定。

3. 营业收入的"延伸检查"程序

如果识别出被审计单位收入真实性存在重大异常情况,且通过常规审计程序无法获取充分、适当的审计证据,注册会计师需要考虑实施"延伸检查"程序,即对检查范围进行合理延伸,以应对识别出的舞弊风险。例如,对所销售产品或服务及其涉及资金的来源和去向进行追踪,对交易参与方(含代为收付款方)的最终控制人或其真实身份进行查询。

注册会计师在判断是否需要实施"延伸检查"程序及如何实施时,应当根据审计准则的规定,并考虑有经验的专业人士在该场景下通常会作出的合理职业判断。实施"延伸检查"程序的可行性和效果受诸多因素影响,注册会计师设计的具体"延伸检查"程序的性质、时间安排和范围,应当针对被审计单位的具体情况,与评估的舞弊风险相称,并体现重要性原则。

表 8-6 是营业收入的实质性程序工作底稿举例。

表 8-6 营业收入——实质性程序

被审计单位:	索引号:SA-01	页次:01
项目:营业收入——实质性程序	编制人:	日期:
财务报表截止日/期间:	复核人:	日期:

一、审计目标与认定的对应关系

代码	审计目标	财务报表认定					
		发生	完整性	准确性	截止	分类	列报
A	利润表中记录的营业收入已发生,且与被审计单位有关	√					
B	所有应当记录的营业收入均已记录		√				
C	与营业收入有关的金额及其他数据已恰当记录			√			
D	营业收入已记录于正确的会计期间				√		
E	营业收入已记录于恰当的账户					√	
F	营业收入已按照企业会计准则的规定在财务报表中作出恰当的列报						√

二、风险评估与控制测试结论对实质性程序的影响

1	评估的重大错报风险水平(取自风险评估底稿)
2	控制测试结果是否支持风险评估结论(取自内部控制底稿)
3	需从实质性程序获取的保证程度

三、计划实施的实质性程序

程序编号	可供选择的审计程序	对应审计目标	参考底稿名称	执行状态	执行人	索引号
1	获取或编制主营业务收入明细表;复核加计是否正确,并与总账数和明细账合计数核对是否相符,结合其他业务收入科目与报表数核对是否相符	D	明细表			SA-03

续 表

被审计单位:		索引号:SA-01		页次:01			
项目:营业收入——实质性程序		编制人:		日期:			
财务报表截止日/期间:		复核人:		日期:			
程序编号	可供选择的审计程序	对应审计目标	参考底稿名称	执行状态	执行人	索引号	
2	检查以非记账本位币结算的主营业务收入的折算汇率及折算是否正确	D	汇率折算检查表			SA-05	
3	实施实质性分析程序:① 考虑可获取信息的来源、可比性、性质和相关性以及与信息编制相关的控制,评价在对记录的金额或比率作出预期时使用数据的可靠性。② 对已记录的金额作出预期,评价预期值是否足够精确以识别重大错报。③ 确定已记录金额与预期值之间可接受的、无须进一步调查的可接受的差异额。④ 将已记录金额与期望值进行比较,识别需要进一步调查的差异。⑤ 调查差异:① 询问管理层,针对管理层的答复获取适当的审计证据;② 根据具体情况在必要时实施其他审计程序	ABD	分析情况汇总表			SA-07	
4	实质性分析程序(必要时):对主营业务收入进行分析:按收入类别或产品名称对销售数量、毛利率等进行比较分析。对有异常的项目做进一步调查	ABD	业务产品销售分析表			SA-08	
5	实质性分析程序(必要时):对主营业务收入进行分析:按月度对本期和上期毛利率进行比较分析。对有异常的项目做进一步调查	ABD	月度毛利率分析表			SA-09	
6	结合在了解被审计单位及其环境时获取的信息,检查主营业务收入的确认条件、方法是否符合企业会计准则的规定并保持前后期一致;关注周期性、偶然性的收入是否符合既定的收入确认原则、方法	ABCD					
7	抽取出库单,审查出库日期、号码、品名、数量等是否与发票、记账凭证所载信息一致	ACD	主营业务收入完整性测试			SA-13	
8	抽取记账凭证,审查入账日期、编号、数量、单价、金额等是否与发票、出库单等一致	ABCD	主营业务收入发生测试			SA-14	

续 表

被审计单位:		索引号:SA-01		页次:01			
项目:营业收入——实质性程序		编制人:		日期:			
财务报表截止日/期间:		复核人:		日期:			
程序编号	可供选择的审计程序	对应审计目标	参考底稿名称	执行状态	执行人	索引号	
9	结合对应收账款的审计,选择主要客户函证本期销售额	AD	往来及交易询证函 主要客户本期销售额查验及函证情况表			SA-16 SA-17	
10	对于出口销售,应当将销售记录与出口报关单、货运提单、销售发票等出口销售单据进行核对,必要时向海关函证	A	出口销售核对记录表			SA-15	
11	销售的截止测试:① 通过测试资产负债表日前后的发货单据,将应收账款和收入明细账进行核对;同时,从应收账款和收入明细账选取在资产负债表日前后的凭证,与发货单据核对,以确定销售是否存在跨期现象。② 复核资产负债表日前后销售和发货水平,确定业务活动水平是否异常(如与正常水平相比),并考虑是否有必要追加截止程序。③ 取得资产负债表日后所有的销售退回记录,检查是否存在提前确认收入的情况。④ 结合对资产负债表日应收账款的函证程序,检查有无未取得对方认可的大额销售。⑤ 调整重大跨期销售	C	截止测试(从发货单到明细账) 截止测试(从明细账到发货单)			SA-18 SA-19	
12	存在大额销货退回的,检查手续是否符合规定,结合原始销售凭证检查其会计处理是否正确。结合存货项目审计关注其真实性	A	凭证检查表			SA-20	
13	销售折扣与折让:① 获取或编制折扣与折让明细表,复核加计正确,并与明细账合计数核对相符;② 取得被审计单位有关折扣与折让的具体规定和其他文件资料,并抽查较大的折扣与折让发生额的授权批准情况,与实际执行情况进行核对,检查其是否经授权批准,是否合法、真实;③ 检查折扣与折让的会计处理是否正确	D	折让与折扣资料检查表			SA-23	
14	检查有无特殊的销售行为,如委托代销、分期收款销售、商品需要安装和检验的销售、附有退回条件的销售、售后租回、售后回购、以旧换新、出口销售等,选择恰当的审计程序进行审核	ABCDE					

续 表

被审计单位：	索引号：SA-01	页次：01
项目：营业收入——实质性程序	编制人：	日期：
财务报表截止日/期间：	复核人：	日期：

程序编号	可供选择的审计程序	对应审计目标	参考底稿名称	执行状态	执行人	索引号
15	如发生关联方交易：① 了解交易的商业理由。② 检查证实交易的支持性文件（如发票、合同、协议及入库和运输单据等相关文件）。③ 如果可获取与关联方交易相关的审计证据有限，考虑实施下列审计程序：a. 向关联方函证交易的条款和金额，包括担保和其他重要信息；b. 检查关联方拥有的信息；c. 向与交易相关的人员和机构（如银行、律师）函证或与其讨论有关信息。④ 完成"关联方"审计工作底稿	AD	关联交易查验			SA-21
16	调查集团内部销售情况，记录其交易价格、数量和金额，并追查在编制合并财务报表时是否已予以抵销	AD	集团内部销售情况查验			SA-22
17	如果销售寄售品，执行以下审计程序：① 结合对存货余额进行的审计工作，直接从代销人处获取函证或对寄售的存货实施监盘。② 检查寄售协议，测试寄售品销售记录及相关佣金，与代销人的销售报告进行核对。③ 确定这些与代销人代表公司（委托方）销售的委托代销存货相关的应收代销款项通过抵销账户（包括应付代销人的销售佣金）予以抵销。④ 验证寄售品销售会计政策是否符合企业会计准则的要求	AD				
18	获取或编制其他业务收入明细表，复核加计是否正确，并与总账数和明细账合计数核对是否相符，结合主营业务收入科目与营业收入报表数核对是否相符	D	其他业务收入明细表			SA-24
19	检查原始凭证等相关资料，分析交易的实质，确定其是否符合收入确认的条件，并检查其会计处理是否正确	ABCDE	其他业务收入凭证检查表			SA-26
20	根据评估的舞弊风险等因素增加的审计程序					
21	检查营业收入是否已按照企业会计准则的规定在财务报表中作出恰当列报	F	披露表—标准 披露表—上市			SA-27 SA-28

（二）应收账款的实质性程序

1. 应收账款的审计目标

应收账款是指企业因销售商品、提供劳务而形成的现时收款权利,即由于企业销售商品、提供劳务等,应向客户收取的款项。应收账款余额一般包括应收账款账面余额和相应的预期信用损失两部分。企业的应收账款是在销售交易或提供劳务过程中产生的。因此,应收账款的审计需要结合销售交易的审计来进行。一方面,收入的"发生"认定直接影响应收账款的"存在"认定;另一方面,由于应收账款代表了尚未收回货款的收入,通过审计应收账款获取的审计证据也能够为收入提供审计证据。

应收账款的审计目标一般包括:

(1) 确定资产负债表中记录的应收账款是否存在("存在"认定);

(2) 确定所有应当记录的应收账款是否均已记录("完整性"认定);

(3) 确定记录的应收账款是否由被审计单位拥有或控制("权利和义务"认定);

(4) 确定应收账款是否可收回,预期信用损失的计提方法和金额是否恰当,计提是否充分("准确性、计价和分摊"认定);

(5) 应收账款及其预期信用损失是否已记录于恰当的账户("分类"认定),并已被恰当地汇总或分解且表述清楚,按照企业会计准则的规定在财务报表中作出的相关披露是相关的、可理解的("列报"认定)。

2. 应收账款的实质性程序

针对应收账款的常规的实质性程序如下:

(1) 取得应收账款明细表,复核加计分析。

(2) 分析与应收账款相关的财务指标。

(3) 对应收账款实施函证程序。

(4) 对应收账款余额实施函证以外的细节测试。

(5) 检查坏账的冲销和转回。

(6) 确定应收账款的列报是否恰当。

对应收账款实施函证程序的目的在于证实应收账款账户余额是否真实、准确。通过第三方提供的函证回复,可以比较有效地证明被询证者的存在和被审计单位记录的可靠性。注册会计师根据被审计单位的经营环境、内部控制的有效性、应收账款账户的性质、被询证者处理询证函的做法及回函的可能性等,确定应收账款函证的范围、对象、方式和时间。关于函证的实施,有如下注意事项:

(1) 函证决策。除非有充分证据表明应收账款对被审计单位财务报表而言是不重要的,或者函证很可能是无效的,否则,注册会计师应当对应收账款进行函证。如果注册会计师不对应收账款进行函证,应当在审计工作底稿中说明理由。如果认为函证很可能是无效的,注册会计师应当实施替代审计程序,获取相关、可靠的审计证据。

(2) 函证的范围和对象。函证范围是由诸多因素决定,主要有:应收账款在全部资产中的重要程度;被审计单位内部控制的有效性;以前期间的函证结果等。注册会计师选择函证项目时,除考虑金额较大的项目,还需要考虑风险较高的项目。

(3) 函证的方式。注册会计师可采用积极的或消极的函证方式实施函证,也可将两种方式结合使用。由于应收账款通常存在高估风险,且与之相关的收入确认存在舞弊风险假定,因此,实务中通常对应收账款采用积极的函证方式。

(4) 函证时间的选择。注册会计师通常以资产负债表日为截止日,在资产负债表日后适当时间内实施函证。如果重大错报风险评估为低水平,注册会计师可选择资产负债表日前适当日期为截止日实施函证,并对所函证项目自该截止日起至资产负债表日止发生的变动实施其他实质性程序。

(5) 函证的控制。注册会计师通常利用被审计单位提供的应收账款明细账户名称及客户地址等资料据以编制询证函,但注册会计师应当对函证全过程保持控制。并对确定需要确认或填列的信息、选择适当的被询证者、设计询证函以及发出和跟进(包括收回)询证函保持控制。

(6) 对不符事项的处理。对回函中出现的不符事项,注册会计师需要调查核实原因,确定其是否构成错报。

(7) 对未回函项目实施替代程序。如果未收到被询证方的回函,注册会计师应当实施替代审计程序。但是在某些情况下,注册会计师可能认为取得积极式函证回函是获取充分、适当的审计证据的必要程序,尤其是识别出有关收入确认的舞弊风险,导致注册会计师不能信赖从被审计单位取得的审计证据,则替代程序不能提供注册会计师需要的审计证据。在这种情况下,如果未获取回函,注册会计师应当确定其对审计工作和审计意见的影响。

另外,注册会计师应当将询证函回函作为审计证据,纳入审计工作底稿管理,询证函回函的所有权归所在会计师事务所。

3. 坏账准备的实质性程序

应收账款属于以摊余成本计量的金融资产,企业应当以预期信用损失为基础,对其进行减值会计处理并确认坏账准备。坏账准备审计常规的实质性程序如下:

(1) 取得坏账准备明细表,复核加计是否正确,与坏账准备总账数、明细账合计数核对是否相符。

(2) 将应收账款坏账准备本期计提数与信用减值损失相应明细项目的发生额核对是否相符。

(3) 检查应收账款坏账准备计提和核销的批准程序,取得书面报告等证明文件,结合应收账款函证回函结果,评价计提坏账准备所依据的资料、假设及方法。

(4) 实际发生坏账损失的,检查转销依据是否符合有关规定,会计处理是否正确。

(5) 已经确认并转销的坏账重新收回的,检查其会计处理是否正确。

(6) 确定应收账款坏账准备的披露是否恰当,如企业是否在财务报表附注中清晰地说明坏账的确认标准、坏账准备的计提方法等内容。

第三节 采购与付款循环

 引例导读

中国证监会行政处罚决定书(大信所、杨×、邹××)

大信会计师事务所(特殊普通合伙)(简称大信所)对新疆同济堂健康产业股份有限公司

（以下简称同济堂）2016年至2018年年报审计，因未勤勉尽责被行政处罚，部分违法事实如下："大信所审计未勤勉尽责，采购及付款循环审计程序存在重大缺陷"。

（一）内部控制测试存在重大缺陷

大信所在2017年采购与付款循环穿行测试中，所检查同一项业务的各个环节获取的相关原始文件并非同一供应商，无法达到追踪同笔交易在财务报告信息系统中的处理过程的效果，相关底稿将"控制活动是否得到执行"记载为"是"缺少充分、适当的审计证据支持。上述行为不符合《中国注册会计师审计准则第1231号——针对评估的重大错报风险采取的应对措施》第八条、第十条的要求。

（二）应付账款检查程序存在重大漏洞

审计工作底稿记载，大信所对2016年至2018年《应付账款检查表》所列明细进行抽查过程中，查验了入库单与发票、明细账与发票，未见异常。实际上，上述抽查明细中涉及的武汉健民、武汉马ը龙等虚假供应商就相关采购业务未向同济堂开具增值税专用发票。这表明大信所在抽查采购及应付账款中未认真查验每笔发货单、合同、发票等凭证，该项审计程序执行不到位，未能有效应对相关舞弊风险。上述行为不符合《中国注册会计师鉴证业务基本准则》第二十八条、《中国注册会计师职业道德守则第1号——职业道德基本原则》第十七条及《中国注册会计师审计准则第1301号——审计证据》第十条、第十一条的规定。

——摘自中国证券监督管理委员会网站，〔2023〕42号，有改动

上述处罚决定书指出大信会计师事务所在采购与付款循环审计中存在缺陷并因此受到处罚。那么，注册会计师应如何进行采购与付款审计？本节将对此进行详细介绍。

一、了解采购与付款循环

（一）不同行业采购和费用支出

企业的采购与付款循环包括购买商品和服务，以及企业在经营活动中为获取收入而发生的直接或间接的支出。采购业务是企业生产经营活动的起点，企业的支出从性质、数量和发生频率上看是多种多样的。本节主要关注与购买商品和服务、应付账款的支付有关的控制活动以及重大交易。固定资产的采购和管理通常由单独的资产管理部门负责，其风险考虑和相关控制与普通的原材料等商品采购有较大不同，在审计实务中一般单独考虑，下文未将其包含在本循环内描述。表8-7列示了一些常见行业的主要支出情况，这些支出未包括经营用房产支出和人工费支出，供参考。

表8-7 各行业典型采购与费用支出

行业类型	典型的采购和费用支出
贸易业	商品的购买、运输和存储费用、广告促销费用、售后服务费用
一般制造业	生产过程所需的原材料、包装物、配件的购买与存储支出，市场经营费用，将产成品运达客户处发生的运输费用，管理费用
专业服务业	律师、会计师、财务顾问的费用支出，包括印刷、通信、差旅费，书籍资料和研究设施的费用

续　表

行业类型	典型的采购和费用支出
金融服务业	给付住房的存款利息,支付其他银行的资金拆借利息、手续费、现金存放、现金运送和网络银行设施的安全维护费用,客户关系维护费用
建筑业	建材支出,建筑设备和器材的租金或购置费用,支付给分包商的费用;保险支出和安保成本;建筑保证金和许可审批方面的支出;交通费、通信费等。当在外地施工时还会发生建筑工人的食宿费用

(二) 采购与付款循环的主要业务活动和相关内部控制

1. 主要业务活动和相关控制

以一般制造业的商品采购为例,采购与付款循环通常涉及的主要业务活动及其相关的内部控制如下:

(1) 制订采购计划。

基于企业的生产经营计划,生产、仓库等部门定期编制采购计划,经部门负责人等适当的管理人员审批后提交采购部门,具体安排商品及服务采购。

(2) 维护供应商清单。

企业通常对于合作的供应商事先进行资质等审核,将通过审核的供应商录入系统,形成完整的供应商清单,并及时对其信息变更进行更新。采购部门只能向通过审核的供应商进行采购。

(3) 请购商品和服务。

生产部门根据采购计划,对需要购买的已列入存货清单的原材料等项目填写请购单,其他部门对所需要购买的商品或服务编制请购单。大多数企业对正常经营所需要物资的购买均做一般授权,例如,生产部门在现有库存达到再订购点时就可提出采购申请,其他部门可以为正常的维修工作和类似工作直接申请采购有关物品。请购单可由人工编制或信息技术应用程序创建。由于企业内不少部门都可以填列请购单,可以按照部门分别设置请购单的连续编号,每张请购单必须经过对这类支出预算负责的主管人员签字批准。

请购单是证明有关采购交易的"发生"认定的凭证之一,也是采购交易轨迹的起点。

(4) 编制订购单。

采购部门在收到请购单后,只能对经过恰当批准的请购单发出订购单。对每张订购单,采购部门应确定最佳的供应来源。

订购单应正确填写所需要的商品品名、数量、价格、供应商名称和地址等,预先按顺序编号并经过被授权的采购人员签名。其下联应送交供应商,副联则送至企业的预收部门、财务部门和编制请购单的部门。随后,内部审计部门独立检查订购单的处理,以确定是否确实收到商品并正确入账。这项检查与采购交易的"完整性"和"发生"认定有关。

(5) 验收商品。

有效的订购单代表企业已授权验收部门接受供应商发运来的商品。验收部门首先应比较所收商品与订购单上的要求是否相符,如商品的品名、规格型号、数量和质量等,然后再盘点商品并检查商品有无损坏。

验收后,验收部门应对已收货的每张订购单编制一式多联、预先按顺序编号的验收单,作为验收和检验商品的依据。验收人员将商品送交仓库或其他请购部门时,应取得经过签字的收据,或要求其在验收单的副联上签收,以确立他们对所采购的资产应负的保管责任。验收人员还应将其中的一联验收单送交财务部门。

验收单是支持资产以及与采购有关的负债的"存在"认定的重要凭据。定期独立检查验收单的顺序以确定每笔采购交易都已编制凭单,则与采购交易的"完整性"认定有关。

(6) 储存商品。

将已验收商品的保管与采购职责相分离,可减少未经授权的采购和盗用商品的风险。存放商品的仓储区应相对独立,限制无关人员接近。这些控制与商品的"存在"认定有关。

(7) 确认和记录采购交易与负债。

正确确认已验收商品和已接受服务的债务,对企业财务报表和实际现金支出具有重大影响。在记录采购交易前,财务部门需要检查订购单、验收单和供应商发票的一致性,确定供应商发票的内容是否与相关的验收单、订购单一致,以及供应商发票的计算是否正确。在检查无误后,会计人员编制转账凭证/付款凭证,经会计主管审核后据以登记相关账簿。如果月末尚未收到供应商发票,财务部门需根据验收单和订购单暂估相关的负债。这些控制与"存在""发生""完整性""权利和义务"和"准确性、计价和分摊"等认定有关。

(8) 办理付款。

企业通常根据国家有关支付结算的相关规定和企业生产经营的实际情况选择付款结算方式。每种付款结算方式均有相关的控制要求。

(9) 记录现金、银行存款支出。

会计人员应该根据已付款项编制付款记账凭证,并据以登记银行存款日记账及其他相关账簿。

(10) 与供应商定期对账。

通过定期向供应商寄发对账单,就应付账款、预付款项等进行核对,能够及时发现双方存在的差异,对差异进行调查,如有必要作出相应调整。

2. 采购与付款循环的内部控制设计和执行

在内部控制的设置方面,采购与付款循环和销售与收款循环虽有许多共通之处,但采购交易内部控制仍有其独特设置。以下将详细探讨这些特殊之处。

(1) 适当的职责分离。

企业应当建立采购与付款交易的岗位责任制,明确岗位的职责、权限,确保办理采购与付款交易的不相容岗位相互分离、制约和监督。

采购与付款交易不相容岗位至少包括:请购与审批;询价与确定供应商;采购合同的订立与审批;采购与验收;采购、验收与相关会计记录;付款审批与付款执行。

(2) 恰当的授权审批。

付款需要经授权的人员审批,审批人员在审批前需要检查相关支持文件,并对其发现的例外事项进行跟进处理。

(3) 凭证的预先编号及对例外报告的跟进处理。

通过对入库单的预先编号以及对例外情况的汇总处理,被审计单位可以应对存货和负债记录方面的完整性风险。如果该控制是人工执行的,被审计单位可以安排入库单编制人员以外的独立复核人员定期检查已进行会计处理的入库单记录，确认是否存在遗漏或重复记录的入库单，并对例外情况予以跟进。如果在 IT 环境下，则系统可以定期生成列明跳号或重号的入库单统计例外报告，由经授权的人员对例外报告进行复核和跟进，可以确认所有入库单都进行了处理，且没有重复处理。

（4）定期寄发对账单。由不负责现金出纳和销售及应收票据/应收款项融资/应收账款/合同资产记账的人员定期向客户寄发对账单，能促使客户在发现应付账款余额不正确后及时反馈有关信息。为了使这项控制更加有效，最好将账户余额中出现的所有核对不符的账项，指定一位既不负责货币资金也不记录主营业务收入和应收票据/应收款项融资/应收账款/合同资产账目的主管人员处理，然后由独立人员定期编制对账情况汇总报告并交管理层审阅。

（5）内部核查程序。由内部审计人员或其他独立人员核查销售与收款交易的处理和记录，是实现内部控制目标所不可缺少的一项控制措施。

（三）采购与付款循环的重大错报风险评估

1. 相关交易类别和账户余额存在的重大错报风险

注册会计师识别出的采购与付款循环的相关交易类别和账户余额存在的重大错报风险，因被审计单位的性质和交易的具体情况而异。以一般制造业的采购与付款循环为例，注册会计师识别出的重大错报风险通常包括：

（1）没有完整记录负债的风险。在承受反映较高盈利水平和营运资本的压力下，被审计单位管理层可能试图低估应付账款等负债。重大错报风险常常集中体现在遗漏交易，例如，未记录已收取货物但尚未收到发票的与采购相关的负债，或未记录尚未付款的已经购买的服务支出，这将对"完整性"等认定产生影响。

（2）多计或少计费用支出的风险。例如，通过多计或少计准备把损益控制在被审计单位管理层希望的程度，或是管理层把私人费用计入企业费用。

（3）费用支出记录不准确的风险。例如，被审计单位以复杂的交易安排购买一定期间的多种服务，管理层对于涉及的服务收益与付款安排所涉及的复杂性缺乏足够的了解。这可能导致费用支出分配或计提的错误。

（4）不正确地记录外币交易。当被审计单位进口用于出售的商品时，可能采用不恰当的外币汇率，导致采购记录出现差错。此外，还存在未能将诸如运费、保险费和关税等与存货相关的进口费用进行正确分摊的风险。

（5）存在未记录的权利和义务。这可能导致资产负债表分类错误以及财务报表附注不正确或披露不充分。

2. 评估固有风险和控制风险

（1）评估固有风险。

针对识别出的销售与收款循环相关交易类别和账户余额存在的重大错报风险，注册会计师应当通过评估错报发生的可能性和重要程度来评估固有风险。在评估时，注册会计师运用职业判断确定错报发生的可能性和重要程度综合起来的影响程度。

例如，某被审计单位从事农产品加工业务，部分原材料系向农户个人采购。在评估固有风险时，注册会计师认为与该类交易相关的固有风险因素主要是复杂性，如采购交易涉及多个农户,并且交易价格的季节性波动较大,导致核算较为复杂。此外,由于与农户的交易多为现金交易,以往年度存在白条交易的情况,存在较高的舞弊风险。基于上述因素,注册会计师认为错报发生的可能性较高,并且由于采购金额较大,如果发生错报,其严重程度较高,因此,注册会计师将与该交易相关的风险的固有风险等级评估为最高级,即存在特别风险。

(2) 评估控制风险。

如果计划测试采购与付款循环中相关控制的运行有效性,注册会计师应当评估控制风险。

例如,被审计单位每月由不负责应付账款核算的财务人员向供应商寄发对账单,就对账差异进行调查并编写说明,报经财务经理复核。注册会计师计划测试该项控制的运行有效性,考虑到该项控制属于常规性控制,不涉及重大判断,执行控制的人员具备相应的知识和技能并且保持了适当的职责分离,因此,注册会计师将该项控制的控制风险等级评估为低水平。

如果注册会计师拟不测试控制运行的有效性,则应当将固有风险的评估结果作为重大错报风险的评估结果。

3. 根据重大错报风险评估结果设计进一步审计程序

注册会计师根据对相关交易类别和账户余额存在重大错报风险的评估结果,制定实施进一步审计程序的总体方案,包括确定是采用综合性方案还是实质性方案,并考虑审计程序的性质、时间安排和范围,继而实施控制测试和实质性程序,以应对识别出的认定层次的重大错报风险。如果在审计过程中注册会计师了解的情况或获取的证据导致其更新相关风险的评估,则注册会计师需要执行的进一步审计程序也需要相应更新。采购与付款循环的重大错报风险和拟实施的进一步审计程序的总体方案,如表 8-8 所示。

表 8-8 采购与付款循环的重大错报风险和拟实施的进一步审计程序的总体方案

重大错报风险描述	相关财务报表项目及认定	固有风险等级	控制风险等级	进一步审计程序的总体方案	拟从控制测试中获取的保证程度	拟从实质性程序中获取的保证程度
确认的负债及费用并未实际发生	应付账款/其他应付款:存在 销售费用/管理费用:发生	中	低	综合性方案	高	低
不确认与采购相关的负债,或与尚未付款但已经购买的服务支出相关的负债	应付账款/其他应付款:完整性 销售费用/管理费用:完整性	最高	低	综合性方案	高	中
采用不正确的费用支出截止期,例如,将本期的支出延迟到下期确认	应付账款/其他应付款:存在/完整性 销售费用/管理费用:截止	高	最高	实质性方案	无	高

续 表

重大错报风险描述	相关财务报表项目及认定	固有风险等级	控制风险等级	进一步审计程序的总体方案	拟从控制测试中获取的保证程度	拟从实质性程序中获取的保证程度
发生的采购未能以正确的金额记录	应付账款/其他应付款:准确性、计价和分摊 销售费用/管理费用:准确性	低	低	综合性方案	中	低

注:"控制风险等级"一列中所列示的"最高",表示注册会计师拟不测试控制运行的有效性,而是将固有风险的评估结果作为重大错报风险的评估结果。因此,在"拟从控制测试中获取的保证程度"列的相应栏次中显示为"无"。

"拟从控制测试中获取的保证程度"一列所列示的"高""中"以及"拟从实质性程序中获取的保证程度"一列所列示的"高""中""低"的级别的确定属于注册会计师的职业判断。针对不同的风险级别,其对应的拟获取的保证程度并非一定如本表所示。本表中的内容仅为向读者演示注册会计师基于特定情况所作出的对应的审计方案的评价结果,从而基于该结果确定控制测试和实质性程序的性质、时间安排和范围。

二、采购与付款循环的控制测试

(一) 采购业务的控制测试

采购业务主要存在但是不仅限于以下控制偏差:① 采购交易记录不完整,没有完整的请购单据,没有及时将有关业务登记入账,导致大量账外资产和负债的存在;② 在未收到货物或劳务的情况下,仍然支付货款给供应商;③ 有关单据和凭证记录未事先连续编号,给舞弊行为留下了空间;④ 采购未经有关部门的适当授权;⑤ 收到未订购的货物并付款;⑥ 未检查债权人账单中可能存在的差错;⑦ 缺乏存货的永续盘存记录。

针对采购业务的控制偏差,执行的控制测试程序如下:① 将每份购货合同与请购单的下列项目进行核对:货物名称、规格、请购量、授权批准、批准采购量、采购限价、单价、合计金额等,以确保所签订的采购合同都是基于企业的需要,并经过有关部门的批准。② 审核每份购货合同相关的供应商发票、验收报告、入库单、付款结算凭证、记账凭证,并追查至明细账与总账,以确认采购金额未超过采购限量和采购限价、购货发票的单价与购货合同一致;购货发票的品名、数量与购货合同一致;购货发票的金额与购货合同一致;入库单的品名与发票内容一致;材料入库单有保管员和经手人签名;发票购货额与付款结算凭证一致;付款凭证有经手人和主管签名。③ 通过核对有关凭证、明细账和总账,确保发票购货额已正确记入材料采购(原材料)账和应付账款(银行存款、现金)账,增值税进项税额账务处理正确。

(二) 付款业务的控制测试

付款业务主要存在以下控制偏差:① 付款记录不完整;② 付款并不总是以经批准的凭证为依据;③ 付款支票没有进行限制接触,甚至有时提前签发支票;④ 付款未经适当授权,针对同一笔业务重复支付。

针对付款业务的控制测试程序主要包括:① 检查已付支票的特征,应包括记录的充分性、复核与批准的合理性、已记录的作废以及付款交易记录的正确性;② 原始凭证付款是否具有核准人签名;③ 原始凭证是否具有合法的发票或依据;④ 原始凭证的内容、金额与付款凭证摘要核对是否一致;⑤付款凭证的授权批准手续是否齐全,是否被恰当授权;⑥付款凭证与记入库存现金、银行存款日记账的金额是否一致。

三、采购与付款循环的实质性程序

(一)应付账款的实质性程序

1. 应付账款的审计目标

应付账款是企业在正常经营过程中,因购买材料、商品和接受劳务供应等经营活动而应付给供应商的款项。注册会计师需要结合赊购交易进行应付账款的审计。

应付账款的审计目标一般包括:

(1)确定资产负债表中记录的应付账款是否存在("存在"认定);

(2)确定所有应当记录的应付账款是否均已记录("完整性"认定);

(3)确定资产负债表中记录的应付账款是否为被审计单位应当履行的偿还义务("权利和义务"认定);

(4)确定应付账款是否以恰当的金额包括在财务报表中("准确性、计价和分摊"认定);

(5)确定应付账款已记录于恰当的账户("分类"认定);

(6)确定应付账款是否已被恰当地汇总或分解且表述清楚,按照企业会计准则的规定在财务报表中作出的相关披露是相关的、可理解的("列报"认定)。

2. 应付账款的常规实质性程序

(1)获取应付账款明细表,并执行复核加计是否正确等工作。

(2)对应付账款实施函证程序。

(3)检查应付账款是否计入正确的会计期间,是否存在未入账的应付账款。

(4)寻找未入账负债的测试。

(5)检查应付账款长期挂账的原因并作出记录,对确实无须支付的应付账款的会计处理是否正确。

(6)检查应付账款是否已按照企业会计准则的规定在财务报表中作出恰当列报和披露。

(二)除折旧/摊销、人工费用以外的一般费用的实质性程序

1. 一般费用的审计目标

折旧/摊销和人工费用在其他循环中涵盖,此处提及的是除这些费用以外的一般费用,如差旅费、广告费。

一般费用的审计目标一般包括:

(1)确定利润表中记录的一般费用是否确认发生("发生"认定);

(2)确定所有应当记录的费用是否均已记录("完整性"认定);

(3)确定一般费用是否以恰当的金额包括在财务报表中("准确性"认定);

(4)确定费用是否已计入恰当的会计期间("截止"认定)。

2. 一般费用的实质性程序

(1)取得一般费用明细表,复核其加计数是否正确,并与总账和明细账合计数核对是否

正确。

（2）实质性分析程序。

（3）从资产负债表日后的银行对账单或付款凭证中选取项目进行测试，检查支持性文件（如合同或发票），关注发票日期和支付日期，追踪已选取项目至相关费用明细表，检查费用所计入的会计期间，评价费用是否被记录于正确的会计期间。

（4）对本期发生的费用选取样本，检查其支持性文件，确定原始凭证是否齐全，记账凭证与原始凭证是否相符以及账务处理是否正确。

（5）抽取资产负债表日前后的凭证，实施截止测试，评价费用是否被记录于正确的会计期间。

（6）检查一般费用是否已按照企业会计准则及其他相关规定在财务报表中作出恰当的列报和披露。

第四节 生产与存货循环

 引例导读

中国证监会行政处罚决定书（中准会计师事务所、臧××、董×）

中准所在抚顺特钢2010年至2016年年度报告审计工作中，未保持职业谨慎，未对抚顺特钢存货、营业成本等科目实施必要的审计程序。经查明，中准所存在以下违法事实：

一、中准所为抚顺特殊钢股份有限公司（简称抚顺特钢）出具的2010年至2016年审计报告存在虚假记载。

二、中准所关于抚顺特钢2010年至2016年年度报告的审计程序中，存货监盘程序执行不到位，未对期末存货予以充分关注，多项存货实质性程序工作底稿缺失。

（一）未按审计准则规定设计和执行存货监盘程序，未对期末存货予以充分关注。

（二）多项存货实质性程序工作底稿缺失。

三、中准所关于抚顺特钢2010年至2016年年度报告的审计程序中，分析程序及对原材料的审计程序执行不到位，在相关数据存在异常的情况下，未进行充分核查或者追加必要的审计程序。

四、未保持职业谨慎，未对原材料大额结转、大额结存执行必要的审计程序。

——摘自中国证券监督管理委员会网站，〔2021〕74号，有改动

抚顺特钢作为一家典型的制造型企业，其生产和存货管理对企业的运营至关重要。然而，中准会计师事务所却未能保持应有的职业谨慎，未对抚顺特钢的存货、营业成本等关键科目实施必要的审计程序，导致审计失败并受到处罚。那么，作为注册会计师，在审计过程中应该重点关注哪些方面？又如何科学有效地进行审计呢？

一、了解生产与存货循环

(一) 不同行业的存货性质

存货的性质由于被审计单位业务的不同而有很大的差别,表8-9列示了不同行业的经营主体的存货性质,供参考。

表8-9 生产与存货循环存货性质

行业类型	存货性质
贸易业	从厂商、批发商或其他零售商处采购的商品
一般制造业	采购的原材料、低值易耗品和配件等,委托加工的材料,生产的半成品和产成品
餐饮业	用于加工食品的食材、饮料等
金融服务业	建筑材料、周转材料、在建项目成本(一般包括建造活动发生的直接材料、直接人工成本和间接费用,以及支付给分包商的建造成本等)

(二) 生产与存货循环的主要业务活动和相关内部控制

1. 风险评估程序类型

对于一般制造型企业而言,生产和存货通常是重大的业务循环,注册会计师需要在审计计划阶段了解该循环涉及的业务活动及与财务报表编制相关的内部控制。注册会计师通常通过实施下列程序获取相关了解:

(1) 询问参与生产和存货循环各业务活动的被审计单位人员,通常包括生产部门、仓储部门、人事部门和财务部门的员工和管理人员;

(2) 获取并阅读企业的相关业务流程图或内部控制手册等资料;

(3) 观察生产和存货循环中特定控制的运用,如观察生产部门将完工产品移送入库的流程及相关控制;

(4) 检查文件资料,如检查原材料领料单、成本计算表、产成品出入库单等;

(5) 实施穿行测试,即追踪一笔交易在与财务报表编制相关的信息系统中的处理过程。例如,选取某种产成品,追踪该产品制订生产计划、领料生产、成本核算、完工入库的整个过程。

2. 主要业务活动和相关控制

以一般制造业为例,生产与存货循环通常涉及的主要业务活动及其相关的内部控制如下:

(1) 计划和安排生产。

生产计划部门的职责是根据客户订购单或者销售部门对销售预测和产品需求的分析来决定生产授权。如决定授权生产,即签发预先按顺序编号的生产通知单。该部门通常应将发出的所有生产通知单按顺序编号并加以记录控制。此外,通常该部门还需编制一份材料需求报告,列示所需要的材料和零件及其库存。

(2) 发出原材料。

仓储部门的责任是根据从生产部门收到的领料单发出原材料。领料单上必须列示所需的材料数量和种类,以及领料部门的名称。领料单可以一料一单,也可以多料一单,通常需一式三联。仓库管理人员发料并签署后,将其中一联连同材料交给领料部门(生产部门存根联),一联留在仓库登记材料明细账(仓库联),一联交会计部门进行材料收发核算和成本核算(财务联)。

(3) 生产产品。

生产部门在收到生产通知单及领取原材料后,便将生产任务分解到每一个生产工人,并将所领取的原材料交给生产工人,据以执行生产任务。生产工人在完成生产任务后,将完成的产品交生产部门统计人员查点,然后转交检验员验收并办理入库手续;或是将所完成的半成品移交下一个环节,进行进一步加工。

(4) 核算产品成本。

为了正确核算并有效控制产品成本,必须建立健全成本会计制度,将生产控制和成本核算有机结合在一起。一方面,生产过程中的各种记录、生产通知单、领料单、计工单、产量统计记录表、生产统计报告、入库单等文件资料都要汇集到会计部门,由会计部门对其进行检查和核对,了解和控制生产过程中存货的实物流转;另一方面,会计部门要设置相应的会计账户,会同有关部门对生产过程中的成本进行核算和控制。由于核算精细程度不同,成本会计制度可以是简单地只在期末记录存货余额,也可以是完善的标准成本制度,持续记录所有材料处理、在产品和产成品,并形成对成本差异的分析报告。完善的成本会计制度应该提供原材料转为在产品,在产品转为产成品,以及按成本中心、分批次生产任务通知单或生产周期所消耗的材料、人工和间接费用的分配与归集的详细资料。

(5) 产成品入库及储存。

产成品入库,须由仓储部门先行点验和检查,然后签收。签收后,将实际入库数量通知会计部门。据此,仓储部门确立了本身应承担的保管责任,并对验收部门的工作进行验证。除此之外,仓储部门还应根据产成品的品质特征分类存放,并填制标签。

(6) 发出产成品。

产成品的发出须由独立的发运部门进行。装运产成品时必须持有经有关部门核准的发运通知单,并据此编制出库单。出库单一般为一式四联,一联交仓储部门,一联由发运部门留存,一联送交客户,一联作为开具发票的依据。

(7) 存货盘点。

管理人员编制盘点指令,安排适当人员对存货实物(包括原材料、在产品和产成品等所有存货类别)进行定期盘点,将盘点结果与存货账面数量进行核对,调查差异并进行适当调整。

(8) 计提存货跌价准备。

财务部门根据存货货龄分析表信息或相关部门提供的有关状况的其他信息,结合存货盘点过程中对存货状况的检查结果,对出现损毁、滞销、跌价等降低存货价值的情况进行分析计算,计提存货跌价准备。

3. 生产与存货循环的内部控制设计和执行

在内部控制的设置方面,以下是对生产与存储循环上述八个业务活动中可能存在的内部控制举例说明:

(1) 计划和安排生产:有些被审计单位的内部控制要求,根据经审批的月度生产计划书,由生产计划经理签发预先按顺序编号的生产通知单。

(2) 发出原材料:有些被审计单位的内部控制要求,领料单应当经生产主管批准,仓库管理员凭经批准的领料单发料;领料单一式三联,分别作为生产部门存根联、仓库联和财务联;仓库管理员应把领料单编号、领用数量、规格等信息输入计算机系统,经仓储经理复核并以电子签名方式确认后,系统自动更新材料明细台账。

(3) 生产产品和核算产品成本:有些被审计单位的内部控制要求,生产成本记账员应根据原材料领料财务联,编制原材料领用日报表,与计算机系统自动生成的生产记录日报表核对材料耗用和流转信息;由会计主管审核无误后,生成记账凭证并过账至生产成本及原材料明细账和总分类账;生产部门记录生产各环节所耗用工时数,包括人工工时数和机器工时数,并将工时信息输入生产记录日报表;每月末,由生产车间与仓库核对原材料和产成品的转出和转入记录,如有差异,仓库管理员应编制差异分析报告,经仓储经理和生产经理签字确认后交会计部门进行调整;每月末,由计算机系统对生产成本中各项组成部分进行归集,按照预设的分摊公式和方法,自动将当月发生的生产成本在完工产品和在产品之间按比例分配;同时,将完工产品成本在各不同产品类别之间分配,由此生成产品成本计算表和生产成本分配表;由生产成本记账员编制成生产成本结转凭证,经会计主管审核批准后进行账务处理。

(4) 产成品入库和储存:有些被审计单位的内部控制要求,产成品入库时,质量检验员应检查并签发预先按顺序编号的产成品验收单,由生产小组将产成品送交仓库,仓库管理员应检查产成品验收单,并清点产成品数量,填写预先按顺序编号的产成品入库单,经质检经理、生产经理和仓储经理签字确认后,由仓库管理员将产成品入库单信息输入计算机系统,计算机系统自动更新产成品明细台账;存货存放在安全的环境中,只有经过授权的工作人员才可以接触及处理存货。

(5) 发出产成品:有些被审计单位的内部控制要求,产成品出库时,由仓库管理员填写预先按顺序编号的出库单,并将产成品出库单信息输入计算机系统,经仓储经理复核并以电子签名方式确认后,计算机系统自动更新产成品明细台账并与发运通知单编号核对;产成品装运发出前,由运输经理独立检查出库单、销售订购单和发运通知单,确定从仓库提取的商品附有经批准的销售订购单,并且,所提取商品的内容与销售订购单一致;每月末,生产成本记账员根据计算机系统内状态为"已处理"的订购单数量,编制销售成本结转凭证,结转相应的销售成本,经会计主管审核批准后进行账务处理。

(6) 盘点存货:有些被审计单位的内部控制要求,生产部门和仓储部门在盘点日前对所有存货进行清理和归整,便于盘点顺利进行;每一组盘点人员中应包括仓储部门以外的其他部门人员,即不能由负责保管存货的人员单独负责盘点存货,安排不同的工作人员分别负责初盘和复盘;盘点表和盘点标签事先连续编号,发放给盘点人员时登记领用人员,盘点结束后回收并清点所有已使用和未使用的盘点表和盘点标签;为防止存货被遗漏或重复盘点,所有盘点过的存货贴盘点标签,注明存货品名、数量和盘点人员,完成盘点前检查现场确认所有存货均已贴上盘点标签;将不属于本单位的代其他方保管的存货单独堆放并做标识,将盘点期间需要领用的原材料或出库的产成品分开堆放并做标识;汇总盘点结果,与存货账面数量进行比较,调查分析差异原因,并对认定的盘盈和盘亏提出账务调整建议,经仓储经理、生产经理、财务经理和总经理复核批准后入账。

(7) 计提存货跌价准备：有些被审计单位的内部控制要求，定期编制存货货龄分析表，管理人员复核该分析表，确定是否有必要对滞销存货计提存货跌价准备，并计算存货可变现净值，据此计提存货跌价准备；生产部门和仓储部门每月上报过时、损坏或呆滞存货明细，采购部门和销售部门每月上报原材料和产成品最新价格信息，财务部门据此分析存货跌价风险并计提跌价准备，由财务经理和总经理复核批准并入账。

（三）生产与存货循环的重大错报风险评估

1. 相关交易类别和账户余额存在的重大错报风险

以一般制造业的生产与存货循环为例，影响生产与存货循环交易和余额的风险因素可能包括：

（1）交易的数量和复杂性。制造类型企业交易的数量庞大，业务复杂，这就增加了错误和舞弊的风险。

（2）成本核算的复杂性。制造类型企业的成本核算比较复杂，虽然原材料和直接人工等直接成本的归集和分配比较简单，但间接费用的分配可能较为复杂，并且，同一行业中的不同企业也可能采用不同的认定和计量基础。

（3）产品的多元化。这可能需要聘请专家来验证其质量、状况或价值。

（4）某些存货的可变现净值难以确定。例如，价格受全球经济供求关系影响的存货，由于其可变现净值难以确定，会影响存货采购价格和销售价格的确定，并将影响注册会计师对存货"准确性、计价和分摊"认定有关的风险进行的评估。

（5）将存货存放在很多地点。大型企业可能会将存货存放在多个地点，并在不同的地点之间转移存货，这将增加商品途中毁损或遗失的风险，或者导致存货在两个地点被重复记录，也可能产生转移定价的错误或舞弊。

（6）寄存的存货。有时候，存货虽然还存放在企业，但可能已经不归企业所有；反之，企业的存货也可能寄存在其他企业。

2. 一般制造型企业的存货的重大错报风险

一般制造型企业的存货的重大错报风险通常包括：

（1）存货实物可能不存在（"存在"认定）；

（2）属于被审计单位的存货可能未在账面反映（"完整性"认定）；

（3）存货的所有权可能不属于被审计单位（"权利和义务"认定）；

（4）存货的单位成本可能存在计算错误（"准确性、计价和分摊"认定）；

（5）存货的账面价值可能无法实现，即存货跌价准备的计提可能不充分（"准确性、计价和分摊"认定）。

此外，实务中，被审计单位管理层通过虚构存货，以及转移资产形成存货等方式实施舞弊的案例也屡见不鲜。注册会计师在实施风险评估程序时，也应考虑相关舞弊风险因素，识别和评估被审计单位是否存在与存货相关的舞弊风险。

3. 根据重大错报风险评估结果设计进一步审计程序

注册会计师基于生产与存货循环的重大错报风险评估结果，制定实施进一步审计程序的总体方案（包括综合性方案和实质性方案），继而实施控制测试和实质性程序，以应对识别出的认定层次的重大错报风险(见表8-10)。注册会计师通过控制测试和实质性程序获取的审计证据综合起来应足以应对识别出的认定层次的重大错报风险。

表8-10 进一步审计程序方案

重大错报风险描述	相关财务报表项目及认定	风险程度	是否信赖控制	进一步审计程序的总体方案	拟从控制测试中获取的保证程度	拟从实质性程序中获取的保证程度
存货实物可能不存在	存货:存在	特别	是	综合性	中	高
存货的单位成本可能存在计算错误	存货:准确性、计价和分摊 营业成本:准确性	一般	是	综合性	中	低
已销售产品的成本可能没有准确结转至营业成本	存货:准确性、计价和分摊 营业成本:准确性	一般	是	综合性	中	低
存货的账面价值可能无法实现	存货:准确性、计价和分摊	特别	否	实质性	无	高

二、生产与存货循环的控制测试

生产循环主要存在但不仅限于以下控制偏差:① 由于存货成本结转、维护存货记录、确定制造费用分配率、制定标准成本或计算存货实际成本的复杂性,可能发生被审计单位的职员不能胜任导致记录差错;② 存货流转记录可能不完整、不正确,尤其是在途物资等存货被遗漏;③ 未经恰当的批准领用原材料,缺乏严格的成本会计制度,表现为没有记录成本结转的日记账,没有利用标准成本及其差异分析,没有维护制造费用明细账,没有利用标准分录结转每月生产成本、销售成本;④ 由于记录和计算差错,以及成本制度的不健全,无法快速地确定并纠正不利差异;⑤ 没有定期盘点实物并与永续盘存记录相核对,因此不能发现存货的短缺,产品成本中材料成本被高估。

针对上述可能发生的控制偏差,审计人员首先应当按照"内部控制程序、会计系统调查问卷及穿行测试"完成内部控制测试,可以使用询问、观察和检查等程序。随后分别执行成本会计制度控制测试、工资及应付工资内部会计控制的控制测试等。

三、生产与存货循环的实质性程序

生产与存货循环实务中,存货审计通常是审计中最复杂也最费时的部分,尤其是对年末存货余额的测试。导致存货审计复杂的主要原因有:存货通常是资产负债表中的一个主要项目,而且通常是构成营运资本的最大项目;存货存放于不同的地点,对它的实物控制和盘点都很困难;存货项目多样;存货本身的状况以及存货成本的分配也使得存货的估价存在困难;不同企业采用的存货计价方法存在多样性。正是由于存货对于企业的重要性、存货问题的复杂性以及存货与其他项目密切的关联度,要求注册会计师对存货项目的审计应予以特别的关注。相应地,要求实施存货项目审计的注册会计师应具备较高的专业素质和相关业务知识，分配较多的审计工时，运用多种有针对性的审计程序。存货审计涉及数量和单价两个方面，下面对存货审计的实质性程序进行重点阐述。

(一) 存货的审计目标

存货的审计目标一般包括实施审计程序以证实：

(1) 账面存货余额对应的实物是否真实存在("存在"认定)；
(2) 属于被审计单位的存货是否均已入账("完整性"认定)；
(3) 存货是否属于被审计单位("权利和义务"认定)；
(4) 存货单位成本的计量是否准确("准确性、计价和分摊"认定)；
(5) 存货的账面价值是否可以实现("准确性、计价和分摊"认定)。

(二) 存货的一般审计程序

获取年末存货余额明细表，并执行以下工作：

(1) 复核单项存货金额的计算(单位成本×数量)和明细表的加总计算是否准确；
(2) 将本年末存货余额与上年末存货余额进行比较，总体分析变动原因。

(三) 存货监盘

1. 存货监盘审计程序

(1) 评价管理层用以记录和控制存货盘点结果的指令和程序；
(2) 观察管理层制定的盘点程序的执行情况；
(3) 检查存货；
(4) 执行抽盘。

存货监盘的相关程序可以用作控制测试或者实质性程序。注册会计师可以根据风险评估结果、审计方案和实施的特定程序作出判断。例如，如果只有少数项目构成了存货的主要部分，注册会计师可能选择将存货监盘用作实质性程序。注册会计师实施存货监盘，不能取代被审计单位管理层定期盘点存货、合理确定存货的存在和状况的责任。注册会计师监盘存货的目的在于获取有关存货的存在和状况的审计证据。因此，存货监盘针对的主要是存货的"存在"认定，对存货的"完整性"认定及"准确性、计价和分摊"认定，也能提供部分审计证据。此外，注册会计师还可能在存货监盘中获取有关存货所有权的部分审计证据。

2. 存货监盘计划

课堂案例

中国证监会行政处罚决定书(大华所、董×、李×)

大华会计师事务所(特殊普通合伙)对獐子岛集团股份有限公司2016年财务报表审计中存在如下违法事实：大华所在对獐子岛集团2016年年度财务报表审计时未勤勉尽责，执行存货有关实质性审计程序时未勤勉尽责。

未针对獐子岛存货特殊性进行充分考虑并制订合理的监盘计划。

针对存货特别是消耗性生物资产这一识别出的高风险领域，大华所计划执行存货监盘等实质性程序。大华所在识别出消耗性生物资产具有较高错报风险、以往年度存在大规模核销减值、獐子岛集团抽盘比例较低的情况下,应当更加审慎,对这一特殊类型资产的盘点方法进行充分考虑,并制订相应的监盘策略和计划。但在大华所收集的关于存货监盘底稿中,仅在獐子岛集团制定的《2016年度消耗性生物资产盘点计划》(简称《盘点计划》)中提及大华所负责"在存量图的基础上设定盘点站位;现场监盘;对盘点核算资料进行复核",未收集任何能够体现对底播虾夷扇贝这一特殊类型存货的盘点方法进行评估,以及对监盘具体安排进行考虑的相关证据,未对獐子岛存货特殊性进行充分考虑并制定合理的监盘计划和具体监盘程序。

——摘自中国证券监督管理委员会网站,〔2023〕18号,有改动

在上述处罚决定书中,大华会计师事务所在对獐子岛的年报审计中因未制订合适的监盘计划而受到处罚。那么,作为注册会计师,应该如何制订监盘计划呢?

(1) 制订存货监盘计划的基本要求。

注册会计师应当根据被审计单位存货的特点、盘存制度和存货内部控制的有效性等情况,在评价被审计单位管理层制定的存货盘点程序的基础上,编制存货监盘计划,对存货监盘作出合理安排。

(2) 制订存货监盘计划应考虑的相关事项。

在编制存货监盘计划时,注册会计师需要考虑以下事项:

① 与存货相关的重大错报风险。存货通常具有较高水平的重大错报风险,影响重大错报风险的因素具体包括:存货的数量和种类、成本归集的难易程度、陈旧过时的速度或易损坏程度、遭受失窃的难易程度。外部因素也会对重大错报风险产生影响。例如,技术进步可能导致某些产品过时,从而导致存货价值更容易发生高估。具有漫长制造过程的存货、具有固定价格合约的存货、与时装相关的行业、鲜活易腐商品的存货、具有高科技含量的存货、单位价值高昂、容易被盗窃的存货,这些类别的存货都可能增加审计的复杂性和风险。

② 与存货相关的内部控制的性质。与存货相关的内部控制涉及被审计单位供、产、销各个环节,包括采购、验收、仓储、领用、加工、装运出库等方面。与存货内部控制相关的措施有很多,其有效程度也存在差异。

与采购相关的内部控制的总体目标是所有交易都已获得适当的授权与批准。使用购货订购单是一项基本的内部控制措施。购货订购单应当预先按顺序编号,事先确定采购价格并获得批准。此外,还应当定期清点购货订购单。

与验收相关的内部控制的总体目标是所有收到的商品都已得到记录。使用验收报告单是一项基本的内部控制制度。被审计单位应当设置独立的部门负责验收商品,该部门具有验收存货实物、确定存货数量、编制验收报告、将验收报告传送至会计核算部门以及运送商品至仓库等一系列职能。

与仓储相关的内部控制的总体目标是确保与存货实物的接触必须得到管理层的指示和批准。被审计单位应当采取实物控制措施,使用适当的存储设施,以防止存货遭受意外损毁、盗窃或破坏。

与信用相关的内部控制的总体目标是所有存货的信用均应得到批准和记录。使用存货领用单是一项基本的内部控制措施。对存货领用单,应当定期进行清点。

与加工(生产)相关的内部控制的总体目标是对所有的生产过程作出适当的记录。使用生产报告是一项基本的内部控制措施。在生产报告中,应当对产品质量缺陷和零部件使用及报废情况及时作出说明。

与装运出库相关的内部控制的总体目标是所有的装运都得到了记录。使用发运凭证是一项基本的内部控制措施。发运凭证应当预先编号,定期进行清点,并作为日后开具收款账单的依据。

被审计单位与存货实地盘点相关的内部控制通常包括:制订合理的存货盘点计划,确定合理的存货盘点程序,配备相应的监督人员,对存货进行独立的内部验证,将盘点结果与永续存货记录进行独立的调节,对盘点表和盘点标签进行充分控制。

③ 对存货盘点是否制定了适当的程序,并下达了正确的指令。注册会计师需要复核或与管理层讨论其存货盘点程序,通常应当考虑下列主要因素,以评价其能否合理地确定存货的存在和状况:盘点的时间安排;存货盘点范围和场所的确定;盘点人员的分工及胜任能力;盘点前的会议及任务布置;存货的整理和排列,对毁损、陈旧、过时、残次及所有权不属于被审计单位的存货的区分;存货的计量工具和计量方法;在产品完工程度的确定方法;存放在外单位的存货的盘点安排;存货收发截止的控制;盘点期间存货移动的控制;盘点表的设计、使用与控制;盘点结果的汇总以及盘盈或盘亏的分析、调查与处理。

如果认为被审计单位的存货盘点程序存在缺陷,注册会计师应当提请被审计单位调整。

④ 存货盘点的时间安排。如果存货盘点在财务报表日以外的其他日期进行,注册会计师除实施存货监盘相关审计程序外,还应当实施其他审计程序,以获取审计证据,确定存货盘点日与财务报表日之间的存货变动是否已得到恰当的记录。

⑤ 被审计单位是否一贯采用永续盘存制。存货盘存制度不同,注册会计师需要作出的存货监盘安排也不同。如果被审计单位通过实地盘存制确定存货数量,则注册会计师需要参加此种盘点;如果被审计单位采用永续盘存制,注册会计师应在年度中一次或多次参加盘点。

⑥ 存货的存放地点(包括不同存放地点的存货的重要性和重大错报风险),以确定适当的监盘地点。

如果被审计单位的存货存放在多个地点,注册会计师可以要求被审计单位提供一份完整的存货存放地点清单,包括期末库存量为零的仓库、租赁的仓库,以及第三方代被审计单位保管存货的仓库等,并考虑其完整性。在获取完整的存货存放地点清单的基础上,注册会计师可以根据不同地点所存放存货的重要性以及对各个地点与存货相关的重大错报风险的评估结果,选择适当的地点进行监盘,并记录选择这些地点的原因。

注册会计师根据具体情况下的风险评估结果,可以考虑执行以下一项或多项审计程序:

——询问被审计单位除管理层和财务部门以外的其他人员,以了解有关存货存放地点的情况;

——比较被审计单位不同时期的存货存放地点清单,关注仓库变动情况,以确定是否存在因仓库变动而未将存货纳入盘点范围的情况;

——检查被审计单位存货的出、入库单,关注是否存在被审计单位尚未告知注册会计师的仓库(如期末库存量为零的仓库);

——检查费用支出明细账和租赁合同,关注被审计单位是否租赁仓库并支付租金,如果

有,该仓库是否已包括在被审计单位提供的仓库清单中;

——检查被审计单位"固定资产——房屋建筑物"明细清单,了解被审计单位可用于存放存货的房屋建筑物。

如果识别出影响存货数量的重大错报风险,注册会计师在检查被审计单位存货记录的基础上,可能决定在不预先通知的情况下对特定存放地点的存货实施监盘,或在同一天对所有存放地点的存货实施监盘。

同时,在连续审计中,注册会计师可以考虑在不同期间的审计中变更所选择实施监盘的地点。

⑦ 是否需要专家协助。注册会计师可能不具备其他专业领域专长与技能,在确定资产数量或资产实物状况,或在收集特殊类别存货的审计证据时,注册会计师可以考虑利用专家的工作。

(3) 存货监盘计划的主要内容。

① 存货监盘的目标、范围及时间安排。

存货监盘的主要目标包括获取被审计单位资产负债表日有关存货的存在和状况以及有关管理层存货盘点程序可靠性的审计证据,检查存货的数量是否真实完整,是否归属被审计单位,存货有无毁损、陈旧、过时、残次和短缺等状况。

存货监盘的范围取决于存货的内容、性质以及与存货相关的内部控制的完善程度和重大错报风险的评估结果。

存货监盘的时间,包括实地察看盘点现场的时间、观察存货盘点的时间和对已盘点存货实施检查的时间等,应当与被审计单位实施存货盘点的时间相协调。

② 存货监盘的要点及关注事项。

存货监盘的要点主要包括注册会计师实施存货监盘程序的方法、步骤,各个环节应注意的问题以及所要解决的问题。

存货监盘的关注事项主要包括盘点期间的存货移动、存货的状况、存货的截止确认、存货的各个存放地点及金额等。

③ 参加存货监盘人员的分工。

注册会计师应当根据被审计单位参加存货盘点人员分工、分组情况、存货监盘工作量的大小和人员素质情况,确定参加存货监盘的人员组成以及各组成人员的职责和具体的分工情况,并加强督导。

④ 抽盘存货的范围。

注册会计师应当根据对被审计单位存货盘点和对被审计单位内部控制的评价结果确定抽盘存货的范围。在实施观察程序后,如果认为被审计单位内部控制设计良好且得到有效实施,存货盘点组织良好,可以相应缩小实施抽盘的范围。

3. 存货监盘程序

课堂案例

中国证监会行政处罚决定书(大华所、董×、李×)

大华会计师事务所(特殊普通合伙)对獐子岛集团股份有限公司 2016 年财务报表审计

中存在如下违法事实:大华所在对獐子岛集团 2016 年年度财务报表审计时未勤勉尽责,执行存货有关实质性审计程序时未勤勉尽责。

监盘程序执行不规范,收集的审计证据不充分。

《盘点计划》显示,獐子岛集团对增殖分公司虾夷扇贝盘点时采取抽样盘点的方式进行,但审计底稿仅收录了盘点计划的总体原则,未收集抽样选取原则,也未记录抽样数量、点位位置等任何与抽样点位有关的具体信息,未收集航海日志、海底摄像录影等盘点及监盘过程的相关资料,既无法证明獐子岛集团对虾夷扇贝这一特殊资产实施了有效的管理控制,也无法证明大华所按照规定执行了监盘工作。

综上,大华所在识别出消耗性生物资产具有较高错报风险,且以往年度存在大规模核销减值、獐子岛集团抽盘比例较低的情况下,应当更加审慎,严格执行相关程序。但大华所未充分考虑獐子岛存货特殊性并制订合理的监盘计划、未规范执行监盘程序、未对底播虾夷扇贝的存在和状况获取充分、适当的审计证据,导致未能发现部分区域,尤其是大量 13 年、14 年的底播贝,已被实施采捕,相关存货不存在以及獐子岛集团实际采捕区域与账面记载严重不一致的情况。

大华所上述行为不符合《中国注册会计师审计准则第 1311 号——对存货、诉讼和索赔、分部信息等特定项目获取审计证据的具体考虑》第四条,《中国注册会计师审计准则第 1231 号——针对评估的重大错报风险采取的应对措施》第五条,《中国注册会计师审计准则问题解答第 3 号——存货监盘》《中国注册会计师审计准则第 1301 号——审计证据》第十条、第十三条的有关规定。

——摘自中国证券监督管理委员会网站,〔2023〕18 号,有改动

中国证监会 2023 年 18 号处罚决定书中,中国证监会对大华所在 2016 年獐子岛年报审计中"监盘程序执行不规范,收集的审计证据不充分"的相关责任进行了处罚。那么应该如何执行监盘程序呢?

在存货盘点现场实施监盘时,注册会计师应当实施下列审计程序。

(1) 评价管理层用以记录和控制存货盘点结果的指令和程序。注册会计师需要考虑这些指令和程序是否包括:适当控制活动的运用;准确认定在产品的完工程度;在适用的情况下用于估计存货数量的方法;对存货在不同存放地点之间的移动以及截止日前后出入库的控制等。

一般情况下,被审计单位在盘点过程中停止生产并关闭存货存放地点以确保停止存货的移动,有利于保证盘点的准确性。但是特定情况下,被审计单位可能由于实际情况无法停止生产或收发货物,此时,注册会计师要考虑其无法停止存货移动的原因及其合理性。同时,注册会计师可以通过询问管理层以及阅读被审计单位的盘点计划等方式,了解被审计单位对存货移动所采取的控制程序和对存货收发截止影响的考虑。在实施存货监盘程序时,注册会计师需要观察被审计单位有关存货移动的控制程序是否得到执行。同时,注册会计师可以向管理层索取盘点期间存货移动相关的书面记录以及出、入库资料作为执行截止测试的资料,以为监盘结束的后续工作提供证据。

(2) 观察管理层制定的盘点程序的执行情况。这有助于注册会计师获取有关管理层指令和程序是否得到适当设计和执行的审计证据。尽管盘点存货时最好能保持存货不发生移

动,但是在某些情况下存货的移动是难以避免的。如果在盘点过程中被审计单位的生产经营仍将持续进行,注册会计师应通过实施必要的检查程序,确定被审计单位是否已经对此设置了相应的控制程序,确保在适当的期间内对存货作出了准确记录。

此外,注册会计师可以获取有关截止性信息(如存货移动的具体情况)的复印件,有助于日后对存货移动的会计处理实施审计程序。具体来说,注册会计师一般应当获取盘点日前后存货收发及移动的凭证,检查库存记录与会计记录期末截止是否正确。注册会计师需要关注,所有在盘点日以前入库的存货项目是否均已包括在盘点范围内,所有已确认为销售但尚未装运出库的商品是否均未包括在盘点范围内。

注册会计师需要重点检查在途存货和被审计单位直接向顾客发运的存货是否均已得到了适当的会计处理。注册会计师通常可观察存货的验收入库地点和装运出库地点以执行截止测试。在存货入库和装运过程中采用连续编号的凭证时,应当关注盘点日前的最后编号;如果没有连续编号,注册会计师应当列出盘点日以前的最后几笔装运和入库记录。如果被审计单位使用运货车厢或拖车进行存储、运输或验收入库,注册会计师应当详细列出存货场地上满载和空载的车厢或拖车,并记录各自的存货状况。

(3) 检查存货。在存货监盘过程中检查存货,虽然不一定能确定存货的所有权,但是有助于确定存货的存在,以及识别过时、毁损或陈旧的存货。注册会计师应当把所有过时、毁损或陈旧存货的详细情况记录下来,这既便于进一步追查这些存货的处理情况,也能为测试被审计单位存货跌价准备计提的准确性提供证据。

(4) 执行抽盘。在对存货盘点结果进行测试时,注册会计师可以从存货盘点记录中选取项目追查至存货实物,以及从存货实物中选取项目追查至盘点记录,以获取有关盘点记录准确性和完整性的审计证据。注册会计师应尽可能避免让被审计单位事先了解将抽盘的存货项目。除记录注册会计师对存货盘点结果进行的测试情况外,获取管理层完成的存货盘点记录的复印件也有助于注册会计师日后实施审计程序,以确定被审计单位的期末存货记录是否准确地反映了存货的实际盘点结果。

如果注册会计师在实施抽盘程序时发现差异,很可能表明被审计单位的存货盘点在准确性或完整性方面存在错误。由于检查的内容通常仅仅是已盘点存货中的一部分,所以在检查中发现的错误很可能意味着被审计单位的存货盘点还存在其他错误。一方面,注册会计师应当查明原因,并及时提请被审计单位更正;另一方面,注册会计师应当考虑错误的潜在范围和重大程度,在可能的情况下,扩大检查范围以减少错误的发生。注册会计师还可要求被审计单位重新盘点。重新盘点的范围可限于某一特殊领域的存货或特定盘点小组。

(5) 需要特别关注的情况。包括:① 存货盘点范围。② 对特殊类型存货的监盘。

(6) 存货监盘结束时的工作。包括:① 再次观察盘点现场,以确定所有应纳入盘点范围的存货是否均已盘点。② 取得并检查已填用、作废及未使用盘点表单的号码记录,确定其是否连续编号,查明已发放的表单是否均已收回,并与存货盘点的汇总记录进行核对。注册会计师应当根据自己在存货监盘过程中获取的信息对被审计单位最终的存货盘点结果汇总记录进行复核,并评估其是否正确地反映了实际盘点结果。

如果存货盘点日不是资产负债表日,注册会计师应当实施适当的审计程序,确定盘点日与资产负债表日之间存货的变动是否已得到恰当的记录。

在实务中,注册会计师可以结合盘点日至财务报表日之间间隔期的长短、相关内部控制

的有效性等因素进行风险评估,设计和执行适当的审计程序。在实质性程序方面,注册会计师可以实施的程序示例包括:

① 比较盘点日和财务报表日之间的存货信息以识别异常项目,并对其执行适当的审计程序(如实地查看等);

② 对存货周转率或存货销售周转天数等实施实质性分析程序;

③ 对盘点日至财务报表日之间的存货采购和存货销售分别实施双向检查;

④ 测试存货销售和采购在盘点日和财务报表日的截止是否正确。

4. 特殊情况的处理

(1) 在存货盘点现场实施存货监盘不可行。某些情况下,由于存货性质和存放地点等因素,实施存货监盘不可行。例如,存货存放在对注册会计师的安全有威胁的地点。但是,对注册会计师带来不便的一般因素不足以支持注册会计师作出实施存货监盘不可行的决定。审计中的困难、时间或成本等事项本身,不能作为注册会计师省略不可替代的审计程序或满足于说服力不足的审计证据的正当理由。

如果在存货盘点现场实施存货监盘不可行,注册会计师应当实施替代审计程序(如检查盘点日后出售盘点日之前取得或购买的特定存货的文件记录),以获取有关存货的存在和状况的充分、适当的审计证据。如果在其他一些情况下,不能实施替代审计程序,或者实施替代审计程序无法获取有关存货的存在和状况的充分、适当的审计证据,注册会计师需要按照《中国注册会计师审计准则第1502号——在审计报告中发表非无保留意见》的规定发表非无保留意见。

(2) 不可预见的情况导致无法在存货盘点现场实施监盘。有时,由于不可预见情况而可能无法在预定日期实施存货监盘,注册会计师应当另择日期实施监盘,并对间隔期内发生的交易实施审计程序。两种比较典型的情况包括:一是注册会计师无法亲临现场,即不可抗力导致其无法到达存货存放地实施存货监盘;二是气候因素,即由于恶劣的天气,注册会计师无法实施存货监盘程序,或无法观察存货,如木材被积雪覆盖。

(3) 由第三方保管或控制的存货。如果由第三方保管或控制的存货对财务报表是重要的,注册会计师应当实施下列一项或两项审计程序,以获取有关该存货存在和状况的充分、适当的审计证据:

① 向持有被审计单位存货的第三方函证存货的存在和状况。

② 实施检查或其他适合具体情况的审计程序。根据具体情况(如获取的信息使注册会计师对第三方的诚信和客观性产生疑虑),注册会计师可能认为实施其他审计程序是适当的。其他审计程序可以作为函证的替代程序,也可以作为追加的审计程序。

(四)存货计价测试

存货监盘程序主要是对存货的数量进行测试。为验证财务报表上存货余额的真实性,还应当对存货的计价进行审计。存货计价测试包括两个方面:一是被审计单位所使用的存货单位成本是否正确;二是是否恰当计提了存货跌价准备。在对存货的计价实施细节测试之前,注册会计师通常先要了解被审计单位本年度的存货计价方法与以前年度是否保持一致。如发生变化,变化的理由是否合理,是否经过适当的审批。

1. 存货单位成本测试

(1) 针对原材料的单位成本,注册会计师通常基于企业的原材料计价方法(如先进先出法、加权平均法等),结合原材料的历史购买成本,测试其账面成本是否准确,测试程序包括核对原材料采购的相关凭证(主要是与价格相关的凭证,如合同、采购订单、发票等)以及验证原材料计价方法的运用是否正确。

(2) 针对产成品和在产品的单位成本,注册会计师需要对成本核算过程实施测试,包括直接材料成本测试、直接人工成本测试、制造费用测试和生产成本在当期完工产品与在产品之间分配的测试四项内容。

2. 存货跌价准备测试

注册会计师在测试存货跌价准备时,需要从以下两个方面进行测试:

(1) 识别需要计提存货跌价准备的存货项目。

注册会计师可以通过询问管理层和相关部门(生产、仓储、财务、销售等)员工,了解被审计单位如何收集有关滞销、过时、陈旧、毁损、残次存货的信息并为之计提必要的存货跌价准备。如被审计单位编制存货货龄分析表,则可以通过审阅分析表识别滞销或陈旧的存货。此外,注册会计师还需结合存货监盘过程中检查存货状况所获取的信息,判断被审计单位的存货跌价准备计算表是否有遗漏。

(2) 检查可变现净值的计量是否合理。

在存货计价审计中,由于被审计单位对期末存货采用成本与可变现净值孰低的方法计价,所以注册会计师应充分关注其对存货可变现净值的确定及存货跌价准备的计提。

可变现净值是指企业在日常活动中,存货的估计售价减去至完工时估计将要发生的成本、估计的销售费用以及相关税费后的金额。企业确定存货的可变现净值,应当以取得的确凿证据为基础,并且考虑持有存货的目的以及资产负债表日后事项的影响等因素。注册会计师应抽样检查可变现净值确定的依据,以及相关计算是否正确。

(五) 针对与存货相关的舞弊风险采取的应对措施

在实务中,存货领域亦属于财务舞弊的易发高发领域,如果识别出与存货相关的舞弊风险,注册会计师可以特别关注或考虑实施以下程序。

1. 针对虚构存货相关舞弊风险

① 根据存货的特点、盘存制度和存货内部控制,设计和执行存货监盘程序;② 关注是否存在金额较大且占比较高、库龄较长、周转率低于同行业可比公司等情形的存货,分析评价其合理性;③ 严格执行分析性程序,检查存货结构波动情况,分析其与收入结构变动的匹配性,评价产成品存货与收入、成本之间变动的匹配性;④ 对异地存放或由第三方保管或控制的存货,严格执行函证或异地监盘等程序。

2. 针对账外存货相关舞弊风险

① 在其他资产审计中,关注是否有转移资产形成账外存货的情况;② 关注存货盘亏、报废的内部控制程序,关注是否有异常大额存货盘亏、报废的情况;③ 存货监盘中,关注存货的所有权及完整性;④ 关注是否存在通过多结转成本、多报耗用数量、少报产成品入库等方式形成账外存货。

第五节 货币资金的审计

引例导读

中国证券监督管理委员会黑龙江监管局行政处罚决定书
（亚太（集团）会计师事务所、潘×、张×）

亚太（集团）会计师事务所（特殊普通合伙）（简称亚太集团）对时任公准肉食品股份有限公司（简称公准股份）2016年年度财务报表审计中存在以下违法事实：货币资金的审计程序存在缺陷。

1. 未对银行用章异常保持职业怀疑并执行进一步审计程序。底稿中中国农业银行海伦支行银行对账单及银行询证函所盖银行印鉴均为椭圆形的"业务办讫章"，与同期在中国农业银行绥棱县支行及肇东支行获取的银行函证回函上的圆形"业务专用章"不一致；且与同期获取的其他商业银行对账单和银行函证回函所盖不同银行印鉴的情况不一致。亚太集团对银行用章异常情况未保持应有的职业怀疑，未执行进一步审计程序消除疑虑，不符合《中国注册会计师审计准则第1101号——注册会计师的总体目标和审计工作的基本要求》(2010年修订)第二十八条、《中国注册会计师审计准则第1301号——审计证据》(2010年修订)第十一条、第十五条的规定。

2. 银行账户完整性审计程序执行不到位。公准股份2016年年末货币资金余额66 821.88万元，占资产总额79.34%，亚太集团在"关于公准股份2016年度财务情况初步了解及审计重点"中将货币资金列为最重点科目，但未从人民银行或被审计单位基本户开户银行取得《已开立银行结算账户清单》，没有核对企业账面账户与开户清单账户，未确认被审计单位账面记录的银行人民币结算账户是否完整。亚太集团对于银行账户完整性的审计程序执行不到位，未获取充分、适当的审计证据，不符合《中国注册会计师审计准则第1301号——审计证据》(2010年修订)第十条规定。

3. 未对货币资金异常保持职业怀疑并执行分析程序。公准股份长期存在大额活期银行存款，其中2014年年末资金余额42 847.73万元，占资产总额84.2%，2015年年末货币资金余额66 148.1万元，占资产总额87.8%，2016年年末货币资金余额66 821.88万元，占资产总额79.34%。大量流动资金闲置，未进行定期存款或购买理财产品，仅获取活期存款利息，也未见需要大额资金的生产经营或者投资计划。亚太集团对此未保持应有的职业怀疑并对其合理性进行分析，不符合《中国注册会计师审计准则第1101号——注册会计师的总体目标和审计工作的基本要求》(2010年修订)第二十八条、《中国注册会计师审计准则第1301号——审计证据》(2010年修订)第十一条、第十五条的规定。

——摘自中国证券监督管理委员会黑龙江监管局网站，〔2022〕2号，有改动

上述处罚决定书中，亚太所因为货币资金的审计程序存在缺陷而被处罚。那么，在货币

资金的审计过程中,应该如何履行审计程序?应该注意哪些问题?本节将对此进行详细介绍。

一、了解货币资金与业务循环

(一)货币资金的特点

货币资金是企业资产的重要组成部分,是企业流动性最强的资产,是企业生产经营必不可少的物质条件。货币资金主要来源于股东投入、债权人贷款和企业经营累积,主要用于资产的取得和费用的结付。企业的生产经营过程,实质上就是货币资金的垫支、支付过程和货币资金的收回、分配过程的结合,企业的全部经营活动都可以通过货币资金表现出来,同时,货币资金也是不法分子盗窃、贪污、挪用的重要对象。

根据货币资金存放地点及用途的不同,货币资金分为库存现金、银行存款及其他货币资金。由于货币资金较容易产生舞弊,因此,货币资金的审计风险较高,需要花费的时间较长,涉及面也较广。

(二)货币资金审计与各交易循环的关系

货币资金与各业务循环均直接相关。企业资金营运过程,从资金流入企业形成货币资金开始,到通过销售收回货币资金、成本补偿确定利润、部分资金流出企业为止。企业资金的不断循环,构成企业的资金周转。货币资金的余额同各交易循环中的业务活动存在密切的关系。一些最终影响货币资金的错误只有通过销售、采购、投资和筹资的交易循环的审计测试才会发现。货币资金审计与各交易循环测试之间的关系见本章第一节内容。

(三)货币资金涉及的主要业务活动和相关内部控制

1. 实施程序

注册会计师通常实施以下程序,以了解与货币资金相关的业务活动及内部控制:

(1)询问。询问参与货币资金业务流程的被审计单位人员,如销售部门、采购部门和财务部门的员工和管理人员。

(2)观察。观察货币资金业务流程中特定控制的运行,如观察被审计单位的出纳人员如何进行现金盘点。

(3)检查。检查相关文件和报告,如检查银行余额调节表是否恰当编制以及其中的调节项是否经会计主管的恰当复核等。

(4)穿行测试。实施穿行测试,即追踪货币资金业务在与财务报表编制相关的信息系统中的处理过程。穿行测试通常综合了询问、观察、检查等多种程序。通过实施穿行测试,注册会计师通常能获取充分的信息以评价控制的设计和运行。例如,选取一笔已收款的银行借款,追踪该笔交易从借款预算审批直至收到银行借款的整个过程。

2. 主要业务活动

(1)现金管理。

出纳员每日对库存现金自行盘点,编制现金报表,计算当日现金收入、支出及结余额,并将结余额与实际库存额进行核对,如有差异及时查明原因。

会计主管不定期检查现金日报表。

每月末，会计主管指定出纳员以外的人员对现金进行盘点，编制库存现金盘点表，将盘点金额与现金日记账余额进行核对。对冲抵库存现金的借条、未提现支票、未作报销的原始凭证，在库存现金盘点报告表中予以注明。会计主管复核库存现金盘点表，如果盘点金额与现金日记账余额存在差异，需查明原因并报经财务经理批准后进行财务处理。

（2）银行存款管理。

① 银行账户管理：企业银行账户的开立、变更或注销须经财务经理审核，报总经理审批。

② 编制银行存款余额调节表：每月末，会计主管指定出纳员以外的人员核对银行存款日记账和银行对账单，编制银行存款余额调节表，使银行存款账面余额与银行对账单调节相符。如调节不符，查明原因。会计主管复核银行存款余额调节表，对需要进行调整的调节项目及时进行处理。

③ 票据管理：财务部门设置银行票据登记簿，防止票据遗失或盗用。出纳员登记银行票据的购买、领用、背书转让及注销等事项。空白票据存放在保险柜中。每月末，会计主管指定出纳员以外的人员对空白票据、未办理收款和承兑的票据进行盘点，编制银行票据盘点表，并与银行票据登记簿进行核对。会计主管复核库存银行票据盘点表，如果存在差异，需查明原因。

④ 印章管理：企业的财务专用章由财务经理保管，办理相关业务中使用的个人名章由出纳员保管。

3. 货币资金内部控制

每个企业的性质、所处行业、规模以及内部控制健全程度等不同，所以与货币资金相关的内部控制内容也有所不同，但是以下是企业内部控制制度应该共同遵守的基本要求。

（1）岗位分工及授权批准。

企业应当建立货币资金业务的岗位责任制，明确相关部门和岗位的职责权限，确保办理货币资金业务的不相容岗位相互分离、制约和监督。

企业应当对货币资金业务建立严格的授权审批制度，明确审批人对货币资金业务的授权批准方式、权限、程序、责任和相关控制措施，规定经办人办理货币资金业务的职责范围和工作要求。

企业应当按照规定的程序办理货币资金支付业务。包括支付申请、支付审批、支付复核、支付办理等，均需要有严格的分工和授权批准办理规定。

企业对重要货币资金支付业务，应当实行集体决策和审批，并建立责任追究制度，防范贪污、侵占、挪用货币资金等行为。

严禁未经授权的机构或人员办理货币资金业务或直接接触货币资金。

（2）现金和银行存款的管理。

企业必须根据《现金管理暂行条例》的规定，结合本企业的实际情况做到以下几点要求：

① 确定本企业现金开支范围，不属于现金开支范围的业务应当通过银行办理转账结算；

② 加强现金库存限额的管理，超过库存限额的现金应及时存入银行；

③ 现金收入应当及时存入银行，不得从现金收入中直接支付，即坐支。因特殊情况需

要坐支现金的,应事先报经开户银行审查批准,由开户银行核定坐支范围和限额。

④ 企业借出款项必须执行严格的授权批准程序,严禁擅自挪用、借出货币资金。

⑤ 企业取得的货币资金收入必须及时入账,不得私设"小金库",不得账外设账,严禁收款不入账。

⑥ 企业应当定期和不定期地进行现金盘点,确保现金账面余额与实际库存相符。发现不符,及时查明原因并作出处理。

企业应当严格按照《支付结算办法》等国家规定,加强银行存款的管理,做到以下要求:

① 企业应当加强银行账户的管理,严格按照规定开立账户,办理存款、取款和结算。

② 企业应当严格遵守银行结算纪律,不准签发没有资金保证的票据或远期支票,套取银行信用;不得签发、取得和转让没有真实交易和债权债务的票据,套取银行和他人资金;不准违反规定开立和使用银行账户。

③ 企业应当指定专人定期核对银行账户,编制银行存款余额调节表,使银行存款账面余额与银行对账单调节相符。如调节不符,应查明原因,及时处理。

(3) 票据及有关印鉴的管理。

企业应当加强与货币资金相关的票据的管理,明确各种票据的购买、保管、领用、背书转让、注销等环节的职责权限和程序,并设立登记簿进行记录,防止空白票据的遗失和被盗用。

企业填写、开具失误等导致作废的法定票据,应当按规定予以保存,不得随意处置或销毁。对超过法定保管期限、可以销毁的票据,在履行审核手续后进行销毁,但应当建立销毁清册,并由授权人员监督销毁过程。

企业应当加强银行预留印鉴的管理。财务专用章由专人保管,个人名章必须由本人或其授权人员保管。严禁一人保管支付款项所需的全部印章。按规定需要有关负责人签字或盖章的经济业务,必须严格履行签字或盖章手续。

(4) 监督检查。

企业应当建立对货币资金业务的监督检查制度,明确相关人员的职责权限。

货币资金监督检查的主要内容包括:货币资金业务相关岗位及人员的设置情况;货币资金授权批准制度的执行情况;支付款项印章的保管情况;票据的保管情况等。

对于监督检查过程中发现的货币资金内部控制薄弱环节,应当及时采取措施,加以纠正和完善。

(四) 货币资金的重大错报风险

1. 与货币资金的交易、账户余额和披露相关的认定层次重大错报风险

(1) 被审计单位存在虚假的货币资金余额或交易(银行存款余额的"存在"或交易的"发生"认定)。

(2) 被审计单位存在大额的外币交易和余额,可能存在外币交易或余额未被准确记录的风险("准确性、计价和分摊"认定)。

(3) 银行存款的期末收支存在大额的截止性错误("截止"认定)。

(4) 被审计单位可能存在未能按照企业会计准则的规定对货币资金作出恰当披露的风险。

2. 货币资金领域财务舞弊迹象

(1) 被审计单位的现金比例较高,并且与其所在行业的常用结算模式不同。

(2) 库存现金规模明显超过业务周转所需资金。

(3) 银行账户开立数量与企业实际业务规模不匹配,或存在多个零余额账户且长期不注销。

(4) 在没有经营业务的地区开立银行账户,或将高额资金存放于其经营和注册地之外的异地。

(5) 被审计单位资金存放于管理层或员工个人账户,或通过个人账户进行被审计单位交易的资金结算。

(6) 货币资金收支金额与现金流量表中的经营活动、筹资活动、投资活动的现金流量不匹配,或经营活动现金净额与净利润不匹配。

(7) 不能提供银行对账单或银行存款余额调节表,或提供的银行对账单没有银行印章、交易对方名称或摘要。

(8) 存在长期或大量银行未达账项。

(9) 银行存款明细账存在非正常转账。例如,短期内相同金额的一收一付或相同金额的分次转入转出等大额异常交易。

(10) 存在期末余额为负数的银行账户。

(11) 受限货币资金占比较高。

(12) 存款收益金额与存款的规模明显不匹配。

(13) 针对同一交易对方,在报告期内存在现金和其他结算方式并存的情形。

(14) 违反货币资金存放和使用规定,如上市公司将募集资金违规用于质押、未经批准开立账户转移募集资金、未经许可将募集资金转作其他用途等。

(15) 存在大额外币收付记录,而被审计单位并不涉足进出口业务。

(16) 被审计单位以各种理由不配合注册会计师实施银行函证,不配合注册会计师至人民银行或基本开户行打印《已开立银行结算账户清单》。

(17) 与实际控制人(或控股股东)、银行(或财务公司)签订集团现金管理账户协议或类似协议。

3. 审计其他财务报表项目时需要警觉的事项或情形

(1) 存在没有真实业务支持或与交易不相匹配的大额资金或汇票往来。

(2) 存在长期挂账的大额预付款项等。

(3) 存在大量货币资金的情况下仍高额或高息举债。

(4) 付款方全称与销售客户名称不一致、收款方全称与供应商名称不一致。

(5) 开具的银行承兑汇票没有银行承兑协议支持。

(6) 银行承兑票据保证金余额与应付票据相应余额比例不合理。

(7) 存在频繁的票据贴现。

(8) 实际控制人(或控股股东)频繁进行股权质押(冻结)且累计被质押(冻结)的股权占其持有被审计单位总股本的比例较高。

(9) 存在大量货币资金的情况下,频繁发生债务违约,或者无法按期支付股利或偿付债务本息。

(10) 首次公开发行股票公司申报期内持续现金分红。

(11) 工程付款进度或结算周期异常等。

4. 根据重大错报风险评估结果设计进一步审计程序

注册会计师根据对货币资金存在重大错报风险的评估结果，制定实施进一步审计程序的总体方案，包括确定是采用综合性方案还是实质性方案，并考虑审计程序的性质、时间安排和范围，继而实施控制测试和实质性程序，以应对识别出的认定层次的重大错报风险。如果在审计过程中注册会计师了解的情况或获取的证据导致其更新相关风险的评估，则注册会计师需要执行的进一步审计程序也需要相应更新。注册会计师通过综合性方案或实质性方案获取的审计证据应当足以应对识别出的认定层次的重大错报风险。

二、货币资金的控制测试

如果在评估认定层次重大错报风险时预期控制的运行是有效的，或者仅实施实质性程序不能提供认定层次充分、适当的审计证据，注册会计师应当实施控制测试，就控制在相关期间或时点的运行有效性获取充分、适当的审计证据。如果根据注册会计师的判断，决定对货币资金采取实质性审计方案，在此情况下，无须实施测试内部控制运行有效性的程序。

(一) 库存现金的控制测试

库存现金业务主要存在但不仅限于以下控制偏差：① 现金付款没有严格的审批和复核，相关人员没有严格对付款业务的真实性、付款金额的准确性、后附票据的齐备性进行审核；② 库存现金的管理不严格，如当日收入现金不能及时存入银行等；③ 库存现金保管制度不够完善，没有进行必要的定期盘点、核对等。

针对库存现金的控制偏差，执行的控制测试程序如下：① 抽取并检查收款凭证。为测试现金收款的内部控制，应该核对库存现金日记账的收入金额是否正确，收款凭证与应收账款明细账的有关记录是否相符，实收金额与销售发票金额是否一致等。② 抽取并检查付款凭证。为测试现金付款的内部控制，应检查付款的授权批准手续是否符合规定，库存现金日记账的付款金额是否正确，付款凭证与应付账款明细账的记录是否一致，实付金额与购货发票金额是否相符。③ 抽取一定期间的库存现金日记账，检查并加总金额是否正确无误，核对库存现金日记账是否与总账相符。④ 外币现金的折算方法是否符合有关规定，前后各期是否一致。确定企业外币现金的增减变动是否采用交易发生日即期汇率或近似的汇率折算为记账本位币以及确定企业选择采用汇率的方法前后各项是否一致。⑤ 评价库存现金的内部控制。确定库存现金内部控制可信赖的程度以及存在的薄弱环节和缺点，然后据以确定在库存现金实质性程序中对哪些环节可以适当减少审计程序，哪些环节应增加审计程序作重点检查，以减少审计风险。

(二) 银行存款的控制测试

银行存款业务主要存在以下控制偏差：① 银行存款收支与记账的岗位没有分离；② 存在银行存款收支没有合理、合法的凭据的情况；③ 全部的收支不能及时准确入账，全部支出的核准手续不齐全；④ 未能按时编制银行存款余额调节表，银行存款余额调节表存在账实不相符。

针对银行存款业务的控制偏差,执行以下控制测试程序:① 抽取并检查收款凭证。为测试银行存款收款的内部控制,应该核对收款凭证与货款存入银行账户的日期和金额是否相符,收款凭证与银行对账单是否相符,收款凭证与应收账款明细账的有关记录是否相符,实收金额与销货发票金额是否一致等。② 抽取并检查付款凭证。为测试银行存款付款的内部控制,应检查付款的授权批准手续是否符合规定,银行存款日记账的付款金额是否正确,付款凭证与银行对账单是否相符,付款凭证与应付账款明细账的记录是否一致,实付金额与购货发票金额是否相符等。③ 抽取一定期间的银行存款日记账,检查有无计算错误,与银行存款总账是否相符。④ 抽取银行存款余额调节表。为证实银行存款记录的正确性,应抽取一定期间的银行存款余额调节表,将其同银行对账单、银行存款日记账及总账进行核对,确定被审计单位是否按月正确编制并复核银行存款余额调节表。⑤ 检查外币银行存款的折算方法是否符合有关规定。确定外币银行存款的增减变动是否采用交易发生日的即期汇率将外币金额折算为记账本位币金额,或者采用按照系统合理的方法确定的、与交易发生日即期汇率近似的汇率折算为记账本位币,以及确定企业选择采用汇率的方法前后各项是否一致。⑥ 评价银行存款内部控制。确定银行存款内部控制可信赖的程度以及存在的薄弱环节和缺点,然后据以确定在银行存款实质性程序中对哪些环节可以适当减少审计程序,哪些环节应增加审计程序作重点检查,以减少审计风险。

三、货币资金的实质性程序

(一) 库存现金的实质性程序

根据重大错报风险的评估和从控制测试(如实施)中所获取的审计证据和保证程度,注册会计师就库存现金实施的实质性程序可能包括:

(1) 核对库存现金日记账与总账的金额是否相符,检查非记账本位币库存现金的折算汇率及折算金额是否正确。

(2) 监盘库存现金。企业盘点库存现金,通常包括对已收到但未存入银行的现金、零用金、找换金等的盘点。盘点库存现金的时间和人员应视被审计单位的具体情况而定,但现金出纳员和被审计单位会计主管人员必须参加,并由注册会计师进行监盘。监盘库存现金的步骤和方法主要有:

① 查看被审计单位制订的盘点计划,以确定监盘时间。

② 查阅库存现金日记账并同时与现金收付凭证相核对。

③ 检查被审计单位现金实存数,并将该监盘金额与库存现金日记账余额进行核对,如有差异,应要求查明原因,必要时提请调整;如无法查明原因,应要求被审计单位按管理权限批准后作出调整。若有兑换库存现金的借条、未提现支票、未作报销的原始凭证,应在"库存现金监盘表"中注明,必要时应提请被审计单位作出调整。

④ 在非资产负债表日进行监盘时,应将监盘金额调整至资产负债表日的金额,并对变动情况实施程序。

(3) 抽查大额库存现金收支。查看大额现金收支,并检查原始凭证是否齐全、原始凭证内容是否完整、有无授权批准、记账凭证与原始凭证是否相符、账务处理是否正确、是否记录于恰当的会计期间等项内容。

(4) 检查库存现金是否在财务报表中作出恰当列报。

(二) 银行存款的实质性程序

根据重大错报风险的评估和从控制测试(如实施)中所获取的审计证据和保证程度,注册会计师就库存现金实施的实质性程序可能包括:

(1) 获取银行存款余额调节表,复核加计是否正确,并与总账数和日记账合计数核对是否相符;检查非记账本位币银行存款的折算汇率及折算金额是否正确。

如果对被审计单位银行账户的完整性存有疑虑,例如,当被审计单位可能存在账外账或资金体外循环时,注册会计师可以考虑额外实施以下实质性程序:

① 注册会计师在企业人员陪同下到中国人民银行或基本存款账户开户行查询并打印《已开立银行结算账户清单》,观察银行办事人员的查询、打印过程,并检查被审计单位账面记录的银行人民币结算账户是否完整。

② 结合其他相关细节测试,关注交易相关单据中被审计单位的收(付)款银行账户是否均包含在注册会计师已获取的开立银行账户清单内。

(2) 实施实质性分析程序。计算银行存款累计余额应收利息收入,分析比较被审计单位银行存款应收利息收入与实际利息收入的差异是否恰当,评估利息收入的合理性,检查是否存在高息资金拆借,确认银行存款余额是否存在,利息收入是否已经完整记录。

(3) 检查银行存款账户发生额。注册会计师可以考虑对银行存款账户的发生额实施以下程序:

① 结合银行账户性质,分析不同账户发生银行存款日记账漏记银行交易的可能性,获取相关账户全部银行对账单。

② 利用数据分析等技术,对比银行对账单上的收付流水与被审计单位银行存款日记账的收付款信息是否一致,对银行对账单及被审计单位银行存款日记账进行双向核对。

(4) 取得并检查银行对账单和银行存款余额调节表。取得并检查银行对账单和银行存款余额调节表是证实资产负债表中所列银行存款是否存在的重要程序。银行存款余额调节表通常应由被审计单位根据不同的银行账户及货币种类分别编制。具体测试程序通常包括:

① 取得并检查银行对账单。

② 取得并检查银行存款余额调节表。

(5) 函证银行存款余额,编制银行函证结果汇总表,检查银行回函。需要关注的是,银行函证程序是证实资产负债表所列银行存款是否存在的重要程序。通过向往来银行函证,注册会计师不仅可了解企业资产的存在,还可了解企业账面反映所欠银行债务的情况,并有助于发现企业未入账的银行借款和未披露的或有负债。以下中国证监会对天圆全所的处罚就是一个典型的反面案例。

 课堂案例

中国证监会行政处罚决定书(天圆全所、江×、高××)

关于当事人提出《行政处罚事先告知书》认定其未对2015年度银行询证函保持控制,事实不清、证据不足以及 2015 年度银行询证函事项对易见股份整体财务报表的影响较小的问题。

（一）当事人申辩意见中对于富滇银行 5270 账户现场函证的陈述内容与事实不符，多项证据证明审计人员现场函证过程失控。一是经富滇银行核实，审计工作底稿中银行询证函系伪造，没有证据显示银行串通舞弊。经银行询证函底档查询，富滇银行于 2016 年 1 月 22 日受理回复过天圆全所对富滇银行 5270 账户的银行询证函，显示截至 2015 年 12 月 31 日账户余额为 624.74 万元。而审计工作底稿中同日 5.34 亿元银行询证函金额与事实不符，所盖的业务专用章与经办人私章都与真实印章不符。二是根据审计人员自述，其在递交和获取银行询证函过程中未保持控制。三是银行接待人员白×宇证实，审计人员在获取银行询证函过程中未保持控制。四是易见股份陪同人员司机张×文涉嫌参与伪造银行询证函。

（二）天圆全所审计工作底稿中未见对中信银行 5530 账户询证函发出进行控制的证据，未对银行询证函回函快递单寄件人等异常情况保持职业怀疑，并实施进一步审计程序。

一是未见对发函程序进行控制的证据，《货币资金——函证结果汇总表》显示中信银行 5530 账户"有"跟函记录，审计人员在询证函上手写"跟函记录索引禾嘉股份底稿"，审计工作底稿中未见相应跟函记录，也未见邮寄发函记录。即便有发函快递单，也需要与回函快递单对比回函地址和寄件人与发函地址和收件人是否一致，也需要对取得的回函进行有效评价。

二是未对取得的回函进行有效评价，无法保证回函的可靠性。经比对回函日期等，中信银行 5530 账户与贵州易见供应链管理有限责任公司（简称贵州供应链）中信银行 7666 账户应为一同回函。回函快递单显示日期为 2 月 7 日，回函寄件人为"夏"（非银行回函经办人员），联系电话为个人手机号码（经查寄件人为易见股份员工），寄件单位名称和地址均未填写。而同期建设银行、交通银行等回函快递单寄件人与银行经办人员一致、电话为银行座机号码、寄件单位为银行名称和地址，中信银行 5530 账户回函快递单存在明显异常。天圆全所对被询证银行的地址、联系人等影响函证真实性的重要信息未能有效控制和关注，天圆全所法定代表人在调查中对有关异常情况予以认可。

（三）货币资金属于上市公司重要的财务指标，且货币资金舞弊是财务报表层次风险，对财务报表产生重大影响。中信银行 5530 账户账面余额为 7.78 亿元，实际余额为 9 761.36 万元，虚增银行存款 6.81 亿元。天圆全所认为 2015 年度银行询证函事项对易见股份整体财务报表的影响较小的判断明显不合常理。

——摘自中国证券监督管理委员会网站，〔2023〕3 号，有改动

注册会计师应当对银行存款（包括零余额账户和在本期内注销的账户）、借款及与金融机构往来的其他重要信息实施函证程序，除非有充分证据表明某一银行存款、借款及与金融机构往来的其他重要信息对财务报表不重要且与之相关的重大错报风险很低。如果不对这些项目实施函证程序，注册会计师应当在审计工作底稿中说明理由。

当实施函证程序时，注册会计师应当对询证函保持控制。当函证信息与银行回函结果不符时，注册会计师应当调查不符事项，以确定是否表明存在错报。

在实施银行函证时,注册会计师需要以被审计单位名义向银行发函询证,以验证被审计单位的银行存款是否真实、合法、完整。银行业金融机构应当自收到符合规定的询证函之日起10个工作日内,按照要求将回函直接回复会计师事务所或交付跟函注册会计师。

(6) 检查银行存款账户存款人是否为被审计单位,若存款人非被审计单位,应获取该账户户主和被审计单位的书面声明,确认资产负债表日是否需要提请被审计单位进行调整。

(7) 关注是否存在质押、冻结等对变现有限制或存在境外的款项。如果存在,是否已提请被审计单位作必要的调整和披露。

(8) 对于不符合现金及现金等价物条件的银行存款,在审计工作底稿中予以列明,以考虑对现金流量表的影响。

(9) 抽查大额银行存款收支的原始凭证,检查原始凭证是否齐全、记账凭证与原始凭证是否相符、账务处理是否正确、是否记录于恰当的会计期间等项内容。检查是否存在非营业目的的大额货币资金转移,并核对相关账户的进账情况;如有与被审计单位生产经营无关的收支事项,应查明原因并作相应的记录。

(10) 检查银行存款收支的截止是否正确。

(11) 检查银行存款是否在财务报表中作出恰当列报。

(三) 其他货币资金的实质性程序

注册会计师对其他货币资金实施审计程序时,通常关注:保证金存款的检查,开立银行承兑汇票的协议或银行授信审批文件;对于存出投资款,跟踪资金流向,并获取董事会决议等批准文件、开户资料、授权操作资料等;检查因互联网支付留存于第三方支付平台的资金。

以下案例中,立信会计师事务所因其他货币资金审计程序存在缺陷而被中国证监会处罚。

 课堂案例

中国证监会行政处罚决定书(立信所、杨××、印××)

中国证监会认为立信所对德威新材2018年报审计中其他货币资金的风险应对措施存在缺陷和实质性程序存在缺陷。具体如下:

对银行承兑汇票的风险应对措施存在缺陷:

在对德威新材2018年财务报表审计中,立信所将银行承兑汇票识别为特别风险,并以实施实质性程序为主,但对银行承兑汇票的实质性程序存在缺陷。

一是走访程序执行不到位,未按审计计划要求实施走访程序,走访提纲设计存在缺陷。立信所将票据问题识别为财务报表层次的特别风险,制定的应对措施是"对以票据方式支付货款的客户及供应商,项目组进行实地走访程序"。在实际执行审计程序时,立信所未走访以票据支付货款的上海巨科化工有限公司、上海舟惟实业有限公司、上海欧伯尔实业有限公司、上缆神通电线电缆有限公司等客户。走访中并未对供应商能够提供价格优惠的理由、货源等具体信息进行了解,走访提纲设计存在缺陷。立信所未实施恰当的审计程序,就相关票据问题获取充分、适当的审计证据。

二是未能恰当应对银行承兑汇票背书转让流程缺少德威新材背书信息的异常情况。

2018年,部分银行承兑汇票存在背书信息不包括德威新材的异常情况,即银行承兑汇票的被背书人、背书人均非德威新材。《中华人民共和国票据法》第三十条规定票据转让时必须记载被背书人的名称,第三十一条规定背书转让应当连续。针对前述异常情况,立信所未实施恰当的审计程序,就德威新材对银行承兑汇票的真实权利获取充分、适当的审计证据。

对商业承兑汇票的实质性程序存在缺陷:

在对德威新材2019年财务报表审计中,立信所对商业承兑汇票采取的实质性审计程序存在缺陷。

一是未关注到开具商业承兑汇票不合规的情况。中国人民银行下发的《关于规范和促进电子商业汇票业务发展的通知》(银发〔2016〕224号)要求,自2017年1月1日起,单张出票金额在300万元以上的商业汇票全部通过电票办理。德威新材2019年商业承兑汇票均为纸质票据,且单张面值集中在3 000万元至6 000万元。立信所未关注到该情况,未就此向管理层和出票方询问,审计程序不充分、不适当。

二是未对商业承兑汇票的兑付能力获取充分适当的审计证据。立信所在审计中未充分关注以下疑点,未获取充分适当的审计证据。在走访过程中,立信所发现菲尔普斯、苏州乾威电气实业有限公司(简称苏州乾威)和扬州正威科技产业有限公司财务状况不佳,均处于亏损状态,两家公司没有收入,另一家公司只有290万元房租收入;2019年德威新材与苏州乾威、安徽科正新材料有限公司、苏州德都实业有限公司、上海巨科化工有限公司等公司往来存在多次退旧票据再收新票据的情况。

——摘自中国证券监督管理委员会网站,〔2022〕65号,有改动

(四) 针对与货币资金相关的舞弊风险采取的应对措施

如果识别出与货币资金相关的舞弊风险,注册会计师应当设计和实施进一步审计程序,审计程序的性质、时间安排和范围应当能够应对评估的舞弊导致的认定层次重大错报风险。针对常见的与货币资金相关的舞弊风险,注册会计师可以特别关注或考虑实施以下程序:

1. 针对虚构货币资金相关舞弊风险

(1) 严格实施银行函证程序,保持对函证全过程控制,恰当评价回函可靠性,深入调查不符事项或函证程序中发现的异常情况。

(2) 关注货币资金的真实性和巨额货币资金余额以及大额定期存单的合理性。

(3) 了解企业开立银行账户的数量及分布,是否与企业实际经营需要相匹配且具有合理性,检查银行账户的完整性和银行对账单的真实性。

(4) 分析利息收入和财务费用的合理性,关注存款规模与利息收入是否匹配,是否存在"存贷双高"现象。

(5) 关注是否存在大额境外资金,是否存在缺少具体业务支付或与交易金额不相匹配的大额资金或汇票往来等异常情况。

2. 针对大股东侵占货币资金相关舞弊风险

(1) 识别企业银行对账单中与实际控制人、控股股东或高级管理人员的大额资金往来交易,关注是否存在异常的大额资金流动,关注资金往来是否以真实、合理的交易为基础,关注利用无商业实质的购销业务进行资金占用的情况。

（2）分析企业的交易信息，识别交易异常的疑似关联方，检查企业银行对账单中与疑似关联方的大额资金往来交易，关注资金或商业汇票往来是否以真实、合理的交易为基础。

（3）关注期后货币资金重要账户的划转情况以及资金受限情况。

（4）通过公开信息等可获取的信息渠道了解实际控制人、控股股东财务状况，关注其是否存在资金紧张或长期占用企业资金等情况，检查大股东有无高比例股权质押的情况。

3. 针对虚构现金交易相关舞弊风险

（1）结合企业所在行业的特征恰当评价现金交易的合理性，检查相关的内部控制是否健全、运行是否有效，是否保留了充分的资料和证据。

（2）计算月现金销售收款、现金采购付款的占比，关注现金收、付款比例是否与企业业务性质相匹配，识别现金收、付款比例是否存在异常波动，并追查波动原因。

（3）了解现金交易对方的情况，关注使用现金结算的合理性和交易的真实性。

（4）检查大额现金收支，追踪来源和去向，核对交易的原始单据，关注收付款方、收付款金额与合同、订单、出入库单相关信息是否一致。

（5）检查交易对象的相关外部证据，验证其交易真实性。

（6）检查是否存在洗钱等违法违规行为。

本章小结

财务报表审计的组织方法有循环法和账户法。把紧密联系的各类交易和账户余额归入同一循环中，按业务循环组织实施审计，称为循环法。本章介绍了销售与收款循环审计、采购与付款循环审计、生产与存货循环审计和货币资金审计，学习各个循环的业务流程及相关凭证、记录、审计目标及关键控制点、控制测试和实质性程序。

复习思考题

1. 销售与收款循环业务流程有哪些？关键控制点有哪些？常见的控制测试和实质性程序有哪些？

2. 采购与付款循环业务流程有哪些？关键控制点有哪些？常见的控制测试和实质性程序有哪些？了解被审计单位及其环境应包括哪些内容？

3. 生产与存货循环业务流程有哪些？关键控制点有哪些？常见的控制测试和实质性程序有哪些？

4. 货币资金如何进行相关控制测试？

课后习题

知识图谱

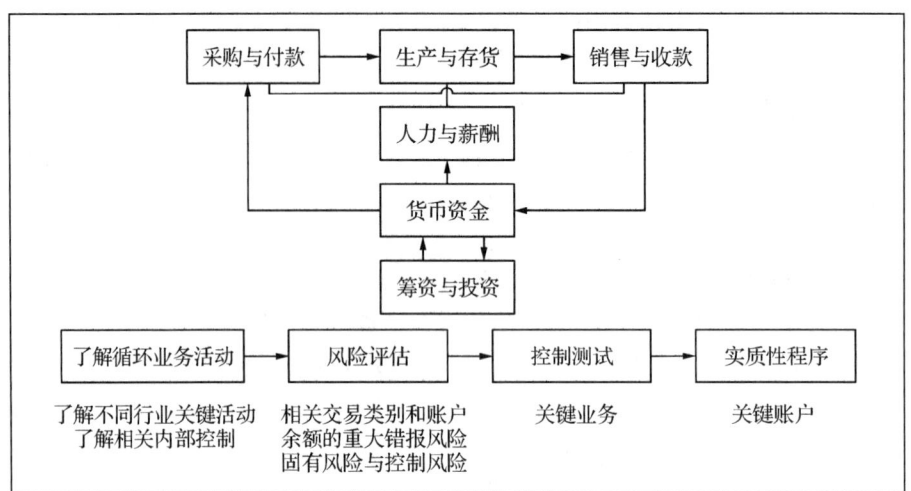

第九章 完成审计工作

- 了解评价审计中的重大发现,评价未更正的错报,复核审计工作底稿和财务报表;
- 掌握项目质量复核的三级复核体系;
- 掌握期后事项和管理层书面声明的内容;
- 重点掌握审计报告的基本类型以及意见形成考虑的内容;
- 掌握在审计报告中沟通关键审计事项的内容;
- 掌握强调事项段和其他事项段的内容;
- 掌握公司持续经营能力对审计报告的影响的内容。

拓展阅读

 教学重点

- 完成审计工作阶段的主要任务;
- 非无保留意见类型审计报告的签发条件;
- 关键审计事项;
- 持续经营能力对审计意见的影响;

 课程思政

- 加强学生对规范建设我国资本市场的责任感、归属感、大局感;
- 行百里者半九十,培养持之以恒、有始有终的工作作风和态度。

第一节 评价审计中的重大发现和识别出的错报

一、评价审计中的重大发现

在完成审计工作阶段,项目合伙人和审计项目组考虑的重大发现和事项的例子包括:期中复核中的重大发现及其对审计方法的影响;涉及会计政策的选择、运用和一贯性的重大事项,包括相关披露;就识别出的特别风险,对总体审计策略和具体审计计划所作的重大修改;在与管理层和其他人员讨论重大发现和事项时得到的信息;与注册会计师的最终审计结论相矛盾或不一致的信息。

对实施的审计程序的结果进行评价,可能全部或部分地揭示出以下事项:为了实现计划的审计目标,是否有必要对重要性进行修订;对总体审计策略和具体审计计划的重大修改,包括对重大错报风险评估结果作出的重要修改;对审计方法有重要影响的值得关注的内部控制缺陷和其他缺陷;财务报表中存在的重大错报;项目组内部,或项目组与项目质量复核人员或提供咨询的其他人员之间,就重大会计和审计事项达成最终结论所存在的意见分歧;审计工作中遇到的重大困难;向事务所内部有经验的专业人士或外部专业顾问咨询的事项;与管理层或其他人员就重大发现以及与注册会计师的最终审计结论相矛盾或不一致的信息进行的讨论。

二、评价审计过程中识别出的错报

在评价审计过程中识别出的错报,注册会计师的目标是:评价识别出的错报对审计的影响,评价未更正错报对财务报表的影响。

(一) 错报的定义及分类

错报,是指某一财务报表项目的金额、分类或列报,与按照适用的财务报告编制基础应当列示的金额、分类或列报之间存在的差异。错报可能是由于错误或舞弊导致的。错报可以分为事实错报、判断错报和推断错报。事实错报是毋庸置疑的错报,比如虚增营业收入1 000万元;判断错报是由于注册会计师认为管理层对财务报表中的确认、计量和列报作出不合理或不恰当的判断而导致的差异,比如,应收账款坏账准备少计提10万元;推断错报是注册会计师对总体存在的错报作出的最佳估计数,通常是根据在审计样本中识别出的错报所推断出的总体错报。例如,根据样本推断总体的错报为100万元。

注册会计师应当累积审计过程中识别出的错报,除非错报明显微小。如果出现下列情形之一,注册会计师应当确定是否需要修改总体审计策略和具体审计计划:

(1) 识别出的错报的性质以及错报发生的环境表明可能存在其他错报,并且可能存在的其他错报与审计过程中累积的错报合计起来可能是重大的;

(2) 审计过程中累积的错报合计数接近根据《中国注册会计师审计准则第1221号——计划和执行审计工作时的重要性》的规定确定的重要性。

如果管理层应注册会计师的要求,检查了某类交易、账户余额或披露并更正了已发现的错报,注册会计师应当实施追加的审计程序,以确定错报是否仍然存在。

(二) 错报的沟通与更正

除非法律法规禁止,注册会计师应当及时将审计过程中累积的所有错报与适当层级的管理层进行沟通。及时与适当层级的管理层沟通错报事项是重要的,因为这能使管理层评价各类交易、账户余额和披露是否存在错报,如有异议则告知注册会计师,并采取必要行动。适当层级的管理层通常是指有责任和权限对错报进行评价并采取必要行动的人员。

注册会计师还应当要求管理层更正这些错报。管理层更正所有错报(包括注册会计师通报的错报),能够保持会计账簿和记录的准确性。如果管理层拒绝更正沟通的部分或全部错报,注册会计师应当了解管理层不更正错报的理由,并在评价财务报表整体是否不存在重大错报时考虑该理由。

(三) 评价未更正的错报

未更正错报,是指注册会计师在审计过程中累积的且被审计单位未予更正的错报。

在评价未更正错报的影响之前，注册会计师应当重新评估按照《中国注册会计师审计准则第 1221 号——计划和执行审计工作时的重要性》的规定确定的重要性，以根据被审计单位的实际财务结果确认其是否仍然适当。在评价未更正错报的影响之前，注册会计师可能有必要依据实际的财务结果对重要性作出修改。

如果对重要性或重要性水平进行的重新评估导致需要确定较低的金额，则应重新考虑以下内容：① 实际执行的重要性；② 进一步审计程序的性质、时间安排和范围的适当性；③ 已经获得的审计证据的充分性和适当性。

在确定未更正错报单独或汇总起来是否重大时，注册会计师应当考虑：① 相对特定类别的交易、账户余额或披露以及财务报表整体而言，错报的金额和性质以及错报发生的特定环境；② 与以前期间相关的未更正错报对相关类别的交易、账户余额或披露以及财务报表整体的影响。

（四）沟通未更正错报

除非法律法规禁止，注册会计师应当与治理层沟通未更正错报，以及这些错报单独或汇总起来可能对审计意见产生的影响。在沟通时，注册会计师应当逐项指明重大的未更正错报；如果存在大量单项不重大的未更正错报，注册会计师可能就未更正错报的笔数和总金额的影响进行沟通。注册会计师应当要求被审计单位更正未更正错报。

注册会计师应当与治理层沟通与以前期间相关的未更正错报对相关类别的交易、账户余额或披露以及财务报表整体的影响。

（五）获取书面声明

注册会计师应当要求管理层和治理层（如适用）提供书面声明，说明其是否认为未更正错报单独或汇总起来对财务报表整体的影响不重大，未更正错报项目的概要应当包含在书面声明中或附在其后。即使注册会计师获取了管理层和治理层不认为注册会计师提出的某些未更正的错报是错报这一声明，注册会计师仍需要对未更正错报的影响形成结论。

第二节 编制审计差异调节表和试算平衡表

审计项目经理在审计过程中，应根据重要性原则，初步确定并汇总审计差异。随后，与被审计单位召开审计总结会，商讨并建议被审计单位进行必要的调整事项，以确定最终审计后的财务报表。这项工作通常通过编制审计差异调整表和试算平衡表来完成。

一、审计差异的类型及其调整

审计差异的内容，按是否需要调整被审计单位的账簿记录，可分为两类：一是核算误差，这是由企业对交易或事项进行了不正确的会计处理而引起的科目或金额的错误；二是重分类误差，这是由企业未按有关会计准则和制度的规定列报财务报表而引起的报告项目的错误。因此，核算误差需要对企业的账簿记录和财务报表均进行调整，而重分类误差只需要在编制报表的过程中进行调整。

根据重要性水平衡量，核算误差又可分为建议调整的不符事项和不建议调整的不符事

项。这个划分过程需要较高的职业判断。一般而言,应从误差的金额和性质两个角度来考虑:

如果单笔核算误差超过相关财务报表账户余额层次的重要性水平,应视为建议调整的不符事项。有些核算误差虽然低于特定类别的交易、账户余额或披露层次的重要性水平,但涉及舞弊与违法行为,或是不希望出现错误的科目(如实收资本科目的错误),也应确定为建议调整的不符事项。虽然单笔核算误差低于特定类别的交易、账户余额或披露层次的重要性水平,并且性质不重要,但数量较多,且若干笔同类型核算误差汇总超过了重要性水平,应从中选取几笔金额较大的转为建议调整的不符事项。

值得注意的是,注册会计师最终所做的审计差异调整并非由其单方面决定,而是需要征求被审计单位的意见。一般来说,应采用书面形式,并根据被审计单位的意见确定其对已审定财务报表及审计意见的影响。如果被审计单位予以采纳,应取得其同意的书面确认,并根据确认调整后的已审财务报表考虑审计意见的类型;若被审计单位不予调整,应分析原因,并根据未调整不符事项的重要程度,确定是否在审计报告中反映以及如何反映。

二、审计差异调整表和试算平衡表

审计差异调整是通过编制调整分录和调整表来实现的。审计调整分录一般对报表进行整体分析,确定分录的借贷双方。对于多计的部分,通过相反方向作相应的冲抵;对于少计的部分,则进行增加。审计调整分录汇总起来后,就形成了审计差异调整表。

在考虑审计差异调整表中调整事项后确定的已审财务报表,即为试算平衡表。在编制完试算平衡表后,应注意核对相应的勾稽关系和报表平衡关系,以确保其准确性和完整性。

第三节 复核审计工作和财务报表

引例导读

中国证监会行政处罚决定书(亚太所、贾××、秦××、栗××)

2023年78号处罚决定书详细公告了亚太(集团)会计师事务所(特殊普通合伙)对华晨汽车集团控股有限公司(简称华晨集团)2017年、2018年年报审计中的违法行为及处罚决定,其中违法事实有:审计质量控制程序执行不到位。

根据亚太所制定的2018年度总体审计策略,对华晨集团年度审计由项目经理实施详细复核、二级复核人实施一般性复核、三级复核人实施重点复核,以上复核程序应确认和关注的事项包括"对重要会计问题、重点审计领域、重要审计程序和重大调整事项的确认是否恰当""重点会计问题及重大事项的审计证据是否充分适当""审计过程是否存在重大遗漏,有无特别说明事项"等。经查,EK—2项目经理复核核对表、EK—3签字注师复核核对表、EK—4签字注师(项目合伙人)复核核对表、EK—5质量控制复核人核对表中各复核事项对应的"是/否/不适用"处均未填写具体复核情况,仅在表末端签字处签字,未见亚太所有关大额长期股权投资和投资收益审计等重要事项的复核记录。亚太所上述行为不符合《中国注册会计师审计准则第1121号——对财务报表审计实施的质量控制》第三十一条、第三十四条和第四十条的规定,导致未能发现华晨集团2018年年度报告存在虚假记载。

——摘自中国证券监督管理委员会网站,〔2023〕78号,有改动

亚太所在其2018年总体审计策略中,为华晨集团的年度审计设定了三级复核体系。然而,这一体系并未得到执行,导致注册会计师未能发现年报中的虚假记载。那么,这个三级复核体系具体是如何规定的?它有哪些明确的要求呢?

关于质量复核的要求,现有准则《会计师事务所质量管理准则第5101号——业务质量管理》《会计师事务所质量管理准则第5102号——项目质量复核》《中国注册会计师审计准则第1121号——对财务报表审计实施的质量控制》《中国注册会计师职业道德守则》均进行了明确规定。

一、项目组内部复核

项目组内部复核可分为项目负责经理的现场复核和项目合伙人的复核。项目负责经理的现场复核属于第一级复核,该级复核通常在审计现场完成,以便及时发现和解决问题,是详细复核;项目合伙人的复核是项目组内最高级别的复核,该复核既是对重要审计事项的把关,也是对项目负责经理的再监督,属于第二级复核。在审计报告日或之前,项目合伙人应当通过复核审计工作底稿与项目组讨论,确信已获取充分、适当的审计证据,支持得出的结论和拟出具的审计报告。项目合伙人复核的内容包括对关键领域所作的判断(尤其是执行业务过程中识别出的疑难问题或争议事项)、特别风险、项目合伙人认为重要的其他领域。

(一)复核范围

执行复核时,复核人员需要考虑的事项包括但不限于:

(1) 审计工作是否已按照职业准则和适用的法律法规的规定执行;
(2) 重大事项是否已提请进一步考虑;
(3) 相关事项是否已进行适当咨询,由此形成的结论是否已得到记录和执行;
(4) 是否需要修改已执行审计工作的性质、时间安排和范围;
(5) 已执行的审计工作是否支持形成的结论,并已得到适当记录;
(6) 已获取的审计证据是否充分、适当;
(7) 审计程序的目标是否已实现。

项目合伙人应当对管理和实现审计项目的高质量承担总体责任。项目合伙人应当在审计过程中的适当时点复核审计工作底稿,包括与下列方面相关的审计工作底稿:

(1) 重大事项;
(2) 重大判断,包括与在审计中遇到的困难或有争议事项相关的判断,以及得出的结论;
(3) 根据项目合伙人的职业判断,与项目合伙人的职责有关的其他事项。

(二)复核时间

审计项目组内部复核贯穿审计全过程,例如,在审计计划阶段复核记录审计策略和审计

计划的工作底稿,在审计执行阶段复核记录控制测试和实质性程序的工作底稿,在审计完成阶段复核记录重大事项、审计调整及未更正错报的工作底稿等。

项目合伙人应当在签署审计报告前复核财务报表、审计报告以及相关的审计工作底稿,包括对关键审计事项的描述(如适用)。项目合伙人还应当在与管理层、治理层或相关监管机构签署正式书面沟通文件之前对其进行复核。

二、项目质量复核

项目质量复核,也称独立复核,属于第三级复核,也是重点复核,是指在报告日或报告日之前,项目质量复核人员对项目组作出的重大判断及据此得出的结论作出的客观评价。项目质量复核人员,是指会计师事务所中实施项目质量复核的合伙人或其他类似职位的人员,或者由会计师事务所委派实施项目质量复核的外部人员。

(一) 项目质量复核人员的委派和资质要求

1. 项目质量复核人员的委派

(1) 会计师事务所应当在全所范围内(包括分所或分部)统一委派项目质量复核人员,并确保负责实施委派工作的人员具有必要的胜任能力和权威性。

(2) 负责委派项目质量复核人员的人员需要独立于项目组。因此,对于接受项目质量复核的项目,其项目组成员不能负责委派本项目的项目质量复核人员。

(3) 为确保项目质量复核人员能够独立、客观、公正地实施项目质量复核,该人员的业绩考评、晋升与薪酬不应受到被复核的项目组的干预或影响。

2. 项目质量复核人员的资质要求

由于项目质量复核人员应当独立于执行业务的项目组,因此,项目合伙人和项目组其他成员不得成为本项目的项目质量复核人员。除此之外,项目质量复核人员还应当同时符合下列要求:

(1) 具备适当的胜任能力,包括充足的时间和适当的权威性以实施项目质量复核。项目质量复核人员的胜任能力应当至少与项目合伙人相当。

(2) 遵守相关职业道德要求,并在实施项目质量复核时保持独立、客观、公正。

(3) 遵守与项目质量复核人员任职资质要求相关的法律法规(如有)。

为了确保项目质量复核人员的权威性和客观性,会计师事务所应当委派合伙人或类似职位的人员,或者会计师事务所外部的人员担任项目质量复核人员。在为某一具体项目委派项目质量复核人员时,会计师事务所应当充分考虑拟委派人员的胜任能力和客观性。

3. 为项目质量复核提供协助的人员的资质要求

(1) 项目合伙人和项目组其他成员不得为本项目的项目质量复核提供协助。

(2) 为项目质量复核提供协助的人员还应当同时满足下列条件:具备适当的胜任能力,包括充足的时间,以履行对其分配的职责。遵守相关法律法规的规定(如有)和相关职业道德要求。

(3) 尽管在实施项目质量复核的过程中可以利用相关人员提供协助,项目质量复核人员仍然应当对项目质量复核的实施承担总体责任,并负责确定对协助人员进行指导、监督和复核的性质、时间安排和范围。

4. 项目质量复核人员不再符合任职资质要求的情况

当项目质量复核人员意识到其不再符合任职资质要求时,应当通知会计师事务所适当人员,并采取下列措施:

(1) 如果项目质量复核尚未开始,不再承担项目质量复核责任;

(2) 如果项目质量复核已经开始实施,立即停止实施项目质量复核。

(二) 项目质量复核的程序

课堂案例

中国证监会行政处罚决定书(中兴华所及相关责任人员)

2023 年 79 号处罚决定书中详细公告了中兴华会计师事务所(特殊普通合伙)对希努尔男装股份有限公司 2018、2019 年财务报表审计的签字注册会计师谭××等人的违法行为及处罚决定,其中违法事实有中兴华对希努尔 2019 年年报审计项目质量控制执行不到位:

中兴华在希努尔 2019 年年报审计项目质量控制过程中,对诸城松旅政府补助的复核程序执行明显不到位。

中兴华在希努尔 2019 年年报审计项目质量控制过程中,对希努尔项目其他方面的复核程序明显不到位。项目负责人质量复核核对表、业务质量复核记录——项目组执行人复核记录、项目负责合伙人复核核对表的签字人均为谭××,不符合中兴华内部制度《项目质量控制及复核管理办法》。

中兴华在希努尔 2019 年年报审计项目质量控制过程中,未关注到时任项目质量控制复核人杨勇在审计底稿中无复核记录,应由其签字的复核核对表是由李××签字。李××参与希努尔 2019 年的项目审计并对希努尔项目开展部分复核工作。

中兴华上述行为,违反了《中国注册会计师审计准则第 1121 号——对财务报表审计实施的质量控制》(2019 年修订)第四十条;违反了《质量控制准则第 5101 号——会计师事务所对执行财务报表审计和审阅、其他鉴证和相关服务业务实施的质量控制》(2019 年修订)第四十八条、第七十二条;违反了《中国注册会计师职业道德守则第 4 号——审计和审阅业务对独立性的要求》(2010 年修订)第八十八条。

——摘自中国证券监督管理委员会网站,〔2023〕79 号,有改动

上述案例中,项目组存在多项违规行为:执行人复核记录与项目负责合伙人复核核对表的签字人均为同一人谭××,项目质量复核人员杨×在审计底稿中无复核记录,且应由其签字的复核核对表由参与项目审计的李××代签。这些行为不仅违背了质量控制准则,也严重违反了注册会计师职业道德中关于独立性的基本原则。鉴于此,项目质量复核程序应当如何正确实施呢?

1. 项目质量复核的实施

(1) 阅读并了解相关信息,这些信息包括:与项目组就项目和客户的性质和具体情况进

行沟通获取的信息;与会计师事务所就监控和整改程序进行沟通获取的信息,特别是针对可能与项目组的重大判断相关或影响该重大判断的领域识别出的缺陷进行的沟通。

(2) 与项目合伙人及项目组其他成员讨论重大事项,以及在项目计划、实施和报告时作出的重大判断。

(3) 基于实施上述第(1)项和第(2)项程序获取的信息,选取部分与项目组作出的重大判断相关的业务工作底稿进行复核,并评价以下方面:作出这些重大判断的依据,包括项目组对职业怀疑的运用(如适用);业务工作底稿能否支持得出的结论;得出的结论是否恰当。

(4) 对于财务报表审计业务,评价项目合伙人确定独立性要求已得到遵守的依据。

(5) 评价是否已就疑难问题或争议事项、涉及意见分歧的事项进行适当咨询,并评价咨询得出的结论。

(6) 对于财务报表审计业务,评价项目合伙人得出下列结论的依据:项目合伙人对整个审计过程的参与程度是充分且适当的;项目合伙人能够确定作出的重大判断和得出的结论适合项目的性质和具体情况。

(7) 针对下列方面实施复核:针对财务报表审计业务,复核被审计财务报表和审计报告,以及审计报告对关键审计事项的描述(如适用);针对财务报表审阅业务,复核被审阅财务报表或财务信息,以及拟出具的审阅报告;针对财务报表审计和审阅以外的其他鉴证业务或相关服务业务,复核业务报告和鉴证对象信息(如适用)。

2. 会计师事务所应制定的政策和程序

(1) 项目质量复核人员有责任在项目的适当时点实施复核程序,为客观评价项目组作出的重大判断和据此得出的结论奠定适当基础;

(2) 项目合伙人与项目质量复核相关的责任,包括禁止项目合伙人在收到项目质量复核人员就已完成项目质量复核发出的通知之前签署业务报告;

(3) 对项目质量复核人员的客观性产生不利影响的情形,以及在这些情形下需要采取的适当行动。

(三) 项目质量复核的完成

如果项目质量复核人员怀疑项目组作出的重大判断或据此得出的结论不恰当,应当告知项目合伙人。如果这一怀疑不能得到满意的解决,项目质量复核人员应当通知会计师事务所适当人员项目质量复核无法完成。

如果项目质量复核人员确定项目质量复核已经完成,应当签字确认并通知项目合伙人。

禁止项目合伙人在收到项目质量复核人员就已完成项目质量复核发出的通知之前签署业务报告。

(四) 与项目质量复核有关的工作底稿

项目质量复核人员应当负责就项目质量复核的实施情况形成工作底稿。对项目质量复核形成的工作底稿应当足以使未曾接触该项目的、有经验的执业人员了解项目质量复核人员以及对项目质量复核提供协助的人员(如有)所执行程序的性质、时间安排和范围,以及在实施复核的过程中得出的结论。

项目质量复核工作底稿的内容应当包括：项目质量复核人员及协助人员的姓名；已复核的业务工作底稿的识别特征；项目质量复核人员确定项目质量复核已经完成的依据；项目质量复核人员就无法完成项目质量复核或项目质量复核已完成所发出的通知；完成项目质量复核的日期。

三、实施分析程序复核财务报表

在审计结束或临近结束时，注册会计师需要运用分析程序确定经审计调整后的财务报表整体是否与对被审计单位的了解一致、是否具有合理性。在运用分析程序进行总体复核时，如果识别出之前未识别的重大错报风险，注册会计师应当重新考虑对全部或部分各类别的交易、账户余额、披露评估的风险是否恰当，并在此基础上重新评价之前计划的审计程序是否充分、是否有必要追加审计程序。

第四节 期后事项审计

引例导读

**中国证监会行政处罚决定书（中兴华会计师事务所、
聂××、张××等4名责任人员）**

中国证监会2017年84号处罚决定书中详细公告了中兴华会计师事务所（特殊普通合伙）及对博元投资2013年年报审计的签字注册会计师聂××、张××等人的违法行为及处罚决定，其中违法事实有：

中兴华所在博元投资2013年财务报表审计中未勤勉尽责。其中：未对票据置换业务涉及的大额收款设计和实施必要的期后事项审计程序。经查明：

中兴华所未保持应有的职业怀疑态度，未对临近资产负债表日的大额收款和期后大额付款保持充分的关注并执行必要的审计程序，其行为违反了《中国注册会计师审计准则第1101号——注册会计师的总体目标和审计工作的基本要求》第二十八条和《中国注册会计师审计准则第1332号——期后事项》第九条"注册会计师应当设计和实施审计程序，获取充分、适当的审计证据，以确定所有在财务报表日至审计报告日之间发生的、需要在财务报表中调整或披露的事项均已得到识别"的要求。

后中兴华所提出申辩，针对中兴华所2013年审计相关问题的陈述、申辩意见，证监会认为：本案中，中兴华所针对期后事项仅获取了管理层期后事项声明书，未对博元投资2014年1月份的财务报表、账簿、银行对账单等客观证据予以检查，以识别是否存在需要调整或披露的事项，未能达到勤勉尽责的要求。

——摘自中国证券监督管理委员会网站，〔2017〕84号，有改动

上述案例中，中兴华会计师事务所在对博元投资的年报进行审计时，未勤勉尽责。其中

一项违法事实是,该所未对票据置换业务中涉及的大额收款设计和实施必要的期后事项审计程序。而被审计单位在听证会上提出相关陈述申辩,声称这并不属于期后事项,但最终这一申辩被驳回并受到了处罚。那么,期后事项究竟是指什么?针对期后事项,注册会计师又应当如何处理呢?本节将对此进行详细介绍。

一、期后事项的定义

期后事项,是指财务报表日至审计报告日之间发生的事项,以及注册会计师在审计报告日后知悉的事实。这里涉及以下几个关键时点:

财务报表日,是指财务报表涵盖的最近期间的截止日期。

审计报告日,是指注册会计师按照《中国注册会计师审计准则第1501号——对财务报表形成审计意见和出具审计报告》的规定在对财务报表出具的审计报告上签署的日期。

财务报表批准日,是指构成整套财务报表的所有报表(包括相关附注)已编制完成,并且被审计单位的董事会、管理层或类似机构认可其对财务报表负责的日期。

财务报表报出日,是指审计报告和已审计财务报表提供给第三方的日期。

二、期后事项的类别

财务报表可能受到财务报表日后发生的事项的影响。适用的财务报告编制基础通常专门提及期后事项,将其区分为下列两类(见表9-1)。

表9-1 期后事项

项目	财务报表日后调整事项	财务报表日后非调整事项
特征	对财务报表日已经存在的情况提供证据	对财务报表日后发生的情况提供证据
处理	如果金额重大,应提请被审计单位对本期财务报表及相关的账户金额进行调整	必要时在财务报表中予以适当披露

(1) 对财务报表日已经存在的情况提供证据的事项,即对财务报表日已经存在的情况提供了新的或进一步证据的事项,这类事项影响财务报表金额,需提请被审计单位管理层调整财务报表及与之相关的披露信息,称为"财务报表日后调整事项"。

(2) 对财务报表日后发生的情况提供证据的事项,即表明财务报表日后发生的情况的事项。这类事项虽不影响财务报表金额,但可能影响对财务报表的正确理解,需提请被审计单位管理层在财务报表附注中作适当披露,称为"财务报表日后非调整事项"。

三、期后事项的审计

(一) 对期后事项的划分

根据期后事项的上述定义,期后事项可以按时段划分为三个时段:第一个时段是财务报表日后至审计报告日,通常将在这一期间发生的事项称为"第一时段期后事项";第二个时段是审计报告日后至财务报表报出日,通常将在这一期间发现的事项称为"第二时段期后事项";第三个时段是财务报表报出日后,通常将在这一期间发现的事项称为"第三时段期后事项"。具体见图9-1。

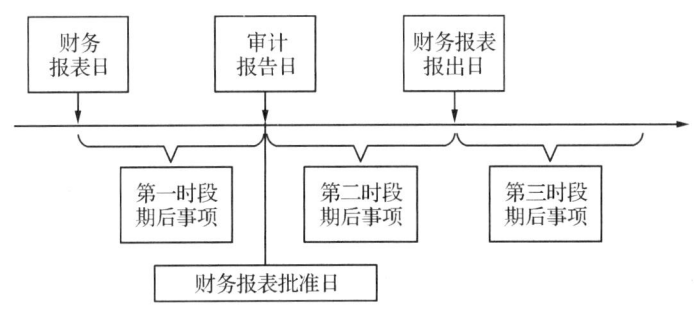

图 9-1 期后事项时段划分

（二）第一时段期后事项的审计

财务报表日至审计报告日之间发生的期后事项属于第一时段期后事项。对于这一时段的期后事项，注册会计师负有主动识别的义务；应当设计和实施审计程序，获取充分、适当的审计证据，以确定所有在财务报表日至审计报告日之间发生的、需要在财务报表中调整或披露的事项均已得到识别；注册会计师无须对之前已实施审计程序并已得出满意结论的事项执行追加的审计程序。

针对期后事项的专门审计程序，其实施时间越接近审计报告日越好。在确定审计程序的性质和范围时，注册会计师应当考虑风险评估的结果。这些程序应当包括：

（1）了解管理层为确保识别期后事项而建立的程序；

（2）询问管理层和治理层（如适用），确定是否已发生可能影响财务报表的期后事项；

（3）查阅所有者、管理层和治理层在财务报表日后举行会议的纪要，或询问此类会议讨论的事项；

（4）查阅最近的中期财务报表（如有）。

如果所知悉的期后事项属于调整事项，注册会计师应当考虑被审计单位是否已对财务报表作出适当的调整；如果所知悉的期后事项属于非调整事项，注册会计师应当考虑被审计单位是否在财务报表附注中予以充分披露。

此外，注册会计师应当要求管理层和治理层（如适用）提供书面声明，确认所有在财务报表日后发生的、按照适用的财务报告编制基础的规定应予调整或披露的事项均已得到调整或披露。

（三）第二时段期后事项的审计

在审计报告日后，注册会计师没有义务针对财务报表实施任何审计程序。如果注册会计师在审计报告日后至财务报表报出日前知悉了某事实，且若在审计报告日知悉可能导致修改审计报告，注册会计师应当采取以下措施：与管理层和治理层（如适用）讨论该事项；确定财务报表是否需要修改；如果需要修改，询问管理层将如何在财务报表中处理该事项。

（四）第三时段期后事项的审计

财务报表报出日后知悉的事实属于第三时段期后事项，注册会计师没有义务针对第三时段期后事项实施任何审计程序。在财务报表报出后，知悉了在审计报告日已经存在的某事实，且若在审计报告日知悉可能导致修改审计报告，注册会计师应当采取的措施包括：与管理层和治理层(如适用)讨论该事项;确定财务报表是否需要修改;如果需要修改,询问管理层将如何在财务报表中处理该事项。

应当指出的是,需要注册会计师在知悉后采取行动的第三时段期后事项是有严格限制的:① 这类期后事项应当是在审计报告日已经存在的事实;② 该事实如果被注册会计师在审计报告日前获知,可能影响审计报告。只有同时满足这两个条件,注册会计师才需要采取行动。

1. 管理层修改财务报表时的处理

(1) 根据具体情况对有关修改实施必要的审计程序;

(2) 复核管理层采取的措施能否确保所有收到原财务报表和审计报告的人士了解这一情况;

(3) 延伸实施审计程序,并针对修改后的财务报表出具新的审计报告;

(4) 在特殊情况下,修改审计报告或提供新的审计报告。注册会计师应当在新的或经修改的审计报告中增加强调事项段或其他事项段,提醒财务报表使用者关注财务报表附注中有关修改原财务报表的详细原因和注册会计师提供的原审计报告。

2. 管理层未采取任何行动时的处理

(1) 如果管理层没有采取必要措施确保所有收到原财务报表的人士了解这一情况,也没有在注册会计师认为需要修改的情况下修改财务报表,注册会计师应当通知管理层和治理层;

(2) 如果注册会计师已经通知管理层或治理层,而管理层或治理层没有采取必要措施,注册会计师应当采取适当措施,以设法防止财务报表使用者信赖该审计报告。

第五节 获得管理层书面声明

一、书面声明的含义

书面声明,是指管理层向注册会计师提供的书面陈述,用以确认某些事项或支持其他审计证据。书面声明不包括财务报表及其认定,以及支持性账簿和相关记录。

书面声明是注册会计师在财务报表审计中需要获取的必要信息,是审计证据的重要来源。如果管理层修改书面声明的内容或不提供注册会计师要求的书面声明,可能使注册会计师警觉存在重大问题的可能性。而且,在很多情况下,要求管理层提供书面声明而非口头声明,可以使管理层更加认真地考虑声明所涉及的事项,从而提高声明的质量。

尽管书面声明提供必要的审计证据,但是其本身并不为所涉及的任何事项提供充分、适当的审计证据。而且,管理层已提供可靠书面声明的事实,并不影响注册会计师就管理层责任履行情况或具体认定获取的其他审计证据的性质和范围。

课堂案例

中国证监会行政处罚决定书(亚太所及相关责任人员)

中国证监会2023年58号处罚决定书中详细公告了亚太(集团)会计师事务所(特殊普通合伙)(简称亚太所)对郑州华晶金刚石股份有限公司(简称豫金刚石)2017、2018、2019年财务

报表审计中的违法行为及处罚决定,其中关于 2018 年财务报表审计工作的一条违法事实是:

亚太所及相关会计师明知豫金刚石相关诉讼已经一审判决,却未取得判决书等审计证据,导致未能发现豫金刚石内控失效的情形,也未能对是否需计提预计负债及计提额度作出合理估计。豫金刚石及其控股股东出具的书面声明不能替代一审判决书等诉讼材料。亚太所未获取充分、适当的审计证据即形成了关于审计意见的结论,构成未勤勉尽责。

——摘自中国证券监督管理委员会网站,〔2023〕58 号,有改动

上述处罚决定书中写明,亚太所不能以豫金刚石管理层提供的书面声明替代一审判决书等诉讼材料,而应获取判决书等充分、适当的审计证据来形成审计意见。可见,书面声明本身并不为所涉及的任何事项提供充分、适当的审计证据。

注册会计师的目标是:① 向管理层获取其认为自身已履行编制财务报表和向注册会计师提供完整信息的责任的书面声明;② 如果注册会计师认为有必要或其他审计准则有要求,通过书面声明支持与财务报表或具体认定相关的其他审计证据;③ 恰当应对管理层提供的书面声明或管理层不提供注册会计师要求的书面声明的情况。

二、书面声明的类型

(一) 针对管理层责任的书面声明(基本书面声明)

针对财务报表的编制,注册会计师应当要求管理层提供书面声明,确认其根据审计业务约定条款,履行了按照适用的财务报告编制基础编制财务报表并使其实现公允反映(如适用)的责任。

(1) 针对与财务报表相关的声明,注册会计师应当要求管理层按照审计业务约定条款中对管理层责任的要求,在相关审计准则要求的书面声明中对管理层责任进行描述,包括:

① 我们已履行审计业务约定书中提及的责任,即根据企业会计准则的规定编制财务报表,并对财务报表进行公允反映;

② 在作出会计估计时使用的重大假设是合理的;

③ 已按照企业会计准则的规定对关联方关系及其交易作出了恰当的会计处理和披露;

④ 根据企业会计准则的规定,所有需要调整或披露的财务报表日后事项都已得到调整或披露;

⑤ 未更正错报,无论是单独还是汇总起来,对财务报表整体的影响均不重大,未更正错报汇总表附在本声明书后。

(2) 针对提供的信息和交易的完整性,注册会计师应当要求管理层就下列事项提供书面声明:

① 按照审计业务约定条款,已向注册会计师提供所有相关信息,并允许注册会计师不受限制地接触所有相关信息以及被审计单位内部人员和其他相关人员。

② 所有交易均已记录并反映在财务报表中。

(二) 其他书面声明

除《中国注册会计师审计准则第 1341 号——书面声明》和其他审计准则要求的书面声明外,如果注册会计师认为有必要获取一项或多项其他书面声明,以支持与财务报表或者一

项或多项具体认定相关的其他审计证据,注册会计师应当要求管理层提供这些书面声明。其他书面声明可能是对基本书面声明的补充,但不构成其组成部分。

1. 关于财务报表的额外书面声明

除了针对财务报表的编制,注册会计师应当要求管理层提供基本书面声明以确认其履行了责任外,注册会计师可能认为有必要获取有关财务报表的其他书面声明。其他书面声明可能包括针对下列事项作出的声明:

(1) 会计政策的选择和运用是否适当;

(2) 是否按照适用的财务报告编制基础对下列事项进行了确认、计量、列报或披露:可能影响资产和负债账面价值或分类的计划或意图;负债(包括实际负债和或有负债);资产的所有权或控制权,资产的留置权或其他物权,用于担保的抵押资产;可能影响财务报表的法律法规及合同(包括违反法律法规及合同的行为)。

2. 关于向注册会计师提供信息有关的额外书面声明

除了针对管理层提供的信息和交易的完整性的书面声明外,注册会计师可能认为有必要要求管理层提供书面声明,确认其已将注意到的所有内部控制缺陷向注册会计师通报。

3. 关于特定认定的书面声明

在获取有关管理层的判断和意图的证据时,或在对判断和意图进行评价时,注册会计师可能考虑下列一项或多项事项:被审计单位以前对声明的意图的实际实施情况;被审计单位选取特定措施的理由;被审计单位实施特定措施的能力;是否存在审计过程中已获取的、可能与管理层判断或意图不一致的任何其他信息。

如果管理层的意图对投资的计价基础非常重要,但若不能从管理层获取有关该投资意图的书面声明,注册会计师就不可能获取充分、适当的审计证据。

书面声明的类型如图 9-2 所示。

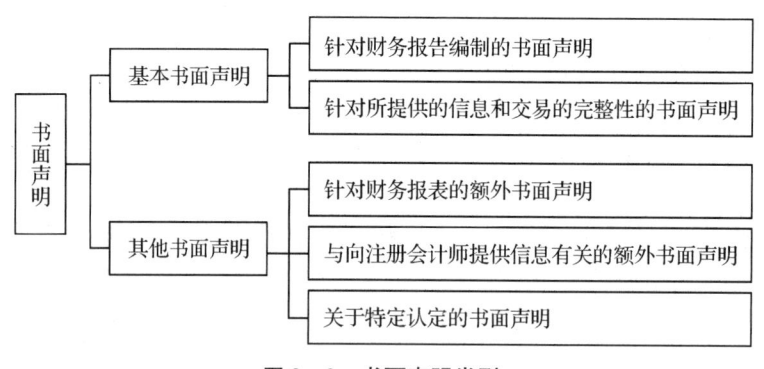

图 9-2 书面声明类型

三、书面声明的形式、日期和涵盖期间

(一) 书面声明的形式

书面声明应当以声明书的形式致送注册会计师。如果法律法规要求管理层就其责任作出书面公开陈述,并且注册会计师认为这些陈述提供了本准则第九条和第十条要求的部分

或全部声明,则这些陈述所涵盖的相关事项不必包括在声明书中。

以下为《中国注册会计师审计准则第1341号——书面声明》应用指南中给出的声明书参考格式。

声明书参考格式

背景信息:

1. 使审计单位采用企业会计准则编制财务报表;
2. 《中国注册会计师审计准则第1324号——持续经营》中有关获取书面声明的要求不相关;
3. 所要求的书面声明不存在例外情况,如果存在例外情况,则需要对本参考格式列示的书面声明的内容予以调整,以反映这些例外情况。

(ABC公司信笺)

———————————————————

(致注册会计师):

本声明书是针对你们审计ABC公司截至20×1年12月31日的年度财务报表而提供的,审计的目的是对财务报表发表意见,以确定财务报表是否在所有重大方面已按照企业会计准则的规定编制,并实现公允反映。

尽我们所知,并在作出了必要的查询和了解后,我们确认:

一、财务报表

1. 我们已履行[插入日期]签署的审计业务约定书中提及的责任,即根据企业会计准则的规定编制财务报表,并对财务报表进行公允反映;
2. 根据企业会计准则有关确认、计量或披露的规定,作出会计估计和相关披露时使用的方法、重大假设和数据是适当的;
3. 已按照企业会计准则的规定对关联方关系及其交易作出了恰当的会计处理和披露;
4. 根据企业会计准则的规定,所有需要调整的披露的资产负债表日后事项都已得到调整或披露;
5. 未更正错报,无论是单独还是汇总起来,对财务报表整体的影响均不重大,未更正错报汇总表附在本声明书后;
6. 【插入注册会计师可能认为适当的其他任何事项】。

二、提供的信息

7. 我们已向你们提供下列工作条件:
   (1) 允许接触我们注意到的、与财务报表编制相关的所有信息,如记录、文件和其他事项;
   (2) 提供你们基于审计目的要求我们提供的其他信息;
   (3) 允许在获取审计证据时不受限制地接触你们认为必要的本公司内部人员和其他相关人员。
8. 所有交易均已记录并反映在财务报表中;
9. 我们已向你们披露了由于舞弊可能导致的财务报表重大错报风险的评估结果;
10. 我们已向你们披露了我们注意到的、可能影响本公司的与舞弊或舞弊嫌疑相关的所有信息,这些信息涉及本公司的:
    (1) 管理层;
    (2) 在内部控制中承担重要职责的员工;
    (3) 其他人员 (在舞弊行为导致财务报表重大错报的情况下)。
11. 我们已向你们披露了从现任和前任员工、分析师、监管机构等方面获知的、影响财务报表的舞弊指控或舞弊嫌疑的所有信息;
12. 我们已向你们披露了所有已知的、在编制财务报表时应当考虑其影响的违反或涉嫌违反法律法规的行为;
13. 我们已向你们披露了我们注意到的关联方的名称和特征,所有关联方关系及其交易;
14. 【插入注册会计师可能认为必要的其他任何事项】。

附:未更正错报汇总表 (在本指南中予以省略)

ABC公司	ABC公司管理层
(盖章)	(签名并盖章)
中国××市	202×年×月×日

(二) 书面声明的日期和涵盖期间

书面声明的日期应当尽量接近对财务报表出具审计报告的日期,但不得在审计报告日后。书面声明应当涵盖审计报告针对的所有财务报表和期间。由于书面声明是必要的审计证据,在管理层签署书面声明前,注册会计师不能发表审计意见,也不能签署审计报告。而且,由于注册会计师关注截至审计报告日发生的、可能需要在财务报表中作出相应调整或披露的事项,因而书面声明的日期应当尽量接近对财务报表出具审计报告的日期,但不得在其之后。

书面声明应当涵盖审计报告中提及的所有期间。如果在审计报告中提及的所有期间内,现任管理层均尚未就任,现任管理层可能由此声称无法就审计报告中提及的所有期间提供部分或全部书面声明,这一事实并不能减轻现任管理层对财务报表整体的责任。相应地,注册会计师仍然需要向现任管理层获取涵盖整个相关期间的书面声明。

四、对书面声明的疑虑和不提供书面声明的情形

（一）对书面声明可靠性的疑虑

如果对管理层的胜任能力、诚信、道德价值观或勤勉尽责存在疑虑，注册会计师应当确定这些疑虑对书面或口头声明和审计证据总体的可靠性可能产生的影响。

如果书面声明与其他审计证据不一致，注册会计师应当实施审计程序以设法解决这些问题。注册会计师可能需要考虑风险评估结果是否仍然适当。如果认为不适当，注册会计师需要修正风险评估结果，并确定进一步审计程序的性质、时间安排和范围，以应对评估的风险；如果问题仍未解决，注册会计师应当重新考虑对管理层的胜任能力、诚信、道德价值观或勤勉尽责的评估，或者重新考虑对管理层在这些方面的承诺或贯彻执行的评估，并确定书面声明与其他审计证据的不一致对书面或口头声明和审计证据总体的可靠性可能产生的影响。

如果认为书面声明不可靠，注册会计师应当采取适当措施，包括确定其对审计意见可能产生的影响。

（二）管理层不提供要求的书面声明

如果管理层不提供要求的一项或多项书面声明，注册会计师应当：① 与管理层讨论该事项；② 重新评价管理层的诚信，并评价该事项对书面或口头声明和审计证据总体的可靠性可能产生的影响；③ 采取适当措施，包括确定该事项对审计意见可能产生的影响。

如果注册会计师认为有关这些事项的书面声明不可靠，或者管理层不提供有关这些事项的书面声明，则注册会计师无法获取充分、适当的审计证据，这对财务报表的影响可能是广泛的，并不局限于财务报表的特定要素、账户或项目。在这种情况下，注册会计师应该根据《中国注册会计师审计准则第 1502 号——在审计报告中发表非无保留意见》的规定，对财务报表发表无法表示意见。

第六节 形成审计意见

审计报告，是指注册会计师根据审计准则的规定，在执行审计工作的基础上，对财务报表发表审计意见的书面文件。注册会计师应当就财务报表是否在所有重大方面按照适用的财务报告编制基础的规定编制并实现公允反映形成审计意见。

一、形成审计意见时应考虑的事项

为了形成审计意见，针对财务报表整体是否不存在由于舞弊或错误导致的重大错报，注册会计师应当得出结论，确定是否已就此获取合理保证。在得出结论时，注册会计师应当考虑下列方面（具体见表 9-2）。

表 9-2 形成审计意见时应考虑的事项

1	是否已获取充分、适当的审计证据		
2	未更正错报单独或汇总起来是否构成重大错报		
3	财务报表是否在所有重大方面按照适用的财务报告编制基础的规定编制并实现公允反映	财务报表是否恰当提及或说明适用的财务报告编制基础	
		财务报表是否在所有重大方面按照适用的财务报告编制基础的规定编制	注册会计师应当依据适用的财务报告编制基础特别评价下列内容： (1) 财务报表是否恰当披露了所选择和运用的重要会计政策。 (2) 所选择和运用的会计政策是否符合适用的财务报告编制基础，并适合被审计单位的具体情况。 (3) 管理层作出的会计估计是否合理。 (4) 财务报表列报的信息是否具有相关性、可靠性、可比性和可理解性。作出这一评价时，注册会计师应当考虑：应当包括的信息是否均已包括，这些信息的分类、汇总或分解以及描述是否适当；财务报表的总体列报(包括披露)是否由于包括不相关的信息或有碍正确理解所披露事项的信息而受到不利影响。 (5) 财务报表是否作出充分披露，使预期使用者能够理解重大交易和事项对财务报表所传递信息的影响。 (6) 财务报表使用的术语(包括每一财务报表的标题)是否适当
			当在评价时，注册会计师应当考虑被审计单位会计实务的质量，包括表明管理层的判断可能出现偏向的迹象
		财务报表是否实现公允反映	财务报表的总体列报(包括披露)、结构和内容是否合理
			财务报表是否公允地反映了相关交易和事项
		评价财务报表是否恰当提及或说明适用的财务报告编制基础	管理层和治理层(如适用)编制的财务报表需要恰当说明适用的财务报告编制基础。只有当财务报表符合适用的财务报告编制基础的所有要求(在财务报表所涵盖的期间内有效)时，声明财务报表按照该编制基础编制才是恰当的

二、审计意见的类型

注册会计师的目标是在评价根据审计证据得出的结论的基础上，对财务报表形成审计意见，并通过书面报告的形式清楚地表达审计意见。

如果认为财务报表在所有重大方面按照适用的财务报告编制基础编制并实现公允反映，注册会计师应当发表无保留意见。无保留意见，是指注册会计师认为财务报表在所有重大方面按照适用的财务报告编制基础编制并实现公允反映时发表的审计意见。当存在下列情形之一时，注册会计师应当按照《中国注册会计师审计准则第 1502 号——在审计报告中发表非无保留意见》的规定，在审计报告中发表非无保留意见：

(1) 根据获取的审计证据，得出财务报表整体存在重大错报的结论；
(2) 无法获取充分、适当的审计证据，不能得出财务报表整体不存在重大错报的结论。

非无保留意见，是指对财务报表发表的保留意见、否定意见或无法表示意见。

如果财务报表没有实现公允反映，注册会计师应当就该事项与管理层讨论，并根据适用的财务报告编制基础的规定和该事项得到解决的情况，决定是否有必要按照《中国注册会计师审计准则第 1502 号——在审计报告中发表非无保留意见》的规定在审计报告中发表非无保留意见。

审计意见的类型如图 9-3 所示。

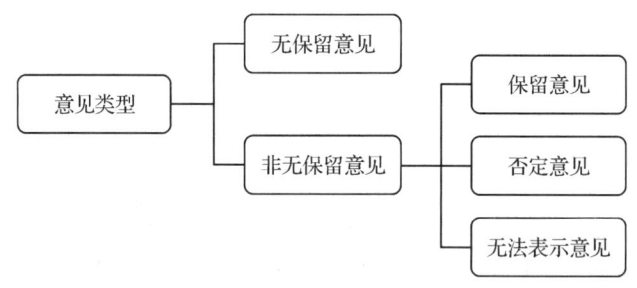

图 9-3 审计意见类型

三、非无保留意见在实务中的签发指导

中国注册会计师协会于 2021 年 2 月 2 日发布《中国注册会计师审计准则问题解答第 16 号——审计报告中的非无保留意见》。实务中，是否发表非无保留意见，以及发表何种类型的非无保留意见，需要注册会计师根据被审计单位和审计业务的具体情况作出职业判断。保持审计意见类型判断标准的一致性，同时在审计报告中提供更为相关的信息以更好体现审计报告的价值，对提高财务信息有用性、保护投资者利益和维护资本市场稳定有序运行十分重要。注册会计师在执行审计业务时，应当将审计准则、应用指南与问题解答一并掌握和执行。

（一）注册会计师如何确定恰当的非无保留意见类型

注册会计师在确定恰当的非无保留意见类型时，需要考虑下列因素：

（1）导致非无保留意见的事项的性质，是财务报表存在重大错报，或是在无法获取充分、适当的审计证据的情况下财务报表可能存在重大错报；

（2）注册会计师就导致非无保留意见的事项对财务报表产生或可能产生的影响的广泛性作出的判断。

表 9-3 列示了上述两个因素对非无保留意见类型的影响。

表 9-3 非无保留意见的考虑因素

导致发表非无保留意见的事项的性质	相关事项的错报或未发现的错报（如存在）对财务报表产生或可能产生的影响是否具有广泛性	
	重大但不具有广泛性	重大且具有广泛性
财务报表存在重大错报（已对相关事项获取充分、适当的审计证据）	保留意见	否定意见
无法对相关事项获取充分、适当的审计证据（不能得出财务报表整体不存在重大错报的结论）	保留意见	无法表示意见

首先，导致注册会计师发表非无保留意见的事项单独或汇总起来对财务报表的影响或可能产生的影响一定是重大的。在这个前提下，注册会计师应当发表哪种非无保留意见，取决于导致非无保留意见的事项对财务报表整体产生的影响或可能产生的影响是否具有广泛

性;如果不具有广泛性,注册会计师应当发表保留意见;如果具有广泛性,则应当发表否定意见或无法表示意见。针对上述应当发表否定意见或无法表示意见的情形,注册会计师发表否定意见,还是无法表示意见,取决于注册会计师是否已对导致非无保留意见的事项获取充分、适当的审计证据,并就财务报表是否存在重大错报得出结论:如果已获取充分、适当的审计证据,注册会计师应当发表否定意见;如果无法获取充分、适当的审计证据,注册会计师应当发表无法表示意见。

其次,《中国注册会计师审计准则第 1502 号——在审计报告中发表非无保留意见》第十一条规定了注册会计师应当发表无法表示意见的一种特殊情形,即在极少数情况下,可能存在多个不确定事项。尽管注册会计师对每个单独的不确定事项获取了充分、适当的审计证据,但是由于不确定事项之间可能存在相互影响,以及可能对财务报表产生累积影响,注册会计师不可能对财务报表整体形成审计意见。同时,《〈中国注册会计师审计准则第 1324 号——持续经营〉应用指南》第 33 段指出,当存在多项对财务报表整体具有重要影响的与持续经营相关的重大不确定性时,在极少数情况下,注册会计师可能认为发表无法表示意见是适当的,而非在审计报告中增加"与持续经营相关的重大不确定性"为标题的单独部分。

(二)注册会计师如何区分财务报表存在重大错报和无法获取充分、适当的审计证据两种情形

在就被审计单位管理层对存在不确定性的事项的会计处理或披露发表非无保留意见时,注册会计师需要区分导致非无保留意见的事项的性质究竟是属于"存在重大错报"还是"无法获取充分、适当的审计证据",有时所涉及的判断可能较为复杂。

财务报表中的某些项目涉及的事项的未来结果可能存在不确定性,并且注册会计师在执行审计时可能还不能获得有关这些事项未来最终结果的结论性证据。这些存在不确定性的事项可能包括应收款项的坏账准备、存货的跌价准备、产品质量保证准备金、提供担保的连带偿还责任、尚未判决生效的诉讼或仲裁等。

存在不确定性并不必然导致审计范围受到限制。当存在不确定性的情况下,管理层应当合理利用财务报表编制时已经存在且能够取得的可靠信息,依据适用的财务报告编制基础的规定作出估计和判断,注册会计师应在获取充分、适当的审计证据的基础上评价管理层估计和判断的合理性,不应回避作出实质性判断。注册会计师对审计证据充分性和适当性的判断是以审计当时实际可获得或应当可获得的证据为基础的。具体情形如下:

(1)在考虑了截至审计报告日的状况和可获得的证据之后,如果注册会计师认为有充分证据支持管理层对存在不确定性的事项性质的认定及其在财务报表中的相关列报,注册会计师应当发表无保留意见。

(2)如果注册会计师无法就管理层对某一存在不确定性的事项性质的认定及其在财务报表中的相关列报获取充分、适当的审计证据,注册会计师应当发表保留意见或无法表示意见。

(3)如果客观上存在或曾经存在与不确定性事项有关的充分证据,但由于管理层没有恰当保存相关记录或管理层不予配合,注册会计师未能及时获得这些证据,注册会计师发表保留意见或无法表示意见是适当的。

(4)注册会计师应当恰当区分审计范围受到限制因而就相关事项无法获取充分、适当的审计证据的情形,以及不符合财务报告编制基础中与不确定事项的确认、计量和列报相关的规定而导致相关事项存在重大错报(包括未充分披露不确定事项,对会计政策的运用不恰当,或作出不恰当的会计估计)的情形。如果注册会计师认为是属于后者,应当发表保留意见或否定意见。

(三) 注册会计师如何判断错报对财务报表的影响或未发现的错报(如存在)对财务报表可能产生的影响是否重大以及是否具有广泛性

在实务中注册会计师对相关事项的影响的重大性和广泛性的判断均会影响审计意见的类型。

1. 关于影响的重大性

注册会计师需要从定量和定性两个方面考虑错报对财务报表的影响或未发现的错报(如存在)对财务报表可能产生的影响是否重大。定量的标准通常是注册会计师确定的财务报表整体的重要性或特定类别的交易、账户余额或披露的重要性水平(如适用)。例如,对于以营利为目的且并非微利或微亏的企业,注册会计师可能将财务报表整体的重要性设定为经常性业务税前利润的5%。定性考虑错报是否重大时,注册会计师需要运用判断评估错报的性质是否严重,是否会影响财务报表使用者的经济决策。例如,错报是否影响被审计单位实现盈利预期或达到监管要求,错报是否影响被审计单位的盈亏状况,错报是不是由于舞弊导致的。《中国注册会计师审计准则第1221号——计划和执行审计工作时的重要性》及其应用指南、《中国注册会计师审计准则第1251号——评价审计过程中识别出的错报》及其应用指南,以及《中国注册会计师审计准则问题解答第8号——重要性及评价错报》作出了相关规定和指引。

2. 关于影响的广泛性

根据《中国注册会计师审计准则第1502号——在审计报告中发表非无保留意见》第五条的定义,对财务报表的影响具有广泛性的情形包括三个方面:① 不限于对财务报表的特定要素、账户或项目产生影响;② 虽然仅对财务报表的特定要素、账户或项目产生影响,但这些要素、账户或项目是或可能是财务报表的主要组成部分;③ 当与披露相关时,产生的影响对财务报表使用者理解财务报表至关重要。下面分别举例说明这三种情况。

第一种情况:不限于对财务报表的特定要素、账户或项目产生影响。

(1) 重大错报对财务报表的影响。

如果注册会计师发现了一项重大错报(如应收账款坏账准备的计提不充分),该重大错报所影响的财务报表项目数量有限(应收账款和信用减值损失),且这些项目并不是财务报表的主要组成部分,通常认为该错报对财务报表的影响不具有广泛性。

如果注册会计师发现了多项重大错报(如商誉、固定资产、存货和应收账款的减值准备计提均不充分),这些重大错报影响多个财务报表项目(商誉、固定资产、存货、应收账款、营业成本、信用减值损失、资产减值损失等),通常认为这些重大错报对财务报表的影响具有广泛性。

(2) 在无法获取充分、适当的审计证据时,未发现的错报(如存在)对财务报表可能产生的影响。

如果注册会计师无法对被审计单位某一重要联营企业的财务信息执行必要的审计工作,因而无法就被审计单位采用权益法确认的投资收益获取充分、适当的审计证据,相关长期股权投资和投资收益不构成财务报表的主要组成部分。由于该联营企业可能存在的错报仅影响被审计单位财务报表的个别项目,且相关财务报表项目并未构成财务报表的主要组成部分,注册会计师可能认为该事项对被审计单位财务报表可能产生的影响重大但不具有广泛性。

如果注册会计师无法对被审计单位某一重要子公司的财务信息执行审计工作,因而无法就被审计单位合并财务报表中与该子公司有关的项目获取充分、适当的审计证据,由于该子公司可能存在的错报影响被审计单位合并财务报表的大多数项目,通常认为该事项对被审计单位合并财务报表可能产生的影响重大且具有广泛性。

又如,注册会计师新承接的某生产制造业审计客户与存货相关的会计记录和物流记录不完整、不准确,注册会计师因此无法就期末和期初存货余额以及当期的存货增减变动情况获取充分、适当的审计证据。由于存货对利润表的营业收入、营业成本、资产减值损失、所得税费用等项目以及资产负债表的应收账款、应付账款、应交税费等项目均有重大影响,该事项导致注册会计师对这些相关项目也无法获取充分、适当的审计证据,对财务报表可能产生的影响重大且具有广泛性。

第二种情况:虽然仅对财务报表的特定要素、账户或项目产生影响,但这些要素、账户或项目是或可能是财务报表的主要组成部分。

以下通过三个例子予以说明:

例1:某被审计单位处于筹建期,其年末账面资产余额的80%为在建工程。注册会计师无法就年末在建工程余额获取充分、适当的审计证据。由于在建工程构成财务报表的主要组成部分,注册会计师认为上述事项对财务报表可能产生的影响重大且具有广泛性。

例2:某上市公司的控股股东违规占用上市公司资金,且上市公司违规为控股股东的借款提供担保。截至资产负债表日,上述违规占用资金和违规担保余额合计达到上市公司年末净资产余额的数倍。控股股东财务状况持续恶化,偿债能力严重不足,其由上市公司提供担保的借款均已进入诉讼程序。注册会计师认为上市公司未就与被占用资金相关的应收款项计提减值准备、未就与违规担保相关的偿付义务计提预计负债构成重大错报。在这种情况下,尽管涉及的财务报表项目较为有限,但金额特别重大,因此,可以认为与控股股东资金占用和违规担保相关的交易和余额构成财务报表的主要组成部分,该事项的影响重大且具有广泛性。

例3:某被审计单位对某一项金额特别重大的资产(占年末总资产余额的比例超过60%)计提了大额减值准备,与该项资产相关的资产减值损失是导致被审计单位当年出现重大亏损的主要原因。注册会计师无法实施审计程序就该项资产的实际性质和减值准备的合理性获取充分、适当的审计证据。在这种情况下,虽然涉及的财务报表项目较为有限,但对于资产负债表和利润表而言,金额均特别重大,可以认为构成了财务报表的主要组成部分,该事项的影响重大且具有广泛性。

第三种情况:当与披露相关时,产生的影响对财务报表使用者理解财务报表至关重要。

例如,《中国注册会计师审计准则第1324号——持续经营》第二十二条规定,如果运用持续经营假设是适当的,但存在重大不确定性,且财务报表对重大不确定性未作出充分披露,注册会计师应当根据《中国注册会计师审计准则第1502号——在审计报告中发表非无保留意见》的规定,恰当发表保留意见或否定意见。

例如,被审计单位的财务报表附注披露了融资协议的规模、到期日和总安排,但未披露其影响以及再融资的可获得性,也未将该情况界定为重大不确定性,即财务报表包含了与重大不确定性相关的部分披露但披露不充分,注册会计师认为该事项构成重大错报但不具有广泛性,因此发表保留意见。

再如,被审计单位的财务报表遗漏了与重大不确定性相关的必要披露(即完全未披露)。注册会计师认为该漏报对财务报表的影响重大且具有广泛性,因此发表否定意见。

(四)注册会计师如何考虑导致对上期财务报表发表非无保留意见的事项对本期财务报表及审计意见的影响

注册会计师首先需要判断导致对上期财务报表发表非无保留意见的事项是否已经解决。如果事项已解决,注册会计师可以对本期财务报表发表无保留意见;如果事项仍未解决,注册会计师应当对本期财务报表发表非无保留意见。具体情况如下:

如果导致对上期财务报表发表否定意见或无法表示意见的事项对本期财务报表的影响或可能产生的影响仍然重大且具有广泛性,注册会计师应当对本期财务报表发表否定意见或无法表示意见。

如果导致对上期财务报表发表否定意见或无法表示意见的事项对本期财务报表的影响或可能产生的影响仍然重大,但是影响程度或影响范围缩小,不再具有广泛性,则注册会计师应当对本期财务报表发表保留意见。

如果对上期财务报表发表了保留意见,且事项仍未解决,注册会计师应当对财务报表发表非无保留意见。

(五)如果除了导致无法表示意见或否定意见的事项之外,还存在导致发表保留意见的其他事项,注册会计师应当如何在审计报告中反映

无法表示意见或否定意见是比保留意见更严重的非无保留意见类型,注册会计师不能以保留意见替代本应发表的无法表示意见或否定意见。

在执行审计的过程中,即使已发现的重大错报具有广泛性,足以导致发表否定意见,注册会计师仍然需要对其余不涉及上述重大错报的财务报表项目按照审计准则的规定执行并完成审计工作;即使审计范围受到限制可能产生的影响足以导致发表无法表示意见,除非属于在可行时解除业务约定的情形,注册会计师仍然需要对审计范围没有受到限制的方面按照审计准则的规定执行并完成审计工作。《中国注册会计师审计准则第 1502 号——在审计报告中发表非无保留意见》第二十二条规定,即使发表了否定意见或无法表示意见,注册会计师也应当在"形成审计意见的基础"部分说明注意到的、将导致发表非无保留意见的所有其他事项及影响。

第七节 出具审计报告

引例导读

2023 年茅台股份审计报告中的关键审计事项段

关键审计事项是我们根据职业判断,认为对本期财务报表审计最为重要的事项。这些事项的应对以对财务报表整体进行审计并形成审计意见为背景,我们不对这些事项单独发表意见。我们在审计中识别出的关键审计事项汇总如下：

（一）营业收入的确认

（二）关联方关系及其交易的披露

关键审计事项	该事项在审计中是如何应对的
	（一）营业收入的确认
相关信息披露详见财务报表附注"三（十九）收入""六（三十九）营业收入、营业成本"。 2023年度，财务报表所示营业收入发生额为人民币14 769 360.50万元。贵州茅台对于茅台酒及系列酒销售产生的收入是在商品控制权已转移至客户时确认的，根据销售合同约定，通常以客户收货确认作为销售收入的确认时点。 由于营业收入是贵州茅台的关键业绩指标之一，我们将贵州茅台营业收入的确认作为关键审计事项	2023年度财务报表审计中，我们执行的审计程序主要包括： 1. 了解和评价管理层与收入确认相关的关键内部控制的设计，并测试其运行有效性； 2. 选取样本检查销售合同，识别与商品控制权转移相关的合同条款与条件，评价收入确认时点是否符合企业会计准则的要求； 3. 结合产品类型对收入以及毛利情况执行分析，判断本期收入金额是否出现异常波动的情况； 4. 对本年记录的收入交易选取样本，核对收入确认时的原始凭证，包括发票、销售合同及出库单，评价相关收入确认政策是否合理； 5. 选取接近年末的销售交易样本，检查相关支持性文件（包括发货单或客户确认已收货的文件），以评估收入是否在适当的会计期间内确认
	（二）关联方关系及其交易的披露
相关信息披露详见财务报表附注"十三、关联方关系及其交易"。 贵州茅台2023年度与关联方之间涉及不同交易类别且金额重大的关联交易，包括向关联方销售商品、采购原材料和接受劳务、获得资金（吸收存款）和提供贷款等。 关联方关系的识别以及关联交易披露的完整性是审计关注的重点，因此我们将关联方关系及其交易的公允性、披露的完整性确定为关键审计事项	2023年度财务报表审计中，我们执行的审计程序主要包括： 1. 了解贵州茅台识别关联方的程序，评估并测试贵州茅台识别和披露关联方关系及其交易的内部控制。 2. 向管理层和治理层获取信息以识别所有已知关联方的名称，并就该信息的完整性执行以下审计程序： （1）将其与财务系统中导出的关联方关系清单以及从其他公开渠道获取的信息进行核对； （2）复核重大的销售、采购和其他合同，以识别是否存在未披露的关联方关系； （3）复核股东记录、股东名册、股东或治理层会议纪要等法定记录，识别是否存在管理层未告知的关联方。 3. 取得管理层提供的关联方交易发生额及余额明细，实施以下程序： （1）将其与财务记录进行核对； （2）抽样检查关联方交易发生额及余额的对账结果； （3）抽样函证关联方交易发生额及余额。 4. 检查关联方关系及交易是否已按照企业会计准则的要求进行了充分披露。 5. 将关联交易价格与非关联价格进行比较，核实关联交易的公允性

——摘自上海证券交易所网站，有改动

在引例导读中，注册会计师确定了两项关键审计事项：一项是营业收入的确认。由于收入是贵州茅台的关键绩效指标之一，根据销售合同约定，通常以客户收货确认作为销售收入的确认时点，而贵州茅台对于茅台酒及系列酒销售产生的收入是在商品控制权已转移至客户时确认的。另一项是关联方关系及其交易的披露。贵州茅台2023年度与关联方之间涉及不同交易类别且金额重大的关联交易,包括向关联方销售商品、采购原材料和接受劳务、获得资金(吸收存款)和提供贷款等。关联方关系的识别以及关联交易披露的完整性是审计关注的重点。因此,将关联方关系及其交易的公允性、披露的完整性确定为关键审计事项。注册会计师将这两项作为关键审计事项,并在审计报告中列出审计中的应对措施。那么,什么是关键审计事项? 在审计工作的结束阶段,我们除了要考虑在审计报告中沟通关键审计事项外,还有哪些事项需要考虑? 这些事项如何在审计报告中体现?

一、在审计报告中沟通关键审计事项

注册会计师在对上市实体整套通用目的财务报表进行审计时,需要在审计报告中沟通关键审计事项。关键审计事项,是指注册会计师根据职业判断认为对财务报表审计最为重要的事项。

在审计报告中沟通关键审计事项,旨在通过提高已执行审计工作的透明度增加审计报告的沟通价值。沟通关键审计事项能为财务报表预期使用者提供额外的信息,帮助其了解注册会计师根据职业判断认为对本期财务报表审计最为重要的事项,并帮助其了解被审计单位,以及已审计财务报表中涉及重大管理层判断的领域。因为每家上市公司需要沟通的关键审计事项不一样,所以被签发的数量众多的无保留意见审计报告从此告别千篇一律,各具个性。

(一) 确定沟通的关键审计事项

根据关键审计事项的概念,注册会计师在确定关键审计事项时,需要遵循以下决策框架(见图9-4)。

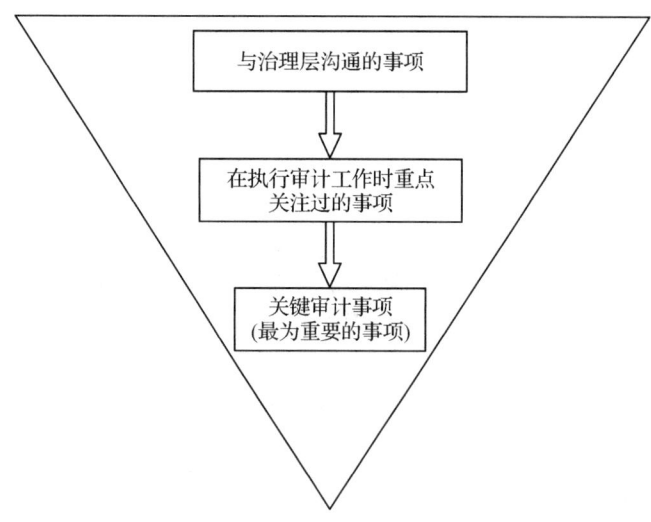

图9-4 关键审计事项决策图

一是以"与治理层沟通过的事项"为起点选择关键审计事项。

在审计目标实现过程的每个阶段,都要与治理层进行有效的沟通。比如在计划审计阶段,注册会计师应当与治理层沟通注册会计师与财务报表审计相关的责任;在风险评估阶段,如果识别出被审计单位未加控制或控制不当的重大错报风险,或认为被审计单位的风险评估过程存在重大缺陷，注册会计师应当就此类内部控制缺陷与治理层沟通；在风险应对和完成审计工作阶段，注册会计师要与治理层沟通审计过程中的重大发现，包括注册会计师对被审计单位的重要会计政策、会计估计和财务报表披露等会计实务的看法，审计过程中遇到的重大困难，已与治理层讨论或需要书面沟通的重大事项等，以便治理层履行其监督财务报告过程的职责。

对财务报表和审计报告使用者信息需求的调查结果表明，他们对这些事项感兴趣，并且呼吁增加这些沟通的透明度。因此，注册会计师应当从与治理层沟通过的事项中选取关键审计事项。

二是从"与治理层沟通过的事项"中确定"在执行审计工作时重点关注过的事项"。

注册会计师重点关注过的领域通常与财务报表中复杂、重大的管理层判断领域相关，因而通常涉及困难或复杂的注册会计师职业判断。相应地，重点关注过的事项通常影响注册会计师的总体审计策略以及对这些事项分配的审计资源和审计工作力度。

注册会计师在确定哪些事项属于在执行审计工作时重点关注过的事项，应当考虑以下三方面：

(1) 评估的重大错报风险较高的领域或识别出的特别风险。《中国注册会计师审计准则第1151号——与治理层的沟通》要求注册会计师与治理层沟通识别出的特别风险，以帮助治理层了解存在特别风险的事项以及需要注册会计师予以特别考虑的原因。此外，注册会计师还可以与治理层沟通计划如何应对评估的重大错报风险较高的领域。

(2) 与财务报表中涉及重大管理层判断（包括被认为具有高度估计不确定性的会计估计）的领域相关的重大审计判断。《中国注册会计师审计准则第1151号——与治理层的沟通》要求注册会计师与治理层沟通注册会计师对被审计单位会计实务（包括会计政策、会计估计和财务报表披露）重大方面质量的看法。在很多情况下，这涉及关键会计估计和相关披露，很可能属于重点关注领域，也可能被识别为特别风险。财务报表中涉及复杂、重大的管理层判断领域，通常涉及困难、复杂的审计判断，并且可能同时需要管理层的专家和注册会计师的专家的参与。因此，注册会计师在确定重点关注过的事项时需要特别考虑这一方面。

(3) 本期重大交易或事项对审计的影响。对财务报表或审计工作具有重大影响的事项或交易可能属于重点关注领域，并可能被识别为特别风险。例如，在审计过程中的各个阶段，注册会计师可能已与管理层和治理层就重大关联方交易或超出被审计单位正常经营过程之外的重大交易，或在其他方面显得异常的交易对财务报表的影响进行了大量讨论。管理层可能已就这些交易的确认、计量、列报或披露作出困难或复杂的判断，这可能已对注册会计师的总体审计策略产生重大影响。影响管理层假设或判断的经济、会计、法规、行业或其他方面的重大变化也可能影响注册会计师的总体审计方法，由此成为需要注册会计师重点关注的事项。

三是从"在执行审计工作时重点关注过的事项"中确定哪些事项对本期财务报表审计"最为重要"，从而构成关键审计事项。

注册会计师可能已就需要重点关注的事项与治理层进行了较多的沟通。就这些事项与治理层进行沟通的性质和范围，通常能够表明哪些事项对审计而言最为重要。在确定某一与治理层沟通过的事项的相对重要程度以及该事项是否构成关键审计事项时，下列考虑可能是相关的：

（1）该事项对预期使用者理解财务报表整体的重要程度，尤其是对财务报表的重要性。

（2）与该事项相关的会计政策的性质，或者与同行业其他实体相比，管理层在选择适当的会计政策时涉及的复杂程度或主观程度。

（3）从定性和定量方面考虑，与该事项相关的由于舞弊或错误导致的已更正错报和累积未更正错报（如有）的性质和重要程度。

（4）为应对该事项所需要付出的审计努力的性质和程度。

（5）在实施审计程序、评价实施审计程序的结果、获取相关和可靠的审计证据以作为发表审计意见的基础时，注册会计师遇到的困难的性质和严重程度，尤其是当注册会计师的判断变得更加主观时。

（6）识别出的与该事项相关的控制缺陷的严重程度。

（7）该事项是否涉及数项可区分但又相互关联的审计考虑。

关于层层筛选出的"最为重要的事项"，可能是一项，也可能是两项或多项，确定哪些事项以及多少事项对本期财务报表审计最为重要，属于职业判断问题，受被审计单位规模和复杂程度、业务和经营环境的性质，以及审计业务具体事实和情况的影响。

（二）在审计报告中沟通关键审计事项的规则

首先，注册会计师应当在审计报告中单设一部分，以"关键审计事项"为标题，并在该部分使用恰当的子标题逐项描述关键审计事项；

第二，关键审计事项部分要有引言段，同时说明：关键审计事项是我们根据职业判断，认为对本期财务报表审计最为重要的事项；这些事项的应对是以对财务报表整体进行审计并形成审计意见为背景，注册会计师对财务报表整体形成审计意见，而不对这些事项单独发表意见。

第三，要使用恰当的子标题逐项描述关键审计事项，并分别索引到财务报表的相关披露（如有），同时说明该事项被认定为审计中最为重要的事项之一，因而被确定为关键审计事项的原因，以及该事项在审计中是如何被应对的。

第四，在关键审计事项部分披露的关键审计事项是已经得到满意解决的事项，既不存在审计范围受到限制，也不存在注册会计师与被审计单位管理层意见分歧的情况。

（三）其他情形下关键审计事项部分的形式和内容

第一，不存在需要沟通的关键审计事项。如果根据被审计单位和审计业务的具体事项和情况，注册会计师确定不存在需要沟通的关键审计事项，可以在审计报告单设的关键审计事项部分表述为"我们确定不存在需要在审计报告中沟通的关键审计事项"。但是，对上市实体整套通用目的财务报表进行审计的注册会计师，确定与治理层沟通过的事项中不存在任何一项需要在审计报告中沟通的关键审计事项，可能是较为少见的。

第二，仅有的需要沟通的关键审计事项是导致发表保留意见或否定事项的事项。如果某些事项导致注册会计师发表非无保留意见，就其性质而言属于关键审计事项，但是这些事项在审计报告中形成保留（否定）意见的基础部分披露，不在审计报告的关键审计事项部分进行描述。注册会计师可以在审计报告单设的关键审计事项部分表述为"除形成保留（否定）意见的基础部分所描述的事项外，我们确定不存在其他需要在审计报告中沟通的关键审计事项"。

第三，仅有的需要沟通的关键审计事项是可能导致被审计单位持续经营能力产生重大疑虑的事项或情况存在重大不确定性。与上述处理方式相同,这些持续经营问题也不在关键审计事项中描述,而在审计报告中与持续经营相关的重大不确定性部分单独披露。注册会计师可以在审计报告单设的关键审计事项部分表述为"除形成与持续经营相关的重大不确定性所描述的事项外,我们确定不存在其他需要在审计报告中沟通的关键审计事项"。

第四,确定对财务报表发表无法表示意见,注册会计师不得在审计报告中沟通关键审计事项,除非法律法规要求另有规定。

第五,如果注册会计师认为有必要在审计报告中增加强调事项段或其他事项段,审计报告中的强调事项段或其他事项段需要与关键审计事项部分分开列示。如果某事项被确定为关键审计事项,则不能以强调事项或其他事项代替对关键审计事项的描述。

二、在审计报告中增加强调事项和其他事项段

引例导读

中兴财光华会计师事务所对深圳市全新好股份有限公司
2018年财务报告出具的增加强调事项和其他事项段的无保留意见的审计报告

中兴财光华审会字(2019)第 326009 号

深圳市全新好股份有限公司全体股东:

一、审计意见

我们审计了深圳市全新好股份有限公司(简称全新好公司)财务报表,包括 2018 年 12 月 31 日的合并及公司资产负债表,2018 年度的合并及公司利润表、合并及公司现金流量表、合并及公司股东权益变动表以及财务报表附注。

我们认为,后附的财务报表在所有重大方面按照企业会计准则的规定编制,公允反映了全新好公司 2018 年 12 月 31 日的合并及公司财务状况以及 2018 年度的合并及公司经营成果和现金流量。

二、形成审计意见的基础

……(因本书篇幅限制而省略)

三、强调事项

我们提醒财务报表使用者关注:

诉讼事项

如财务报表附注十一、2 所述,全新好公司有四起重大未决诉讼,诉讼标的金额为 28 014.75 万元(吴海萌三起案件利息计算至起诉日,王坚案利息计算至 2017 年 9 月 3 日);对于该四起未决诉讼计提的预计负债的金额为 11 131.45 万元。本段内容不影响已发表的审计意见。

证监会立案调查事项

如财务报表附注十三、6 所述,全新好公司于 2019 年 1 月 23 日收到中国证监会《调查通知书》(深圳调查通字〔2019〕004 号),因涉嫌信息披露违反证券法律法规,根据《中华人民共和国证券法》的有关规定,决定对全新好公司立案调查。截止本报告出具日,调查尚未结束,其未来结果存在不确定性。本段内容不影响已发表的审计意见。

四、关键审计事项

……（因本书篇幅限制而省略）

五、其他事项

全新好公司2017年12月31日的合并及公司资产负债表，2017年度的合并及公司利润表、合并及公司现金流量表、合并及公司股东权益变动表以及财务报表附注由中审众环会计师事务所（特殊普通合伙）审计，并于2018年4月23日出具了因五起重大未决诉讼与仲裁无法获取充分审计证据的带强调事项段的保留意见审计报告。

——摘自深圳证券交易所网站，有改动

引例导读中的审计报告是一份既增加了强调事项段，又增加了其他事项段的审计报告。那么，在现实中，哪些情况下需要增加这些段落？审计准则有什么要求？

（一）什么是强调事项段和其他事项段落

强调事项段，是指审计报告中含有的一个段落，该段落提及已在财务报表中恰当列报的事项，根据注册会计师的职业判断，该事项对财务报表使用者理解财务报表至关重要。

其他事项段，是指审计报告中含有的一个段落，该段落提及未在财务报表中列报的事项，根据注册会计师的职业判断，该事项与财务报表使用者理解审计工作、注册会计师的责任或审计报告相关。

两者的区别体现在以下两个方面：一是强调事项是"已"在财务报表中列报的事项，这些事项需要进一步强调，其他事项是仍"未"在财务报表中列报的事项，这些事项需要提醒说明。二是强调事项对财务报表使用者理解财务报表至关重要，其他事项与财务报表使用者理解审计工作、注册会计师的责任或审计报告相关。

所以引例中的审计报告这样描述强调事项"我们提醒财务报表使用者关注……如财务报表附注十一、2所述……本段内容不影响已发表的审计意见"。

而其他事项段描述了上年（2017年）全新好公司由其他会计师事务所（中审众环会计师事务所）审计，并告知上年的审计结论（2018年4月23日出具了因五起重大未决诉讼与仲裁无法获取充分审计证据的带强调事项段的保留意见审计报告）。

（二）何时需要强调事项段落和其他事项段落

如果认为有必要提醒财务报表使用者关注已在财务报表中列报，且根据职业判断认为对财务报表使用者理解财务报表至关重要的事项，同时满足以下条件时，注册会计师应当在审计报告中增加强调事项：① 该事项不会导致注册会计师发表非无保留意见；② 该事项未被确定为将要在审计报告中沟通的关键审计事项。

如果认为有必要沟通虽然未在财务报表中列报，但根据职业判断认为与财务报表使用者理解审计工作、注册会计师的责任或审计报告相关的事项，同时满足以下条件时，注册会计师应当在审计报告中增加其他事项：① 未被法律法规禁止；② 该事项未被确定为将要在审计报告中沟通的关键审计事项。

（三）在审计报告中所处的位置及表述

强调事项和其他事项都是单独的一个段落，不是非无保留意见签发的原因，也不是要求沟通的关键审计事项。

强调事项一般情况下列于形成审计意见的基础后,关键审计事项前;使用包含"强调事项"这一术语的适当标题,明确提及被强调事项以及相关披露的位置,以便能够在财务报表中找到对该事项的详细描述,并指出审计意见没有因该强调事项而改变。

其他事项一般列于关键审计事项之后,使用"其他事项"或其他适当标题。

如果拟在审计报告中增加强调事项段或其他事项段,注册会计师应当就该事项和拟使用的措辞与治理层沟通。与治理层的沟通能使治理层了解注册会计师拟在审计报告中所强调的特定事项的性质,并在必要时为治理层提供向注册会计师作出进一步澄清的机会。

（四）审计准则中要求增加强调事项和其他事项的具体情形

关于哪些事项需要在审计报告中专门增加来提醒,《中国注册会计师审计准则第 1111 号——就审计业务约定条款达成一致意见》《中国注册会计师审计准则第 1332 号——期后事项》《中国注册会计师审计准则第 1511 号——比较信息》《中国注册会计师审计准则第 1601 号——审计特殊目的财务报表的特殊考虑》等中有详细规定,以下一些需要重点考虑的情形需要关注。

当被审计单位存在异常诉讼或监管行动的未来结果存在不确定性时,预计负债已经计提,则可以增加强调事项;提前运用对报表有广泛影响的新会计准则,需要提请报告使用者关注;存在已经对或持续对被审计单位财务状况产生重大影响的特大灾难,可以增加强调事项段;在财务报表日至审计报告日之间发生的重大期后事项,或者注册会计师在审计报告日后知悉了某些事实,并且出具了新的或经修改的审计报告,需要增加强调事项段;法律法规规定的财务报告编制基础不可接受,但其是基于法律或法规作出的规定;提醒财务报表使用者注意财务报表按照特殊目的编制基础编制;或者运用持续经营假设不适当,但是管理层被要求或自愿选择替代基础编制报表,并对此作出充分披露,注册会计师可以发表无保留意见,但是可以增加强调事项段。

一些与使用者理解审计工作相关的情形、与使用者理解注册会计师的责任或审计报告相关的情形、对两套以上财务报表出具审计报告的情形、限制审计报告分发和使用的情形、上期财务报表已由前任注册会计师审计、上期财务报表未经审计的情形等,都可能需要增加其他事项段落提醒。

三、公司持续经营能力对审计报告的影响

引例导读

普华永道对 ST 易购 2022 年度财务报表
出具带持续经营事项段的无保留意见的审计报告

普华永道中天审字(2023)第 10072 号

苏宁易购集团股份有限公司全体股东：

一、审计意见

（一）我们审计的内容

我们审计了苏宁易购集团股份有限公司(简称"苏宁易购")的财务报表,包括 2022 年 12

月31日的合并及公司资产负债表,2022年度的合并及公司利润表、合并及公司现金流量表、合并及公司股东权益变动表以及财务报表附注。

(二)我们的意见

我们认为,后附的财务报表在所有重大方面按照企业会计准则的规定编制,公允反映了苏宁易购2022年12月31日的合并及公司财务状况以及2022年度的合并及公司经营成果和现金流量。

……(因本书篇幅限制而省略)

二、与持续经营相关的重大不确定性

我们提请财务报表使用者关注,如合并财务报表附注二(1)所述,苏宁易购2022年度营业收入较2021年度下降约49%,于2022年度合并净亏损为人民币168.02亿元,经营活动现金净流出为人民币6.31亿元。于2022年12月31日,苏宁易购的流动负债超出流动资产为人民币444.85亿元,现金及现金等价物余额仅为人民币38.67亿元。自2021年以来,苏宁易购由于未能履行若干银行借款协议中的约定条款而触发了部分银行借款合同中的违约及交叉违约或提前还款条款(合称"违约及提前还款事项")。于2022年12月31日,该等违约及提前还款事项导致相关银行及其他金融机构有权要求苏宁易购提前偿还共计人民币196.51亿元的银行借款本金及利息。此外,于2022年12月31日,苏宁易购部分应付款项共约人民币328.41亿元亦已逾期未支付。上述事项,连同财务报表附注二(1)所述的其他事项,表明存在可能导致对苏宁易购持续经营能力产生重大疑虑的重大不确定性。本事项不影响已发表的审计意见。

三、关键审计事项

关键审计事项是我们根据职业判断,认为对本期财务报表审计最为重要的事项。这些事项的应对以对财务报表整体进行审计并形成审计意见为背景,我们不对这些事项单独发表意见。

除"与持续经营相关的重大不确定性"部分所描述的事项外,我们在审计中识别出的关键审计事项汇总如下:

(一)长期资产减值评估

(二)与可抵扣亏损相关的递延所得税资产的确认

……(因本书篇幅限制而省略)

——摘自深圳证券交易所网站,有改动

在上述引例导读中,普华永道中天会计师事务所对ST易购2022年度财务报表发表了带持续经营事项段的无保留意见审计报告。自2016年12月23日《中国注册会计师审计准则第1324号——持续经营》修订后,每年都有30~60个上市公司被出具带持续经营事项段的无保留意见审计报告。那么,带持续经营事项段的无保留意见审计报告究竟是一种什么类型的审计报告呢?这种报告通常在什么情况下出具呢?审计准则对此有哪些具体规定呢?

持续经营是会计确认和计量的基本假设之一,是会计实践和理论研究的基础。通用目的财务报表在持续经营假设基础上编制,除非管理层计划清算被审计单位或停止营运等。现实中企业是有生命周期的,所有者和经营者努力经营,只能尽其所能延长企业的寿命,企

业仍然面临破产倒闭的风险。

注册会计师应当就管理层编制财务报告时运用持续经营假设的适当性,获取充分、适当的审计证据,就是否存在与可能导致被审计单位持续经营能力产生重大疑虑的事项或情况相关的重大不确定性得出结论,并考虑其对审计报告的影响。

(一) 持续经营产生重大疑虑的可能情形

持续经营假设,是指被审计单位在编制财务报表时,假定其经营活动在可预见的将来会继续下去,不拟也不必终止经营或破产清算,可以在正常的经营过程中变现资产、清偿债务。可预见的将来,通常是指资产负债表日后 12 个月。可能导致对持续经营能力产生疑虑的事项或情况通常包括表 9-4 所列示的情况。

表 9-4　可能导致对持续经营能力产生疑虑的事项或情况

财务方面	(1) 净资产为负或营运资金出现负数; (2) 定期借款即将到期,预期不能展期或偿还;或过度依赖短期借款为长期资产筹资; (3) 存在债权人撤销财务支持的迹象; (4) 历史或预测性财务报表表明经营活动的现金流量净额为负数; (5) 关键财务比率不佳; (6) 发生重大经营亏损或用以产生现金流量的资产价值大跌; (7) 拖欠或停止发放股利; (8) 在到期日无法偿还债务; (9) 无法履行借款合同的条款; (10) 与供应商由赊购变为货到付款; (11) 无法获得开发必要新产品或进行其他必要投资所需的资金
经营方面	(1) 管理层计划清算被审计单位或终止经营; (2) 关键管理人员离职且无人替代; (3) 失去主要市场、关键客户、特许权、执照或主要供应商; (4) 出现用工困难问题; (5) 重要供应短缺; (6) 出现非常成功的竞争者
其他方面	(1) 违反有关资本或其他法定要求; (2) 未决诉讼或监管程序,可能导致无法支付索赔金额; (3) 法律法规或政府政策的变化预期会产生不利影响; (4) 对发生的灾害未购买保险或保额不足

当识别出可能导致对被审计单位持续经营能力产生重大疑虑的事项或情况时,为确定是否存在与这些事项或情况有关的重大不确定性,注册会计师需要评价管理层与持续经营能力评估相关的未来应对计划。

(二) 持续经营审计结论对审计报告的影响

1. 运用持续经营假设不适当

(1) 否定意见。

最极端的情形是,如果公司财务报表已按照持续经营假设编制,但是注册会计师经过审计,根据判断认为管理层在财务报表中运用持续经营假设是不适当的,那么注册会计师会直接发表否定意见。

（2）无保留意见，可增加强调事项段。

如果在具体情况下运用持续经营假设是不适当的，但管理层被要求或自愿选择编制财务报表，则可以采用替代基础（如清算基础）编制财务报表。在注册会计师确定替代基础在具体情况下是可接受的编制基础的前提下，经过审计，如果财务报表对此进行了充分披露，则可以发表无保留意见，但是也可以增加强调事项段以提醒财务报表使用者关注替代基础及使用理由。

2. 被审计单位运用持续经营假设适当但存在重大不确定性，财务报表对重大不确定性已充分披露

（1）带持续经营事项段的无保留意见。

如果运用持续经营假设是适当的，但是存在重大不确定性，且财务报表对重大不确定性已经作出恰当披露。这种情形下注册会计师应当发表无保留意见，并在审计报告中增加以"与持续经营相关的重大不确定性"为标题的部分。这是一个单独部分，一般列在"形成审计意见的基础"之后，不影响发表的审计意见类型，但是用来提醒财务报表使用者关注财务报表附注中所述与持续经营能力产生重大疑虑的重大不确定性事项的披露，并说明该事项并不影响发表的审计意见。

比如引例导读中普华永道会计师事务所出具的ST易购2022年带与持续经营相关的重大不确定性段落的无保留意见审计报告，单独的段落提醒报表使用者关注，而这些事项已经在"财务报表附注二(1)"中披露。

（2）无法表示意见。

在极少数情况下，当存在多项对财务报表整体具有重要影响的重大不确定性，尽管注册会计师对每个单独的不确定事项获取了充分、适当的审计证据，但由于不确定事项之间可能存在相互影响，以及可能对财务报表产生累积影响，注册会计师不可能对财务报表形成其他审计意见。这种情况下注册会计师可能认为发表无法表示意见而非增加以"与持续经营相关的重大不确定性"为标题的单独部分是适当的。比如以下信永中和会计师事务所（特殊普通合伙）对中天金融集团股份有限公司2022年度财务报表发表无法表示意见就是属于这种情形。

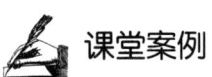
课堂案例

信永中和会计师事务所（特殊普通合伙）对中天金融2022年度财务报表出具无法表示意见的审计报告

XYZH/2023CDAA9B0044

中天金融集团股份有限公司全体股东：

一、审计意见

我们接受委托，审计中天金融集团股份有限公司（简称中天金融集团）财务报表，包括2022年12月31日的合并及母公司资产负债表，2022年度的合并及母公司利润表、合并及母公司现金流量表、合并及母公司股东权益变动表，以及相关财务报表附注。

我们不对后附的中天金融集团财务报表发表审计意见。由于"形成无法表示意见的基

础"部分所述事项的重要性,我们无法获取充分、适当的审计证据以作为对财务报表发表审计意见的基础。

二、形成无法表示意见的基础

(一)中天金融集团存在多个不确定性事项,这些不确定性事项之间存在相互影响,并可能对其财务报告产生累积影响

1. 持续经营存在的重大不确定性及其对财务报表所列报相关资产负债计量的影响

中天金融集团 2021 年度和 2022 年度归属于母公司股东的净利润分别为－64.16 亿元和－160.50 亿元,截至 2022 年 12 月 31 日归属于母公司股东权益合计为－43.15 亿元,财务状况持续恶化;截至 2022 年 12 月 31 日,中天金融集团短期借款及一年内到期的非流动负债本息合计 346.37 亿元,其中逾期的有息债务本金为 94.40 亿元,货币资金余额为 25.98 亿元(其中证券保险类子公司货币资金余额 18.67 亿元、使用受限的货币资金余额 4.83 亿元),到期债务不能偿还。此外,如财务报表附注"十四、或有事项"所述,公司因资金短缺未能偿还到期债务等,引发大量诉讼及仲裁案件。如财务报表附注"二、财务报表的编制基础之 2. 持续经营"所述,虽然中天金融集团管理层已对其持续经营的不确定性和计划采取的改善措施进行了充分披露,但是如果相关改善措施未能达到预期效果,则中天金融集团可能无法持续经营,使得其账面资产、负债确认和计量的结果存在较大不确定性。

2. 诉讼仲裁事项的不确定性及其对财务报表的影响

如财务报表附注"十四、或有事项"所述,中天金融集团因资金短缺未能偿还到期债务等,引发大量诉讼及仲裁等或有事项。中天金融集团对主要诉讼仲裁事项在财务报表中进行了披露,但是这些诉讼仲裁事项的结果及其对财务报告(包括涉及的资产、负债的确认和计量)的影响仍存在较大的不确定性。

(二)华夏人寿保险股份有限公司股权收购交易进展及定金的可回收性相关审计程序受限

……(因本书篇幅限制而省略)

综上,因多个相互影响且对财务报告可能产生累积影响的重大不确定,以及前述拟进行股权交易的特殊性及其不确定性导致审计程序受到限制所产生的影响,我们无法对财务报表整体形成审计意见。

……(因本书篇幅限制而省略)

——摘自上海证券交易所网站,有改动

2022 年,信永中和会计师事务所对四川蓝光发展股份有限公司的财务报表出具了无法表示意见的审计报告,原因主要是该公司存在多个不确定事项,这些不确定事项之间相互影响,可能对其财务报表产生累积影响。然而,信永中和会计师事务所对 ST 大集 2020 年出具的无法表示意见的审计报告却有所不同。在该报告中,"与持续经营相关的重大不确定性"段落被单独列于"形成无法表示意见的基础"之后,并特别注明财务报表附注中已经注明,不影响审计意见的类型。也就是说,ST 大集持续经营相关的重大不确定性并非"形成无法表示意见的基础",而是作为额外信息提供给财务报告使用者,以提醒他们关注这一重要情况。

课堂案例

信永中和会计师事务所对*ST大集2020年度财务报表出具无法表示意见的审计报告

XYZH/2021XAAA20112

供销大集集团股份有限公司全体股东：

一、无法表示意见

我们接受委托，审计了供销大集集团股份有限公司（简称供销大集公司或公司）的财务报表，包括2020年12月31日的合并及母公司资产负债表、2020年度的合并及母公司利润表、合并及母公司现金流量表、合并及母公司股东权益变动表以及相关财务报表附注。

我们不对后附的供销大集公司财务报表发表审计意见。由于"形成无法表示意见的基础"部分所述事项的重要性，我们无法获取充分、适当的审计证据以作为对财务报表发表审计意见的基础。

二、形成无法表示意见的基础

如后附财务报表附注"十一、（二）12、14"、附注"十一、（三）4"所述，截至2020年12月31日，供销大集公司股东及关联方非经营性资金占用余额人民币186.63亿元；因供销大集公司之参股公司资金占用形成的需关注资产人民币9.79亿元；以自有资产以及自身信用为股东及关联方的银行借款提供连带责任担保，涉及担保债务金额人民币50.97亿元，其中人民币38.65亿元关联担保所对应的债务已逾期。

如后附财务报表附注"十四、1"所述，2021年2月，海南省高级人民法院（简称海南高院）裁定受理了供销大集公司及下属24家公司相关债权人因公司不能清偿到期债务且明显缺乏清偿能力的重整申请。

公司正积极依法配合海南高院及管理人推进重整工作，拟通过差异化转增、引进战略投资者等一揽子重整措施解决同等金额的股东及关联方非经营性资金占用、需承担责任的未披露担保和需关注资产对公司造成的损失，以化解债务风险，保障持续经营能力，重整方案尚需海南高院裁定批准后实施。供销大集公司管理层（简称管理层）判断公司重整能够顺利完成，未预计上述事项可能形成的损失。

截至审计报告出具日，供销大集公司及其下属24家公司仍在重整过程中，重整结果存在重大不确定性，我们无法获取充分、适当的审计证据以确认：1）供销大集公司对股东及关联方非经营性资金占用、需关注资产的列报以及其可回收性判断的恰当性；2）供销大集公司对所需承担责任的未披露担保的预计负债估计金额的准确性和列报的恰当性；同时我们亦无法实施其他替代审计程序以确定是否有必要对上述事项做出调整以及对相关披露的影响。

三、与持续经营相关的重大不确定性

我们提醒财务报表使用者关注，截至2020年12月31日供销大集公司货币资金为人民币7.68亿元（其中非受限资金为人民币4.05亿元）、短期借款和一年内到期的长期借款分别为人民币66.55亿元和人民币10.38亿元，且部分借款出现逾期。上述情况连同"形成无法表示意见的基础"部分所述的事项，以及后附财务报表附注"三、2"所述的其他事项，表明存在可能导致对供销大集

公司持续经营能力产生重大疑虑的重大不确定性。本事项不影响已发表的审计意见。

四、管理层和治理层对财务报表的责任

管理层负责按照企业会计准则的规定编制财务报表,使其实现公允反映,并设计、执行和维护必要的内部控制,以使财务报表不存在由于舞弊或错误导致的重大错报。

在编制财务报表时,管理层负责评估供销大集公司的持续经营能力,披露与持续经营相关的事项(如适用),并运用持续经营假设,除非管理层计划清算供销大集公司、终止运营或别无其他现实的选择。

治理层负责监督供销大集公司的财务报告过程。

五、注册会计师对财务报表审计的责任

我们的责任是按照中国注册会计师审计准则的规定,对供销大集公司的财务报表执行审计工作,以出具审计报告。但由于"形成无法表示意见的基础"部分所述的事项,我们无法获取充分、适当的审计证据以作为发表审计意见的基础。按照中国注册会计师职业道德守则,我们独立于供销大集公司,并履行了职业道德方面的其他责任。

——摘自深圳证券交易所网站,有改动

3. 被审计单位运用持续经营假设适当但存在重大不确定性,财务报表对重大不确定性未充分披露

(1) 意见类型:保留意见或否定意见。

如果运用持续经营假设是适当的,但是存在重大不确定性,且财务报表对重大不确定性未作出恰当披露,注册会计师应当对这种情形发表保留意见或否定意见,并在形成意见的基础部分说明,存在可能导致被审计单位持续经营能力产生重大疑虑的重大不确定性,但是财务报表未恰当披露该事项。

(2) 在"形成××意见的基础"里披露。

如果这是形成非无保留意见的唯一原因,毫无疑问,持续经营能力的重大不确定性是形成非无保留意见的基础,所以与上述情况有一定的区别,要将这些重大不确定性放在审计报告正文第二部分"形成审计意见的基础"部分。而现实中注册会计师对被审计单位持续经营能力的重大疑虑往往与其他原因一起构成发表保留意见或否定意见的原因之一,这时也要将"持续经营能力"段落放在"形成意见的基础"里。比如亚太会计师事务所对ST凯瑞德2020年出具的保留意见审计报告中披露与持续经营相关的重大不确定性,是与其他形成保留意见的基础一起存在于正文第二部分"形成保留意见的基础"里。

课堂案例

亚太会计师事务所对ST凯瑞德2020年度财务报表出具保留意见的审计报告

凯瑞德控股股份有限公司全体股东:

一、保留意见

我们审计了凯瑞德控股股份有限公司(简称凯瑞德公司)财务报表,包括2020年12月31日的合并及母公司资产负债表,2020年度的合并及母公司利润表、合并及母公司现金流

量表、合并及母公司股东权益变动表以及相关财务报表附注。

我们认为,除"形成保留意见的基础"部分所述事项可能产生的影响外,后附的财务报表在所有重大方面按照企业会计准则的规定编制,公允反映了凯瑞德公司 2020 年 12 月 31 日的合并及母公司财务状况以及 2020 年度的合并及母公司经营成果和现金流量。

二、形成保留意见的基础
（一）信用减值事项
……(因本书篇幅限制而省略)
（二）诉讼及预计负债事项
……(因本书篇幅限制而省略)
（三）持续经营能力

如财务报表附注"三、财务报表的编制基础(二)持续经营"所述 2020 年度归属于母公司净利润为 −202 486 650.20 元,截至 2020 年 12 月 31 日归属于母公司股东权益为 −178 902 000.81 元。由于公司发生涉诉事项,多项资产及银行账户被查封或冻结,无法支付到期债务。2020 年 12 月 12 日,公司公告收到债权人申请重整的通知。这些事项或情况,表明凯瑞德公司的持续经营能力存在重大不确定性。如财务报表附注"三、财务报表的编制基础(二)持续经营"所述,凯瑞德公司披露了管理层针对上述事项的改善措施,但仍存在我们对其持续经营能力不确定性的疑虑。

三、强调事项
……(因本书篇幅限制而省略)

——摘自深圳证券交易所网站,有改动

(3) 单独增加"与持续经营相关的重大不确定性"段落。

如果不确定性并非形成非无保留意见的原因,并且可能也已经作出恰当披露,并不影响意见类型,则仍会专门在"形成意见的基础"段落后专门增加一段来提醒报表使用者。比如下面这份中兴财光华会计师事务所给深圳全新好 2020 年出具的带有与持续经营相关的重大不确定性段落的保留意见审计报告。

 课堂案例

中兴财光华会计师事务所对深圳全新好 2020 年度财务报表出具保留意见的审计报告

中兴财光华审会字(2021)第 326032 号

深圳市全新好股份有限公司全体股东：

一、保留意见

我们审计了深圳市全新好股份有限公司(简称全新好公司)财务报表,包括 2020 年 12 月 31 日的合并及公司资产负债表,2020 年度的合并及公司利润表、合并及公司现金流量表、合并及公司股东权益变动表以及财务报表附注。

我们认为,除"形成保留意见的基础"部分所述事项产生的影响外,后附的财务报表在所有重大方面按照企业会计准则的规定编制,公允反映了全新好公司 2020 年 12 月 31 日的合并及公司财务状况以及 2020 年度的合并及公司经营成果和现金流量。

二、形成保留意见的基础

如财务报表附注五、4、五、35所述,全新好公司于2020年将持有待售资产合伙基金转入了其他应收款——北京泓钧资产管理有限公司107 858 026.85元,该其他应收款截至2020年12月31日已计提减值准备5 476 887.91元,2020年度利润表计提信用减值损失5 476 887.91元。2020年度北京泓钧资产管理有限公司逾期未偿付,截至本报告日仍未偿付且偿付结果存在重大不确定性,我们无法获取全新好公司在确定可回收性中所使用的关键假设(包括信用度、偿付率等)相关的支持资料或实施其他替代审计程序以获取充分、适当的审计证据,我们也无法确定是否有必要对上述的"其他应收款——北京泓钧资产管理有限公司"和"信用减值损失"作出调整,也无法确定应调整的金额以及对相关披露的影响。

我们按照中国注册会计师审计准则的规定执行了审计工作。审计报告的"注册会计师对财务报表审计的责任"部分进一步阐述了我们在这些准则下的责任。按照中国注册会计师职业道德守则,我们独立于全新好公司,并履行了职业道德方面的其他责任。我们相信,我们获取的审计证据是充分、适当的,为发表保留意见提供了基础。

三、与持续经营相关的重大不确定性

我们提醒财务报表使用者关注,全新好公司2020年度净亏损123 038 365.96元,2020年度的经营活动产生的现金流量净额为负3 359 064.84元,2020年12月31日资产负债率为81.39%;如附注五、27所述,2020年度营业收入为45 146 397.44元,触及《深圳证券交易所股票上市规则(2020年修订)》第14.3.1条"(一)最近一个会计年度经审计的净利润为负值且营业收入低于一亿元"规定的情形。全新好公司在附注二、2中已披露了拟采取的改善措施,但可能导致对持续经营能力产生重大疑虑的事项或情况仍然存在重大不确定性。该事项不影响已发表的审计意见。

……(因本书篇幅限制而省略)

——摘自深圳证券交易所网站,有改动

4. 严重拖延对财务报表的批准

如果运用持续经营假设是适当的,但是存在重大不确定性,且管理层不愿按照注册会计师的要求作出评估或延长评估期间,注册会计师应当考虑这一情况对审计报告的影响。在以下案例中,众华会计师事务所(特殊普通合伙)于2023年6月28日给苏州天沃科技股份有限公司出具了带与持续经营段落的重大不确定性的保留意见审计报告。

课堂案例

众华会计师事务所(特殊普通合伙)对苏州天沃科技股份有限公司的2022年度财务报表出具保留意见的审计报告

众会字(2023)第03373号

苏州天沃科技股份有限公司全体股东:

一、保留意见

我们审计了苏州天沃科技股份有限公司(简称天沃科技)财务报表,包括2022年12月

31日的合并及公司资产负债表,2022年度的合并及公司利润表、合并及公司所有者权益变动表和合并及公司现金流量表以及相关财务报表附注。

我们认为,除"二、形成保留意见的基础"部分所述事项可能产生的影响外,后附的财务报表在所有重大方面按照企业会计准则的规定编制,公允反映了天沃科技2022年12月31日的合并及公司财务状况以及2022年度的合并及公司经营成果和现金流量。

二、形成保留意见的基础

如财务报表附注"14、其他重要事项"所述,天沃科技于2023年4月27日收到中国证券监督管理委员会(简称中国证监会)下达的《立案告知书》(编号:证监立案字03720230034号),因公司涉嫌信息披露违法违规,根据《中华人民共和国证券法》《中华人民共和国行政处罚法》等法律法规,中国证监会决定对公司立案。截至审计报告日,立案调查尚未有最终结论,我们无法判断财务报表可能产生的影响。

我们按照中国注册会计师审计准则的规定执行了审计工作。审计报告的"注册会计师对财务报表审计的责任"部分进一步阐述了我们在这些准则下的责任。按照中国注册会计师职业道德守则,我们独立于天沃科技,并履行了职业道德方面的其他责任。我们相信,我们获取的审计证据是充分、适当的,为发表保留意见提供了基础。

三、与持续经营相关的重大不确定性

我们提醒财务报表使用者关注,天沃科技2020、2021及2022年度连续亏损,归属于公司所有者的净利润分别为-115 951.73万元、-69 331.98万元和-394 516.23万元,2020年末、2021年末和2022年末资产负债率分别达到89.84%、92.14%和109.05%。截至2022年12月31日,累计未分配利润为-527 268.95万元,归属于公司所有者权益-213 850.87万元,已资不抵债。

如财务报表附注"2.2 持续经营"所述,公司管理层已制订并采取包括"1.筹划重大资产重组""2.争取控股股东财务支持,并加强与银行等金融机构的合作""3.避免同业竞争,聚焦主业,强化各业务板块经营规划"等措施改善天沃科技财务状况,但上述措施是否能够顺利实施存在不确定性。

上述情况表明存在可能导致对天沃科技持续经营能力产生重大疑虑的重大不确定性。本段内容不影响已发表的审计意见。

……(因本书篇幅限制而省略)

——摘自深圳证券交易所网站,有改动

根据中国证监会发布的《2022年度证券审计市场分析报告》,截至2023年6月底,5 172家上市公司披露了审计报告。从审计意见看,5 039份审计报告为无保留意见(带有解释性说明的无保留意见104份)、96份为保留意见、37份为无法表示意见,分别占比97.4%、1.9%和0.7%,非标意见总计237份,占比4.6%。持续经营问题仍为最主要非标事项,上市公司非标事项主要包括持续经营存疑、往来款项的可收回性、重大交易真实性及商业合理性、诉讼或立案调查结果存在重大不确定性、关联方资金占用及违规担保、长期资产减值、审计范围受限、内部控制存在重大缺陷等。99份非标报告涉及持续经营相关问题,其中48份为带持续经营重大不确定性段落的无保留意见,20份为保留意见,31份为无法表示意见。

本章小结

完成审计工作包括评价审计中的重大发现、汇总审计中发现的错报、沟通并要求更正、评价未更正差错是否重大并与治理层沟通、编制审计差异调节表和试算平衡表、复核财务报表和审计工作底稿等,为最后出具审计报告做准备。复核工作分为项目负责经理复核、项目合伙人复核、项目质量复核共三级复核。期后事项是财务报表日至审计报告日之间发生的事项,以及注册会计师在审计报告日后知悉的事实,分为三个时段,注册会计师对于三个时段的责任及审计程序均不相同。期后事项可分为调整事项和不调整事项两类。在出具审计意见、签署审计报告之前应获取管理层书面声明,当对书面声明的可靠性存有疑虑或管理层不提供书面声明时,注册会计师应采取相应的措施。

每种审计意见类型签发都有其考虑的主要因素。在判断出基本的意见类型后,需要考虑在审计报告中沟通的关键事项,还要考虑两类不影响审计意见类型但需要在审计报告中予以补充的事项段,即强调事项段与其他事项段。此外,还需特别考虑被审计单位的持续经营情况,考虑有关持续经营的审计结论对审计意见类型、审计报告要素构成与内容表达的影响。

复习思考题

1. 完成审计工作阶段,主要包括哪些工作?
2. 审计差异包括哪些类型?汇总审计差异后如何进行评价和处理?
3. 期后事项有哪些类型?针对各时段的期后事项,注册会计师应执行哪些审计程序?
4. 什么是书面声明?有哪些类型?当对书面声明的可靠性存有疑虑时,注册会计师该如何处理?当管理层不提供书面声明时,注册会计师应该如何处理?
5. 各种非无保留意见签发时主要考虑哪些因素?
6. 如何在审计报告中表述关键审计事项?
7. 什么是强调事项段落和其他事项段落?在审计报告中增加强调事项段落和其他事项段落的情形有哪些?
8. 当持续经营假设不适当时,出具何种意见类型审计报告?
9. 当持续经营假设适当,但是存在重大不确定性,且财务报表对重大不确定性已经作出恰当披露时,应当出具何种意见类型审计报告?
10. 当持续经营假设适当,但是存在重大不确定性,且财务报表对重大不确定性未作出恰当披露时,应当出具何种意见类型审计报告?

课后习题

知识图谱

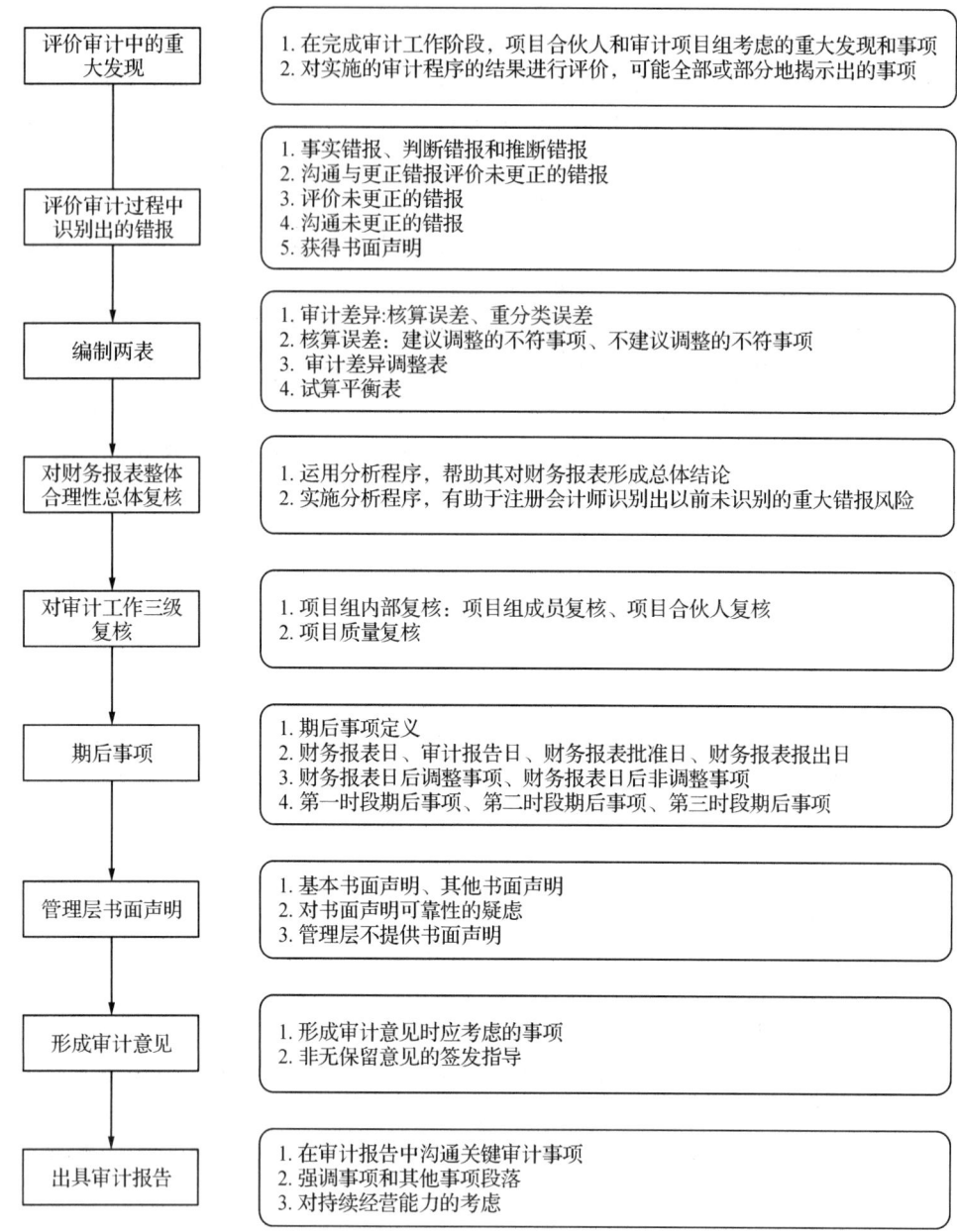

第三篇 拓展篇

第十章 扩展审计视野

 学习目标

- 了解国家审计和内部审计的内容;
- 了解内部控制审计的内容;
- 学习了解大数据、区块链、人工智能等智慧审计环境组成部分的基本内涵。

拓展阅读

 学习重点

- 国家审计;
- 内部审计;
- 内部控制审计;
- 大数据审计;
- ESG 审计。

 思政要求

- 培养学生开放、创新的心态,鼓励学生将新技术、新方法、新理念创新性地应用于实务工作中;
- 培养学生在复杂、浮躁的技术变革环境中保持辩证思考的能力,能够以开放的心态接纳新知,又能以清晰的定位夯实主业。

第一节　国家审计

引例导读

中华人民共和国审计署 2023 年第 1 号公告：
北京冬奥组委财务决算审计结果公告

根据《中华人民共和国审计法》有关规定，审计署组织对北京 2022 年冬奥会和冬残奥会组织委员会（简称北京冬奥组委）财务决算进行审计，审计工作得到北京冬奥组委的大力支持和配合。现将审计结果公告如下：

经审计，截至 2023 年 3 月底，北京冬奥组委决算收入 153.9 亿元，其中：市场开发收入 111.3 亿元，国际奥委会资助 37.8 亿元，利息等其他收入 4.8 亿元。决算支出 150.4 亿元，其中：制冰造雪等体育竞赛支出 13.3 亿元，临时电力等场馆设施支出 18.7 亿元，技术系统支出 23.2 亿元，交通、餐饮等赛时服务支出 23.6 亿元，仪式、宣传和文化活动支出 15.7 亿元，安保、防疫等办赛保障支出 15.5 亿元，人力资源相关支出 28 亿元，行政办公等赛事运营支出 12.4 亿元。决算结余 3.5 亿元。

从收入方面看，因北京冬奥组委未对外销售门票，无门票收入，同时，吉祥物等特许经营收入超预期，增加了市场开发收入；从支出方面看，安保等办赛保障支出增加，同时，行政和人力相关支出压减；相抵后，实现了"收支平衡，略有结余"的目标。

——摘自审计署网站，有改动

这是一份审计署发布的关于 2022 年北京冬奥组委财务决算审计结果的公告，与会计师事务所出具的审计报告有所不同。那么，审计署对冬奥会的审计究竟属于哪一类型的审计？并且，这类审计有着怎样的规范要求？本节将对此进行详细介绍。

国家审计，又称政府审计，是指审计机关依法独立检查被审计单位的会计凭证、会计账簿、财务会计报告以及其他与财政收支、财务收支有关的资料和资产，监督财政收支、财务收支真实、合法和效益的行为。

根据《中华人民共和国审计法》（简称《审计法》），财政收支是指依照《中华人民共和国预算法》和国家其他有关规定，纳入预算管理的收入和支出，以及下列财政资金中未纳入预算管理的收入和支出，具体包括：行政事业性收费；国有资源、国有资产收入；应当上缴的国有资本经营收益；政府举借债务筹措的资金以及其他未纳入预算管理的财政资金。根据《审计法》，财务收支是指国有的金融机构、企业事业组织以及依法应当接受审计机关审计监督的其他单位，按照国家财务会计制度的规定，实行会计核算的各项收入和支出。

一、国家审计机关

经过多年实践探索，我国已经形成了由中国共产党中央审计委员会（简称中央审计委员

会)、审计署以及各审计机构构成的国家审计组织体系。2018年3月,《深化党和国家机构改革方案》提出,组建中央审计委员会,作为党中央决策议事协调机构。中央审计委员会办公室设在审计署。此后,若干省、自治区、直辖市成立了本级审计委员会。

课堂案例

更好发挥审计在推进党的自我革命中的独特作用

"在强国建设、民族复兴新征程上,审计担负重要使命,要立足经济监督定位,聚焦主责主业,更好发挥审计在推进党的自我革命中的独特作用。"2023年5月23日,习近平总书记主持召开二十届中央审计委员会第一次会议并发表重要讲话,从党和国家事业发展全局的战略高度,系统总结新时代治国理政在审计领域取得的重要制度成果,深刻阐述推动新时代审计工作高质量发展的战略谋划,部署安排当前和今后一个时期审计的重点任务,明确提出加强审计自身建设的目标要求。

习近平总书记的重要讲话进一步明确了审计的职责定位和使命任务,是推动新时代审计工作高质量发展的纲领性文件,为做好新时代审计工作指明了前进方向、提供了根本遵循。

——摘自"学习强国"学习平台

我国的审计机关是国家行政机关的组成部分,是根据《中华人民共和国宪法》(简称《宪法》)和《审计法》的规定建立起来并实施审计工作的。根据《宪法》,国务院设立审计署,在国务院总理领导下,主管全国的审计工作,履行审计法和国务院规定的职责。审计长是审计署的行政首长,是国务院组成人员。县级以上的地方各级人民政府设立审计机关,分别在本级人民政府行政首长和上一级审计机关的领导下,负责本行政区域内的审计工作,履行法律、法规和本级人民政府规定的职责。地方各级审计机关对本级人民政府和上一级审计机关负责并报告工作,审计业务以上级审计机关领导为主。

审计机关根据工作需要,经本级人民政府批准,可以在其审计管辖范围内设立派出机构,派出机构在审计机关的授权范围内开展审计工作,不受其他行政机关、社会团体和个人的干涉。审计署经国务院批准设立的派出机构,有派出审计局和地方特派员办事处两种形式,目前共计设有30个派出审计局和18个特派员办事处。此外,我国香港特别行政区和澳门特别行政区也分别依据其基本法设立了审计署,这两个审计署均独立运作,并对各自的行政长官负责。其中,香港特别行政区的审计机构行政首长称作审计署署长,澳门特别行政区的审计机构行政首长称作审计长。我国台湾地区也设有审计机构。具体见图10-1。

国家审计机关依照审计法和审计法实施条例以及其他有关法律、法规规定的职责、权限和程序进行审计监督。审计机关依照有关财政收支、财务收支的法律、法规,以及国家有关政策、标准、项目目标等方面的规定进行审计评价,对被审计单位违反国家规定的财政收支、财务收支行为,在法定职权范围内作出处理、处罚的决定。

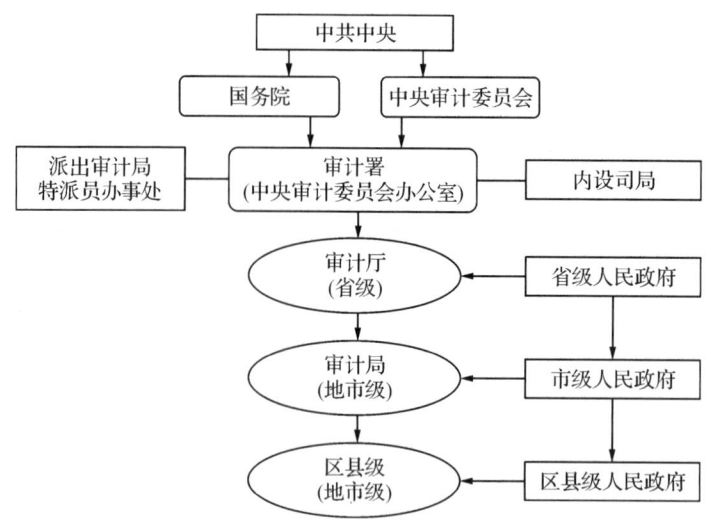

图 10-1 国家审计机关

二、国家审计业务

(一) 按审计的业务类型分类

按审计的业务类型,国家审计可分为财政财务收支审计、绩效审计、经济责任审计和专项审计调查。

财政财务收支审计,是指审计机关对被审计单位的财政收支、财务收支的真实性、合法性所进行的检查和评价,是审计机关经常要开展的审计业务。绩效审计,也称效益审计,是指审计机关对照预先确定的评价标准,对审计项目是否实现预定目标或者达到既定标准进行检查,对该项目的经济效益、社会效益和环境效益作出独立评价,对影响各种效益的深层次原因进行分析,为有关部门和单位改善管理、合理决策提供有用信息,促进公共资源的有效利用。经济责任审计,是我国特有的一种审计业务类型,是审计机关对党政领导干部和国有企业领导人员任职期间应负经济责任的履行情况所进行的审计监督。专项审计调查,是审计机关依照审计法律法规及国家有关规定,运用多种有效的程序和方法,对与国家财政收支有关的特定事项进行的专门调查活动。

(二) 按审计涉及的领域分类

按审计涉及的领域分类,国家审计可分为财政审计、金融审计、企业审计、资源环境审计、经济责任审计、涉外审计,也称"六大业务格局"。其中,财政审计包括中央财政管理审计、预算执行审计、地方财政收支审计、税收征管审计、政府投资项目审计、农业资金审计、社会保障审计等内容。

(三) 按实施时间分类

按实施时间分类,国家审计可分为事后审计、跟踪审计和事前审计。

事后审计,是指在被审计单位的财政财务收支或经济业务完成之后所进行的审计。跟踪审计也称事中审计,是指在相关被审计事项的发展过程中介入,并跟随被审计事项的发展过程持续进行监督的审计活动,主要包括项目跟踪审计、资金跟踪审计和政策跟踪审计。事前审计,是指在被审计单位的财政财务收支和经济业务发生之前所进行的审计,主要是对计划、方案、预算制定等事项的审查。

三、国家审计规范

随着国家审计规范体系的不断完善,目前已形成由审计执业准则体系、审计职业道德规范及法律法规体系组成的规范体系。

(一) 执业准则体系

我国的国家审计执业准则体系是由《中华人民共和国国家审计准则》(简称《国家审计准则》)确立并构成的。国家审计准则是审计机关和审计人员履行法定审计职责的行为规范,是执行审计业务的职业标准,是评价审计质量的基本尺度。其目标是促进审计机关和审计人员依法履行职责,提高审计质量,防范审计风险。现行的《国家审计准则》是审计署于2010年发布的,并于2011年1月1日起施行。修订后的《国家审计准则》主要分为七章,共200条,主要内容包括:

(1) 总则:明确了审计准则的制定目的、适用范围、基本原则和概念等内容。

(2) 审计机关和审计人员:对审计机关的资格条件、职责权限和工作程序等进行了规定,同时对审计人员的职业要求、职业道德和行为规范作出了规定。

(3) 审计计划:包括审计计划的制订、实施和调整等方面的规定。

(4) 审计实施:包括审计证据的收集、分析和评价,以及审计记录和档案等方面的规定。

(5) 审计报告:包括审计报告的撰写、审核和提交等方面的规定。

(6) 审计质量控制和责任:包括审计质量控制制度的建设和实施,以及审计责任追究等方面的规定。

(7) 附则:包括解释权、生效日期和修订等方面的规定。

此外,国家审计准则还针对不同领域的审计工作制定了具体的准则和规范,如经济责任审计、自然资源资产离任审计等。这些具体准则和规范与国家审计准则相辅相成,形成了完整的审计规范体系。

(二) 职业道德规范

国家审计的职业道德,是指审计人员在长期从事政府审计工作过程中逐步形成的应当普遍遵守的行为规范。作为一种道德范畴,职业道德通常依靠审计人员的精神信仰、内心信念和社会舆论的支持,没有强制的约束力。但是,由于政府审计工作的特殊性,国家强制性地要求政府审计人员服从职业道德规范,以国家认可的方式赋予职业道德规范以法律依据。

我国于2001年8月1日修订并重新颁布了《审计机关审计人员职业道德准则》。2010年9月8日,审计署公布了新修订的《国家审计准则》,并在第二章"审计机关和审计人员"中,详细规定了审计机关审计人员的职业道德。该准则于2011年1月1日生效,《审计机关审计人员职业道德准则》同时废止。

《国家审计准则》的第十四至二十五条对国家审计人员和国家审计机关的职业道德作出了明确规定。其中,第十四条规定:"审计人员执行审计业务,应当具备下列职业要求:(一)遵守法律法规和本准则;(二)恪守审计职业道德;(三)保持应有的审计独立性;

(四)具备必需的职业胜任能力;(五)其他职业要求。"

准则第十五条则规定了国家审计职业道德的基本原则,要求"审计人员应当恪守严格依法、正直坦诚、客观公正、勤勉尽责、保守秘密的基本审计职业道德"。具体内容包括:

(1) 严格依法,就是审计人员应当严格依照法定的审计职责、权限和程序进行审计监督,规范审计行为。

(2) 正直坦诚,就是审计人员应当坚持原则,不屈从于外部压力;不歪曲事实,不隐瞒审计发现的问题;廉洁自律,不利用职权谋取私利;维护国家利益和公共利益。

(3) 客观公正,就是审计人员应当保持客观公正的立场和态度,以适当、充分的审计证据支持审计结论,实事求是地作出审计评价和处理审计发现的问题。

(4) 勤勉尽责,就是审计人员应当爱岗敬业,勤勉高效,严谨细致,认真履行审计职责,保证审计工作质量。

(5) 保守秘密,就是审计人员应当保守其在执行审计业务中知悉的国家秘密、商业秘密;对于执行审计业务取得的资料、形成的审计记录和掌握的相关情况,未经批准不得对外提供和披露,不得用于与审计工作无关的目的。

准则第十六至十九条规范了对国家审计机关和人员的独立性要求与应对措施。国家审计人员执行审计业务时,应当保持应有的审计独立性,遇有下列可能损害审计独立性情形的,应当向审计机关报告:

(1) 与被审计单位负责人或者有关主管人员有夫妻关系、直系血亲关系、三代以内旁系血亲以及近姻亲关系;

(2) 与被审计单位或审计事项有直接经济利益关系;

(3) 对曾经管理或者直接办理过的相关业务进行审计;

(4) 可能损害审计独立性的其他情形。

国家审计人员不得参加影响审计独立性的活动,不得参与被审计单位的管理活动。审计机关组成审计组时,应当了解审计组成员可能损害审计独立性的情形,并根据具体情况采取下列措施,避免损害审计独立性:

(1) 依法要求相关审计人员回避;

(2) 对相关审计人员执行具体审计业务的范围作出限制;

(3) 对相关审计人员的工作追加必要的复核程序;

(4) 其他措施。

准则第二十至二十四条对合理配置审计人员、确保审计人员具备胜任能力和职业谨慎进行了具体规定。国家审计人员应当具备与其从事审计业务相适应的专业知识、职业能力和工作经验。审计人员执行审计业务时,应当合理运用职业判断,保持职业谨慎,对被审计单位可能存在的重要问题保持警觉,并审慎评价所获取审计证据的适当性和充分性,得出恰当的审计结论。

此外,国家审计人员执行审计业务时,还应当从下列方面保持与被审计单位的工作关系:

(1) 与被审计单位沟通并听取其意见;

(2) 客观公正地作出审计结论,尊重并维护被审计单位的合法权益;

(3) 严格执行审计纪律;

(4) 坚持文明审计,保持良好的职业形象。

准则第二十五条对如何保持与被审计单位的工作关系提供了具体规范,包括:① 与被审计单位沟通并听取其意见;② 客观公正地作出审计结论,尊重并维护被审计单位的合法权益;③ 严格执行审计纪律;④ 坚持文明审计,保持良好的职业形象。

(三)法律法规体系

我国国家审计法律法规体系主要包括《中华人民共和国宪法》《中华人民共和国审计法(2021修正)》《中华人民共和国审计法实施条例(2010修订)》等。

1.《中华人民共和国宪法》

《宪法》第九十一条规定:"国务院设立审计机关,对国务院各部门和地方各级政府的财政收支,对国家的财政金融机构和企业事业组织的财务收支,进行审计监督。审计机关在国务院总理领导下,依照法律规定独立行使审计监督权,不受其他行政机关、社会团体和个人的干涉。"第一百零九条规定:"县级以上的地方各级人民政府设立审计机关。地方各级审计机关依照法律规定独立行使审计监督权,对本级人民政府和上一级审计机关负责。"此外,《宪法》还对审计监督的基本原则、审计机关的设置和领导体制、审计监督基本职责、审计长的地位和任免条件等基本制度作了规定。《宪法》确立了政府审计的宪法地位,在最高程度上授予了政府审计机关的审计权力。

2.《中华人民共和国审计法》

1994年8月31日,第八届全国人民代表大会常务委员会第九次会议通过了《中华人民共和国审计法》。2006年2月28日,第十届全国人民代表大会常务委员会第二十次会议对《中华人民共和国审计法》进行了第一次修正,对审计机关和审计人员、审计机关职责、审计机关权限、审计程序以及法律责任等内容进行了规范。2021年5月6日,《中华人民共和国审计法(修正草案)》经国务院会议通过,该草案保持我国国家审计的基本制度不变,在宪法和法律框架下扩展审计范围,增加了对除政府投资建设项目外的其他重大公共工程项目、国有资源、国有资产、公共资金和地方银行等进行审计监督的规定,强化审计监督手段,增强审计监督的独立性和公信力,明确要求被审计单位应按规定时间整改审计查出问题,审计机关应对整改情况进行跟踪检查,对拒不整改或整改时弄虚作假的依法追究责任。2021年10月23日,第十三届全国人民代表大会常务委员会第三十一次会议对《中华人民共和国审计法》进行了第二次修正,该决定自2022年1月1日起施行。

3.《中华人民共和国审计法实施条例》

为了指引《中华人民共和国审计法》的具体实施工作,国务院于1997年10月21日发布了《中华人民共和国审计法实施条例》,后于2010年2月2日经国务院第100次常务会议修订通过,自2010年5月1日起施行。《中华人民共和国审计法实施条例》对审计机关和审计人员、审计机关职责、审计机关权限、审计程序、法律责任等内容作了具体规定。

4. 其他法规及规范性文件

我国国家审计法律法规体系还包括《国务院关于加强审计工作的意见》《关于完善审计制度若干重大问题的框架意见》《关于实行审计全覆盖的实施意见》和《党政主要领导干部和国有企业领导人员经济责任审计规定》等部门法规,以及相关部门规章及相关性文件,如《审计署公告审计结果办法》《"十四五"国家审计工作发展规划》和《关于进一步加大审计力度促进稳增长等政策措施落实的意见》等。

第二节　内部审计

引例导读

国际内部审计师协会发布新修订的《全球内部审计准则》

国际内部审计师协会(IIA)于2024年1月9日发布了新修订的《全球内部审计准则》(简称《准则》)。

IIA于2022年下半年启动了对2017年颁布的《国际内部审计专业实务框架》(IPPF)的修订工作,于2023年年初完成了《准则》的征求意见稿,经过向关键利益相关方、广大内部审计从业人员和全社会征求意见,于2024年初完成了《准则》的最终稿并正式发布。

修订后的IPPF将包含强制性指南和补充性指南两个部分。

强制性指南中包含了此次发布的《准则》和专项要求。《准则》整合了2017版IPPF中内部审计的使命、内部审计实务的核心原则、内部审计定义、职业道德规范、国际内部审计专业实务标准,在修订内容的同时对体例和范式进行了重大调整。修订后的《准则》用于指导全球内部审计实务,并作为评价和提升内部审计工作质量的标准。《准则》有助于实现内部审计工作的有效性,共包括15项原则,每项原则包含了若干标准,每项标准又由具体要求、执行标准须考虑的因素和证明遵循性的示例组成。专项要求主要针对特定领域或事项的内部审计活动,目的是提升此类活动的一致性和质量。当审计项目涉及特定领域或事项时,内部审计人员须遵循有关专项要求。

补充性指南目前主要包括《全球指南》。《全球指南》为开展内部审计工作提供非强制性的信息和推介最佳实务,从而促进对《准则》的有效遵循。

新修订的《准则》将于2025年1月起正式生效。

IPPF的版权及其他所有权利均由IIA独家享有。中国内部审计协会为IIA指定翻译《准则》简体中文版的机构。目前协会正在组织开展此项工作,并将按照IIA的时间要求发布新版《准则》的简体中文版,敬请广大内部审计机构和人员关注。

——摘自中国内部审计协会网站,有改动

这份于2025年1月正式实施的全球内部审计准则,将对所有行业、各种规模的企业产生深远影响,标志着内部审计行业的一个重要里程碑。接下来,本节将详细介绍内部审计所遵循的规范与要求。

基于国际内部审计师协会对现代内部审计的概念陈述,中国内部审计协会结合了我国的具体国情在2013年发布的《内部审计基本准则》中对内部审计进行了定义:内部审计,是一种独立、客观的确认和咨询活动,它通过运用系统、规范的方法,审查和评价组织的业务活

动、内部控制和风险管理的适当性和有效性,以促进组织完善治理、增加价值和实现目标。

一、内部审计机构

(一) 内部审计机构设置

内部审计机构,作为单位内部专司审计业务的组织,其设置模式直接关联到其在组织中的权威性和独立性。依据单位实际情况与管理需求,内部审计机构的设置呈现出多样化的模式,主要归纳为以下五种:

(1) 财务总监领导模式:该模式又称总会计师领导模式或副总经理领导模式,由集团母公司领导层中分管财务工作的副总裁领导内部审计工作。

(2) 总经理领导模式:该模式下,集团母公司的内部审计机构隶属于总经理,主要为总经理服务,间接服务于董事会。在部分中小型国企和股份制非上市公司中采用,它能有效监督财务、会计及内部控制,但对总经理及企业整体经济责任的鉴证与评价存在局限。

(3) 董事会领导模式:该模式应用于上市公司,内部审计机构在董事会及其审计委员会领导下工作,保持高度独立性和权威性,对公司治理、内部控制及风险管理发挥重要作用。其效能受限于公司治理的有效性和董事会及其审计委员会的作用。

(4) 监事会领导模式:该模式在部分金融机构和非上市公司中实施,内部审计机构在监事会领导下运作,向监事会报告,保持较高独立性和权威性,全面监督董事会、经理层及其经营管理。其效能取决于监事会的完善程度和作用。

(5) 双重领导模式:该模式适用于国家机关、事业单位、社会团体及国有企业,内部审计机构在单位党组织和主要负责人领导下工作,向其报告。此模式需明确党组织与董事会、主要负责人的职责界限,以确保内部审计机构作用的充分发挥。

内部审计机构的设置模式应根据单位的实际情况和管理需求灵活选择,以确保其独立性和权威性,从而有效发挥审计监督作用。

(二) 内部审计机构管理

内部审计机构的管理,是指内部审计机构对内部审计人员和内部审计活动实施的计划、组织、领导、控制和协调工作。

2014年1月1日起,中国内部审计协会发布的《第2301号内部审计具体准则——内部审计机构的管理》正式施行,该准则明确规定了内部审计机构的管理要求。内部审计机构的管理主要目的包括:实现内部审计目标;促使内部审计资源得到充分和有效的利用;提高内部审计质量,更好地履行内部审计职责;促使内部审计活动符合内部审计准则的要求。内部审计机构管理的内容主要包括:审计计划、人力资源、财务预算、组织协调、审计质量及其他事项等。内部审计机构的管理可以分为部门管理和项目管理。部门管理主要包括内部审计机构运行过程中的一般性行政管理。项目管理主要包括内部审计机构对审计项目业务工作的管理与控制。

二、内部审计业务

《中国内部审计准则》对八种类型(或情形)的内部审计业务进行了规范。具体包括物资采购审计、建设项目内部审计、信息系统审计、内部控制审计、对舞弊行为进行检查与报告

(舞弊审计)、绩效审计、经济责任审计和高校内部审计。以下对绩效审计等进行简要介绍。

(一) 绩效审计

绩效审计是指内部审计机构和内部审计人员对本组织经营管理活动的经济性、效率性和效果性进行的审查和评价。其中,经济性,是指组织经营管理过程中获得一定数量和质量的产品或者服务及其他成果时所耗费的资源最少;效率性,是指组织经营管理过程中投入资源与产出成果之间的对比关系;效果性,是指组织经营管理目标的实现程度。根据实际情况和需要,绩效审计可以同时对组织经营管理活动的经济性、效率性和效果性进行审查和评价,也可以只侧重某一方面进行审查和评价。

(二) 内部控制审计

内部控制审计,是指内部审计机构对组织内部控制设计和运行的有效性进行的审查和评价活动。内部审计机构可以参考《企业内部控制基本规范》及配套指引的相关规定,根据组织的实际情况和需要,通过审查控制环境、风险评估、控制活动、信息系统与沟通、内部监督等要素,对组织层面内部控制的设计与运行情况进行审查和评价。内部审计人员根据管理需求和业务活动的特点,可以针对采购业务、资产管理、销售业务、研究与开发、工程项目、担保业务、业务外包、财务报告、全面预算、合同管理、信息系统等,对业务层面内部控制的设计和运行情况进行审查和评价。

(三) 信息系统审计

信息系统审计,是指内部审计机构和内部审计人员对组织的信息系统及其相关的信息技术内部控制和流程所进行的审查与评价活动。信息系统审计主要是对组织层面信息技术控制、信息技术一般性控制及业务流程层面相关应用控制的审查和评价。信息技术内部控制的各个层面均包括人工控制、自动控制和人工、自动相结合的控制形式,内部审计人员应当根据不同的控制形式采取恰当的审计程序。信息系统审计除上述常规的审计内容外,内部审计人员还可以根据组织当前面临的特殊风险或者需求,设计专项审计以满足审计战略。

(四) 经济责任审计

经济责任审计,是指内部审计机构、内部审计人员对本单位所管理的领导干部在任职期间的经济责任履行情况的监督、评价和建议活动。经济责任,是指领导干部在本单位任职期间,对其管辖范围内贯彻执行党和国家经济方针政策、决策部署,推动本单位事业发展,管理公共资金、国有资产、国有资源,防控经济风险等有关经济活动应当履行的职责。经济责任审计的对象包括:党政工作部门、纪检监察机关、法院、检察院、事业单位和人民团体等单位所属独立核算单位的主要领导干部,以及所属非独立核算但负有经济管理职能单位的主要领导干部;企业(含金融机构)本级中层主要领导干部,下属全资、控股或占主导地位企业的主要领导干部,以及对经营效益产生重大影响或掌握重要资产的部门和机构的主要领导干部;上级要求以及本单位内部确定的其他重要岗位人员等。

(五) 建设项目审计

建设项目审计,是指内部审计机构和人员通过对建设项目建设全过程各项技术经济活动的监督和评价,以确认建设项目建设与管理活动的真实性、合法性和效益性,促进项目建设质量、工期、成本等建设目标顺利实现,促进提升项目绩效,增加建设项目价值。建设项目审计内容主要包括:建设项目前期决策审计、建设项目内部控制与风险管理审计、建设项目采购审计、建设项目工程管理审计、建设项目工程造价审计、建设项目财务审计、建设项目绩效审计等。具体到每个审计项目时,审计内容视开展审计的时间和项目建设进展情况而有所不同。

三、内部审计准则

内部审计准则是制约、协调与评价内部审计活动和内部审计人员的规范性、权威性要求。中国内部审计协会于2003年发布了首批内部审计准则,包括《内部审计基本准则》《内部审计人员职业道德规范》以及10项内部审计具体准则。此后又陆续修订发布了五批共23项内部审计具体准则和6个实务指南,形成了由内部审计基本准则、内部审计具体准则、内部审计实务指南和内部审计人员职业道德规范构成的较为完善的内部审计准则体系。

(一) 执业准则体系

中国内部审计准则是依据《中华人民共和国审计法》《审计署关于内部审计工作的规定》及相关法律法规制定的。中国内部审计准则是中国内部审计工作规范体系的重要组成部分,由内部审计基本准则、内部审计具体准则、内部审计实务指南三个层次组成。

1. 内部审计基本准则

内部审计基本准则是内部审计准则的总纲,是内部审计机构和人员进行内部审计时应当遵循的基本规范,是制定内部审计具体准则、内部审计实务指南的基本依据。

2. 内部审计具体准则

内部审计具体准则是依据内部审计基本准则制定的、内部审计机构和人员在进行内部审计时应当遵循的具体规范。

3. 内部审计实务指南

内部审计实务指南是依据内部审计基本准则、内部审计具体准则制定的,为内部审计机构和人员进行内部审计提供的具有可操作性的指导意见。

(二) 职业道德规范

内部审计人员职业道德是内部审计人员在开展内部审计工作中应当具有的职业品德、应当遵守的职业纪律和应当承担的职业责任的总称。

《第1101号——内部审计基本准则》(2023年修订)中规定了内部审计机构和人员应遵循的职业道德要求:① 内部审计机构和内部审计人员应当保持独立性和客观性,不得负责被审计单位的业务活动、内部控制和风险管理的决策与执行。② 内部审计人员应当遵守职业道德,在实施内部审计业务时保持应有的职业谨慎。③ 内部审计人员应当具备相应的专业胜任能力,并通过后续教育加以保持和提高。④ 内部审计人员应当履行保密义务,对于实施内部审计业务中所获取的信息保密。

《第1201号——内部审计人员职业道德规范》要求内部审计人员在从事内部审计活动时,应当遵循以下一般原则:在从事内部审计活动时,保持诚信正直;遵循客观性原则,公正、不偏不倚地作出审计职业判断;保持并提高专业胜任能力,按照规定参加后续教育;遵循保密原则,按照规定使用其在履行职责时所获取的信息。当内部审计人员违反本规范要求时,组织应当批评教育,也可以视情节给予一定的处分。

第三节　内部控制审计

引例导读

中注协年报审计快报

中注协发布上市公司 2023 年年报审计情况，截至 2024 年 4 月 30 日，57 家事务所共为 3 800 家上市公司出具了内部控制审计报告，其中，沪市主板 1 676 家，深市主板 1 489 家，创业板 98 家，科创板 527 家，北交所 10 家。从审计报告意见类型看，3 746 家上市公司被出具了无保留意见审计报告（其中 73 家被出具带强调事项段的无保留意见），45 家被出具了否定意见审计报告，9 家被出具了无法表示意见审计报告。

——摘自中国注册会计师协会网站，有改动

上述审计快报源自中国注册会计师协会网站于 2024 年 5 月公告的、按既定截止时间汇总的年报内部控制审计报告数据，数据显示，否定意见的审计报告数量相较于财务报表审计报告有明显增加，没有保留意见审计报告。那么，内部控制审计究竟是什么？它包括哪些审计意见类型？这些审计意见类型对被审计单位又意味着什么呢？接下来，本节将带领我们一同深入了解内部控制审计。

一、内部控制概念及发展

（一）COSO 内部控制整体框架中内部控制概念

为了深入探究财务报告舞弊的根源并寻求有效的解决方案，1985 年，美国注册会计师协会（AICPA）、美国会计学会（AAA）、财务经理协会（FEI）、内部审计师协会（IIA）以及美国管理会计师协会（IMA）携手合作，共同创立了反虚假财务报告委员会（通常被称为 Treadway 委员会）。两年后，基于该委员会的建议，其赞助机构成立了 COSO 委员会，专门研究内部控制问题。1992 年 9 月，COSO 委员会经过充分研究，对公司行政总裁、其他高级执行官、董事、立法部门和监管部门的内部控制进行高度概括，形成并发布了指导内部控制实践的纲领性文件《内部控制——整体框架》（Internal Control-Integrated Framework），简称 COSO 报告，并于 1994 年进行了增补。这份报告堪称内部控制发展史的里程碑。由于 COSO 报告提出的内部控制理论和体系集内部控制理论和实践发展之大成，因此，在业内备受推崇，在美国甚至全球得到了广泛的推广和应用。我国内部控制普遍采用了 COSO 框架中的概念。

COSO 委员会指出："内部控制是由企业董事会、经理阶层以及其他员工实施的，旨在为财务报告的可靠性、经营活动的效率和效果、相关法律法规的遵循性等目标的实现提供合理保证的过程。"COSO 报告提出了内部控制要素概念，即内部控制整体框架包含了五个相互联系的要素：控制环境、风险评估、控制活动、信息系统与沟通、监控。

(二)内部控制的发展

早在公元前 3000 多年,内部控制的思想便已在人们的日常经济活动中有所体现。历经人类历史的悠久演变,直至 20 世纪 40 年代,现代内部控制作为一个完整的概念被正式提出。此后,内部控制理论不断得到丰富和完善,并逐渐为大众所认知和接受。具体而言,内部控制的理论与实践经历了大约五个主要的发展阶段。

1. 内部牵制阶段

内部控制的萌芽可追溯至公元前 3600 年左右的美索不达米亚文化时期,当时,人们运用各种符号记录财物的生产与使用情况,旨在防止其遗失或被挪用。例如,经手钱财者要为付出款项提供付款清单,并由另一名记录员汇总这些明细并形成报告。至 15 世纪末,内部牵制机制迈入了一个新阶段,其标志为意大利复式记账法的诞生,这一方法促进了内部牵制的成熟,其核心在于账目间的相互核对及一定程度的岗位分离。18 世纪工业革命后,企业规模日益扩大,公司制企业应运而生,公司内部稽核制度因其显著成效而被众多企业竞相采纳。进入 20 世纪,随着股份制的普及,企业所有权与经营权分离所带来的信息不对称问题日益凸显,为解决这些矛盾,美国部分企业开始探索组织、协调、制约和监督企业生产经营活动的有效手段,特别是"内部牵制制度",该制度明确规定,任何经济业务或事项的处理均不得由单一个人或部门独立完成。

2. 内部控制制度阶段

从 20 世纪 40 年代起,以账户核对和职务分工为核心的内部牵制逐渐演变,形成了一个更为严谨的内部控制系统,该系统涵盖了组织结构、岗位职责、人员资质、业务操作流程、检查标准以及内部审计等多个要素。1949 年,美国注册会计师协会(AICPA)下属的审计程序委员会首次正式界定了内部控制的概念,这一定义超越了与财务会计部门直接相关的控制范畴,扩展到了成本控制、预算控制、定期经营报告、统计分析以及确保管理层政策方针得到有效执行等多个方面。1958 年,该委员会进一步将内部控制划分为"内部会计控制"与"内部管理控制"两大类。前者主要涉及确保财产安全及会计记录准确可靠的方法和程序,而后者则主要关注于贯彻管理方针和提升经营效率的相关方法和程序,这一分类即为内部控制"二分法"的起源。1972 年 12 月,AICPA 所属的审计准则委员会(ASB)在其发布的《审计准则公告第 1 号》中,重新阐述了内部管理控制和内部控制的定义。

3. 内部控制结构阶段

20 世纪 80 年代,内部控制理论有了新进展,标志是 AICPA 于 1988 年 5 月发布的《审计准则公告第 55 号》,该公告认为,内部控制结构由控制环境、会计制度、控制程序三个要素组成。

4. 内部控制框架阶段

1992 年 9 月,在美国反虚假财务报告委员会建议下成立的 COSO 委员会经过充分研究,形成并发布了指导内部控制实践的纲领性文件《内部控制——整体框架》,简称 COSO 报告,并于 1994 年进行增补。COSO 委员会指出:内部控制是由企业董事会、经理阶层以及其他员工实施的,旨在为财务报告的可靠性、经营活动的效率和效果、相关法律法规的遵循性等目标的实现提供合理保证的过程。COSO 报告提出了内部控制五要素,包括控制环境、风险评估、控制活动、信息与沟通和监控。2013年5月14日，COSO委员会本着持续改进的原则，发布《内部控制——综合框架》，该框架保留了COSO报告关于内部控制的核心定义和三维立体结构等内容，并对内部控制五要素和内部控制有效性等方面加以完善和提升。

5. 风险管理阶段

2003年，COSO委员会发布了《企业风险管理框架（草稿）》。2004年9月，COSO委员会正式公布了该报告的最终稿《企业风险管理————整合框架》，简称ERM框架。该框架在COSO报告的基础上进行了补充和拓展。ERM框架指出，管理的重点应由单纯的控制转向全面风险管理。ERM框架增加了一个目标和三个要素。ERM框架提出了风险组合观以及风险偏好和风险容忍度两个概念。

二、内部控制审计

（一）内部控制审计概念及范围

内部控制审计，指会计师事务所接受委托，对特定基准日内部控制设计与运行的有效性进行审计。

尽管这里提及的是内部控制审计，但是无论从国外还是国内的相关规定看，注册会计师执行的内部控制审计严格限定在财务报告内部控制审计。原因是从注册会计师的专业胜任能力、审计成本效益的约束，以及投资者对财务信息质量的需求看，财务报告内部控制审计是服务的核心要求。因此，针对财务报告内部控制，注册会计师对其有效性发表审计意见；针对非财务报告内部控制，注册会计师对内部控制审计过程中注意到的非财务报告内部控制的重大缺陷，在内部控制审计报告中增加"非财务报告内部控制重大缺陷描述段"予以披露。

（二）内部控制审计基准日

由于注册会计师不可能对企业内部控制在某个期间段（如一年）内每天的运行情况进行描述并发表审计意见，并且也无法向信息使用者提供准确清晰的信息（考虑到其间对内部控制缺陷的纠正），甚至会误导信息使用者，所以内部控制审计基准日，是指注册会计师评价内部控制在某一时日是否有效所涉及的基准日，也是被审计单位评价基准日，即最近一个会计期间截止日。当然，注册会计师对特定基准日内部控制的有效性发表意见，并不意味着注册会计师只测试基准日这一天的内部控制，而是需要考虑足够长一段时间内部控制设计和运行的情况。对控制有效性的测试涵盖的期间越长，提供的控制有效性的审计证据越多。单就内部控制审计业务而言，注册会计师应当获取内部控制在基准日之前一段足够长的期间内有效运行的审计证据。在整合审计中，控制测试所涵盖的期间应当尽量与财务报表审计中拟依赖内部控制的期间保持一致。

（三）内部控制审计规定

自2008年6月财政部、证监会、审计署、银监会、保监会联合发布《企业内部控制基本规范》以来，至2019年期间，我国陆续颁布了多项规定，明确要求不同板块的上市公司必须实施内部控制审计，并出具内部控制审计报告或鉴证报告。这意味着，截至该时期，所有板块的上市公司在每年聘请会计师事务所进行年度审计的同时,还需对其与财务报告相关的内部控制的有效性进行审计,并由审计机构发表意见并出具相应报告。

在《企业内部控制审计指引》和各交易所的规定中,内部控制审计的对象均是财务报告内部控制,要求对财务报告内部控制的有效性发表意见,有效性又包括设计的有效性和执行的有效性。如果某项控制由拥有必要授权和专业能力的人员按照规定的程序与要求执行,能够实现控制目标,表明该项控制的设计是有效的;如果某项控制正在按照设计运行,执行人员拥有必要授权和专业胜任能力,能够实现控制目标,表明该项控制的运行是有效的。如果注册会计师在对财务报告进行审计的过程中,注意到非财务报告内部控制的重大缺陷,应在内部控制审计报告中增加"非财务报告内部控制重大缺陷描述段"予以披露。

(四) 内部控制审计、财务报表审计与整合审计

内部控制审计是对内部控制的有效性发表意见,并对内部控制审计过程中注意到的非财务报告内部控制重大缺陷进行披露;财务报表审计是对财务报表是否在所有重大方面按照适用的财务报告编制基础编制发表审计意见。由于发表审计意见的对象不同,使得两者存在一定的区别。

内部控制审计和财务报表审计虽然在测试目的等方面存在差异,但是,两者也存在多方面的联系。例如,两者都采用风险导向审计模式,均需要识别重点账户、重要类别的交易等重点审计领域。在技术层面和审计实务中,两者审计模式、程序、方法等存在共同之处,风险识别、评估和应对等大量工作内容相近,有很多的基础工作可以共享,在一项审计工作中发现的问题还可以为另一项审计工作提供线索和思路。因此,为提高审计效果和效率,注册会计师可以单独进行内部控制审计,也可以将内部控制审计与财务报表审计整合进行。

(五) 内部控制审计与内部控制鉴证

内部控制审计是注册会计师依据《企业内部控制审计指引》,对被审计单位内部控制的有效性进行独立审计,并直接出具审计报告,该报告称为"内部控制审计报告"。

内部控制鉴证是注册会计师遵循《中国注册会计师其他鉴证业务准则第3101号——历史财务信息审计或审阅以外的鉴证业务》,对被审计单位的内部控制自评报告进行审计,以评估内部控制的有效性,并基于责任方的自评报告出具鉴证报告,该报告称为"内部控制鉴证报告"。需要注意的是,内部控制鉴证没有专门的详细指引规定,其鉴证意见类型通常包括无保留意见、保留意见、无法表示意见和否定意见。

内部控制审计与内部控制鉴证是注册会计师在审计业务中的两个重要方面,它们各自遵循不同的准则和指引,对被审计单位的内部控制进行独立评估。内部控制审计侧重于对被审计单位内部控制整体有效性的直接审计,而内部控制鉴证则更多地基于被审计单位的自评报告进行审计,并出具相应的鉴证意见。这两种审计业务在实际应用中各有侧重,共同构成了注册会计师对被审计单位内部控制进行全面评估的重要组成部分。

三、内部控制审计报告

(一) 内部控制审计报告的组成

一份完整的内部控制审计报告包括以下部分(见图10-2):

内部控制审计报告

天健审〔2023〕5979号

浙江富润数字科技股份有限公司全体股东：

按照《企业内部控制审计指引》及中国注册会计师执业准则的相关要求，我们审计了浙江富润数字科技股份有限公司（以下简称浙江富润公司）2022年12月31日的财务报告内部控制的有效性。

一、企业对内部控制的责任

按照《企业内部控制基本规范》《企业内部控制应用指引》以及《企业内部控制评价指引》的规定，建立健全和有效实施内部控制，并评价其有效性是浙江富润公司董事会的责任。

二、注册会计师的责任

我们的责任是在实施审计工作的基础上，对财务报告内部控制的有效性发表审计意见，并对注意到的非财务报告内部控制的重大缺陷进行披露。

三、内部控制的固有局限性

内部控制具有固有局限性，存在不能防止和发现错报的可能性。此外，由于情况的变化可能导致内部控制变得不恰当，或对控制政策和程序遵循的程度降低，根据内部控制审计结果推测未来内部控制的有效性具有一定风险。

四、周到否定意见的事项

重大缺陷是内部控制中存在的，可能导致不能及时防止或发现并纠正财务报表出现重大错报的一项控制缺陷或多项控制缺陷的组合。

在本次内部控制审计中，我们注意到浙江富润公司的内部控制存在以下重大缺陷：

……

五、财务报告内部控制审计意见

我们认为，由于存在上述重大缺陷及其对实现控制目标的影响，浙江富润公司于2022年12月31日未能按照《企业内部控制基本规范》和相关规定在所有重大方面保持有效的财务报告内部控制。

中国注册会计师：石泸乡

中国注册会计师：王新华

二〇二三年四月二十六日

图10-2　内部控制审计报告格式示意图

（1）标题。内部控制审计报告的标题统一规范为"内部控制审计报告"。

（2）报告编号。会计师事务所按照自己的规则编号。

（3）收件人。内部控制审计报告的收件人是指注册会计师按照业务约定书的要求致送内部控制审计报告的对象，一般是指审计业务的委托人。内部控制审计报告需要载明收件人的全称。

（4）引言段。内部控制审计报告的引言段说明企业的名称和内部控制已经过审计。

（5）企业对内部控制的责任。该段落说明按照《企业内部控制基本规范》《企业内部控制应用指引》《企业内部控制评价指引》的规定，建立健全和有效实施内部控制，并评价其有效性是企业董事会的责任。

（6）注册会计师的责任。该段落说明在审计工作的基础上，对财务报告内部控制的有效性发表审计意见，并对注意到的非财务报告内部控制的重大缺陷进行披露是注册会计师的责任。

（7）内部控制的固有局限性。该段落说明，内部控制具有固有局限性。即便其设计再完善、运行再有效，也只能为企业达成控制目标提供合理而非绝对的保证。多种因素可能影响内部控制实现目标的可能性，导致错误无法被完全防止或发现。此外，环境变化可能使现有内部控制变得不再适宜，或削弱对控制政策和程序的遵循度，因此，依据内部控制审计结果来预测其未来有效性存在一定的风险。

（8）财务报告内部控制审计意见段。该段应当说明企业是否按照《企业内部控制基本规范》和相关规定在所有重大方面保持了有效的财务报告内部控制。

（9）非财务报告内部控制重大缺陷描述段。注册会计师应当在本段披露非财务报告内部控制的重大缺陷的性质及其对实现相关控制目标的影响程度。

（10）会计师事务所名称、地址和公章。

（11）注册会计师的签名和盖章。

(12) 报告出具日期。审计报告的日期不应早于注册会计师获取充分、适当的审计证据(包括董事会认可对内部控制及评价报告的责任且已批准评价报告的证据),并在此基础上对内部控制的有效性形成审计意见的日期。如果内部控制审计和财务报表审计整合进行,注册会计师应对内部控制审计报告和财务报表审计报告签署相同的日期。

(二) 内部控制审计报告的意见类型

在判断出具何种审计意见类型的过程中,需要依次在以下三方面作出决策:一是判断是否获取充分、适当的审计证据。如果注册会计师无法获取充分、适当的审计证据,则审计范围受到限制,出具无法表示意见。二是判断被审计单位是否在所有重大方面保持了内部控制的有效性,即被审计单位的内部控制是否存在重大缺陷。如果存在重大缺陷,则出具否定意见。三是判断是否不存在需要提醒的重大事项。如果存在需要提醒的重大事项,则出具带强调事项段的无保留意见。如果以上均是,则出具标准无保留意见审计报告。具体来说:

1. 标准无保留意见

如果符合下列所有条件,注册会计师应当对财务报告内部控制出具无保留意见的内部控制审计报告:

(1) 在基准日,被审计单位按照适用的内部控制标准的要求,在所有重大方面保持了有效的内部控制;

(2) 注册会计师已经按照《企业内部控制审计指引》的要求计划和实施审计工作,在审计过程中未受到限制。

2. 非无保留意见

(1) 带强调事项段的无保留意见。

注册会计师如果认为内部控制虽然不存在重大缺陷,但是仍有一项或多项重大事项需要提请内部控制审计报告使用者注意,注册会计师应当在内部控制审计报告中增加强调事项段予以说明。注册会计师应当在强调事项段中指明,该段内容仅用于提醒内部控制审计报告使用者关注,并不影响对内部控制发表的审计意见。

如果确定企业内部控制评价报告对要素的列报不完整或不恰当,注册会计师应当在内部控制审计报告中增加强调事项段,说明这一情况并解释得出该结论的理由。

(2) 否定意见。

如果认为财务报告内部控制存在一项或多项重大缺陷,除非审计范围受到限制,注册会计师应当对财务报告内部控制发表否定意见。否定意见的内部控制审计报告还应当包括重大缺陷的定义、重大缺陷的性质及其对内部控制的影响程度。

(3) 无法表示意见。

注册会计师只有实施了必要的审计程序,才能对内部控制的有效性发表意见。如果审计范围受到限制,注册会计师应当解除业务约定或出具无法表示意见的内部控制审计报告,并就审计范围受到限制的情况,以书面形式与董事会进行沟通。

在出具无法表示意见的内部控制审计报告时,注册会计师应当在内部控制审计报告中指明审计范围受到限制,无法对内部控制的有效性发表意见,并单独设立说明无法表示意见的实质性理由。注册会计师不应在内部控制审计报告中指明所报告的程序,也不应描述内部控制审计的特征,以避免对无法表示意见的误解。如果在已执行的有限程序中发现内部控制存在重大缺陷,注册会计师应当在内部控制审计报告中对重大缺陷作出详细说明。

只要认为审计范围受到限制将导致无法获取发表审计意见所需的充分、适当的审计证据,注册会计师不必执行任何其他工作即可对内部控制出具无法表示意见的内部控制审计报告。在这种情况下,内部控制审计报告的日期应为注册会计师已就该报告中陈述的内容获取充分、适当的审计证据的日期。

(三) 非财务报告内部控制对财务报告内部控制审计报告的影响

在审计过程中注意到存在非财务报告内部控制缺陷,注册会计师应当区分具体情况予以处理:

(1) 如果认为非财务报告内部控制缺陷为一般缺陷,注册会计师应当与企业进行沟通,提醒企业加以改进,但无须在内部控制审计报告中说明;

(2) 如果认为非财务报告内部控制缺陷为重要缺陷,注册会计师应当以书面形式与企业董事会和管理层沟通,提醒企业加以改进,但无须在内部控制审计报告中说明;

(3) 如果认为非财务报告内部控制缺陷为重大缺陷,注册会计师应当以书面形式与企业董事会和管理层沟通,提醒企业加以改进;同时应当在内部控制审计报告中增加非财务报告内部控制重大缺陷描述段,对重大缺陷的性质及其对实现相关控制目标的影响程度进行披露,提示内部控制审计报告使用者注意相关风险,但是无须对其发表审计意见。

第四节 大数据时代审计

引例导读

中注协关于做好上市公司 2023 年年报审计工作的通知

中注协指出,要关注数字化转型影响,利用新技术手段进行审计创新。随着互联网、大数据、人工智能等信息技术在经济社会各领域深度应用,事务所要关注数字经济发展和上市公司数字化转型带来的商业模式创新、业务流程重塑及管理模式变更对审计风险的影响,分析对审计方式、审计抽样、审计证据搜集等技术和方法的影响,获取、开发、维护、利用适当的数字化审计工具,进行审计创新;要加强对数字化审计技术的培训,培养审计人员数字化审计能力,确保审计人员在使用审计作业系统、函证电子平台、智能文档审阅工具和数据分析软件等新型审计工具时,具备相应的专业能力并保持应有的谨慎,以更有效地进行风险评估、设计更合适的程序,并调查异常情况。

——摘自中国注册会计师协会网站

习近平总书记在 2018 年的中央审计委员会第一次会议上就强调,要坚持科技强审,加强审计信息化建设。《会计改革与发展"十四五"规划纲要》也鼓励会计师事务所探索注册会计师审计工作的数字化转型,从而更好地适应现代企业数字化运营的需求,提高审计服务质量和效率。随着数字化和信息化的快速推进,审计早已进入大数据时代。那么,什么是大数据时代？审计在大数据时代面临哪些变革？审计的数字化转型应用有哪些成果？本节就让我们一起来学习大数据时代审计。

一、大数据时代与审计变革

(一) 大数据时代

大数据又称为巨量资料，是指所涉及的资料量规模巨大到无法通过目前主流软件工具，在合理时间内达到撷取、管理、处理并整理成为帮助企业经营决策的资讯。随着信息技术和互联网的发展，人们利用数据分析和处理技术进行深度挖掘，从大数据中发现价值，服务于生产与生活。

最早提出大数据时代到来的是咨询公司麦肯锡，麦肯锡认为数据已经渗透到当今每一个行业和业务职能领域，成为重要的生产因素。人们对于海量数据的挖掘和运用，预示着新一波生产率增长和消费者盈余浪潮的到来。

IBM 公司提出大数据的 5V 特点：① 数据量(Volume)。数据量非常大，各个领域产生的数据量呈爆发性增长，数据通常是以 TB(1 024 GB=1 TB)、PB(1 024 TB=1 PB)、EB(1 024 PB=1 EB)来计量。② 数据速度(Velocity)。大数据时代要求高效的数据处理和分析方法。对于快速增长的数据速度，需要更快的采集、存储和处理数据的速度。③ 多样化(Variety)。多样化指的是数据的种类和类型繁多，包括网络日志、音频、视频、图片、地理位置信息等，多样化的数据源提供了更全面的视角和更丰富的分析潜力。这些不同类型的数据需要采用不同的技术和工具进行处理和分析。④ 数据价值(Value)。它指的是数据所能带来的价值。通过对数据进行分析和挖掘，可以获得更深刻的商业洞察和智能决策，并推动公司业务增长和创新发展。数据价值密度相对较低。随着物联网的广泛应用，信息感知无处不在，信息海量，但价值密度较低，如何通过强大的机器算法更迅速地完成数据的价值"提纯"，是大数据时代亟待解决的难题。⑤ 真实性(Veracity)。它指的是数据的准确性、完整性和可信度，即数据的质量。大数据时代已经深刻地改变了人类生产生活方式和思维模式，数据化的革命影响政府、企业、金融、医疗、科学研究等各领域，推动了社会的进步和创新发展。

大数据是一种新型信息资源，具有很高的经济价值。大数据可以通过"数据驱动"来参与自下而上的经济决策，通过先进技术把海量大数据里的低价值信息汇集和加工，获取高质量、高价值的商业信息。大数据也代表一种新技术，云计算、区块链、人工智能等技术已成为大数据时代的一系列新技术。成为科技创新和经济社会进步的重要驱动力。随着科学技术的不断发展，信息化、智能化已成为必然选择。

(二) 审计变革

大数据时代下的审计工作的信息环境和技术环境发生了巨大的改变，作为经济社会中重要的一部分，审计行业也面临重大的变革与挑战。传统审计模式的局限性，已经不能满足现代审计发展的需求。大数据改变了审计格局，传统审计模式及其审计方式、审计流程、审计效果、审计师行为正发生潜移默化的改变。

1. 审计模式的变革

在"数据即资源"的大数据环境下，各行各业不断产生的数据，改变了传统的审计查账模式。尽管目前对财务电子数据进行审计是必选操作，但财政、财务数据只是大数据的一部分。审计监督工作过程中采集的财政、财务收支账本所能显现和包含的数据信息量已无法满足审计需求，因此扩大数据来源，开启数据通道，全面掌握各部门数据资源目录，加大数据综合利用力度，加强联网审计，并充分利用大数据技术开展远程监督、数据说话的新审计模式已成为必要。数据安全、系统安全、数字资产管理等方面审计工作成为审计的重点，先进而强大的云计算、区块链、人工智能、机器学习等新兴技术改变了审计模式。

2. 审计方式的变革

在传统审计模式中，以被审计单位现场检查为主，非现场检查为辅。大数据时代下的审计工作突破了时间和地点的限制，许多审计工作可以不在审计现场完成，通过信息网络对已存储数据进行分析和处理，不同的审计人员也可以分享审计资料，这使得许多重复的审计工作被避免。采用大数据技术，可以实现审计抽样全覆盖，更能够整合多条线数据，全面多维度地进行审计分析，从系统上降低了审计风险。同时，大数据环境下采用云端办公室，具有更强的计算能力，时间和空间的缩小，提升了审计质效。

3. 审计流程的变革

审计流程一般分为事前审计、审计实施和审计终结三个阶段，传统审计较多以事后检查为主，通过对事后风险暴露的分析，识别现行风险控制体系的问题，难以及时有效地揭示并控制风险。大数据技术的推广使得审计人员可以全面掌握信息数据，聚焦风险点，对数据进行实时监测，通过不断优化异常数据筛查规则，有针对性地开展审计活动，提高风险识别精准度，可初步实现风险监控预警需求，在事中甚至事前对风险进行及时有效的预警与控制。

4. 审计效果的变革

数据是审计工作最重要的部分，大数据时代下的数据呈现多样性、多变性等特性，审计必须全面准确地支撑数据。数据渗透得越来越深，数据处理也变得更加复杂。大数据审计实现了深度挖掘，以多级数据分析为平台，先进数字化创新技术应用于审计，从复杂的数据中发掘出潜在的相关关系，分析可能存在的问题，对数据发现审计线索进行核查，可以更加准确地理解潜在风险，提高审计工作质效，得出最准确的审计结果。

5. 审计人员的变革

大数据背景下的各类先进技术，给审计行业带来颠覆性冲击，部分传统的审计工作将被智能化审计替代，因此对审计人员提出了更高的要求。审计人员不仅需要具备扎实的审计业务能力，同时也需要掌握一定的信息技术知识和技能，能够精通数据处理，参与大数据管理与分析，利用信息技术实现风险精准识别。对于复合型审计人员能力的培养已经成为审计人才建设的重点。

二、区块链审计与人工智能审计

 课堂案例

助推数字经济，"安永区块链审计平台"在中国首次亮相部署

2021年11月7日，在第四届中国国际进口博览会的新品发布活动现场，安永重磅推出

了中国首发新品"安永区块链审计平台",展示了最新的创新实践成果。"安永区块链审计平台"能为使用者识别区块链的风险关键信息,并致力在生态系统中建立使用者的信任。

在建设数字中国的浪潮下,区块链已被列为"十四五"七大数字经济重点产业之一。在数字经济时代,诸多有形资产都可能会进行数字化处理,从而加快推动了区块链技术和产业创新发展。区块链技术可以帮助企业达到简化流程、减少成本等目的,但也在无形之中为违法行为提供了技术支持、无监管空间和联络便利。目前,区块链智能合约的开发和采用速度得到了显著提高,同时也使得智能合约业务逻辑开始变得愈发复杂。

安永基于对区块链智能合约潜在风险的思考,通过对智能合约技术机理和应用情景的具体分析,尝试以区块链智能合约的特性进行分类,科学划定智能合约潜在风险的实在与表象。这款在新品发布活动现场进行中国首发的"安永区块链审计平台",通过静态和动态代码分析方法,自动运行数百个测试,完成底层技术及智能合约测试和验证,提供的评估结果既具技术性又备有易于理解的描述和示例。该平台致力于以技术方法评估与测试智能合约的性能与安全,帮助使用者建立信任,提高产品透明度,从而降低企业转型风险。

——摘自安永中国官方网站

(一) 区块链审计

1. 基本概念

区块链审计是指在审计过程中,区块链技术与审计相互融合。区块链审计依托区块链技术和互联网技术,以数据为基本元素,围绕数据采集、整理、加工、传输、计算,通过分布式结构,将存储、审计等功能分配给每个审计组节点,各审计组节点相互连通、分工协作和共享,同步开展审计任务,通过各审计组节点共同决策审计事宜,是分布式审计与共享式审计相结合的大数据联网审计,为审计工作提供了一种新模式与新方法。

区块链审计并不改变审计的本质和内容,只是一种作业模式与新方法的创新,是一种更高形式和水平的大数据审计,是大数据审计的高级发展阶段。区块链与审计的融合助力数字经济发展是大势所趋。

区块链作为推动数字经济的核心技术之一,以其去中心化、可追溯性、可验证性和不可篡改等特点,对目前传统审计行业存在的问题提出相应合理化对策,为审计行业变革注入新的活力,对未来审计工作以及审计行业的发展产生重大而深远的影响。

2. 区块链审计的特点

区块链审计本质上是把区块链技术作为审计工具的高度信息化、数据化的审计工作新方式。区块链技术作为一种新型的信息技术,改变了传统的交易记录流程,提升了交易信息的准确程度,能实现数据的实时记录和传输,已成为审计领域中的重要组成部分。

区块链作为当前新兴的典型代表,具有去中心化存储、链式加密防篡改、可溯源等特性。内部审计借助区块链非对称加密技术能有效解决信息存储的安全性问题,共识机制及智能合约可实现对项目信息的智能审核,在很大程度上可以实现对项目实施过程的智能监督,有效识别项目建设管理风险,解决传统审计对人力资源的高度依赖,提高审计效率。

(1) 实现去中心化网络化跟踪审计。区块链审计网络系统是典型的去中心化网络系统,区块链审计网络中每一个审计组节点对其他节点和数据查询者来讲,都是开放透明的,各节点信息充分共享。区块链审计网络是由各审计组节点组成的分布式结构网络,区块链审计是一种联网审计,由各审计组节点组成P2P网络,各个节点彼此相连交互,共同承担系统中所有数据信息交互记录。区块链审计网络中每一个审计组节点对其他节点和数据查询者来讲,都是开放透明的,各节点信息充分共享。网络结构是最直观、最形象的特征。区块链审计去中心化存储和链式加密,使审计节点可以直接收集项目建设过程中的相关信息,实时监督项目开展情况,实现真正意义上的全过程跟踪审计。

（2）信息不可篡改,提高审计可靠性。由于区块链上数据的不可篡改特征,抽取交易凭证数据进行核查的审计程序将成为多余。区块链技术的应用使得系统中的数据不可篡改和伪造,并且随着信息被记录储存,信息丢失和被篡改的风险大大降低,系统将数据进行即时公开,提供了可追踪的链上完整审计过程,不仅即刻便可查询相关信息,而且对所有数据可以追溯验证,极大提升了会计信息造假的难度,可以有效防止虚假信息的产生,提高会计信息的可靠性,审计安全性得到提高。

（3）实现自动审计,提高审计效率。区块链技术通过平台进行账簿访问,可以对日常信息进行自动化记录与储存,简化了相关手续;通过数据分布式储存,实时共享,迅速获得准确的信息,追溯数据的来源部门,解决了信息滞后的问题;通过实时审计,而非事后审计,可以快速审核查验;引入智能合约,将原本现实中的各种合约、规则引入数字领域,存储在数据网络系统内,当需要更新区块数据时,数据记录事项进行智能审核。

（4）降低审计管理成本。传统的审计职能由于技术的局限难以完全实现预期目标。以往的审计从信息获取与分析,整个流程会消耗大量时间与人力,信息滞后;区块链技术则可以通过分布式储存等特性来增强审计职能,审计的主要业务步骤和工作大部分被基于分布式多节点记账和实时网络共识机制取代,减少了对于项目资料的人工核对,减少了人力成本消耗,降低了管理成本。

（二）人工智能审计

课堂案例

德勤"小勤人"

德勤的机器人流程自动化（Robotic Process Automation,RPA）,小名"小勤人",是通过使用用户界面的软件把基于规则的流程自动化,他可以在任何软件上运行,包括基于网络的应用程序、ERP系统甚至远程虚拟机。RPA是一种计算机编程软件,可以替代人类执行基于既定规则的高重复性工作。同时RPA能不受系统间接口和IT基础架构的限制,通过非侵入的方式模仿人类行为对信息系统进行操作(如我们平时常见的复制、粘贴、收发邮件,甚至简单的爬虫功能)。

场景一　审计数据提取、转换及加载

综合数据提取、加密、转换和处理功能,小勤人搭载的勤数通不仅实现了自动化的财务数据提取及底稿生成,还提供从财务系统到财务分析和其他审计流程的自动化通道。根据实践经验,勤数通在取数及底稿生成两个环节均可节约超过90%的时间。

场景二　企业关联风险查询

根据供应商和代理商名称清单,利用小勤人自动查询第三方资料库来获取关联公司关系图谱,以数字化手段重塑企业关联风险识别流程,有效提升企业关联风险识别效率。根据试点项目使用状况,人工成本节约率高达100%,查询时间和处理效率提升86%。

场景三　文档阅读及分析

利用人工智能技术,小勤人第二代搭载的IDRP智能文档审阅+OCR光学字符识别工具组件,可帮助审计人员在阅读及分析文档方面节省约80%的人力投入,时间投入节约率达50%。可支持文档类型超过20种,如租赁合同、贷款协议、资产管理合同及财务报表等。同时通过机器学习,IDRP的精确度将进一步提升。

场景四　会计知识问询

在审计过程中,审计师经常会面临需要就最新的会计准则进行更详细的了解。小勤人作为聊天机器人,对用户审计流程、会计准则、税务知识、财务术语及各种简称进行自动解答及多轮对话,辅助审计师在日常工作中对会计及审计专业知识的精准把握。

场景五　库存盘点

小勤人第三代搭载的1STOP智能盘点功能及配备的无人机提供了智能化、集成化、便捷化的一站式盘点服务,完美整合盘点任务创建、盘点进行、过程管理和盘点结果汇总与分析等功能,可实现远程实物盘点、实时数据同步和智能的结果汇总,过程自动化且精准度高。根据实践经验,使用1STOP以后节约人工成本30%,盘点和后续整理时间都节省30%。

场景六　解放双手

搭载智能设备的小勤人第三代,通过机械手臂及分拣系统可以对审计过程中的函证流程及发票查验进行自动化,覆盖包括地址填写、自动分拣、自动查验等功能;此外,小勤人还可以在更多财务流程中发挥作用,如公司发票打印、自动盖章、盖章后自动分拣等,全面取代传统的人工发票处理流程。通过类似功能的部署,小勤人也可逐渐取代日常审计及财务工作流程中低效率、低准确性的人工工作,大大提升财务工作效率。

——摘自德勤中国官方网站,有改动

1. 基本概念

人工智能审计是将审计中的许多工作完全由人工智能来完成。人工智能将审计工作从大量、重复、机械的工作过程中解放出来,其工作效率高、成本低廉、准确性高。不但利用人工智能强大的挖掘、分析能力完成审计工作,更让数据不止于数据,实现了解决管理问题、创造管理价值,审计行业将因为人工智能的发展而发生重大变革。

2. 人工智能审计的特点

(1) 减少审计抽样的风险。

(2) 人工智能可以完成传统审计的人工抽样工作,可以更及时全面地反映财务信息。通过抽样获取证据是传统审计的主要方法。样本量过小,会增加审计的风险;仅仅依靠人力抽取大量的样本又会耗费大量的时间成本和人力成本。人工智能审计可以便捷地收集大量的审计样本,甚至是全部的样本,可以更及时全面地反映财务信息,既能降低时间成本和人力成本,还能规避相应的审计风险。

（3）提高审计工作效率。人工智能审计系统可以使企业的海量数据得到识别与整合，审计人员得以从寻找审计证据的烦琐工作中解脱出来，将更多的精力放在数据分析上，从而有利于审计工作效率的提高。传统审计的审计证据靠审计人员逐个收集、核实、分析、评估、记录，存在工作量大和数据收集难问题。

（4）人工智能审计具备快速分析、处理文字资料和音频视频等电子资料并选择出有效审计数据的能力，可以让审计的时间跨度更长、范围更广、精准度更高，其时效性、高效性和精准性显而易见。借助人工智能审计系统，审计人员的工作量大量减少。从烦琐枯燥的基础审计工作中解脱出来的审计人员，在高效地完成样本收集工作的同时也会产生更多的成就感。

（5）实现不同层次的审计目标。

（6）依靠人工智能，审计单位能够对被审计单位的财会数据进行搜集、挖掘、归纳、分析，将数据转化为推动企业发展的资源，为企业找到问题、发现弊端，根据审计结果给企业提出相应的纠错规避意见或建议，实现审计目标由"找错查弊"到"纠错规避"的转变。也就是说，依靠人工智能，审计机构不仅能够更好地完成审计任务，还能够为被审计单位的决策提供参考，从而实现不同层次的审计目标。

（7）精准提供审计报告。

（8）人工智能审计有更新功能，可以为审计师提供最新的审计规章制度，有利于提升审计报告的精准性。审计结果能及时与新制度匹配。传统审计中，有的审计人员没有及时了解新制度条款和政策法规的变化，以至于提交的审计结果不符合新的制度要求。但是，对人工智能审计系统而言，只要国家最新审计制度一出台，人工智能审计系统就会以最新的法规、制度为准绳适时修正审计方向，为被审计单位提供符合最新制度要求的审计报告。

第五节　ESG 审计

引例导读

首套全球 ESG 披露准则发布

2023 年 6 月 26 日，《国际财务报告可持续披露准则第 1 号——可持续相关财务信息披露一般要求》（简称 IFRS S1）和《国际财务报告可持续披露准则第 2 号——气候相关披露》（简称 IFRS S2）由国际可持续准则理事会（ISSB）正式发布。这两个准则旨在提供全球范围内的可持续相关财务信息披露一般要求和气候相关披露指南，以促进企业披露可持续发展信息，增强投资者对企业的了解和评估。

两项信披标准将于 2024 年 1 月 1 日之后的年度报告期生效，这意味着第一批采用该标准的报告将在 2025 年发布。

根据 IFRS S1，企业应该披露其可持续发展战略、目标和政策，以及与可持续发展相关的风险和机会。此外，企业还应该披露其与环境、社会和治理相关的表现和影响，包括碳排放、水资源利用、员工福利、社区投资等方面。这些信息将有助于投资者更好地了解企业的可持续性表现,以及其在未来的发展方向和风险管理方面的能力。

IFRS S2 则主要关注企业在应对气候变化方面的表现和披露。企业应该披露其对气候变化的风险和机会的认识和评估,以及采取的措施和计划。此外,企业还应该披露其碳排放情况、能源消耗情况,以及采取的减排措施和效果等方面的具体数据。这些信息将有助于投资者更好地了解企业在应对气候变化方面的表现和风险管理能力,以及其在未来的可持续性发展方向。

IFRS S1 和 IFRS S2 的发布,标志着全球范围内可持续发展信息披露的新时代的到来。这将有助于促进企业在可持续性方面的表现和风险管理能力,提高投资者对企业的了解和评估,同时也将推动全球范围内的可持续发展进程。

——摘自国际内部审计协会(IIA)网站,有改动

安永会计师事务所表示,ESG 报告呈现出企业的非财务价值。对于一家企业来说,体现其价值主要从三张报表来呈现,即资产负债表、利润表和现金流量表,而 ESG 有望成为企业的"第四张表",代表中长期可持续发展的潜力。那么,什么是 ESG? ESG 审计又有怎么样的发展机遇?本节将简略介绍。

一、ESG 报告的概念

党的二十大报告作出"加快构建新发展格局,着力推动高质量发展"和"推动绿色发展,促进人与自然和谐共生"的重要战略部署。

ESG 报告是企业/公司对环境、社会和治理责任履行状况的报告,要求企业/公司把经济绩效提升和价值创造与绿色低碳环保、社会责任和构建良好治理统筹协调,促进企业可持续发展。推动高质量发展和绿色发展的内涵包括促进企业可持续发展,提高企业可持续发展能力与水平。ESG 报告是 Environmental(环境)、Social(社会)和 Governance(公司治理)报告的缩写,已成为新时代的热词。E(环境)是指企业在保护自然环境方面的表现,包括碳排放、废弃物管理、能源管理、原材料采购和气候变化威胁等相关问题。S(社会)是指企业如何处理与员工、客户和更广泛社区的关系,涵盖的风险包括企业社会责任、劳工管理、数据隐私、常规安全、健康和安全以及福祉。G(治理)是指商业道德、董事会和领导力、高管薪酬、审计、内部控制、知识产权保护和股东权利等变量。

二、ESG 报告的编制与披露

2004 年,联合国全球契约组织(UN Global Compact)首次提出 ESG 概念,在题为《Who Cares Wins: Connecting Financial Markets to a Changing World》的报告中正式提出以 ESG 的核心理念作为公司报告的新要求。其核心要义是必须统筹经济、社会、环境的可持续发展,经济的发展、公司的发展不能以破坏生态环境、危害社会公平正义和损害良好治理为代价。ESG 的核心理念和 ESG 报告的编制与披露要求完全符合党的二十大精神和要求。

编制发布 ESG 报告已越来越成为国际社会的普遍共识和要求,成为影响企业经营的最大管理潮流之一。欧盟、美国等已将编制发布 ESG 报告作为公司信息披露的强制性要求并制定了相应监管政策。我国监管机构和资本市场已开始重视并引导开展 ESG 报告的编制与发布,推进公司披露体系和机制的完善。据上市公司协会数据统计,截至 2023 年 5 月,A 股及 H 股

共 2 785 家公司发布了 2022 年 ESG 相关报告，披露率为 45.56%，其中制造业企业披露数量最多，占披露数量的近 30%。其中，社会责任报告依然是 A 股上市公司披露 ESG 相关信息的主要形式。然而多数企业的报告内容以定性案例的描述为主，缺乏数据型关键 ESG 绩效指标或目标规划。对于关注可持续发展的企业管理者和各利益相关方，报告内容缺乏有价值的信息点，且其披露信息的可信度与准确度无法满足对应企业管理者及各利益相关方对 ESG 报告的期望。

三、ESG 审计的理论基础

由于 ESG 报告和财务报告同等重要，全球范围内 ESG 报告将由自愿披露变成强制性披露，因而，对 ESG 的审计需求和强制性审计也将是大势所趋。然而，目前世界范围内，直面 ESG 审计问题的理论研究非常缺乏，尚未引起高度重视。重视并加强 ESG 审计理论研究具有特别的重要性和紧迫性。中国政府审计研究中心蔡春教授在《中国内部审计》杂志 2023 年第 8 期发文表示：

从基础理论层面，围绕 ESG 审计理论的基本理论框架构建，应着重加强 ESG 审计理论原点和动因理论的研究，ESG 审计本质理论、假设理论和目标理论的研究，ESG 审计行为理论、审计主体理论和审计功能理论的研究，ESG 审计行为规范（准则、法律和道德）理论的研究，ESG 审计信息理论的研究和 ESG 审计方法论的研究以及 ESG 审计环境理论的研究等。

从应用理论层面，当前亟需深化以下 ESG 相关内容的研究：ESG 审计鉴证准则、审计鉴证的内容与方法、审计鉴证报告的形式与内容要素、审计鉴证意见类型、审计鉴证中保证程度与责任承担的关系、审计鉴证对 ESG 漂绿行为的治理、审计鉴证促进高质量发展和绿色发展作用以及"大智移云物区"（大数据、人工智能、移动互联网、云计算、物联网、区块链）等新兴信息技术在 ESG 审计鉴证中的应用研究。

四、ESG 审计的发展趋势

从发展趋势上，ESG 审计也应该成为内部审计的重要目标与对象内容。2022 年 IIA 全球大会的重要议题之一是倡导"ESG 与漂绿"应成为内部审计的重要审计关注。所以，应推动构建社会审计、国家审计和内部审计三位一体的 ESG 审计组织体系，内部审计机构应成为关注企业 ESG 投资与 ESG 行为的重要力量，应在推动企业履行环保责任、社会责任和构建良好治理责任，不断增强和提升可持续发展能力方面发挥重要的建设性作用。

总的来说，ESG 审计目前仍处于起步发展阶段，理论界和实务界均应当重视并加强 ESG 审计研究和实践。

本章小结

除了注册会计师审计，还有国家审计、内部审计构成总体审计体系。国家审计是指由国家审计机关依法独立实施。我国国家审计组织体系由中央审计委员会、审计署以及各审计机构构成。国家审计人员执行审计业务，应当遵守法律法规和《国家审计准则》，恪守审计职业道德，保持应有的审计独立性，具备必需的职业胜任能力及其他职业要求。内部审计是一种独立、客观的确认和咨询活动，内部审计人员应当遵守职业道德，在实施内部审计业务时保持应有的职业谨慎、具备相应的专业胜任能力，并通过后续教育加以保持和提高。

内部控制审计是对特定基准日内部控制设计与运行的有效性进行审计,要求对财务报告内部控制的有效性发表意见。鉴于内部控制审计与财务报表审计中控制测试的关系,可以采取整合审计的方式。

大数据、区块链、人工智能、云计算等核心技术及其特性所引领的变革,构成了智慧审计环境的核心要素。目前,众多会计师事务所已建立起相对完善的智慧审计转型体系,并取得了显著进展与突破。然而,这一过程中仍面临诸多挑战与局限,既不可因数智化转型的成功而轻视审计本质工作,也不可因技术上的局限而抵制变革。

ESG 主要呈现企业的非财务价值,一份优秀的 ESG 报告能够反映企业或企业管理层对 ESG 的掌握程度、具体落实程度,呈现企业未来整体非财务价值的增长和中长期发展潜力,可以看出企业的管理水平和未来的发展趋势。ESG 审计目前处于起步阶段,并有很大的发展空间,值得研究。

复习思考题

1. 什么是国家审计?国家审计的职能有哪些?
2. 什么是内部审计?内部审计的职能有哪些?
3. 什么是大数据?大数据在审计中有何作用?
4. 什么是人工智能?人工智能在审计中有何作用?
5. 在数智时代,审计、会计行业会消亡吗?你认为行业前景如何?什么是 ESG?ESG 审计的发展趋势是怎样的?

课后习题

知识图谱

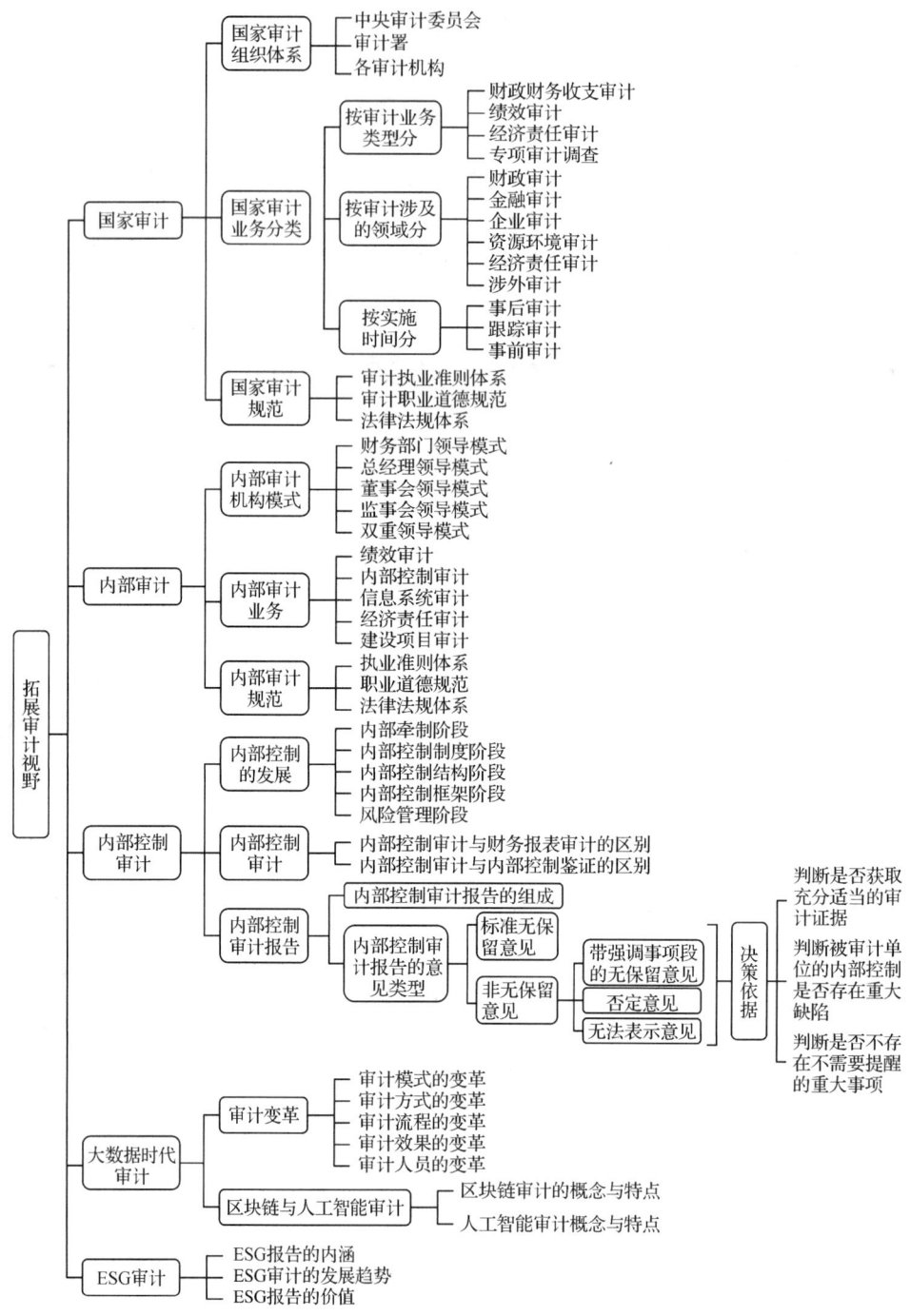

参考文献

[1] 中国注册会计师协会.中国注册会计师执业准则及应用指南:2023[M].北京:中国财政经济出版社,2023.

[2] 中华人民共和国财政部.企业会计准则:2024年版[M].上海:立信会计出版社,2024.

[3] 中国注册会计师协会.审计[M].北京:中国财政经济出版社,2023.

[4] 刘明辉,史德刚.审计[M].8版.大连:东北财经大学出版社,2022.

[5] 陈汉文,杨道广,董望.审计:立体化数字教材版[M].5版.北京:中国人民大学出版社,2022.

[6] 杨昌红,赵凌云.审计学[M].4版.北京:清华大学出版社,2022.

[7] 李晓慧.审计学实务与案例[M].5版.北京:中国人民大学出版社,2021.

[8] 企业内部审计编审委员会.企业内部审计实务详解:审计程序＋实战技法＋案例解析[M].北京:人民邮电出版社,2019.

[9] 中国注册会计师协会.财务报表审计工作底稿编制指南[M].2版.北京:经济科学出版社,2012.